용기를 내어 당신이 생각하는 대로 살아야 합니다.
그렇지 않으면 머지않아 당신은 사는 대로 생각하게 될 것입니다.

- 폴 부르제(프랑스의 시인, 철학자)

Il faut vivre comme on pense,
sans quoi l?n finira par penser comme on a vècu.

- Paul Bourget

터닝포인트는 삶에 긍정적 변화를 일으키는 좋은 책을 만들기 위해 최선을 다합니다.

친절한
리본 & 선물포장 DIY

DVD 동영상 강의로 쉽게 배우는
리본&선물포장 DIY

2011년 02월 10일 초판 1쇄 발행
2016년 06월 20일 초판 4쇄 발행

지은이 김선영
펴낸이 정상석
펴낸 곳 터닝포인트
등록번호 2005. 2. 17 제6-738호
주소 (121-869) 서울시 마포구 동교로 27길 지남빌딩 308호
대표전화 (02) 332-7646
팩스 (02) 3142-7646
홈페이지 www.turningpoint.co.kr
ISBN 978-89-94158-21-1 13630
정가 19,800원

기획 터닝포인트
진행 김은숙
북디자인 디자인 결
일러스트 홍수정
작품 사진 촬영 이성우(G1-studio)
과정 사진 촬영 허자연
스타일링 박수현
동영상 촬영 및 편집 이수일
내용문의 www.diytp.com
원고집필문의 diamat@naver.com
(터닝포인트는 삶에 긍정적 변화를 가져오는 좋은 원고를 환영합니다.)

친절한

리본&선물포장 DIY

김선영 지음

터닝포인트

작가의 말

지금의 우리는
더 이상 갖고 싶은 것이 없을 정도로
넘쳐나는 많은 것(?)들로 둘러싸여져 있습니다.

이렇게 모든 것이 풍부한 지금을 살지만,
누군가에게 만족할 만한 선물을 하기란 생각보다 쉽지 않습니다.
그만큼 누군가를 위한 선물을 고르는 일은 굉장히 힘이 듭니다.
그렇지만 정성이 가득 담긴 선물이라면 누구라도 기뻐하겠지요.

기쁨을 함께 하기 위해, 용기를 주기 위해
나를 기억해 주길 바라며...

여러 가지 나름의 이유로
누군가를 위해 선물을 고르고
그 선물에 어울리는 포장지와 리본을 고르면서
선물을 받는 사람을 위해
정성스럽게 선물을 준비해 가는 과정은
자신에게도 얼마나 마음 설레는 일인가요?

그때마다 여러분의 옆에서
이 책이 작은 도움이 되었으면 좋겠습니다.

많은 시간동안 책을 출간하기 위해 애써주신
선정씨와 터닝포인트의 정상석 사장님과 김은숙 대리
그리고 다시 한 번 책을 낼 수 있도록 허락해주신
주님께 감사드립니다.

김 선 영

contents

PART 01 선물포장 이야기

PART 02 선물포장의 기본 기법

PART 03 누구나 쉽게 배우는 기본 포장

PART 04 소중한 마음을 전하는 포장의 기술

PART 05 선물의 가치를 높이는 아이템 포장

PART 06 특별한 날을 위한 특별한 포장

PART 07 반짝반짝 빛나는 아이디어 포장

Image contents

PART 03 누구나 쉽게 배우는 기본 포장

PART 04 소중한 마음을 전하는 포장의 기술

PART 05 선물의 가치를 높이는 아이템 포장

PART 06 선물의 가치를 높이는 아이템 포장

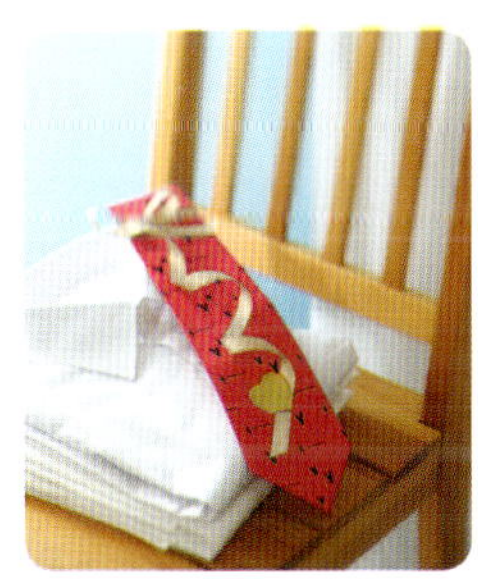

PART 07 반짝반짝 빛나는 아이디어 포장

친절한 리본&선물포장 DIY

DVD 동영상 200% 활용하기

이 책은 다양한 선물포장법을 쉽게 따라할 수 있도록 DVD 동영상 강의를 제공합니다. 책을 보다가 이해되지 않는 부분은 친절한 DVD 동영상 강의를 참고하세요. 선물포장의 기본 기법은 물론이고 선물포장에 대한 상세한 설명이 담겨 있어 혼자서도 쉽게 리본&선물포장 작품을 완성할 수 있습니다.

DVD 동영상 강의 창 사용 방법

❶ 선물포장 이야기
리본공예의 종류와 선물포장에 대해 알아보아요.

❷ 선물포장 기본 기법
선물포장의 기본 기법에 대해 알아보아요. 보고 싶은 동영상 강의를 선택하세요.

❸ 선물포장 따라하기
다양한 선물포장방법에 대해 알아보아요. 보고 싶은 동영상 강의를 선택하세요.

리본&선물포장 DIY 동영상 보기

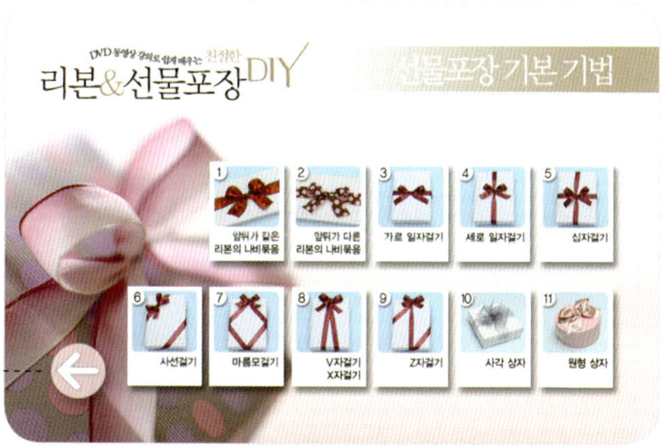

이곳을 선택하면 메인 화면으로 되돌아갑니다.

선물포장 기본 기법

1. 앞뒤가 같은 리본의 나비묶음
2. 앞뒤가 다른 리본의 나비묶음
3. 가로 일자걸기
4. 세로 일자걸기
5. 십자걸기
6. 사선걸기
7. 마름모걸기
8. V자걸기 / X자걸기
9. Z자걸기
10. 사각 상지
11. 원형 상자

선물포장 따라하기

1. 캐러멜 포장
2. 사각 포장
3. 회전 포장
4. 워톡 포장
5. 원형 포장
6. 육각 포장
7. 쇼핑백 포장
8. 병 포장
9. 작은 리스 포장
10. 모루 리스 포장
11. 사선 포장
12. 블리즈 포장
13. 오목 상자를 이용한 포장
14. 보석 장식을 이용한 포장
15. 사탕 리스 포장
16. 카네이션 포장
17. 학 봉투
18. 폼폼보우를 이용한 포장
19. 코사지 포장

TV에서 부록 DVD 사용하는 방법

PC에서는 마우스를 이용하지만 TV에서는 리모컨을 이용해 메뉴를 선택할 수 있습니다. 부록 DVD를 TV용 DVD 플레이어에 넣으면 왼쪽과 같은 창이 나타납니다. 리모컨의 방향 단추를 눌러 ENTER 버튼을 누르면 서브 메뉴로 이동합니다.

1. **메뉴에서 동영상 선택** : ←→↑↓로 원하는 영상을 선택하고 ENTER(또는 확인) 버튼을 누름
2. **동영상을 보다가 메뉴로 가려면** : 메뉴 버튼을 누름
3. **서브 메뉴에서 메인 메뉴로 가려면** : 서브 메뉴의 ← 버튼을 선택한 후 ENTER(또는 확인) 버튼을 누름
4. **DVD 실행 종료** : STOP 버튼을 누름

DVD 사용 시 주의사항

1. PC에 DVD 플레이어가 설치되어 있지 않으면 부록으로 제공되는 DVD가 작동하지 않을 수 있습니다. PC에서 DVD 플레이어가 정상적으로 실행되지 않는 경우에는 컴퓨터에 DVD 플레이어 소프트웨어가 설치되어 있는지 확인합니다. 만약 DVD 플레이어가 설치되어 있지 않다면 컴퓨터 구입 시 또는 DVD 플레이어 구입 시 제공되는 설치 CD로 PC용 DVD 플레이어 소프트웨어를 설치해주세요.

2. TV에서 사용하는 DVD 플레이어의 기종에 따라 DVD가 정상적으로 작동하지 않을 수도 있습니다.

3. 부록 DVD를 사용하는 데 있어 문제가 있을 경우에는 www.diytp.com이나 네이버의 '행복한 취미생활 DIY 카페(http://cafe.naver.com/diytp)'로 문의하면 해결 방법을 알려드립니다.

친절한 리본&선물포장 DIY

200% 활용하기

❶ **만들 DIY 작품** : 이 책에서 만들 완성 작품 사진입니다.

❷ **DVD 동영상 강의** : 부록으로 제공되는 DVD에는 2시간 30분 분량의 동영상 강의가 담겨 있습니다. 부록 DVD는 컴퓨터의 DVD 플레이어를 이용해서 볼 수도 있고, TV에 연결된 DVD 플레이어를 이용해서 볼 수도 있습니다. DVD 작품 이 표시된 작품은 동영상 강의를 참고하여 해당 내용을 더욱 쉽게 이해할 수 있습니다.

❸ **준비물** : 작품을 만드는 데 필요한 주재료와 부재료를 소개합니다.

❹ **난이도** : 작품 제작의 난이도를 ★ 1~5개로 구분하여 표시합니다. 별이 많을수록 난이도가 어려워집니다.

❺ **재단 미리보기** : 작품을 만들기 위해 포장지의 재단된 모양을 일러스트로 보여줍니다.

❻ **단계별 제작** : 세부 제작 과정의 제목입니다.

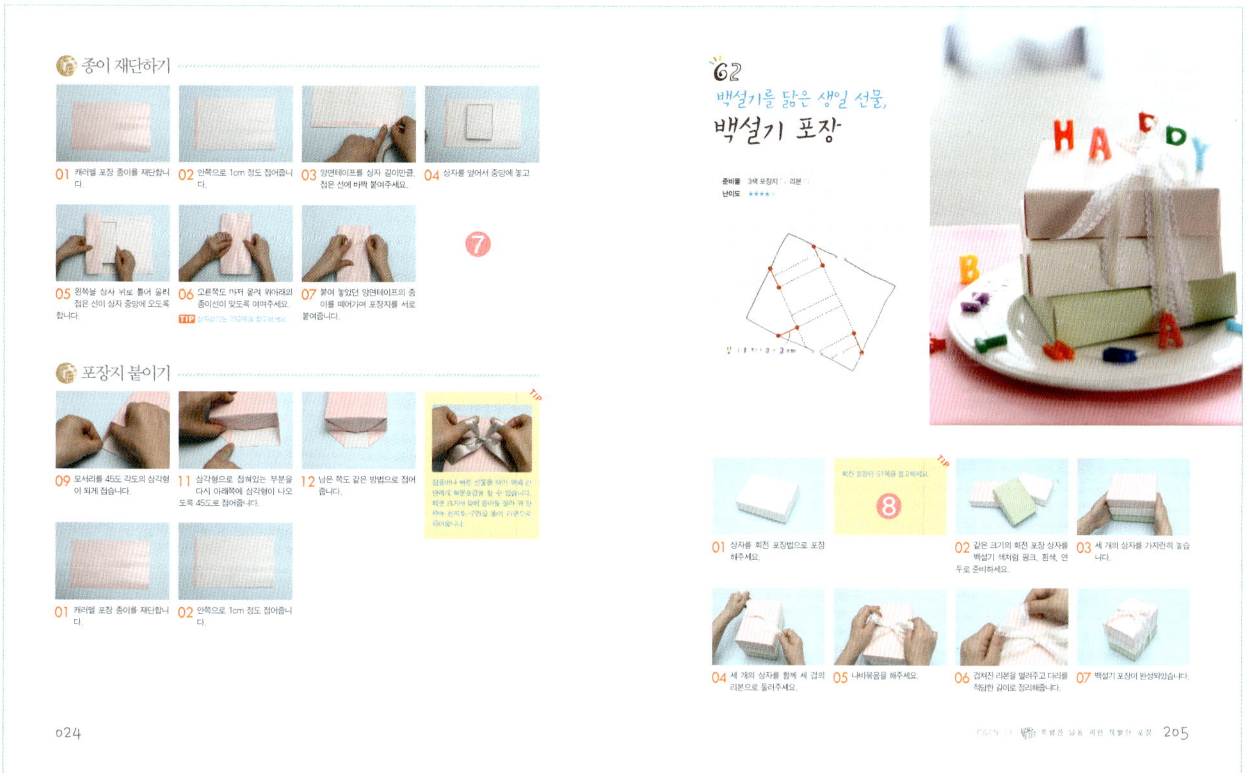

❼ **친절한 제작 과정 따라하기** : 제작 과정을 상세하고 친절하게 소개합니다.

❽ **TIP** : 오랫동안 작품을 만들면서 경험한 작가의 실전 노하우와 참고할 페이지를 소개합니다.

인터넷을 통한 지속적인 서비스

이 책과 관련하여 궁금한 내용은 리본카페(www.ribboncafe.co.kr) 또는 터닝포인트 홈페이지(www.diytp.com)나 네이버의 행복한 취미생활 DIY 카페(http://cafe.naver.com/diytp)를 통해 문의해주세요.

내가 만든 작품 자랑하기

친절한 리본&선물포장 DIY 책을 보고 만든 작품의 제작 과정이나 에피소드, 완성품 또는 나의 창작품 등을 터닝포인트 홈페이지(www.diytp.com)에 소개해주세요. 다른 독자들과 함께 정보도 공유하고 우수회원을 뽑아 시상도 한답니다.

Part 01

선물포장 이야기

01

선물포장이란

선물은 감사의 마음을 표현하는 수단으로, 주는 사람의 마음뿐만 아니라 받는 사람을 기쁘게 해줍니다. 똑같은 선물도 정성어린 마음을 어떻게 전달하는가에 따라 받는 사람이 느끼는 감동이 각기 다를 수 있습니다. 소중히 준비한 선물은 내용물이나 받는 사람, 이벤트 시기 등을 고려하여 주고 싶은 선물에 어울리는 포장지와 리본을 선택하고, 선물의 가치를 높여 줄 수 있는 다양한 방법을 활용하여 포장을 할 수 있습니다. 선물포장은 포장을 통해 선물하는 내용물을 더욱 가치 있게 해주고 별 것 아닌 선물에도 받는 사람에게 감동을 주고 즐거움을 줄 수 있습니다.

선물포장은 리본아트의 한 분야로 선물의 가치를 최대화하여 받는 사람에게 최고의 만족을 주기 위한 하나의 기술이라 할 수 있습니다. 포장을 통해 선물을 보호하

고, 선물을 쉽고 원활하게 전달하는 역할을 합니다. 선물포장은 선물 자체의 가치를 높일 뿐만 아니라 소비자의 구매의욕을 자극하는 시각적인 표현 방법의 한 분야로 인정받아 상업적으로도 많이 이용되고 있습니다.

순수한 마음과 동기를 전하는 선물은 내용이나 포장 방법도 중요하지만 감사나 축하, 격려나 위로의 말과 마음을 함께 전하는 것이 무엇보다 중요합니다. 서로에게 부담되지 않고, 지나치게 겸손하거나 호들갑스러운 말을 피하고 예쁘게 포장된 선물에 솔직한 마음까지 전달한다면 선물의 가치는 더욱 빛날 것입니다.

02

선물포장의 종류

선물포장은 일반적으로 리본과 포장지 등을 주재료로 하지만, 그 외에도 다양한 재료와 연출 방법을 활용하여 상품의 가치를 높이고 보호할 수 있는 방법이 수없이 많답니다. 선물포장의 종류는 크게 기하학적 모양의 정형 포장과 정해진 모양이 없는 부정형 포장으로 나눌 수 있습니다. 선물의 종류나 유형에 따라 다양한 모양을 가지고 있는 선물은 일정하게 정해진 기하학적 모양의 '정형'화된 것부터 특별히 정해진 모양이 없는 '부정형' 적인 것까지 매우 다양합니다. 이런 선물의 특성에 맞는 멋진 포장은 제품의 가치를 새롭게 해줍니다.

기하학적 모양의 정형 포장 : 기하학적 모양의 정형 포장은 캐러멜 포장, 정사각 포장, 삼각 포장, 원통 포장, 병 포장, 원형 포장 등을 이용하며, 플리츠 포장, 웨이브 포장, 피코크 포장, 죽순 포장 등 다양한 변화를 줄 수 있고, 모양 오리기, 구멍 내기, 접기 등의 방법을 리본과 함께 사용하여 나만의 개성 있는 포장을 할 수 있습니다.

정해진 모양이 없는 부정형 포장 : 정해진 모양이 없는 부정형일 경우에는 모양을 가지고 있는 상자에 내용물을 담아 정해진 모양으로 만들어서 포장하거나 주머니, 봉투 등을 이용해서 일정하지 않는 형태의 선물을 쉽게 포장할 수 있습니다.

▲ 정형 포장

◀ 비정형 포장

03 선물포장의 재료

일반적으로 선물포장의 대표적인 재료는 포장지와 리본이 있습니다. 그 외 작은 액세사리나 소품, 태그나 카드, 생활 주변의 여러 재료들을 활용하여 다양한 시도가 가능합니다.

1. 포장지

다양한 재질과 무늬가 있는 포장지가 많이 판매되고 있으며 제조회사나 판매회사에 따라 명칭이 다르나 포장지로 많이 쓰이는 종류로 아트지, 셀로판지, 골판지, 습자지, 한지, 켄트지, 부직포, 주름지, 엠보싱지, 타공지, 트레이싱지, 크라프트지, 냅킨, 헝겊 등이 있으며 최근에는 친환경 에코제품도 많이 개발되고 있습니다.

상자 포장 : 비교적 얇은 재질의 아트지가 적합
봉투 포장 : 두꺼운 재질의 포장지, 크라프트지가 적합
상자 제작 : 골판지, 하드보드지가 적합
포장지를 묶는 경우 : 부직포, 셀로판지, 습자지, 한지가 적합
꽃 포장 : 셀로판지, 부직포, 유산지, 프라지 등이 적합

▲ 아트지

▲ 골판지

▲ 셀로판지

▲ 색켄트지

▲ 습자지

▲ 한지

▲ 주름지

▲ 엠보싱지

▲ 트레이싱지

▲ 타공지

▲ 냅킨

▲ 헝겊

2. 리본

리본은 재질이나 직조 방법에 따라 다양한 종류가 있습니다. 크게 태피터 리본, 새틴 리본, 골직 리본, 오간디 리본, 메탈 리본, 프린트 리본, 자카드 리본, 노끈류, 라피아, 레이스 등이 있습니다. 리본끼리 묶어줄 경우는 부드러운 재질을 이용하고 볼륨을 원하거나 쉽게 예쁜 모양을 내고 싶으면 와이어 리본을 이용하면 좋습니다. 리본의 보우를 만들어 철사로 고정시킬 때는 비교적 빳빳한 느낌의 리본을 선택하는 것이 좋습니다. 포장지에 어울리는 리본을 선택할 때에는 포장지와 같은 계열색이나 포장지 무늬 속에 포함된 색을 선택하면 무리 없이 잘 어울립니다. 또한 포인트를 주기 위해 보색 계열의 리본을 선택해도 좋습니다. 부록으로 제공하는 포장지에 어울리는 리본색 찾기를 이용하여 마음에 드는 리본과 포장지의 조합을 찾아보세요.

▲ 새틴 리본

▲ 와이어 리본

▲ 메탈 리본

▲ 오간디 리본

▲ 골직 리본

▲ 프린트 리본

▲ 자카드 리본

▲ 가공 리본

▲ 리본플라워용 리본

▲ 레이스

▲ 페네로프

▲ 노끈, 라피아

04 선물포장의 도구

선물포장에 사용되는 다양한 리본과 포장지 외에도 종이를 자르거나 리본을 고정하고 모양을 내기 위해 여러 도구들이 필요합니다.

01 **편칭기 :** 포장지에 구멍을 낼 때 사용합니다. 모양을 내는 펀치와 구멍을 내는 펀치가 있습니다.

02 **리본플라워용 접착제 :** 리본이나 포장지 등을 접착시킬 때 사용합니다.

03 **임시 고정용 스프레이풀 :** 리본이나 포장지 등을 고정시킬 때 사용합니다.

04 **종이커터기 :** 포장지를 자를 때 사용합니다.

05 **칼 :** 포장지를 자를 때 사용합니다.

06 **라이터 :** 리본의 끝처리를 할 때 사용합니다.

07 **철사 :** 리본의 모양을 내거나 묶어서 사용합니다.

08 **투명테이프 :** 리본이나 포장지 등을 고정시킬 때 사용합니다.

09 **자 :** 길이를 잴 때 사용합니다.

10 **핑킹 가위 :** 리본이나 포장지 끝 부분에 모양을 낼 때 사용합니다.

11 **가위 :** 리본이나 포장지 등을 자를 때 사용합니다.

12 **글루건 :** 리본이나 포장지 등을 고정시킬 때 사용합니다.

13 **스테플러 :** 리본이나 포장지 등을 고정시킬 때 사용합니다.

14 **리본플라워용 전기인두 :** 리본플라워를 할 때 주로 사용하며 열을 이용하여 리본에 볼륨을 표현합니다.

15 **양면테이프 :** 리본을 고정시키거나 모양을 만들 때 사용합니다.

16 **철사용 가위(혹은 니퍼) :** 철사를 자를 때 사용합니다.

01
02
14
3M
75
그래픽 아트
03
15
01
04
05
06
07
08
09
10
11
12
13

Part 02

선물포장의 기본 기법

01 앞뒤가 같은 리본의 나비묶음

DVD 선물포장 기본 기법

1 리본으로 상자를 둘러줍니다.

2 위에 놓인 리본을 아래쪽에 놓인 리본 밑으로 끼워 당겨줍니다.

3 아래쪽 리본을 둥그렇게 접어 위쪽 리본 방향으로 놓습니다.

4 위쪽의 리본을 가운데로 가져와 중심 아래쪽으로 내려주세요.

5 아래쪽 리본을 잡고 있던 오른손 검지가 놓인 구멍으로 위쪽 리본의 중간을 끼워서 당겨줍니다.

6 리본의 크기를 조절해 가면서 매듭을 단단히 묶어주고 엄지와 중지를 이용해 리본의 볼륨을 살려주세요.

7 리본 다리는 리본 머리보다 약간 길게 뺀 후 비스듬히 잘라줍니다.

8 앞뒤가 같은 리본의 나비묶음이 완성되었습니다.

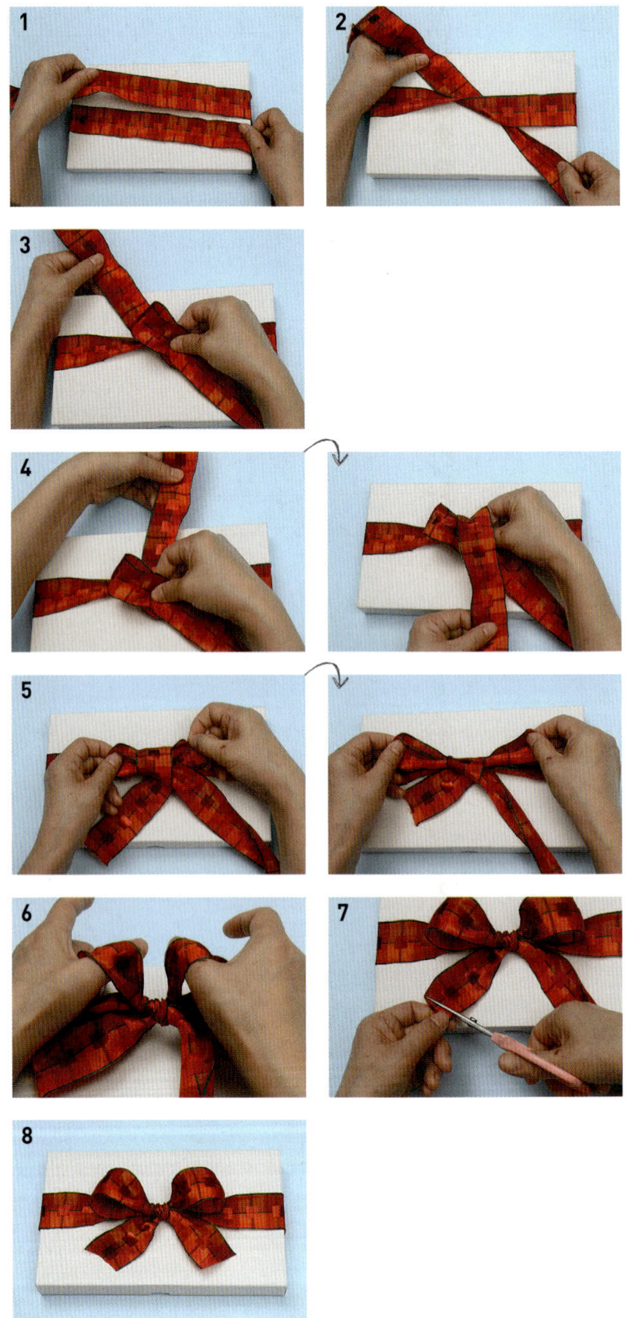

02 앞뒤가 다른 리본의 나비묶음

DVD 선물포장 기본 기법

1 리본으로 상자를 둘러줍니다.

2 위에 놓인 리본을 아래쪽에 놓인 리본 밑으로 끼워 당겨줍니다. 이때 당겨 위로 올라온 리본은 리본의 뒷면, 아래쪽에 내려온 리본은 리본의 앞면이 되도록 합니다.

3 아래쪽 리본을 위쪽 리본 방향으로 둥그렇게 접어 올려줍니다.

4 위쪽 리본도 앞면이 나오도록 반을 접어주세요.

5 위쪽 리본으로 중심에서 감아 돌려 오른쪽 검지가 놓인 구멍 쪽으로 빼주세요.

6 양손으로 당기어 서로 묶어줍니다.

7 왼쪽 리본 머리를 감고 있는 왼쪽 다리를 리본 머리 뒤쪽에서 앞쪽으로 한 바퀴 돌려줍니다.

8 감겨있던 다리가 풀어졌습니다.

9 리본 머리를 상자 크기에 맞게 조절하고(보통 상자 폭의 70~90%) 매듭을 단단히 매줍니다.

10 리본 머리 안쪽에 엄지와 중지를 넣어 리본을 당겨주면서 볼륨을 넣어줍니다.

11 리본 다리를 리본 머리보다 약간 길게 뺀 후 비스듬히 잘라주세요.

12 앞뒤가 다른 리본의 나비묶음이 완성되었습니다.

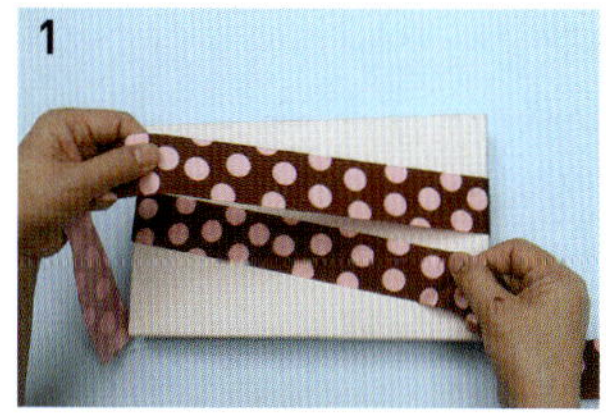

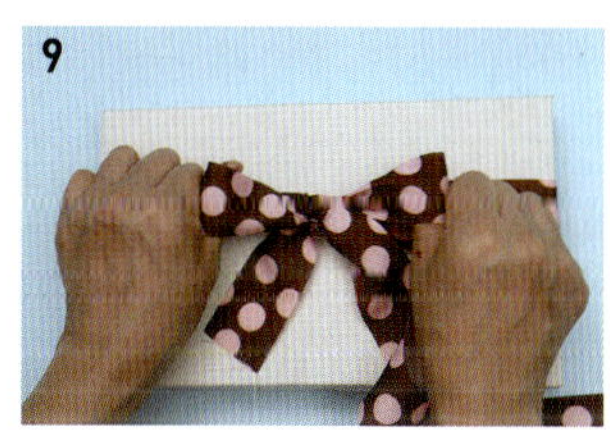

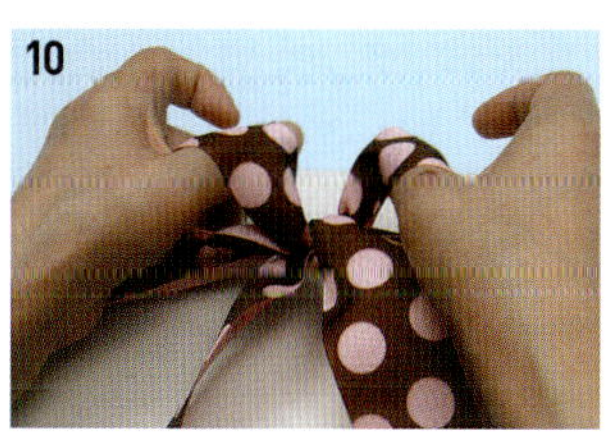

03 가로, 세로 일자걸기, 십자걸기 DVD 선물포장 기본 기법

가로 일자걸기

1 상자에 리본을 한 바퀴 두르고 V자가 되도록 겹칩니다.

2 위에 놓인 리본을 아래쪽에 놓인 리본 밑으로 끼워 당겨줍니다.

3 나비묶음을 해주면 가로 일자걸기가 완성되었습니다.

세로 일자걸기

1 리본을 세로로 한 바퀴 두릅니다.

2 리본을 교차시켜 감아 리본 밑으로 끼워 빼낸 뒤 나비묶음을 해줍니다.

3 세로 일자걸기가 완성되었습니다.

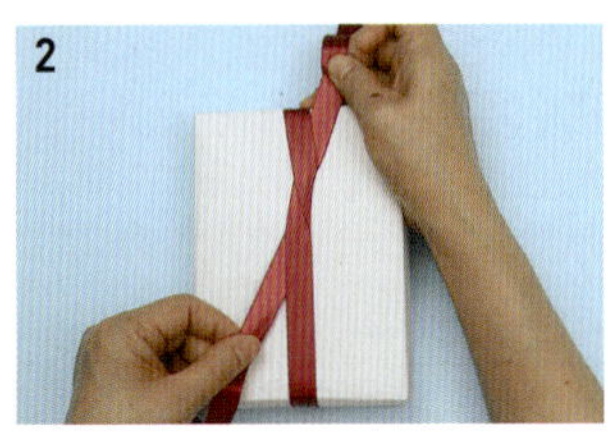

십자걸기

1 리본을 한 바퀴 둘러줍니다.

2 가운데서 리본을 90도 틀어서 열십자(+)로 교차시켜줍니다.

3 계속해서 리본을 세로로 한 바퀴 돌려줍니다.

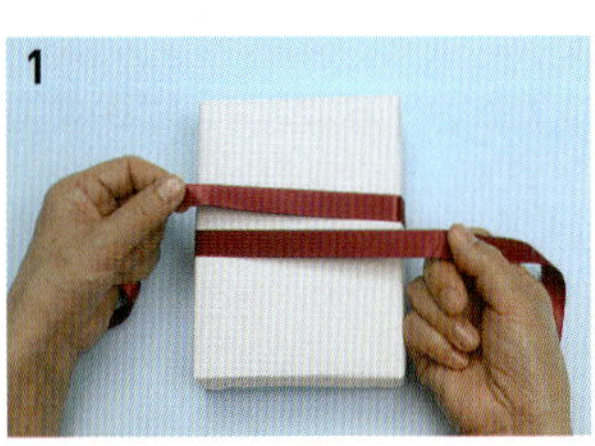

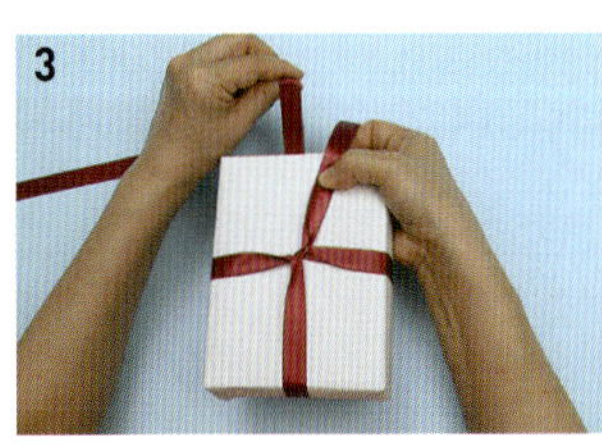

4 리본이 교차했던 위치로 다시 돌아옵니다.

5 처음부터 오른손으로 잡고 있던 위쪽의 짧은 리본을 왼손으로 바꿔 잡고 아래쪽으로 향하고 있는 긴 리본을 감아 교차된 리본 밑으로 끼워주세요.

6 대각선 위쪽으로 빼내 당겨줍니다.

7 대각선 방향으로 놓인 리본으로 나비묶음을 해주세요.

8 십자걸기가 완성되었습니다.

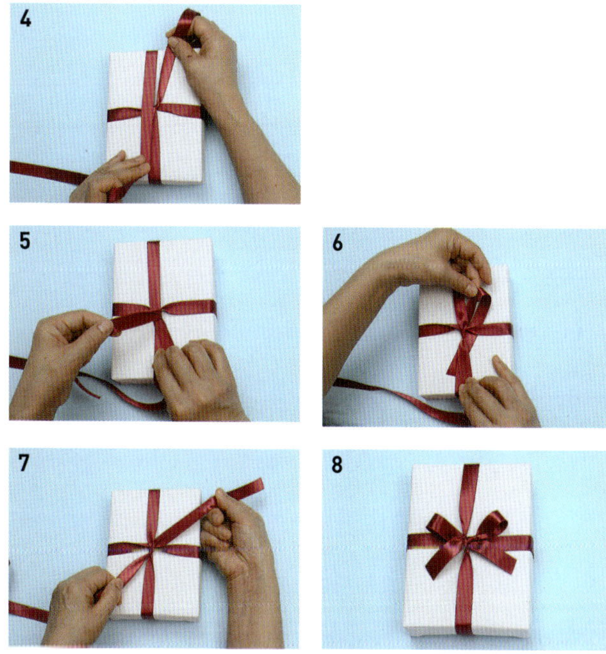

04 사선, 마름모걸기 DVD 선물포장 기본 기법

사선걸기

1 리본을 상자의 위쪽 중심에서 왼쪽 아래 방향의 사선으로 내립니다.

2 상자 뒤로 돌려 상자의 아래쪽 중심으로 내려줍니다.

3 다시 중심에서 위쪽으로 올려서 오른쪽 옆쪽 사선 방향으로 가져갑니다.

4 오른쪽 옆에서 뒤로 돌려 처음의 사리로 돌아옵니다.

5 리본을 묶어준 뒤 나비묶음을 해줍니다.

6 사선걸기가 완성되었습니다.

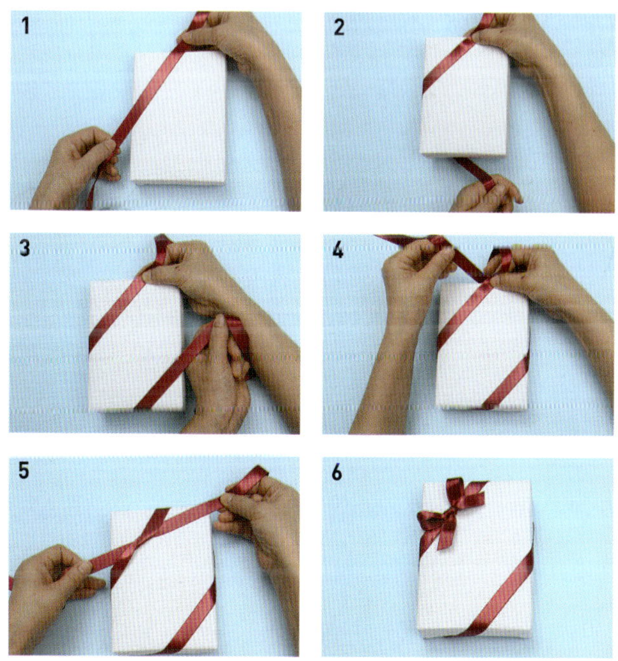

마름모걸기

1 사선걸기를 하여 위에서 리본을 교차시킵니다.

2 리본을 오른쪽 아래로 비스듬히 내려 뒤쪽으로 돌려서 아래 중심 쪽으로 가져옵니다.

3 다시 위로 오면 왼쪽 뒤로 돌립니다.

4 제자리로 돌아옵니다.

5 오른손으로 잡고 있던 처음의 리본을 왼손으로 바꿔 잡고 상자 위에 놓습니다.

6 세 줄의 리본을 한꺼번에 돌려주어 리본 밑으로 끼워 위쪽으로 빼낸 뒤 나비묶음을 해줍니다.

7 마름모걸기가 완성되었습니다.

TIP

사선걸기는 33쪽을 참고하세요

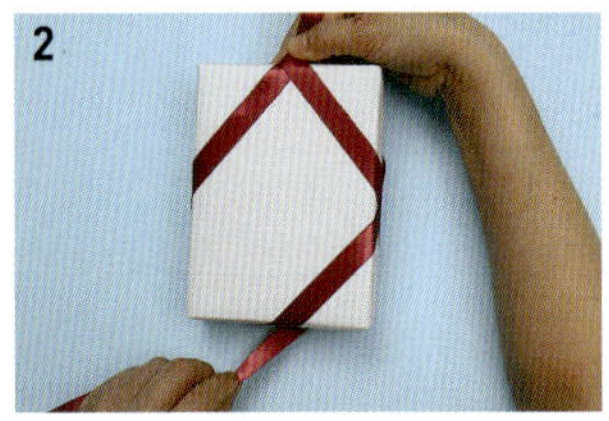

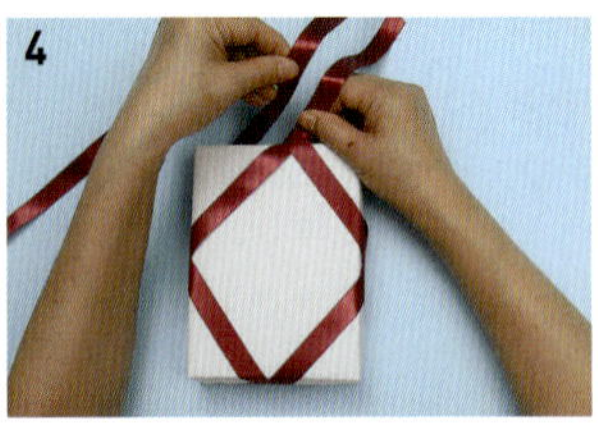

05 V자, X자, Z자걸기

DVD 선물포장 기본 기법

V자걸기

1 리본을 세로 방향으로 앞에서 뒤로 한 바퀴 둘러줍니다.

2 다시 한 바퀴를 돌려줍니다.

3 오른손으로 잡고 있던 위쪽의 짧은 리본으로 상자를 두르고 있는 두 줄의 리본을 한꺼번에 감아 끼워 위쪽으로 빼냅니다.

4 나비묶음을 해줍니다.

5 아랫부분의 리본을 엎어진 V자 형태로 벌려줍니다.

6 V자걸기가 완성되었습니다.

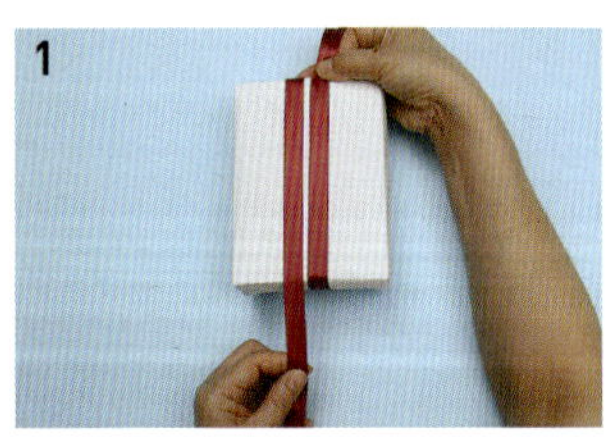

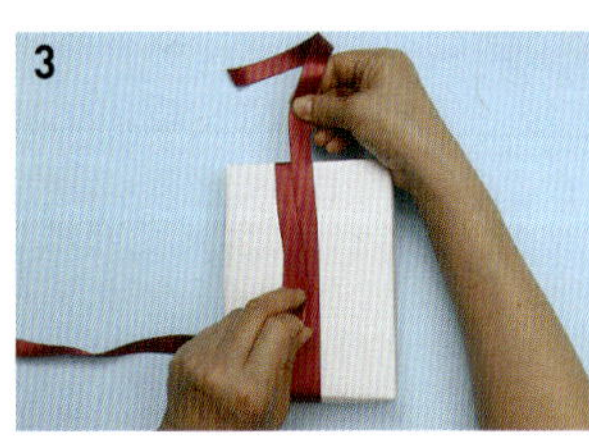

X자걸기

1 V자걸기를 합니다.

2 나비묶음이 중심으로 오도록 내려줍니다.

3 위아래 겹쳐진 리본을 V자 모양으로 각각 벌려주어 X자 형태가 되게 합니다.

4 X자걸기가 완성되었습니다.

Z자걸기

1 리본을 상자의 위쪽 중심에서 왼쪽으로 비스듬히 내립니다.

2 사선걸기를 합니다.

3 계속해서 리본을 세로 방향으로 한 바퀴 돌려줍니다.

4 오른손으로 잡고 있던 처음의 리본을 왼손으로 잡고 왼쪽으로 돌려 상자 위의 세 줄의 리본을 한꺼번에 감아 리본 밑으로 끼워 넣습니다.

5 위쪽으로 빼낸 뒤 나비묶음을 해줍니다.

6 Z자걸기가 완성되었습니다.

06 캐러멜 포장지 재단하기 DVD 작품

세로 길이 재단

1 포장지 위에 상자를 놓습니다.

2 상자 두께(높이)의 3/4 정도로 여유를 남기고 자릅니다.

1

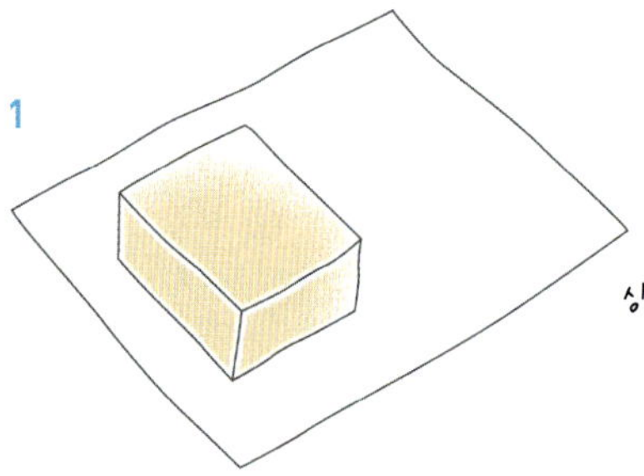

2

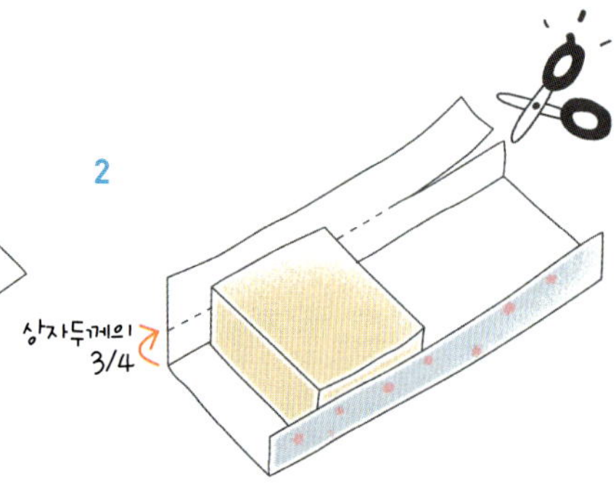

가로 길이 재단

3 상자를 한 번 두르고 3cm 정도의 여유를 남기고 자릅니다.

4 캐러멜 포장의 포장지 재단을 완성하였습니다.

5 캐러멜 포장을 완성한 그림입니다.

3

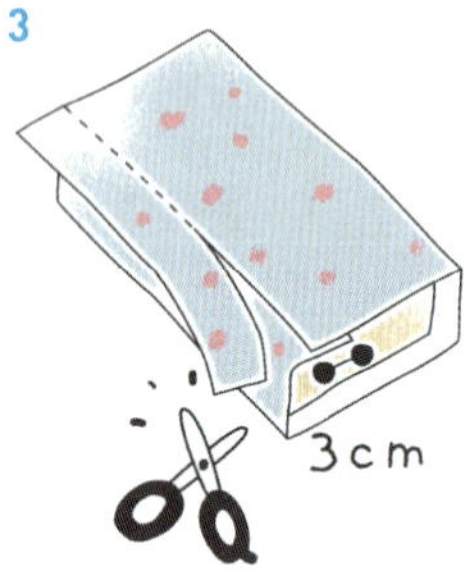

TIP 실제 포장지를 재단할 경우에는 자르는 선을 접어서 칼로 깨끗이 자릅니다.

4

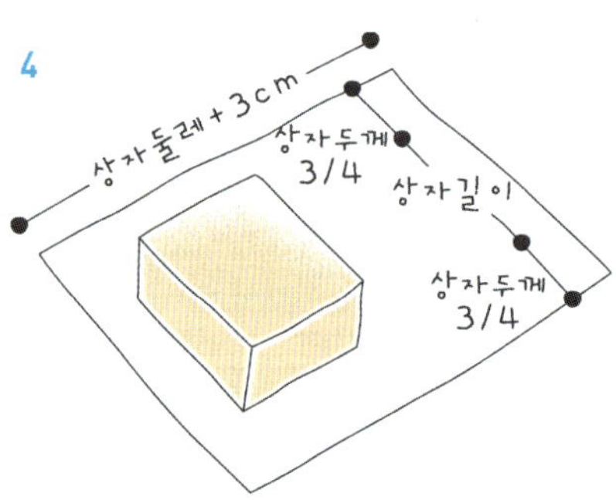

5

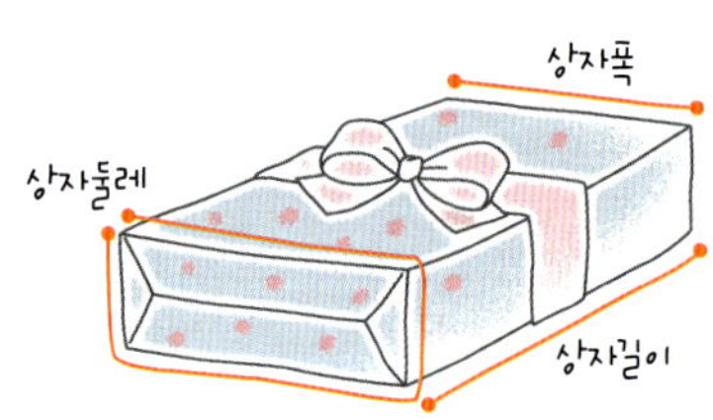

07 정사각 포장지 재단하기 DVD 작품

가로 길이 재단

1 포장지에 상자를 놓습니다.

2 정사각 상자의 아래 위 두 폭과 높이를 합한 길이만 남기고 나머지는 잘라냅니다.

1

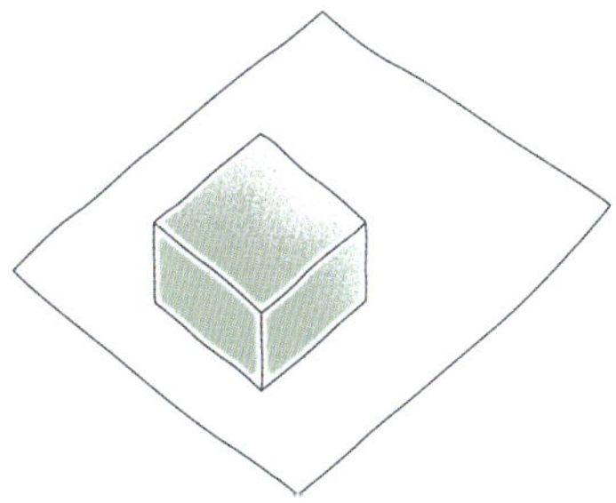

2

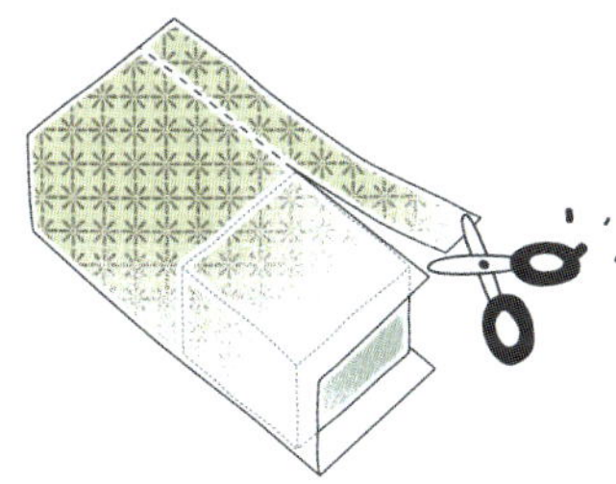

세로 길이 재단

3 포장지의 가로 길이와 같은 길이로 정사각형이 되도록 자릅니다.

4 정사각 포장의 포장지 재단을 완성하였습니다.

3

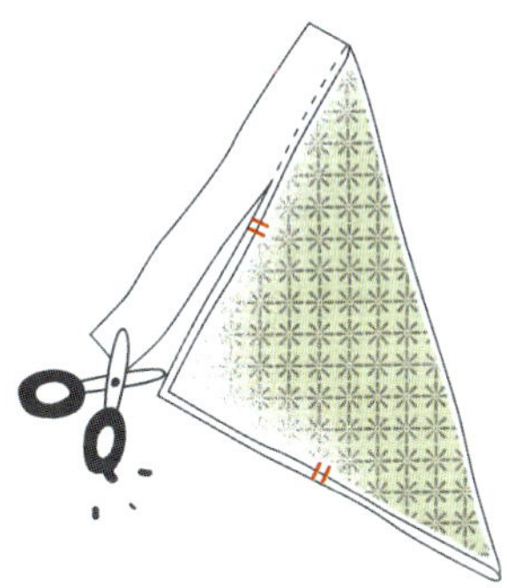

4

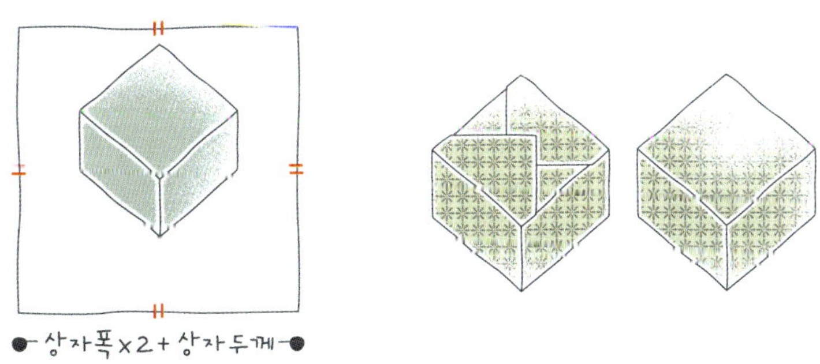

08 회전 포장지 재단하기 DVD 작품

1 상자의 세 꼭짓점은 포장지 안쪽으로, 나머지 하나의 꼭짓점은 포장지 밖으로 나오게 비스듬히 놓습니다.

2 대각선 방향으로 상자를 굴려서 상자 두께에 여유(2~3cm)를 준 만큼만 남기고 자릅니다.

3 회전 포장의 포장지 재단을 완성하였습니다.

TIP 회전 포장은 종이를 일부러 재단해서 포장하기보다 이미 준비된 포장지로 상자를 쌀 수 있는지 확인한 뒤 포장할 때 많이 이용한답니다.

1

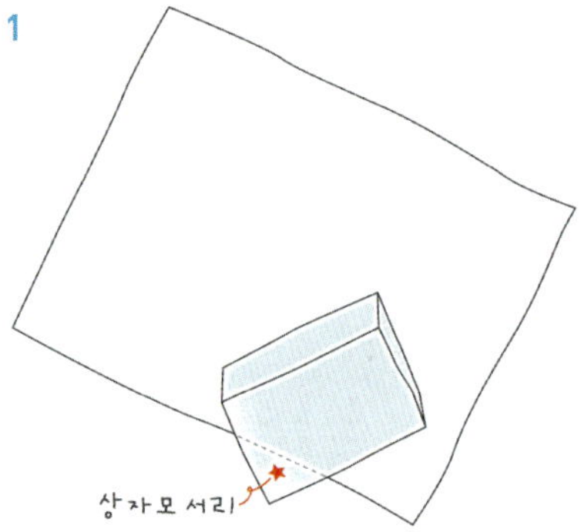

2

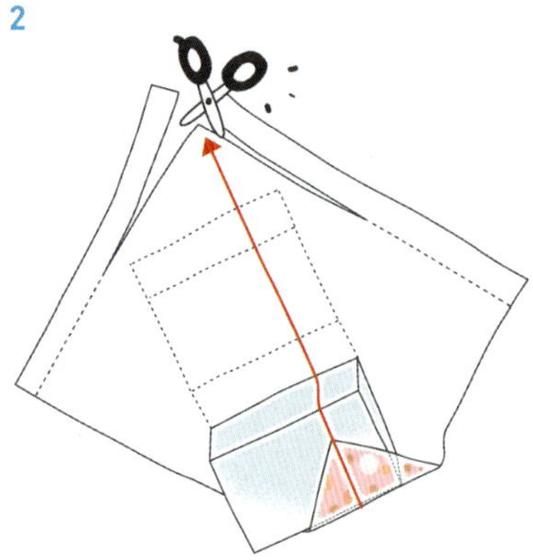

3

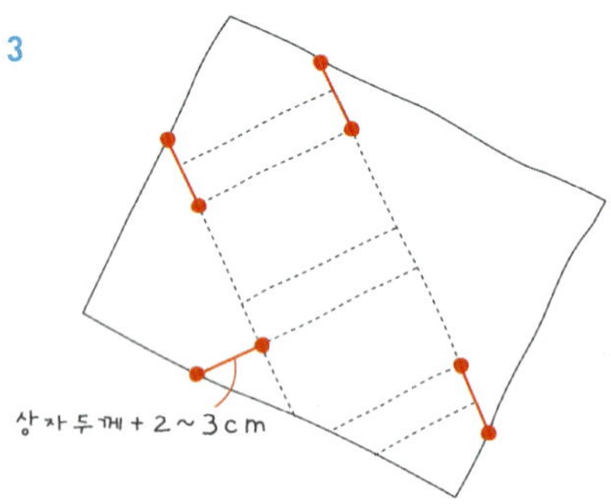

09 사각 상자 DVD 선물포장 기본 기법

사각 상자 만들기

1 208쪽의 도안을 이용하여 상자를 만들기 위해 준비한 골판지를 재단합니다.

2 상자 뚜껑의 풀붙이는 곳과 상자의 경계선(네 군데)을 가위로 잘라냅니다.

3 접는 선을 따라 안 나오는 볼펜이나 칼등으로 접은 선을 눌러줍니다.

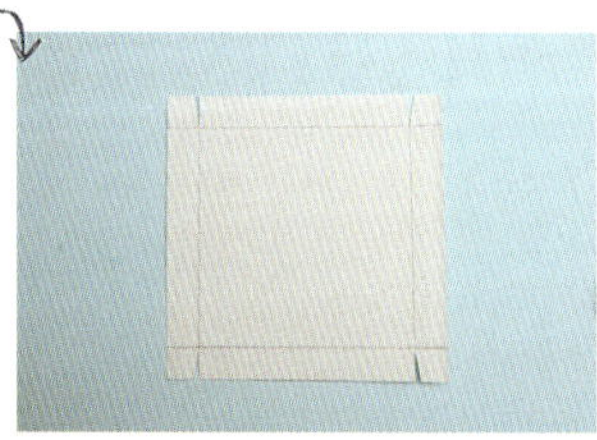

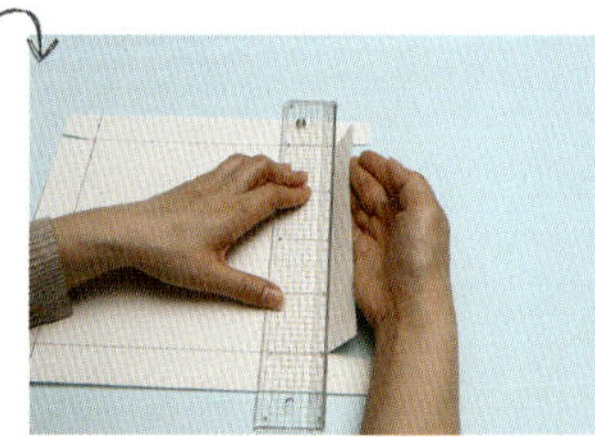

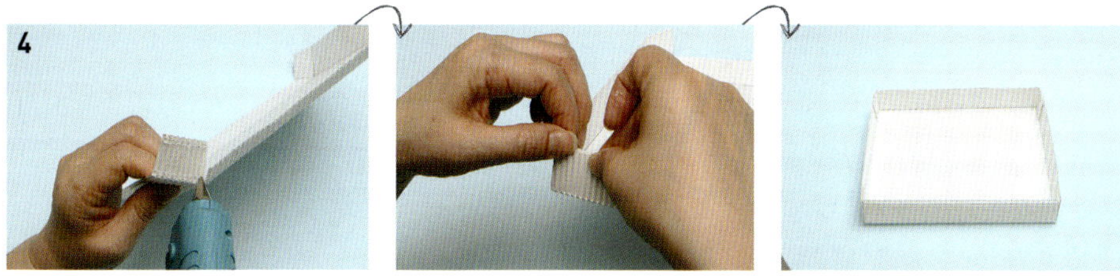

4 글루건을 이용해 풀 붙이는 곳에 재빠르게 붙여주고 네 곳의 각을 만들어 뚜껑을 완성합니다.

5 밑상자도 같은 방법으로 만들어 사각 상자를 완성하였습니다.

사각 상자 꾸미기

6 상자 길이보다 20cm 정도 더 긴 리본을 4개 준비하여 한쪽 끝에 양면테이프를 붙여줍니다.

7 뚜껑 안쪽 중앙에 리본을 각각 붙여줍니다.

8 서로 마주보는 좌우 리본을 뚜껑 위에서 묶어줍니다.

9 아래쪽 리본을 둥그렇게 접어 올려 나비묶음을 합니다.

10 남아있는 상하 리본도 앞에서 묶어준 리본 아래서 묶어줍니다.

11 먼저 묶은 리본과 90도 방향이 되도록 나비묶음을 하고, 리본 크기와 다리를 정리해주세요.

12 리본으로 꾸며준 사각 상자가 완성되었습니다.

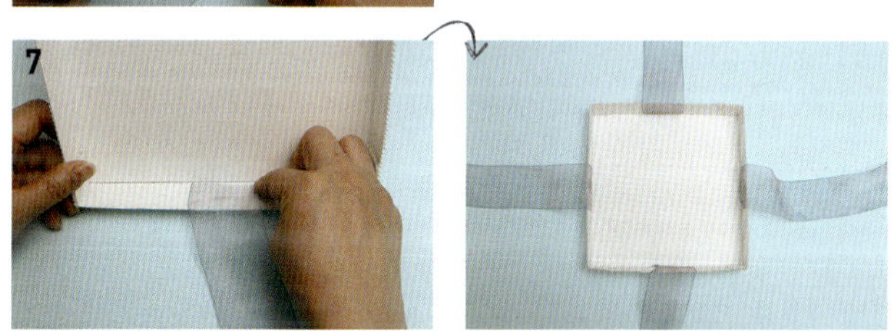

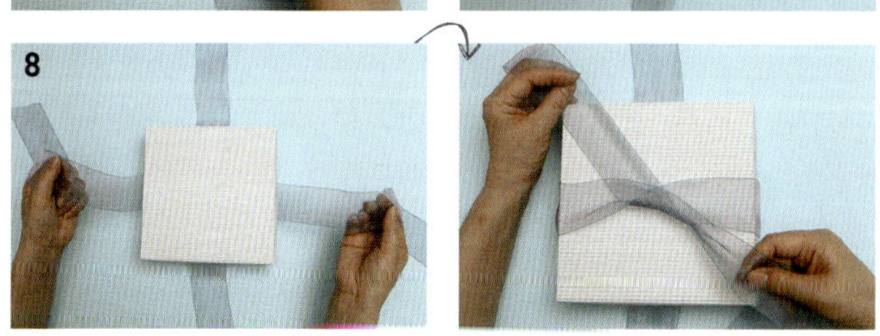

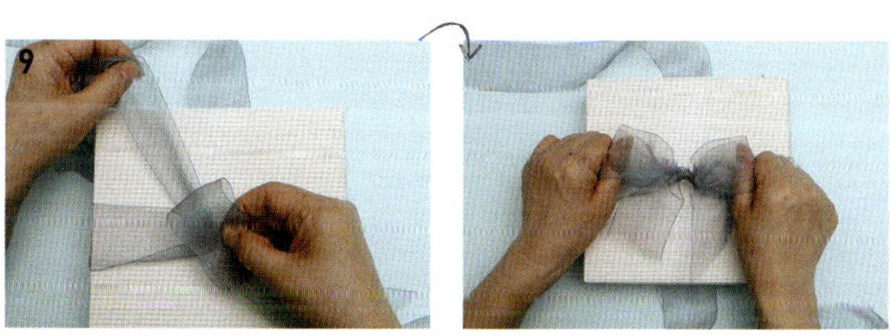

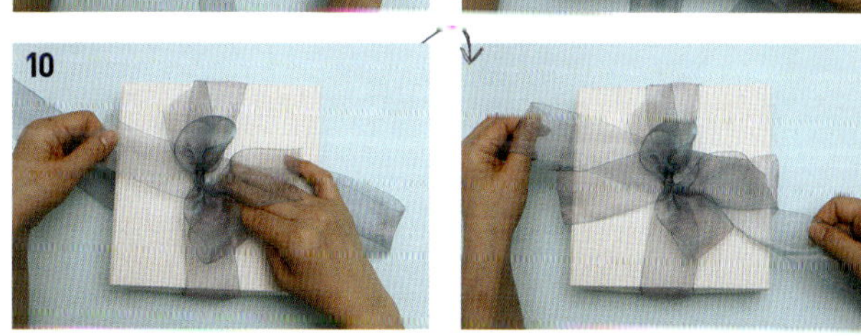

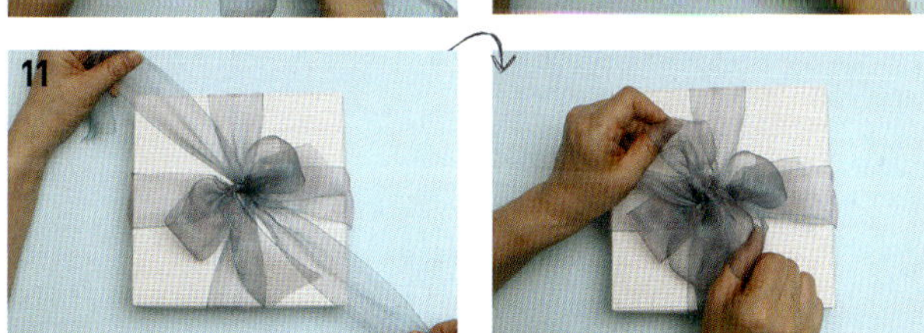

10 원형 상자 DVD 선물포장 기본 기법

원형 상자 만들기

1 부록의 도안을 이용하여 상자를 만들기 위해 골판지를 재단합니다.

2 뚜껑의 원형과 옆면이 90도로 맞물리게 놓고 글루건으로 조금씩 글루를 짜면서 붙여나갑니다.

3 옆면이 모자랄 경우에는 모자란 크기만큼 잘라서 메워주고 이음새를 투명테이프로 붙이거나 글루로 고정시켜 줍니다.

4 밑상자도 같은 방법으로 만들어 원형 상자를 완성하였습니다.

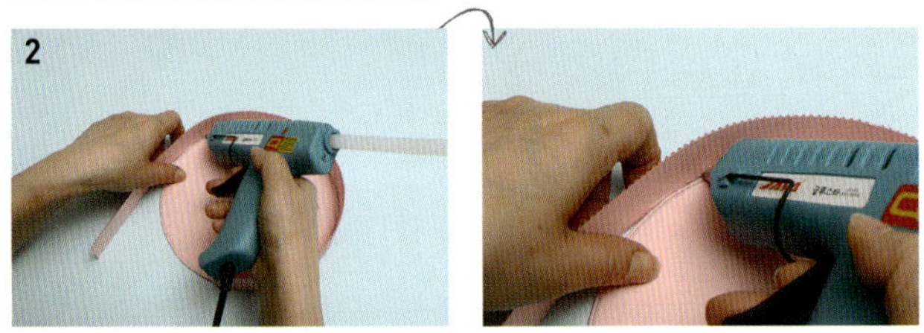

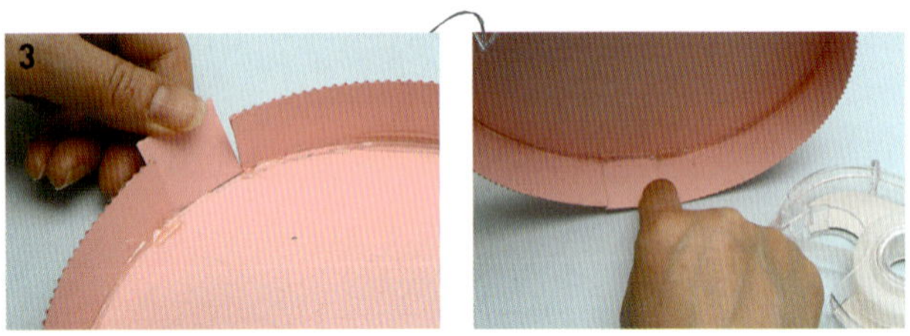

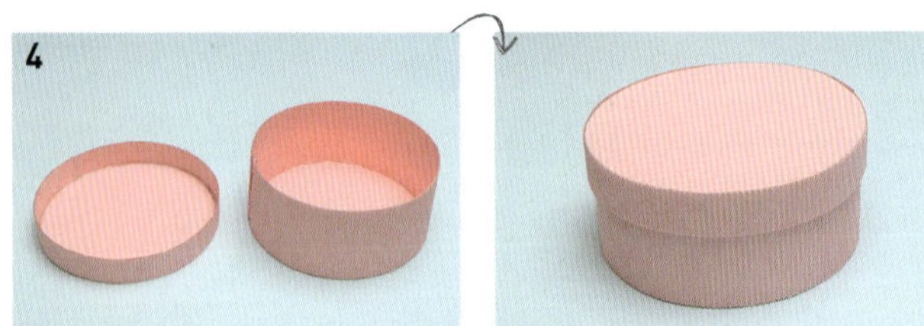

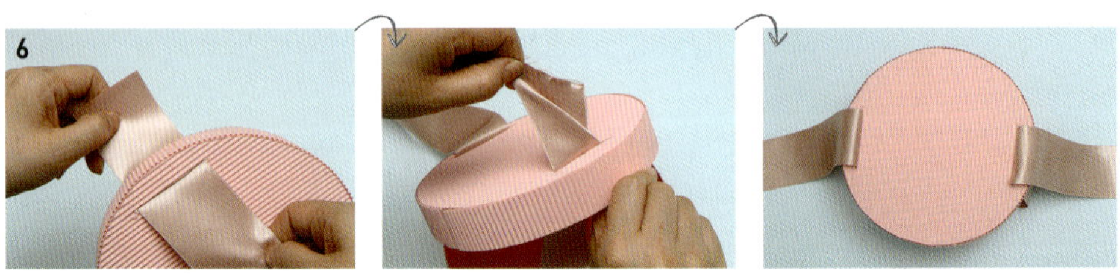

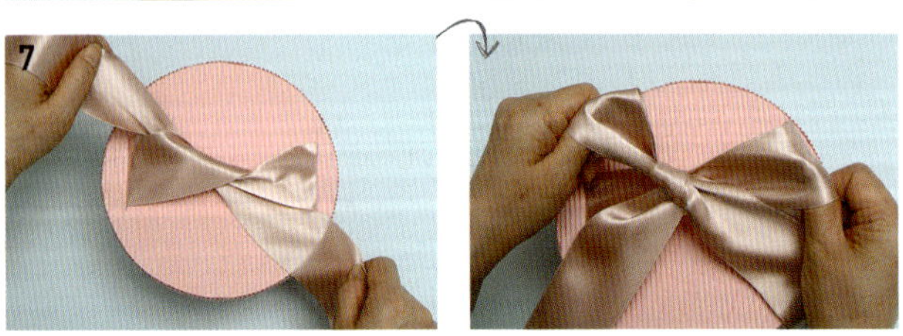

원형 상자 꾸미기

5 뚜껑에 리본 폭만큼 양쪽에 칼집을 냅니다.

6 리본의 양끝을 잡고 칼집에 끼운 뒤 밑상자를 덮은 다음 리본을 당겨줍니다.

7 원형 상자의 중심에서 나비묶음을 합니다.

8 다리를 적당히 길이로 잘라주고 모양을 정리해주세요.

9 리본으로 꾸민 원형 상자가 완성되었습니다.

11 하트 상자

하트 상자 만들기

1 부록의 도안을 이용하여 상자를 만들기 위해 골판지를 재단하여 하트 본과 폭이 6cm 짜리와 3cm 짜리 띠를 준비합니다.

2 하트의 움푹 들어간 곳부터 띠를 붙여나갑니다.

3 시작한 곳에서 끝날 수 있게 띠를 연결해서 붙이고 연결 부위는 투명테이프로 고정합니다.

4 뚜껑이 완성되었습니다.

5 밑상자도 같은 방법으로 만들어 하트 상자를 완성하였습니다.

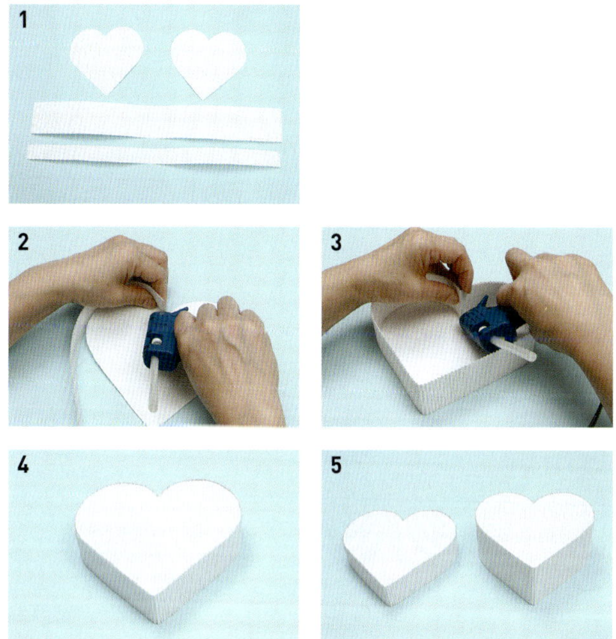

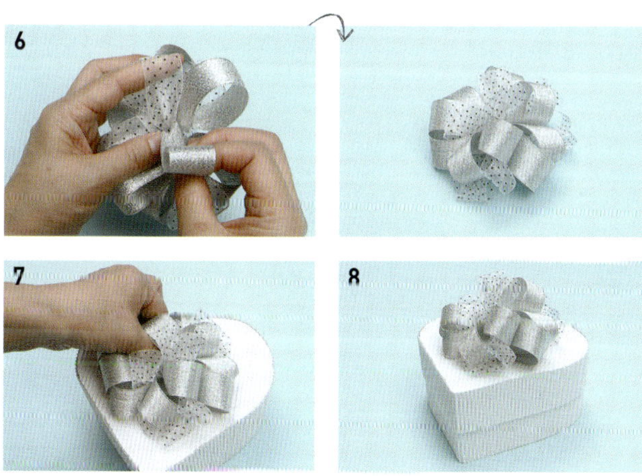

하트 상자 꾸미기

6 26mm 폭을 가진 두 가지 종류의 리본으로 폼폼보우를 만듭니다.

TIP 폼폼보우 237쪽을 참고하세요.

7 폼폼보우를 만든 다음 하트 상자 위에 글루건으로 고정해 주세요.

8 폼폼보우로 꾸민 하트 상자가 완성되었습니다.

Part 03

누구나 쉽게 배우는 기본 포장

01 사각 상자의 기본 포장법1
캐러멜 포장

02 사각 상자의 기본 포장법Ⅱ
정사각 포장

01 캐러멜 포장 DVD 작품

준비물 포장지 □ 리본 □
난이도 ★★★★★

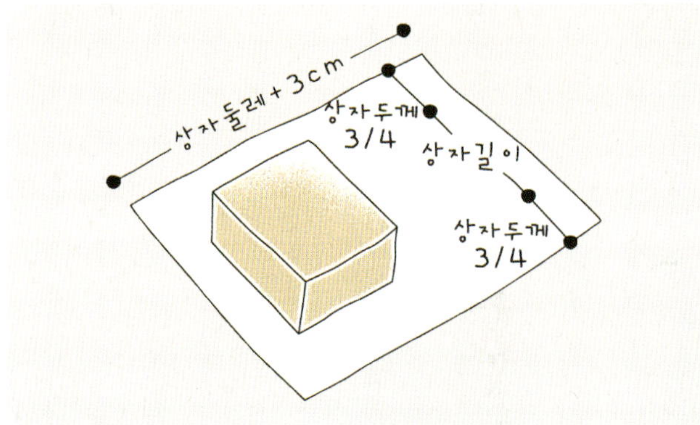

포장지 준비하기

01 캐러멜 포장에 알맞은 크기의 포장지를 준비합니다.

TIP
36쪽의 캐러멜 포장지 재단하기를 참고하세요.

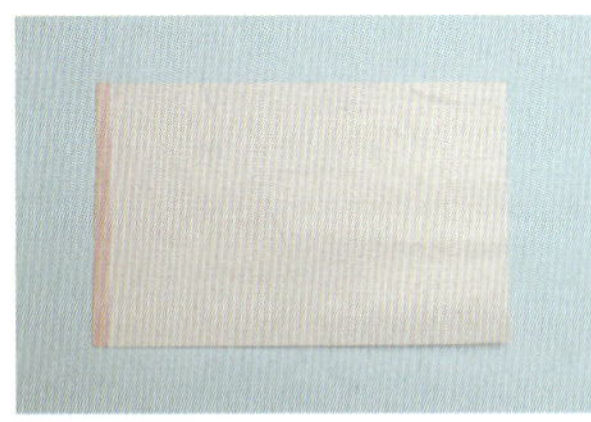

02 포장지 왼쪽을 안쪽으로 1cm 정도 접어줍니다.

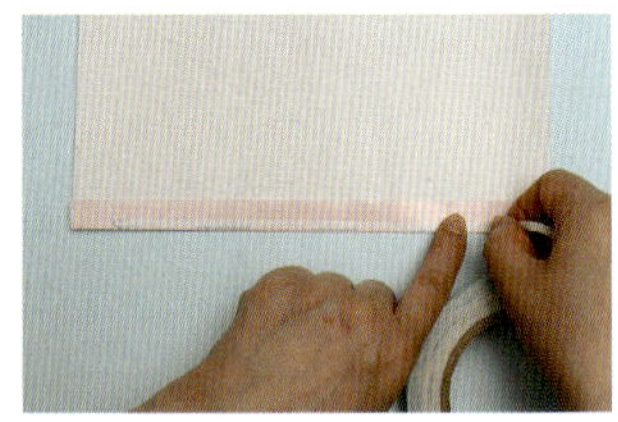

03 양면테이프를 상자 길이만큼 접은 선에 바짝 붙여주세요.

캐러멜 포장하기

04 상자를 중앙에 엎어 놓습니다.

05 왼쪽 포장지를 상자 위로 들어 올려 접은 선이 상자 중앙에 오도록 합니다.

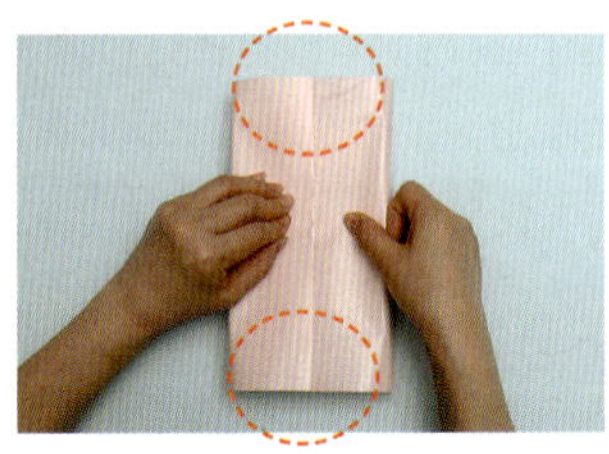

06 오른쪽도 마저 올려 위아래의 종이선이 맞도록 여며주세요.

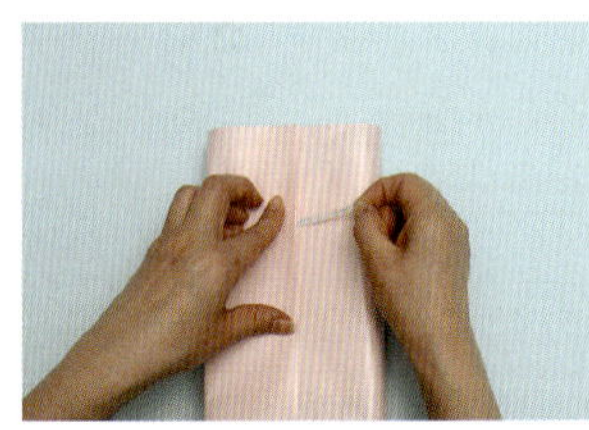

07 붙여 놓았던 양면테이프의 종이를 떼어가며 포장지를 서로 붙여줍니다.

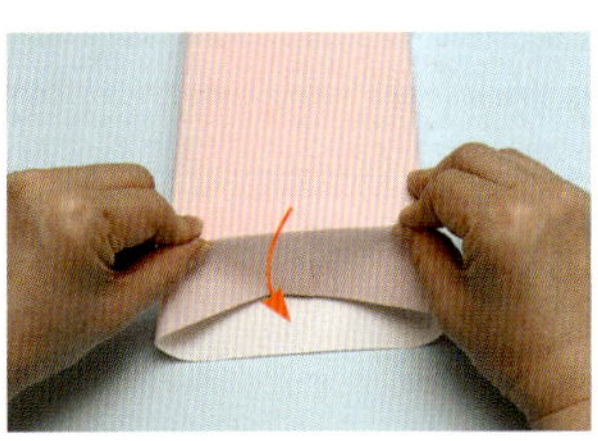

08 상자 아래쪽의 겹쳐진 종이를 상자 모서리에 맞추어 접어 내려줍니다.

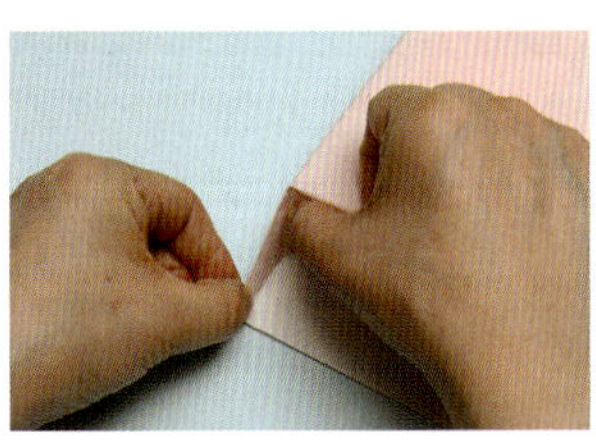

09 옆 모서리를 45도 각도의 삼각형으로 접습니다.

10 남은 쪽도 같은 방법으로 접어주세요.

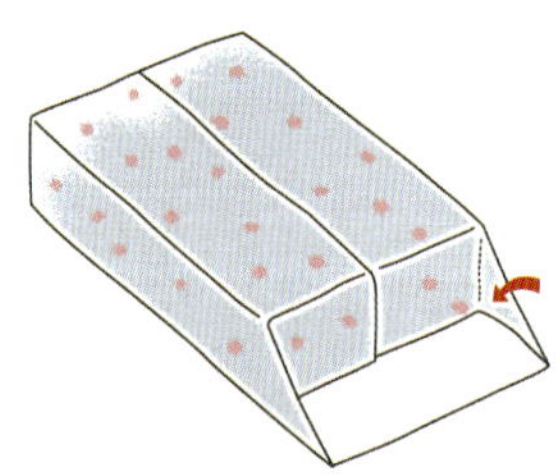

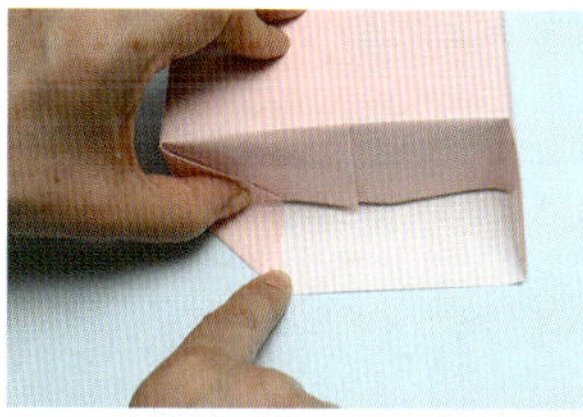

11 다시 아래쪽에 삼각형이 나오도록 45도로 접어줍니다.

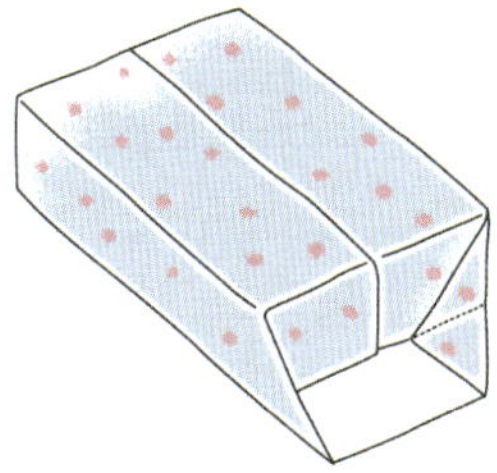

12 남은 쪽도 같은 방법으로 접어주세요.

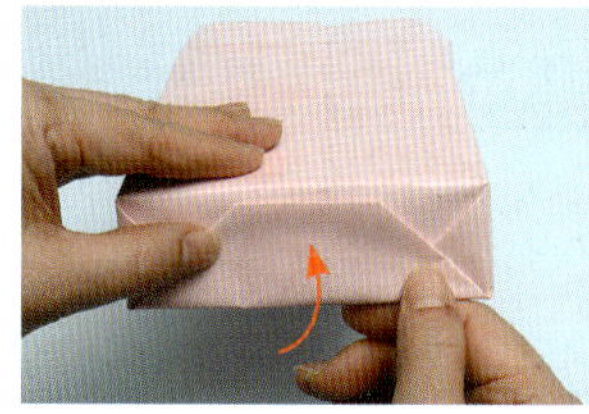

13 밑의 종이는 마저 접어 올립니다.

14 접은 선이 상자 밑면의 중심에 오도록 안쪽으로 접어주세요.

15 접은 선에 맞추어 양면테이프를 붙입니다.

16 양면테이프로 고정시킵니다.

17 캐러멜 포장이 완성됩니다.

나비묶음하기

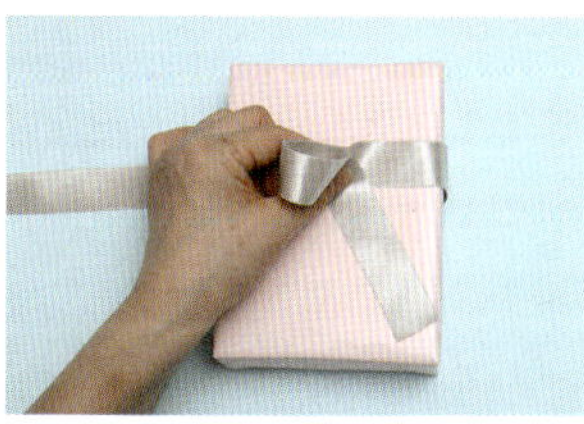

18 포장한 상자 가운데에서 보우의 한쪽 모양이 나올 길이만큼 남깁니다.

TIP 리본으로 상자를 두르기 전에 리본 머리와 다리가 나올 길이만큼 남기고 알맞은 위치에서 시작하는 것이 리본의 손실을 줄일 수 있어요.

19 리본으로 상자를 한 바퀴 둘러주세요.

20 상자 중심에서 리본을 묶어줍니다.

TIP 이때 묶어준 리본의 방향이 반대로 나와도 무방합니다.

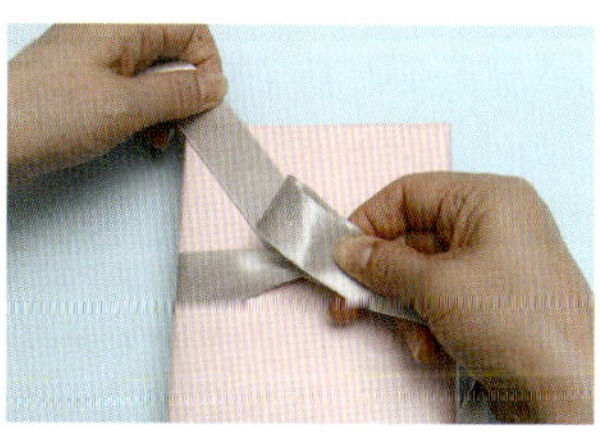

21 중심 아래쪽의 리본을 접어 올립니다.

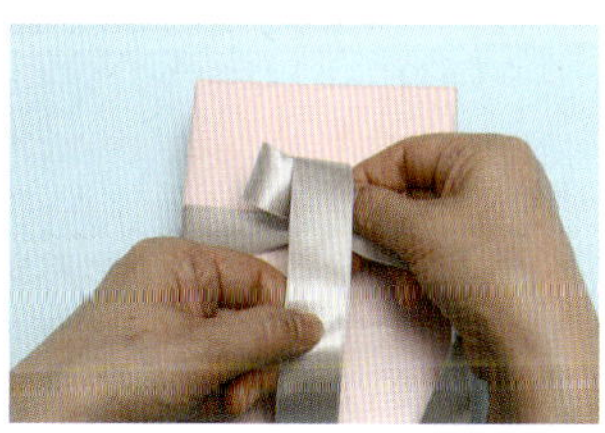

22 중심 위쪽의 리본으로 감아 내립니다.

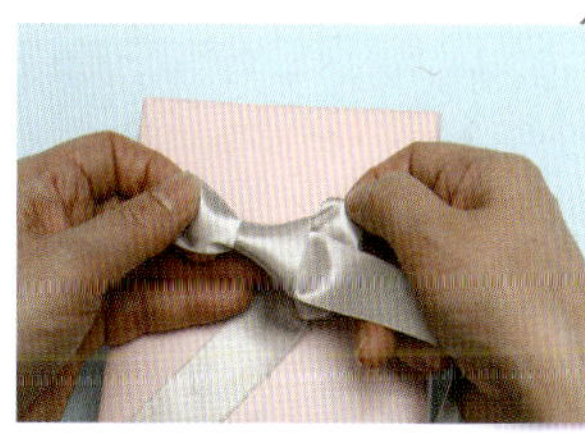

23 검지가 놓인 구멍 쪽으로 빼내면서 양손으로 당겨 묶어줍니다.

24 리본 머리 길이를 조정한 뒤 엄지와 중지로 볼륨을 세워 예쁘게 모양을 잡아주세요.

25 다리 길이를 리본 머리 길이보다 약간 길게 잘라줍니다.

26 나비묶음을 이용한 캐러멜 포장이 완성되었습니다.

02 정사각 포장 DVD 작품

준비물 포장지 ☐ 리본 ☐

난이도 ★★★★★

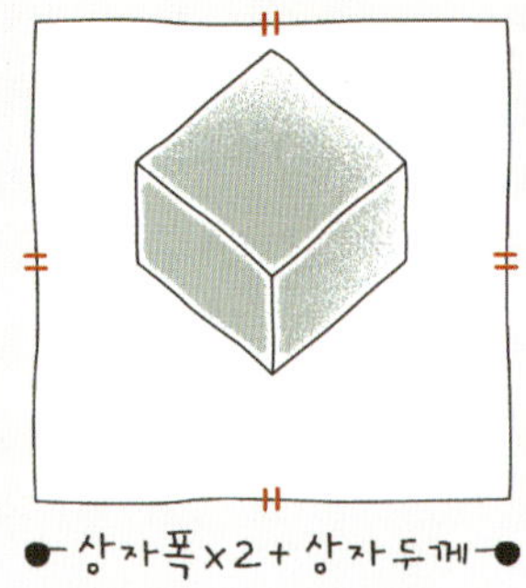

포장지 준비하기

01 정사각 포장에 알맞은 크기의 포장지를 준비합니다.

02 한쪽 끝에 양면테이프를 붙여 줍니다.

TIP
37쪽의 정사각 포장 재단법 참고하세요.

정사각 포장하기

03 중앙에 상자를 엎어 대각선 방향으로 놓습니다.

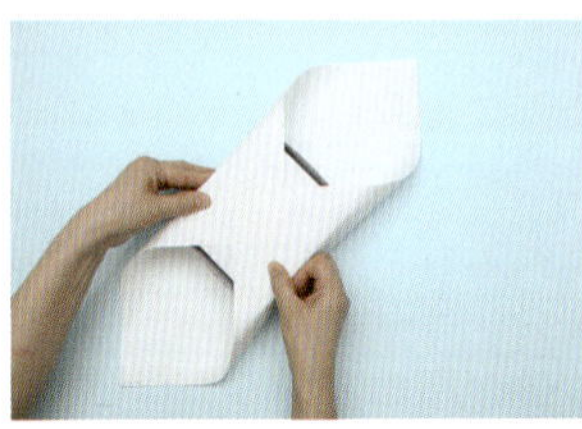

04 양면테이프를 붙인 쪽과 맞은편의 포장지를 상자 위로 올립니다.

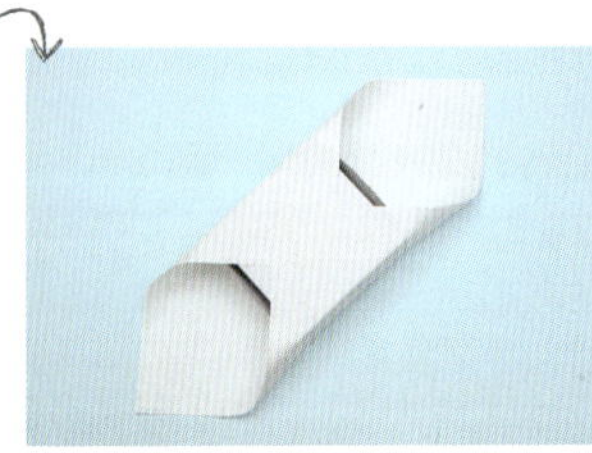

05 팽팽히 당긴 후 양면테이프로 서로 고정시켜주세요.

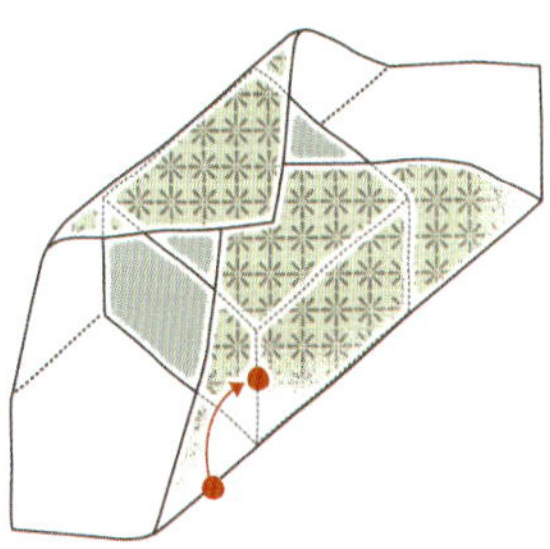

06 눕혀진 부분은 모서리 선에 맞추기 위해 오른쪽의 남아있는 포장지를 오른손 엄지로 끼워 넣습니다.

07 포장지를 들어 올려 모서리 선에 맞추어 접어주세요.

08 왼쪽도 모서리 선에 맞추어 마저 접습니다.

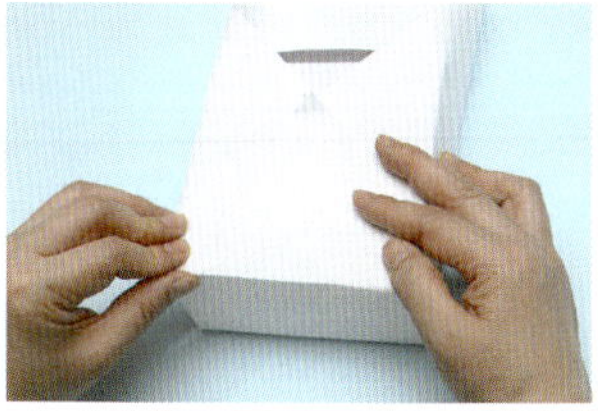

09 포장지 끝을 위로 올려줍니다.

10 맞은편의 포장지도 같은 방법으로 접어 올려주세요.

11 위로 접어 올린 끝을 양면테이프로 서로 고정합니다.

12 상자 방향을 뒤집어 주면 완성입니다.

십자걸기하기

13 리본을 가로로 한 바퀴 둘러주세요.

14 두 리본을 90도로 교차시킨 후 아래로 내려줍니다.

15 세로 방향으로 한 바퀴 둘러줍니다.

TIP

십자걸기는 32쪽을 참고하세요.

16 중심에서 오른손으로 잡고 있던 리본으로 세로로 내려준 리본을 옆으로 감아줍니다.

17 오른손으로 잡고 있던 리본을 교차된 리본 밑으로 끼워주세요.

18 대각선 방향 위쪽으로 빼주세요.

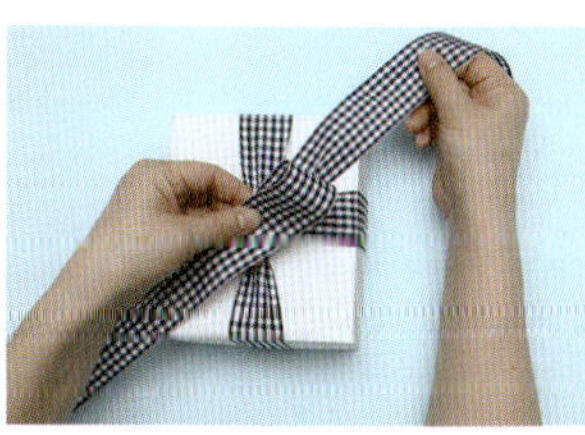

19 아래쪽 리본을 위쪽 방향으로 접어 올립니다.

20 위에 있던 리본으로 감싸줍니다.

21 왼손 검지가 놓인 구멍으로 리본 중간을 끼워주세요.

22 양손으로 당겨 묶어주세요.

23 리본 모양을 정리하고 리본의 다리를 잘라주세요.

24 십자걸기한 사각 상자 포장이 완성되었습니다.

03 빠르고 쉽게 하는 포장법,

회전 포장

03 회전 포장 DVD 작품

준비물 포장지 □ 리본 □ 철사 □

난이도 ★★★★★

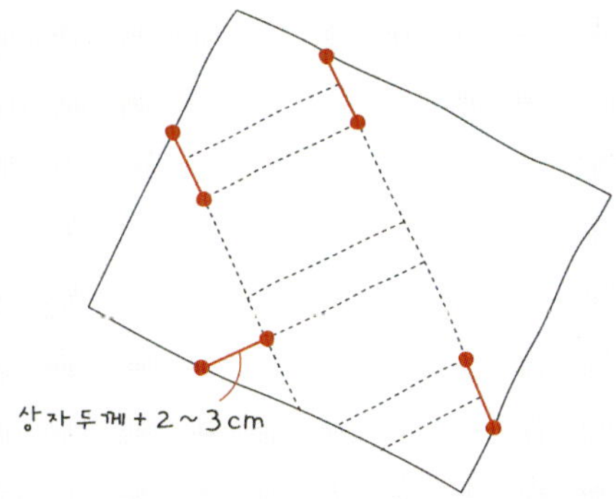

포장지 위치 잡기

01 재단한 포장지 위에 상자의 왼쪽 꼭짓점이 포장지 바깥쪽으로 나오도록 놓습니다.

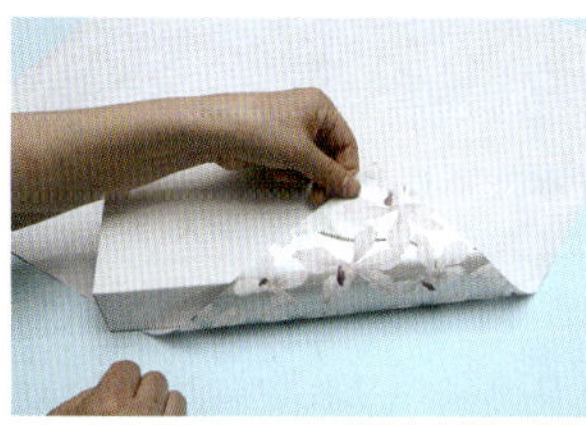

02 오른쪽 꼭짓점은 앞 종이로 감쌉니다.

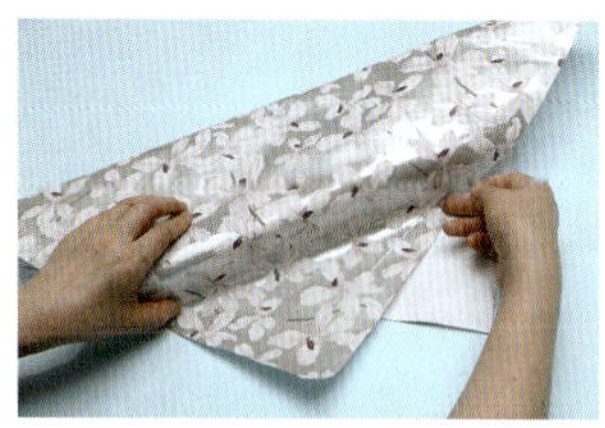

03 맞은편 종이를 덮어 앞면을 가릴 수 있는 위치에 상자를 놓습니다.

회전 포장하기

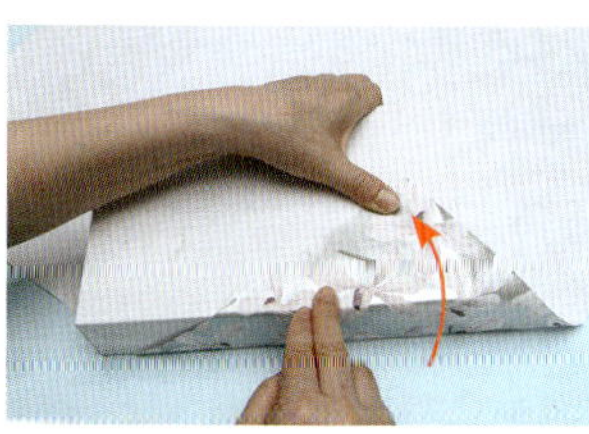

04 상자 놓을 위치를 정해 앞 종이를 들어 올려주세요.

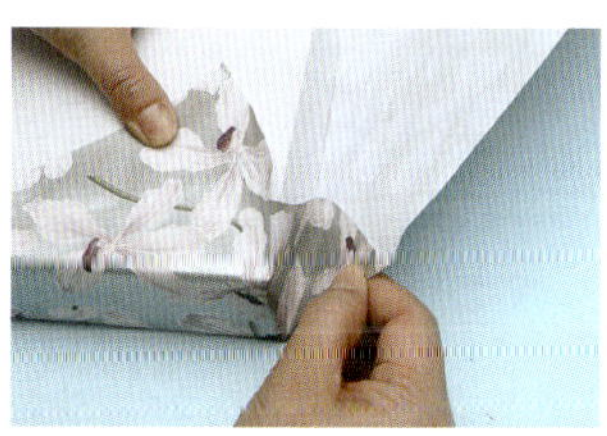

05 오른쪽 포장지를 직사각 포장처럼 상자 모서리에 맞추어 끼워 넣어주세요.

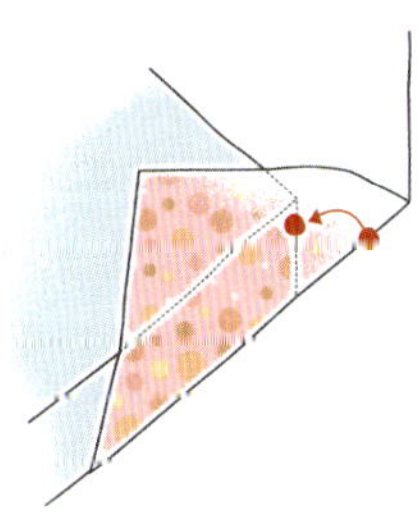

06 아래쪽 접힌 선을 모서리 선에 맞추어 접어 올려줍니다.

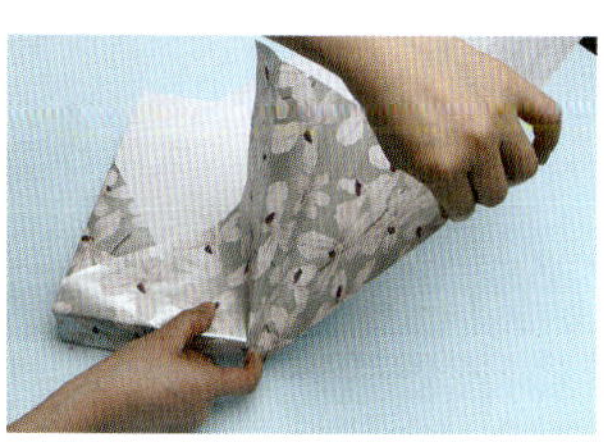

07 상자 건너편 포장지도 아래쪽 접힌 선이 모서리 선에 맞게 끼워 넣으면서 들어 올립니다.

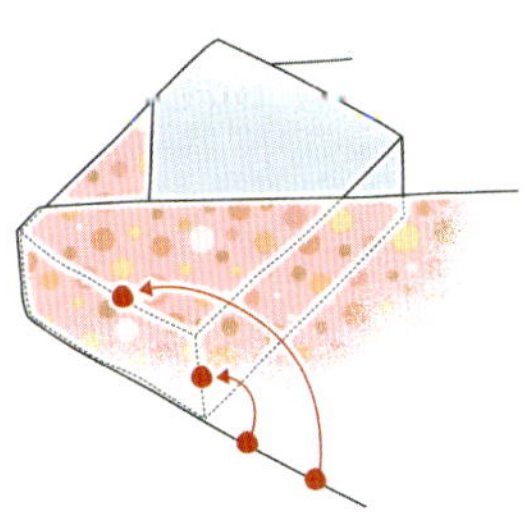

08 잡고 있던 부분들이 흐트러지지 않게 조심하면서 눕혀 있던 상자를 세워줍니다.

09 포장지를 잘 정돈하여 접어줍니다.

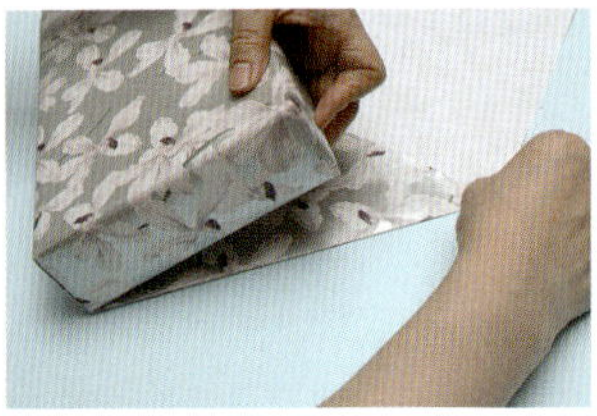

10 세웠던 상자를 다시 엎어줍니다. 이때 접힌 선이 상자 옆선에 맞도록 정돈하면서 접어주세요.

11 왼쪽 꼭짓점 부분에서 다시 모서리 선에 맞게 끼워 넣어 접어줍니다.

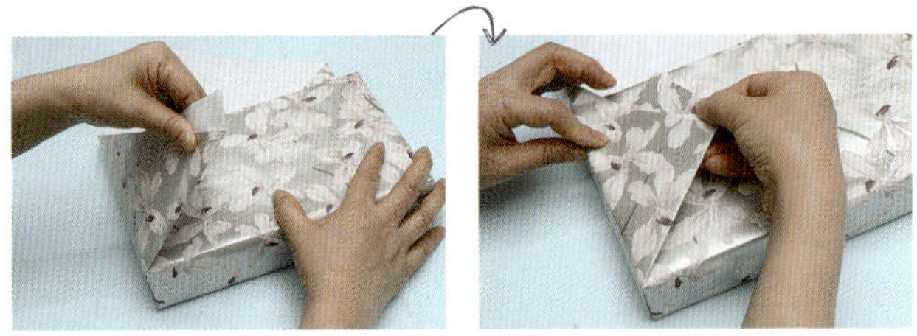

12 위쪽으로 올려 준 다음 접어 올린 포장지를 비스듬히 안쪽으로 접어 넣습니다.

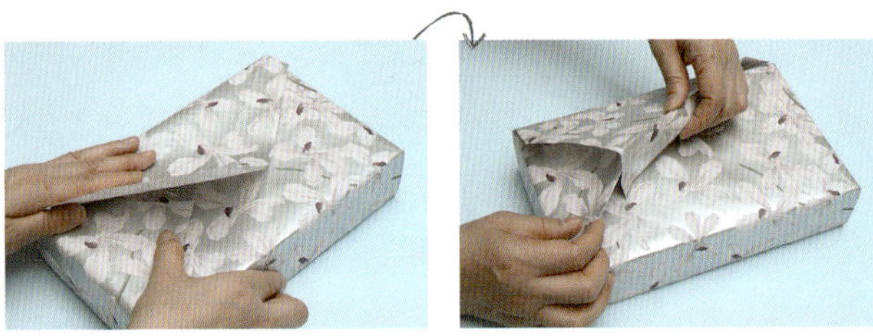

13 마지막 남아있는 포장지도 들어 올려 접은 다음 붙이거나 끼워줍니다.

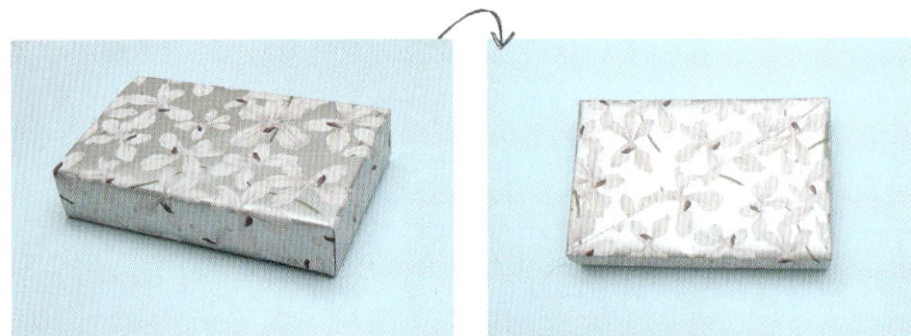

14 회전포장이 완성되었습니다.

더블나비보우 만들기

15 리본을 둥그렇게 잡고 다리 부분을 교차시킵니다.

16 둥근 부분의 가운데를 잡아 교차한 곳으로 가져옵니다.

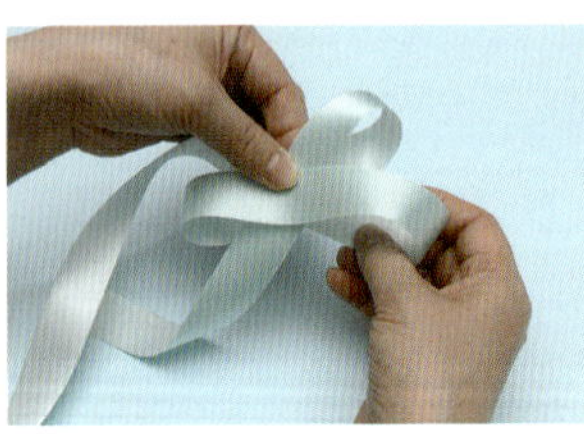

17 싱글나비보우를 만든 뒤 오른쪽 리본 다리로 오른쪽과 같은 크기의 리본 머리를 만듭니다. 뒤쪽 중심을 지나 반대편 위쪽으로 빼주세요.

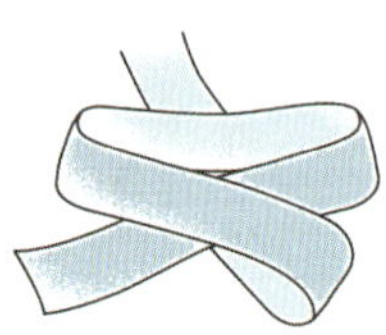

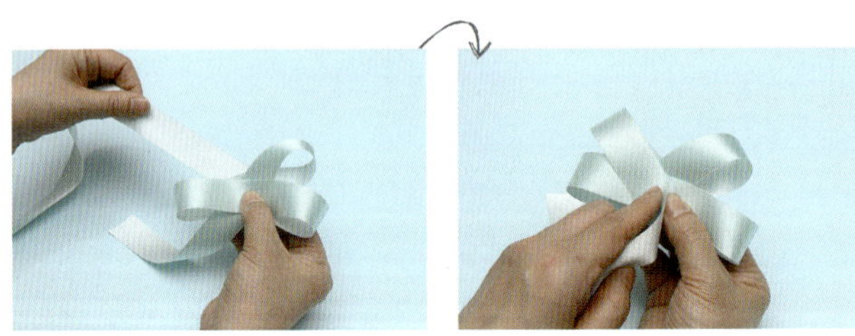

18 왼쪽 위로 올라온 리본으로 다시 왼쪽에 만들어진 리본 머리와 같은 크기의 리본 머리를 만듭니다. 앞 중심 쪽으로 내려주세요.

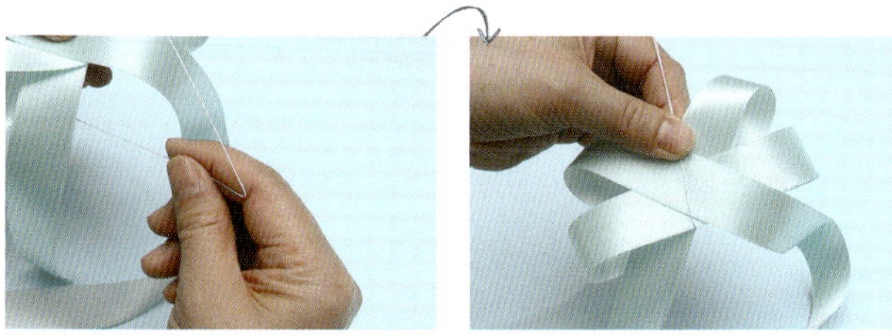

19 철사를 반 접어 보우 중심에 끼웁니다.

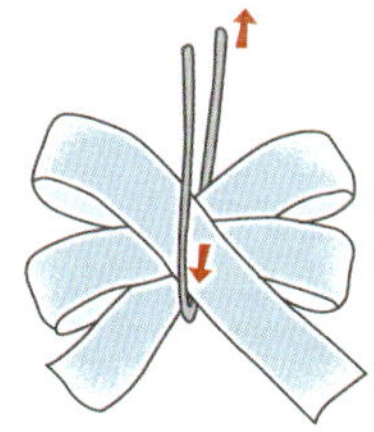

20 철사와 리본을 반대 방향으로 당기면서 주름을 잡아주세요.

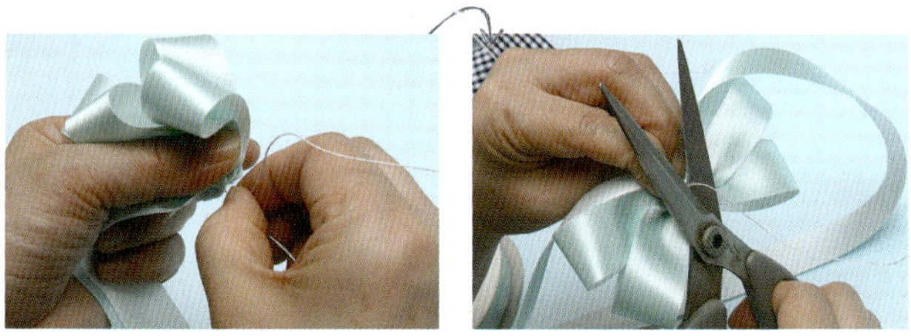

21 보우 뒤쪽에서 철사를 꼬아 주고 남는 부분은 가위로 짧게 잘라줍니다.

22 더블나비보우가 완성되었습니다.

23 상자 위에 글루나 양면테이프로 더블나비보우를 고정하여 포장을 완성하였습니다.

TIP

회전 포장을 이용하여 다음의 포장처럼 다양하게 응용할 수 있어요.

주머니 포장은 97쪽을, 백설기 포장은 205쪽을 참고하세요.

04 대나무 죽순을 닮은 사선 모양의

죽순 포장

05 멋진 주름을 이용한 원통 포장

04 죽순 포장

준비물 포장지 □ 리본 □
난이도 ★★★★★

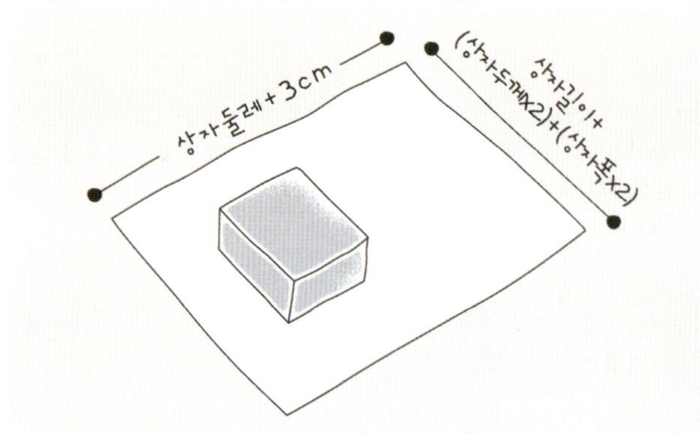

포장지 재단하기

01 가로 길이는 상자 둘레에 3cm 정도 여유를 남기고 나머지 부분은 잘라줍니다.

02 세로는 상자 길이+(상자두께×2)+(상자 폭×2)만큼 잘라 죽순 포장에 알맞은 크기로 재단합니다.

TIP 세로 길이가 가로 길이의 두 배 이상 되는 직사각형의 경우만 포장이 가능합니다.

죽순 포장하기

03 상자를 중심에 놓고 아래 포장지를 상자 위로 접어 올린 후 왼쪽 포장지를 상자 옆에 맞추어 90도로 접어 올립니다.

04 이때 생기는 위아래 날개 부분은 45도 각도로 잘 접어주세요.

05 오른쪽도 상자에 맞추어 90도로 접어 올리고 날개 부분에 접은 선을 넣어주세요.

06 왼쪽 위 날개를 상자 위쪽으로 접습니다.

07 오른쪽 위 날개도 상자 위쪽으로 접어 여며주세요.

08 위쪽도 상자에 맞추어 날개 부분에 접은 선을 넣어줍니다.

09 위쪽의 날개도 상자 위로 접어 올립니다.

10 밑에 있던 왼쪽과 오른쪽 날개들도 상자 위쪽으로 차례로 접어 올립니다.

11 접어 올린 종이는 상자 중심에서 여며주세요.

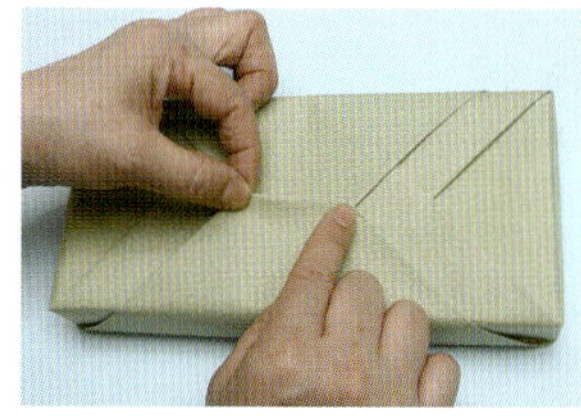

12 상자 중심에 맞춰 자투리를 접어 넣은 뒤 양면테이프로 고정합니다.

웨이브보우 만들기

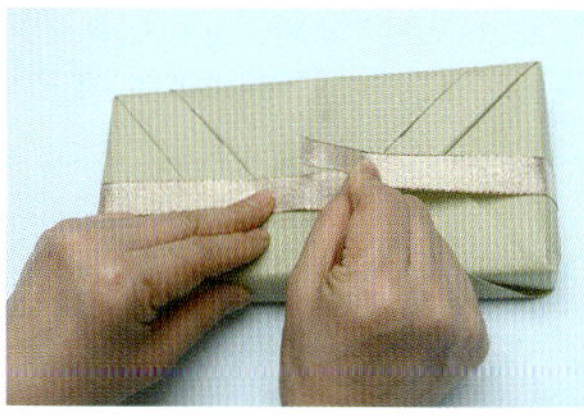

13 고정된 부분이 가려지게 중심을 리본으로 둘러 양면테이프를 붙여주세요.

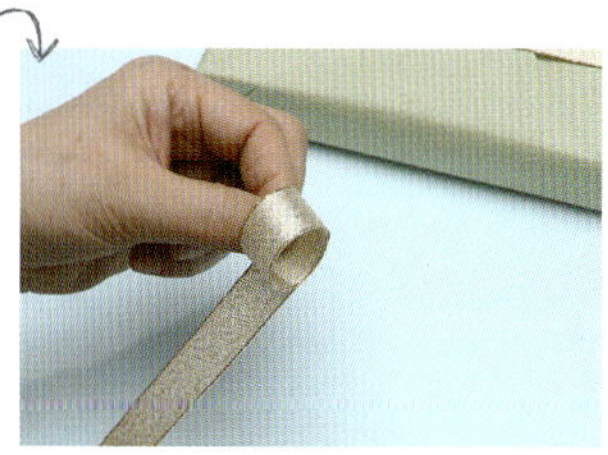

14 왼손으로 리본을 잡아 엄지를 한 바퀴 돌려줍니다.

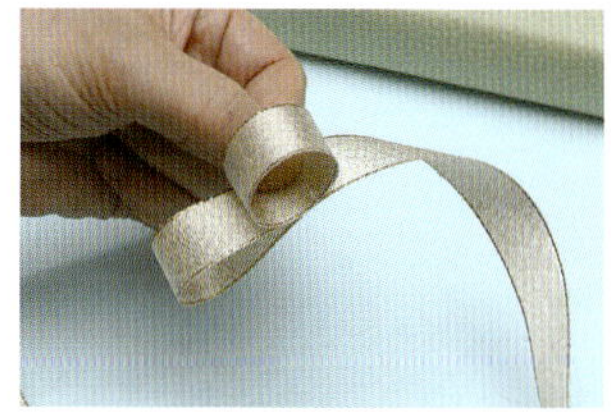

15 아래쪽에 2~3cm 크기로 둥그렇게 날개를 만들고 리본 중심 아래에서 잡아주세요.

16 반대쪽도 같은 크기로 날개를 만들어주세요.

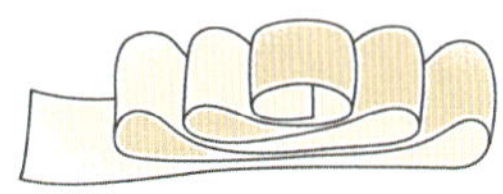

17 1cm 정도 키운 리본 날개를 각각 하나씩 더 만드세요.

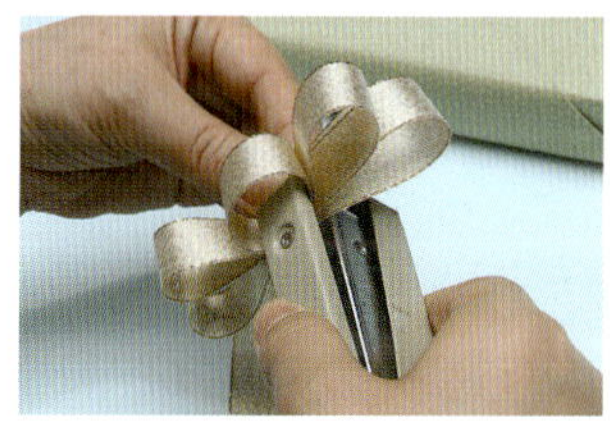

18 잡고 있던 중심을 스테이플러로 고정합니다.

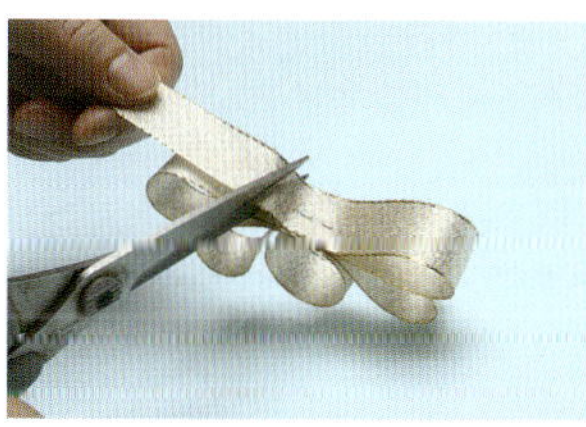

19 뒤에 남은 리본은 가위로 잘라 냅니다.

20 웨이브보우를 완성하였습니다.

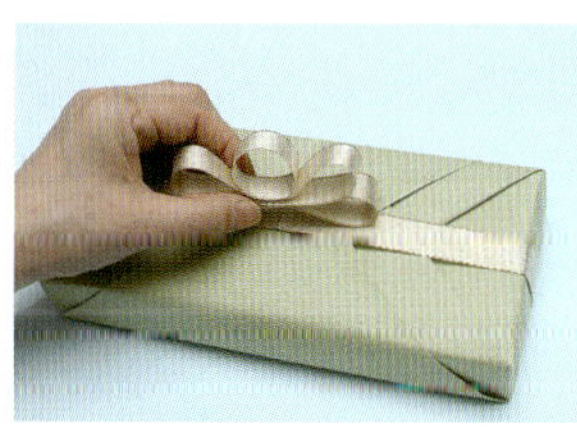

21 만들어진 웨이브보우를 양면테이프로 상자 중심에 고정시켜주세요.

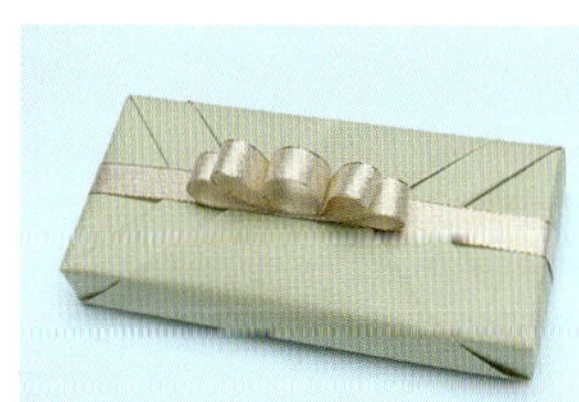

22 웨이브보우 죽순 포장이 완성되었습니다.

05 원통 포장 DVD 작품

준비물 원통 상자 □ 포장지 □ 리본 □ 색지 □
난이도 ★★★★★

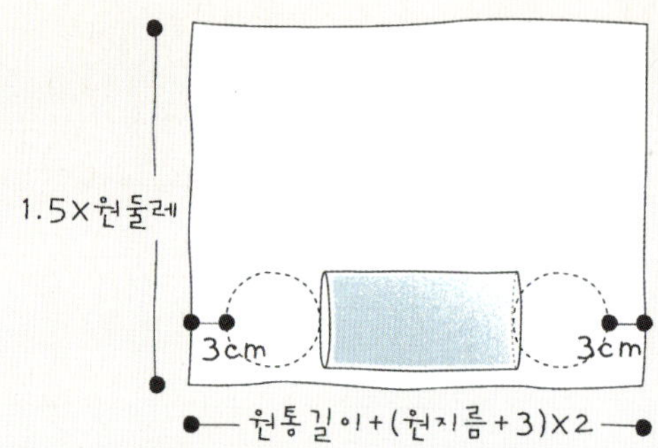

포장지 재단하기

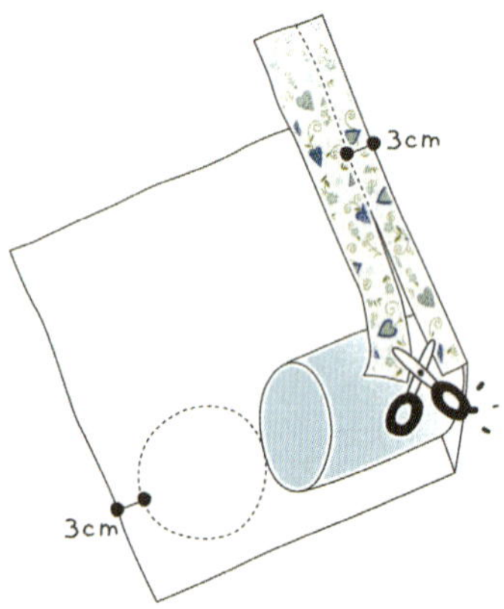

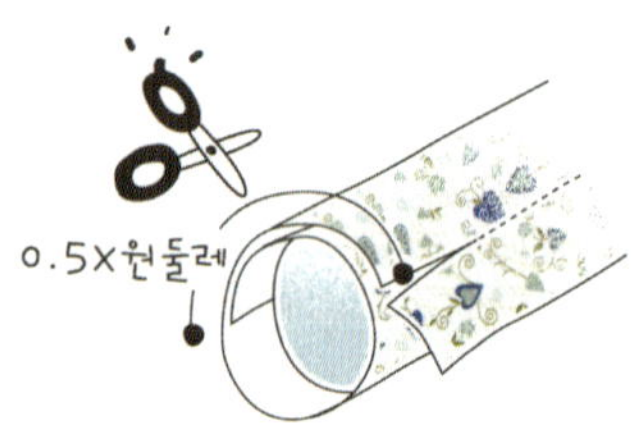

01 가로는 원통의 지름에 3cm 정도 여유를 준 위치에 원통 상자를 놓고 다시 지름에 3cm 정도 여유를 남긴 뒤 잘라줍니다.

02 세로는 포장지로 원통 상자를 반 정도 더 여유를 남긴 뒤 잘라줍니다.

원통 포장하기

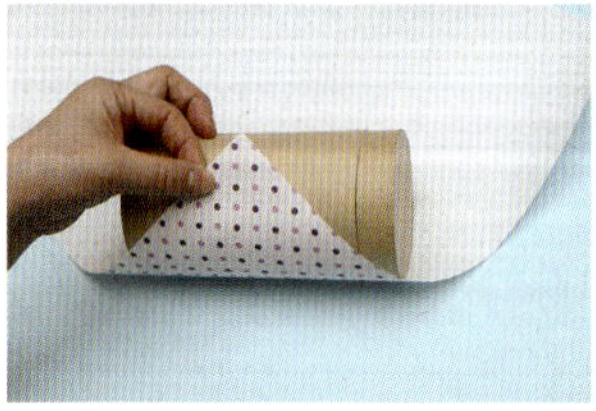

03 상자를 눕혀 포장지 끝이 상자 중앙에 오도록 비스듬히 놓습니다.

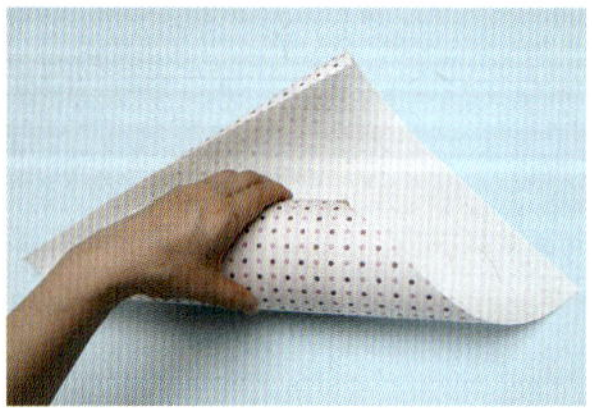

04 대각선 방향으로 대각선 길이의 1/3 지점까지 굴려 감아주세요.

원통 포장 주름잡기

05 포장지에 싸인 원통 둘레에서 한 점을 정해 포장지를 당깁니다.

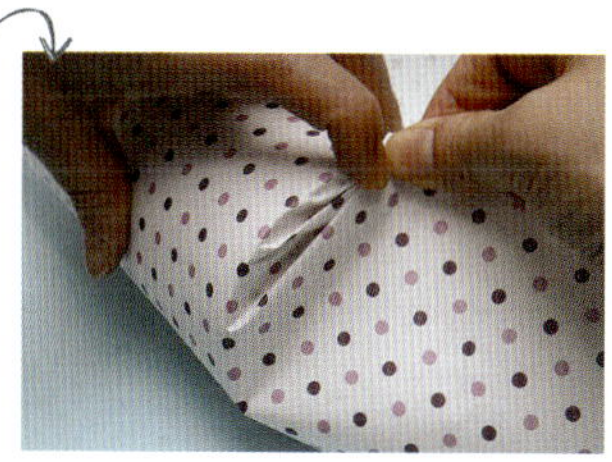

06 포장지의 주름을 고르게 잡아 줍니다.

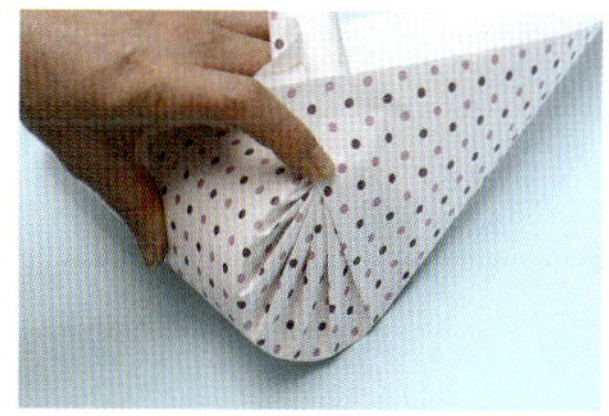

07 정해진 지점으로 계속해서 주름을 모아주세요.

08 왼쪽도 같은 방법으로 주름을 잡아준 뒤 양쪽 포장지를 상자 길이에 맞추어 끼워 넣어 접습니다.

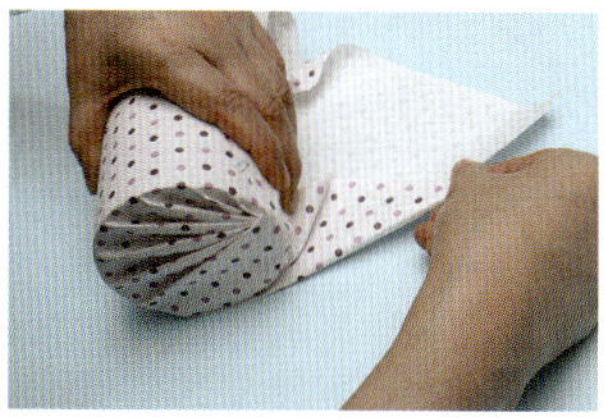

09 포장지의 아래쪽 접은 선과 상자 끝이 맞물리게 굴려주세요.

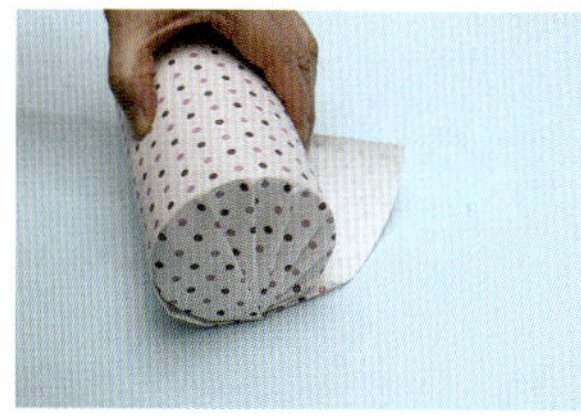

10 끝까지 굴려준 뒤 양면테이프로 고정합니다.

11 원통형 상자의 포장이 완성되었습니다.

더블나비묶음 만들기

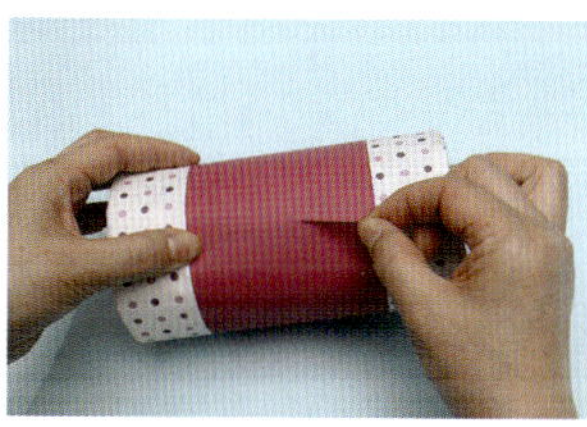

12 색지를 원통의 둘레보다 조금 여유 있게 잘라 중앙에 둘러 양면테이프로 고정시킵니다.

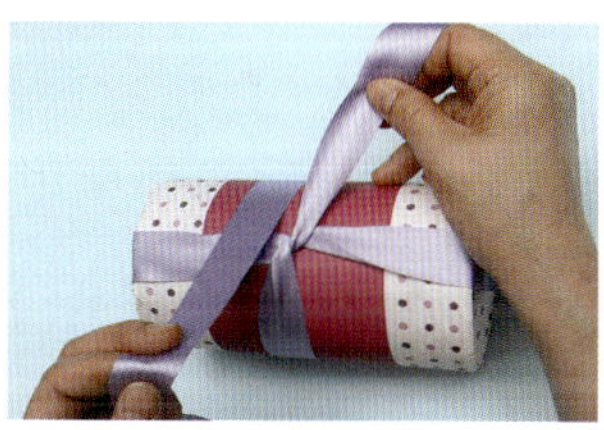

13 리본을 십자걸기로 묶어주세요.

14 나비묶음을 한 후 다리를 알맞은 길이로 잘라주세요.

15 리본을 묶기 쉽게 한쪽 손에 모아 잡습니다.

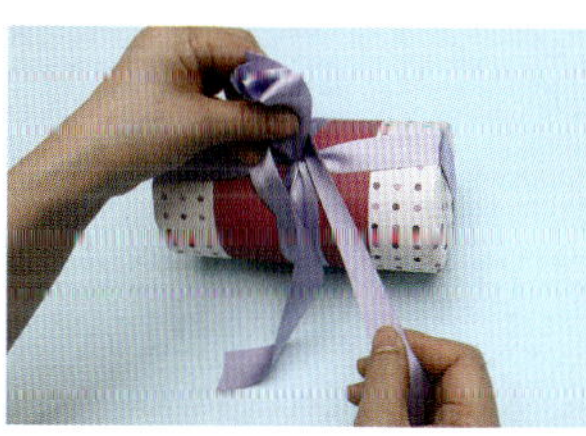

16 다른 리본으로 아래쪽을 감아 둘러줍니다.

17 리본의 밑동을 묶어주세요.

18 한 번 더 나비묶음을 해줍니다.

19 다리를 알맞게 잘라주고 정리하여 원통 포장이 완성되었습니다.

06 오간디 리본으로 멋을 낸 원형 포장

06 원형 포장 DVD 작품

준비물 원형 상자 □ 포장지 □ 오간디 리본 □ 새틴 리본 □
난이도 ★★★★☆

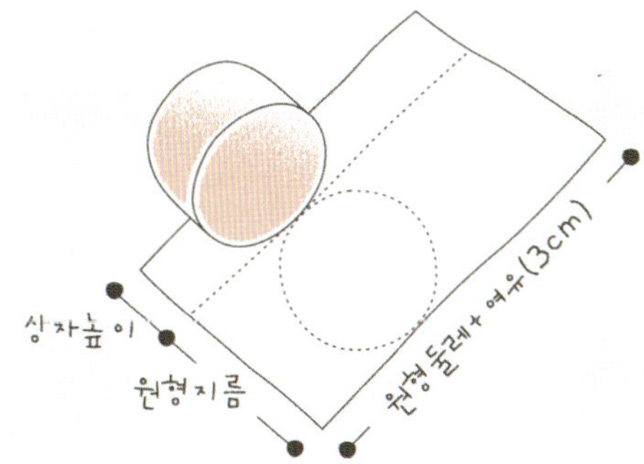

포장지 재단하기

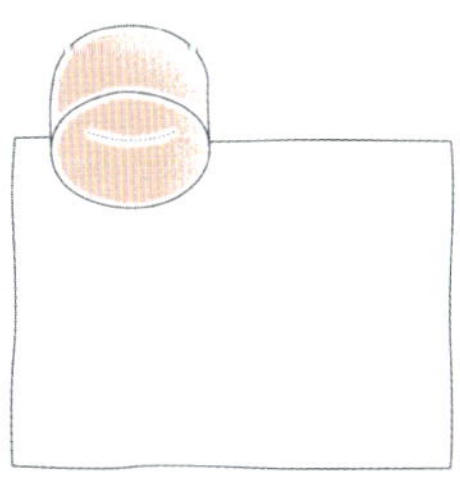

01 원형 지름에 상자 높이를 더한 세로 길이를 잽니다.

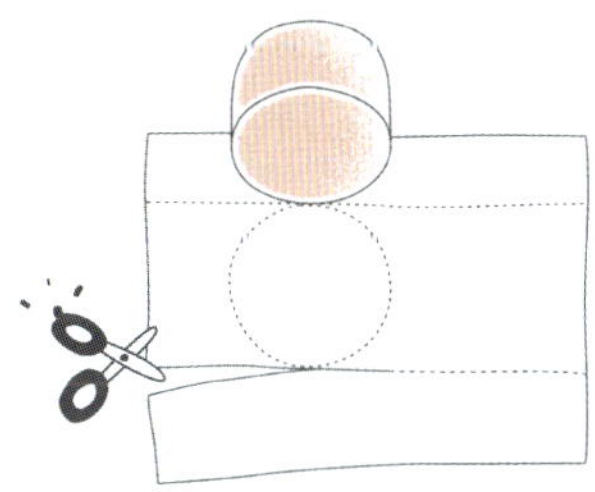

02 상자의 크기에 맞게 포장지를 잘라주세요.

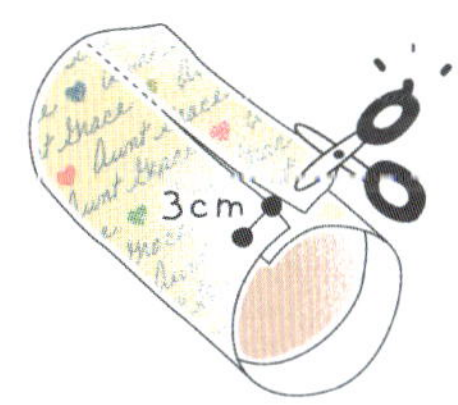

03 가로 길이는 원형 상자 둘레에 3~4cm 정도 여유를 주고 나머지는 잘라줍니다.

원형 상자 포장하기

04 짧은 쪽을 1cm 정도 안쪽으로 접어주세요.

05 중심에 상자 높이만큼 양면테이프를 붙여둡니다.

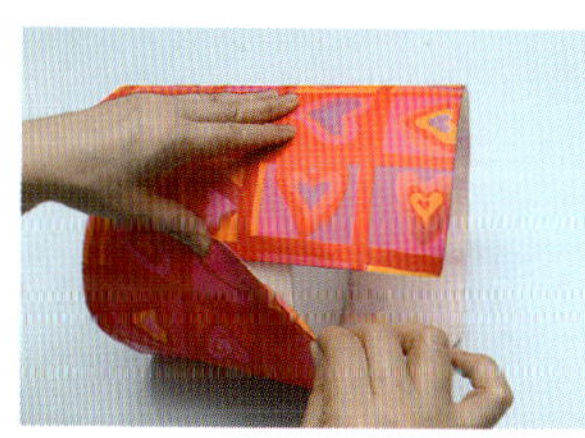

06 상자를 포장지 가운데 세워놓고 감쌉니다.

07 양면테이프로 고정해주세요.

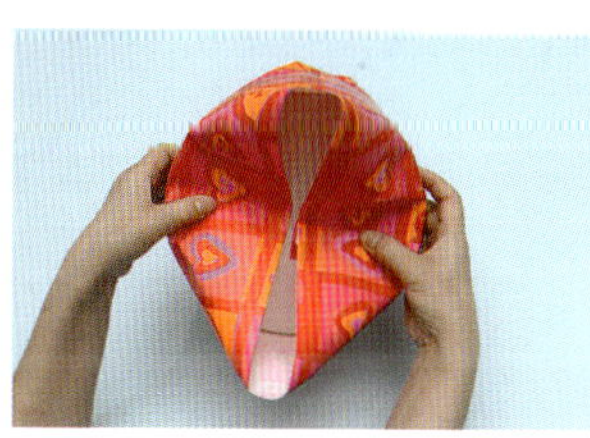

08 포장지를 눌러 상자 중심에 모아 지는지 확인합니다.

원형 포장 주름잡기

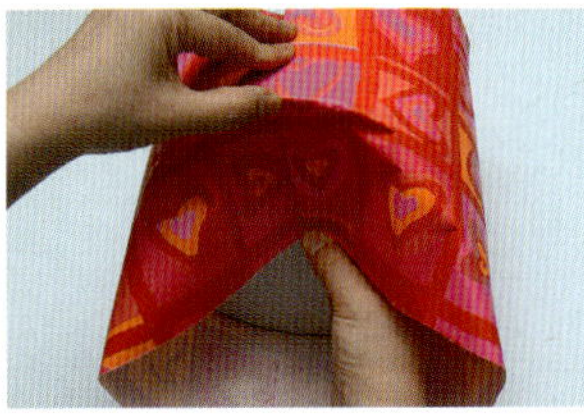

09 중심을 향해 여며진 선을 90도 각도로 내려줍니다.

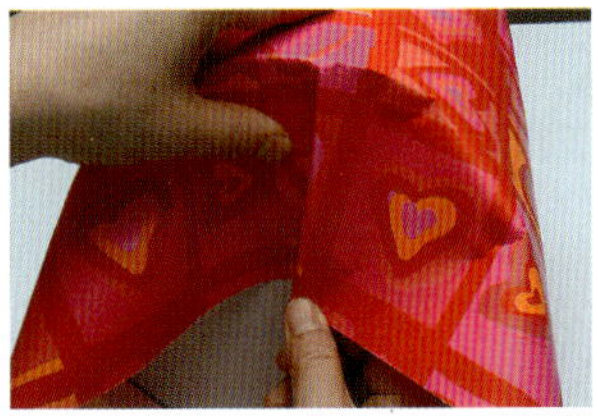

10 상자를 조금씩 왼쪽으로 돌려가며 같은 간격으로 접은 선을 90도 아래로 내려 주름을 잡아주세요.

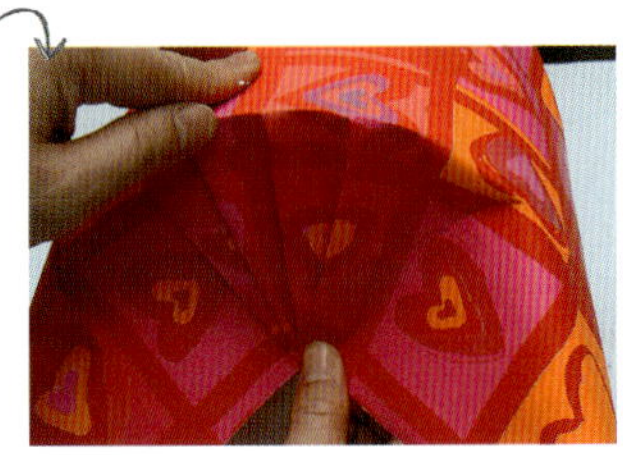

11 주름이 중심을 향해 가지런히 모아지도록 계속 접어줍니다.

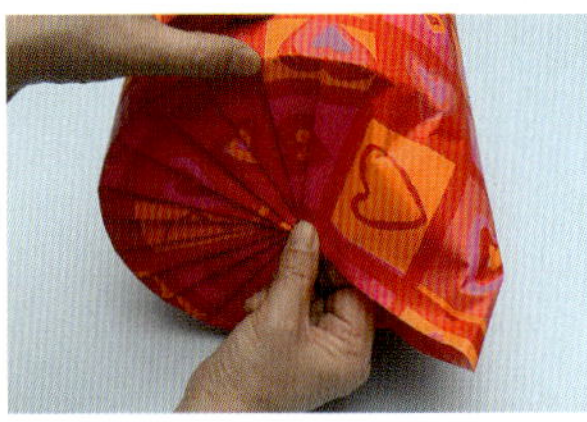

12 끝부분에서는 처음에 잡은 주름을 약간 펴놓고 나머지 주름을 잡아주세요.

13 남은 부분을 마저 주름잡아 끼워 넣습니다.

14 상자를 눕혀 반대쪽도 같은 요령으로 접어주면 완성입니다.

육각걸기하기

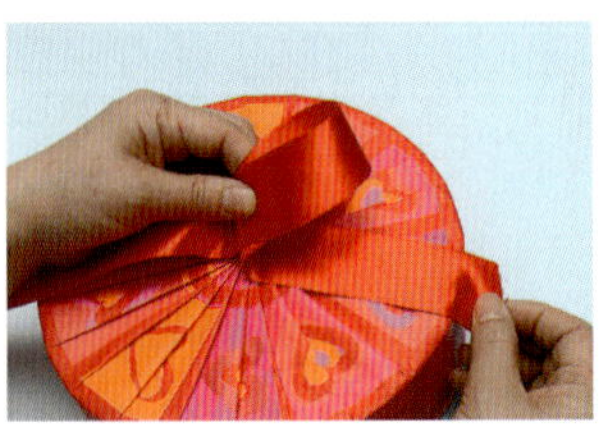

15 한쪽 리본을 묶을 만큼 남겨놓습니다.

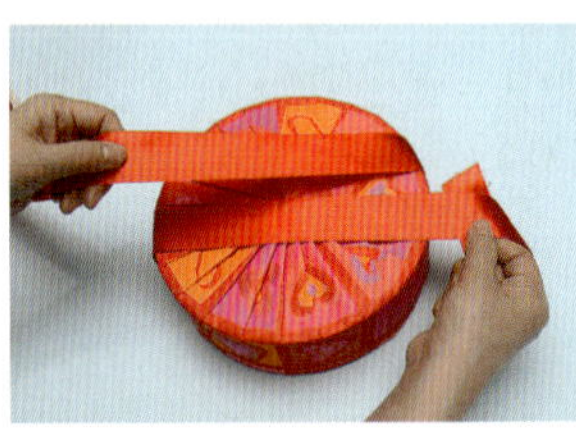

16 리본으로 상자를 한 바퀴 돌려주세요.

17 두 리본을 중심에서 60도 정도 교차시킵니다.

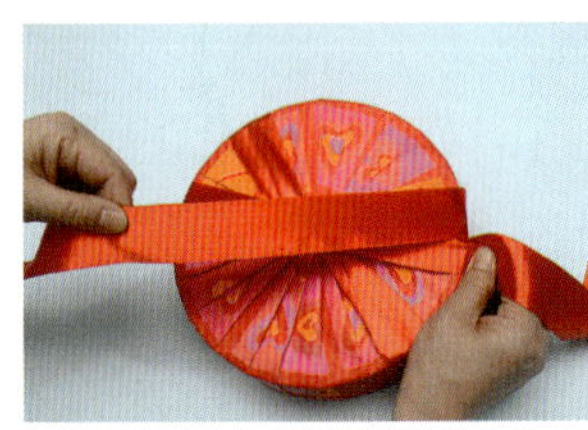

18 다시 한 번 리본으로 상자를 둘러주세요.

19 다시 중심에서 60도 정도 교차시킵니다.

20 상자를 둘러주세요.

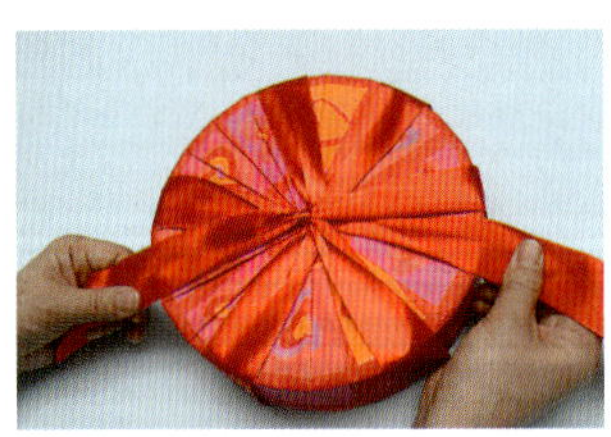

21 중심에서 오른쪽 리본을 왼쪽으로 가져간 뒤 교차된 부분의 밑으로 끼워 오른쪽 대각선 위쪽으로 빼냅니다.

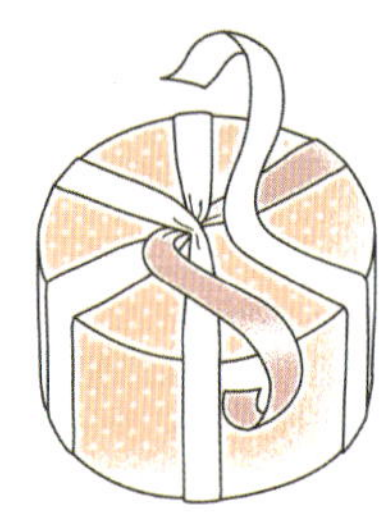

나비묶음하기

22 서로 나비묶음을 합니다.

23 가위로 다리를 잘라 예쁘게 정리합니다.

TIP

십자걸기는 32쪽을 참고하세요.

오간디 리본 묶기

24 오간디 리본은 처음에 묶은 리본과 90도가 되도록 아래쪽에 껴주세요.

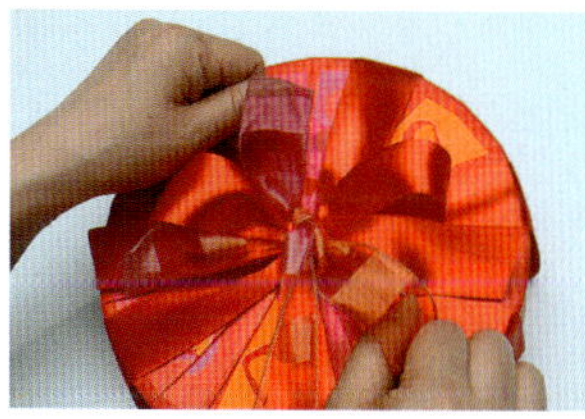

25 처음 묶은 리본과 90도가 되도록 나비묶음을 하고 다리 길이를 정리합니다.

26 원형 포장이 완성되었습니다.

TIP

오간디 리본은 더블나비묶음으로 묶어줍니다.

01 깔끔하고 심플한 포장법, 육각 포장

08 3중 8자보우를 이용한 병 포장

07 육각 포장 DVD 작품

준비물 육각 상자 □ 포장지 □ 리본 □
난이도 ★★★★☆

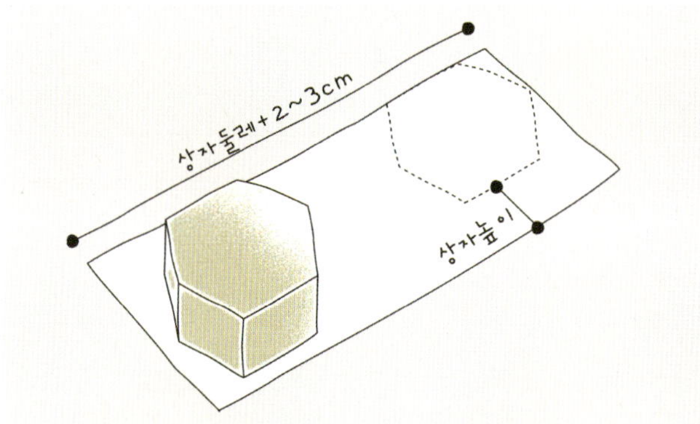

포장지 재단하기

01 육각형의 한 변 길이와 상자 높이를 잽니다.

02 세로 길이는 상자 높이만큼 남겨둔 채 가위로 잘라주세요.

03 가로 길이는 육각 상자 둘레에 2~3cm 정도의 여유를 남기고 자릅니다.

육각 상자 포장하기

04 짧은 쪽에서 1cm 정도 안쪽으로 접고 중심에 양면테이프를 붙입니다.

05 상자를 세워 중심에 놓습니다.

06 포장지로 상자 옆면을 감싸고 양면테이프로 고정시킵니다.

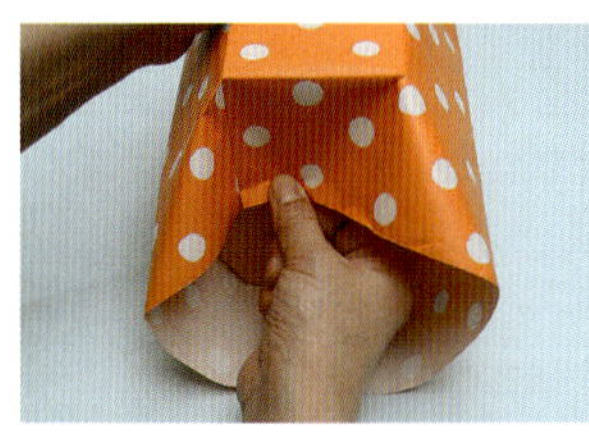

07 여밈선을 90도로 내려주세요.

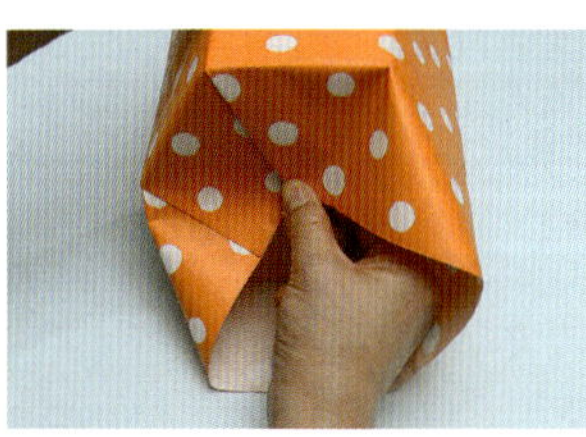

08 각 꼭짓점에서 접은 선이 중심을 향하도록 종이를 끼워 넣어가며 접어주세요.

09 나머지 꼭짓점도 같은 방법으로 접고, 처음에 내린 여밈선도 중심을 향할 수 있게 안쪽으로 접어줍니다.

10 모서리를 손으로 다림질해서 다듬어주세요.

11 반대쪽도 같은 방법으로 주름을 잡으면 육각 포장이 완성되었습니다.

나비묶음하기

12 원형 상자처럼 육각걸기로 리본을 둘러줍니다.

13 리본을 60도 정도 교차시킵니다.

TIP
육각걸기는 62쪽을 참고하세요.

14 중심에서 리본을 고정하고, 나비묶음하면 완성입니다.

15 나비묶음을 이용한 육각 포장이 완성되었습니다.

TIP
나비묶음은 30쪽을 참고하세요.

TIP
육각 포장을 이용하여 다음의 포장처럼 다양하게 응용할 수 있어요.

눈송이 포장은 247쪽을 참고하세요.

08 병 포장

준비물 병 □ 포장지(2종류) □ 리본 □

난이도 ★★★★★

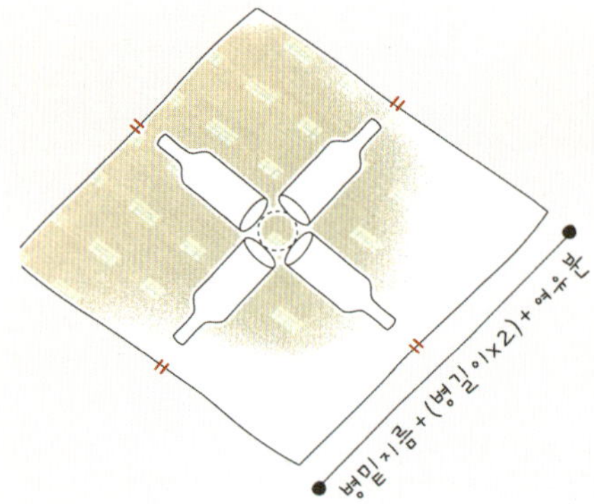

병 포장하기

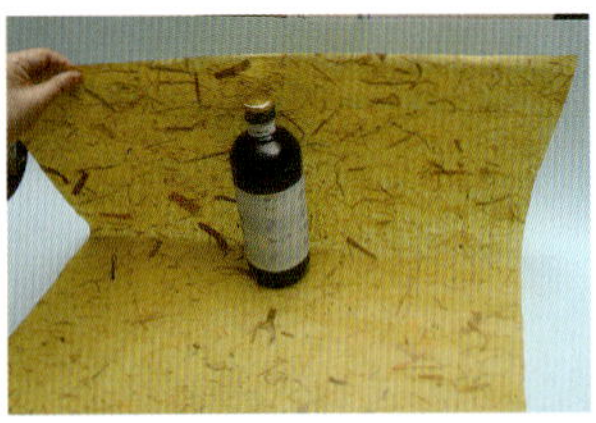

01 포장지를 병의 길이보다 약간 여유 있게 준비하고 나머지는 잘라주세요.

02 포인트로 넣어줄 다른 색의 종이를 비스듬히 포개어 놓고 중심에서 대각선 방향의 위쪽에 병을 놓습니다.

03 아래쪽의 포장지를 덮고, 병의 목 부분에서 한 지점을 정합니다.

포장지 주름잡기

04 포장지 끝을 잡아 당겨가며 주름을 잡습니다.

05 03번에서 정한 지점으로 주름을 모아주세요.

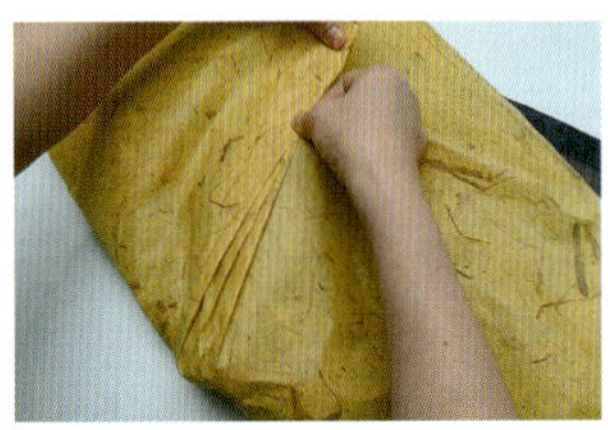

06 이때 주름의 크기를 고르게 하며 주름을 잡습니다.

07 오른쪽도 같은 방법으로 정해진 지점을 정하고 주름을 모아가며 접어주세요.

08 주름이 모여진 윗부분은 조이고 철사로 묶어 고정시킵니다.

09 병을 세우고 포장지 윗부분을 정리합니다.

3중 8자보우 만들기

10 리본으로 8자보우를 하나 만듭니다.

11 연속으로 리본을 돌려 3중으로 된 8자보우를 만듭니다.

12 가운데를 철사로 고정하고 다리를 알맞게 정리합니다.

TIP

8자보우는 99쪽을 참고하세요.

리본 묶기

13 철사로 고정했던 병목 부분을 리본으로 한 번 묶어주세요.

14 그 위에 3중 8자보우를 놓고 다른 색 리본으로 다시 한 번 묶어주세요. 나비묶음을 해줍니다.

15 리본 다리를 적당한 길이로 잘라 모양을 정리합니다.

16 병 포장이 완성되었습니다.

TIP

병 포장은 포장 방법에 따라 다양하게 표현할 수 있어요.

다양한 병 포장은 126쪽, 127쪽을, 양주 포장은 177쪽을, 와인 포장은 179쪽을 참고하세요.

09 바람에 살랑살랑, 바람개비 포장

09 바람개비 포장

준비물 정사각형 상자 □ 포장지 □ 리본 □
난이도 ★★★★★

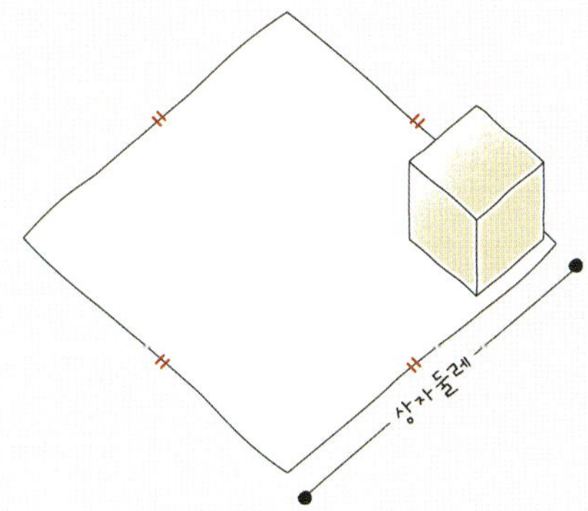

01 가로와 세로의 길이가 같은 포장지를 준비합니다.

02 포장지를 대각선으로 접어 접은 선을 넣어주세요.

03 접은 포장지를 펼쳐서 포장 상자를 접은 대각선 정중앙에 놓습니다.

04 포장지를 접은 선에 맞추어 네 귀퉁이를 들어 올립니다.

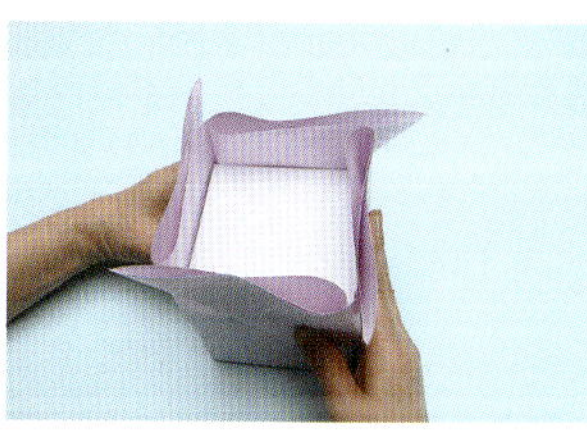

05 접은 선을 가다듬고 날개들을 한 방향으로 돌리듯이 모아주세요.

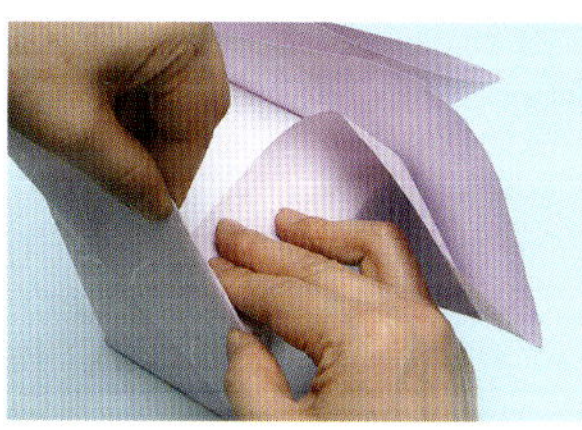

06 날개가 나오지 않은 쪽을 45도로 접어 넣습니다.

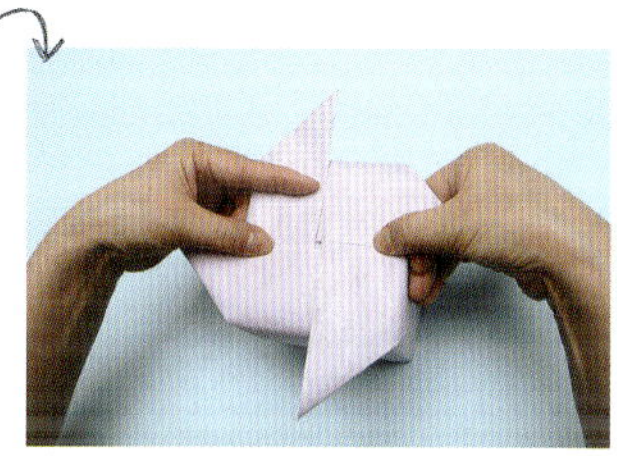

07 나머지 세 군데도 같은 방법으로 접어 넣습니다.

08 준비한 리본으로 십자걸기를 하고 나비묶음을 합니다.

09 바람개비 포장이 완성되었습니다.

TIP

나비묶음은 30쪽을, 십자걸기는 32쪽을 참고하세요.

10 매력적인 포장법,
삼각 포장

11 소품으로 모양을 낸 삼각 포장

10 삼각 포장

준비물 삼각 상자 □ 포장지 □ 리본 □
난이도 ★★★★★

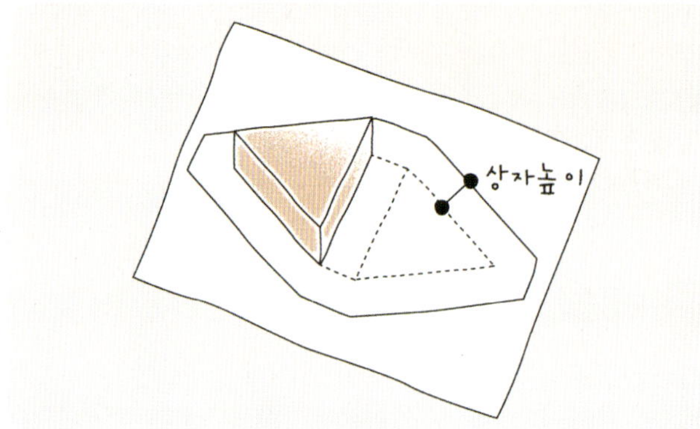

포장지 재단하기

01 포장하려는 상자를 포장지에 대고 연필로 그려줍니다.

02 가장자리에 상자의 폭만큼 여유분을 그려주세요.

03 포장지를 자를 때에 여유분이 상자 폭의 3/4이 되도록 안쪽으로 줄여서 오립니다.

삼각 상자 포장하기

04 포장지 위에 상자를 눕혀 놓습니다.

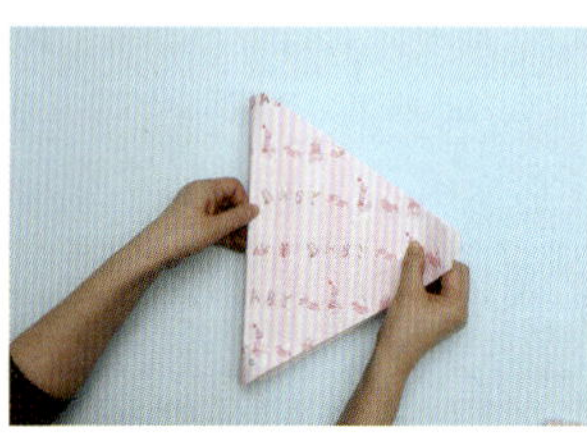

05 옆의 포장지로 덮어주세요.

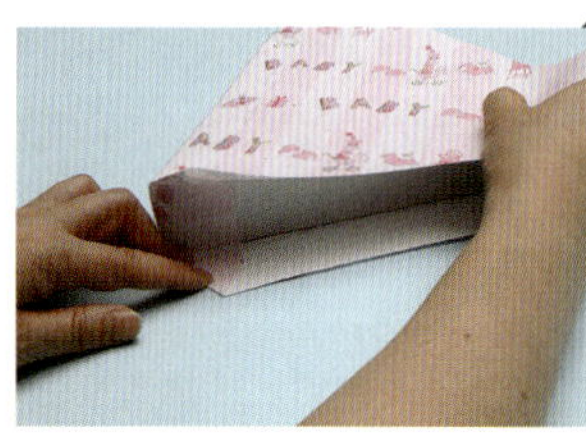
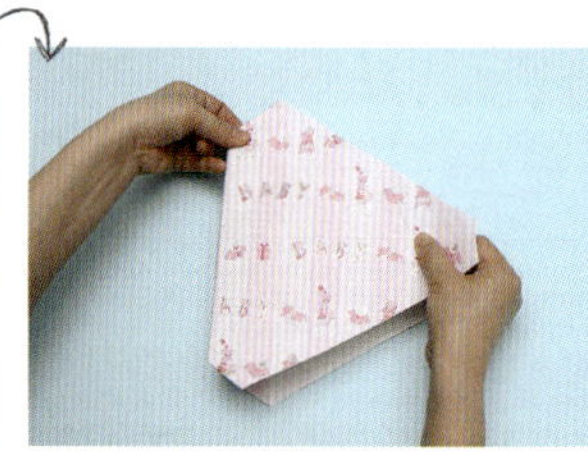

06 상자의 양 아래쪽을 접어 넣고 캐러멜 포장처럼 옆의 포장지를 상자 쪽으로 눕혀줍니다.

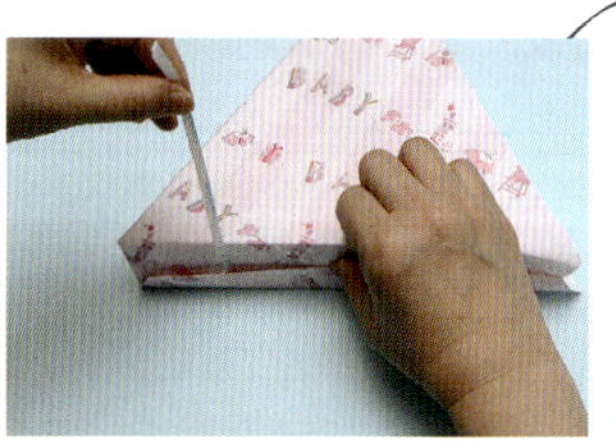

07 접은 선이 중심에 오도록 접어 양면테이프로 고정하고, 남은 부분도 접어 넣습니다.

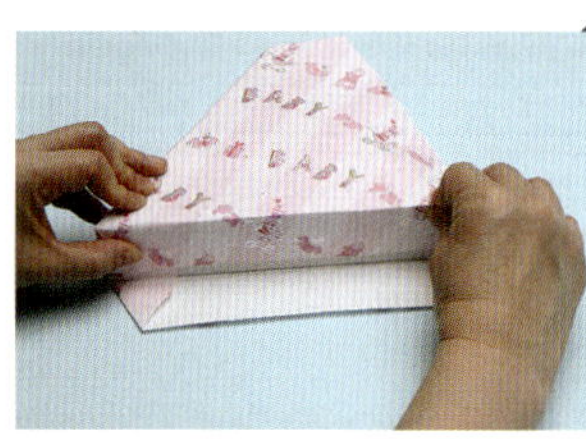

08 캐러멜 포장처럼 상자 쪽으로 눕혀 접습니다.

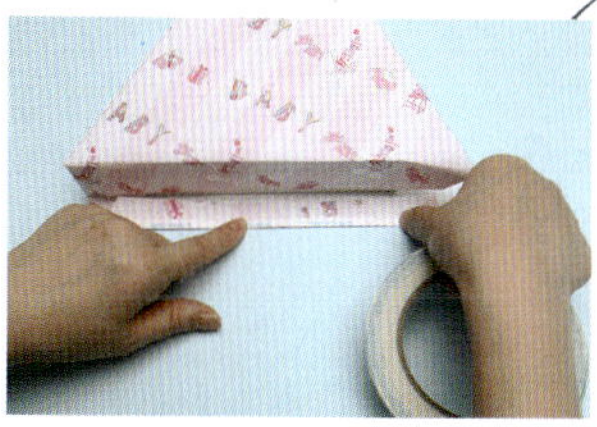

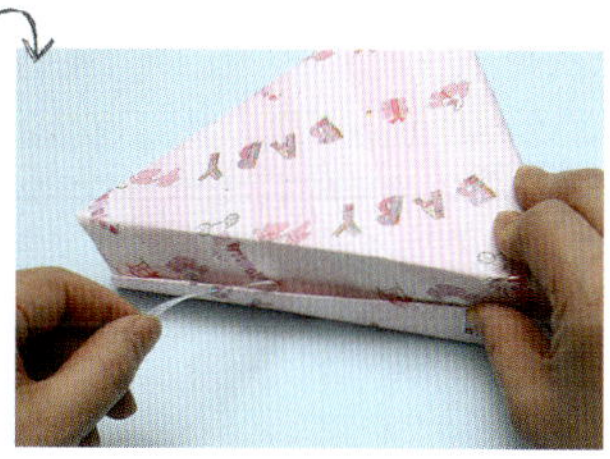

09 접은 선이 중심에 오도록 양면 테이프로 고정합니다.

10 포장이 완성되었습니다.

태그 달기

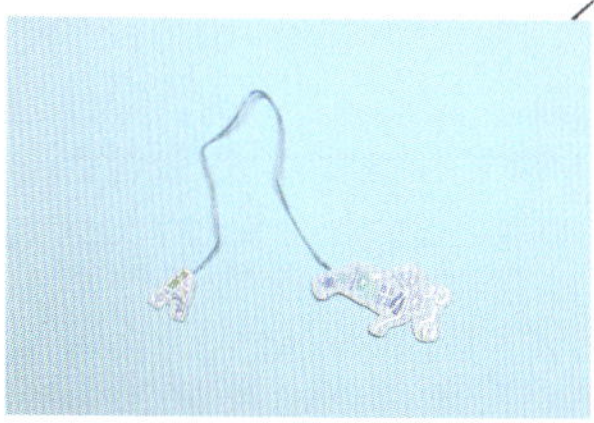

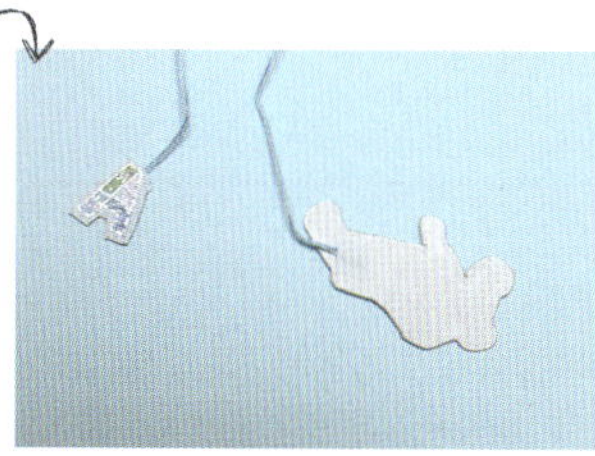

11 태그 장식을 위해 포장지 무늬의 선을 따라 오려준 후 실로 연결하고 뒷면에 종이를 덧대어 딱풀로 붙여주세요.

12 상자 둘레를 리본으로 두르고 한 번 묶어줍니다.

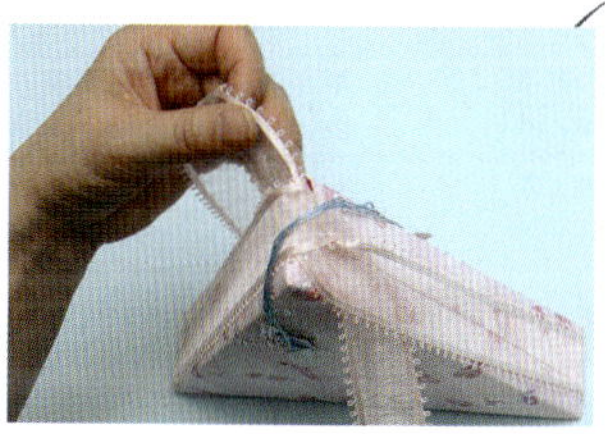

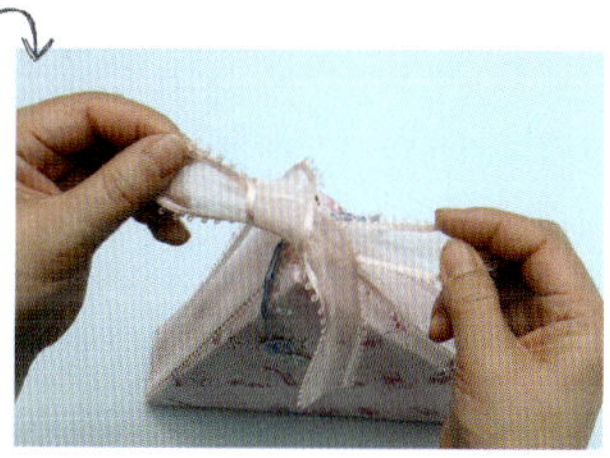

13 리본 위에 태그를 올려놓고 나비묶음을 합니다.

14 이등변삼각형 포장이 완성되었습니다.

11 삼각 포장

준비물 삼각 상자 □ 실 □ 포장지 □ 양면테이프 □
난이도 ★★★★☆

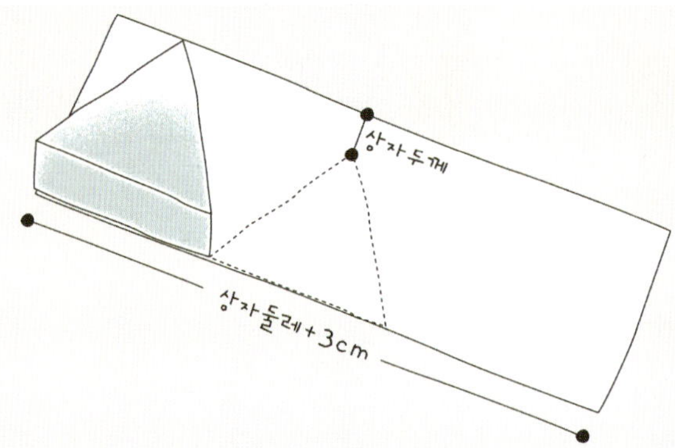

포장지 재단하기

01 세로 길이는 포장할 상자의 높이에 상자 두께를 더한 만큼 남겨두고 나머지는 잘라주세요.

02 가로 길이는 포장할 상자의 둘레에 3cm 정도의 여유를 더한 만큼 남겨두고 나머지는 잘라줍니다.

삼각 상자 포장하기

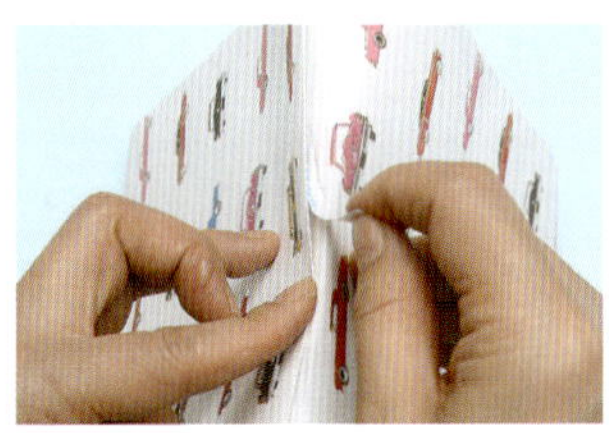

03 포장지를 안쪽으로 1cm 정도 접고, 포장지의 접은 선에 맞춰 상자 두께만큼 양면테이프를 붙여 놓습니다.

04 테이프가 붙어있는 쪽을 상자 옆면 모서리에 끝을 맞춥니다.

05 반대편 종이를 들어 올려 접어서 끼운 후 붙여놓은 양면테이프로 고정합니다.

06 상자 모서리에 맞춰 접어내린 다음 꼭짓점 위에서 접은 종이의 각을 이등분하여 삼각형 오른쪽 모서리 안쪽 선을 따라 접어내립니다.

07 아래쪽의 종이도 접힌 각의 이등분 선을 접어 올려 양면테이프로 고정시켜주세요.

08 반대쪽도 같은 방법으로 접어 포장을 완성합니다.

리본 묶기

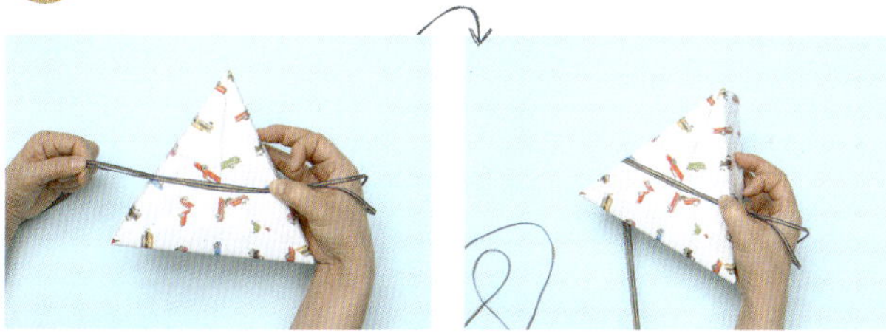

09 리본의 오른쪽을 상자 위 중앙에서 잡고 왼쪽 아래로 내려준 뒤 꼭지각에 걸어 위로 올려주세요.

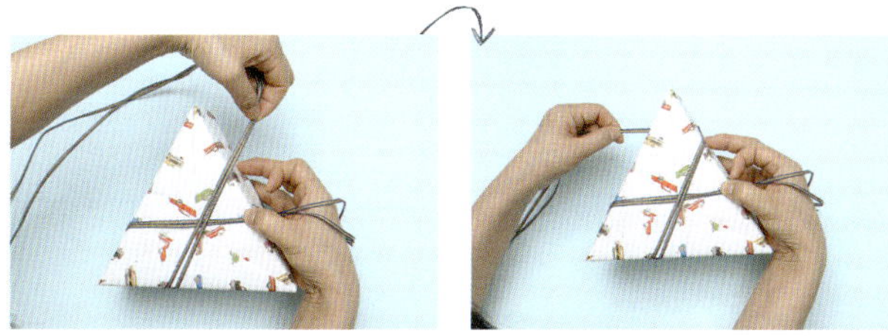

10 다시 삼각형의 위쪽 각을 리본으로 돌려줍니다.

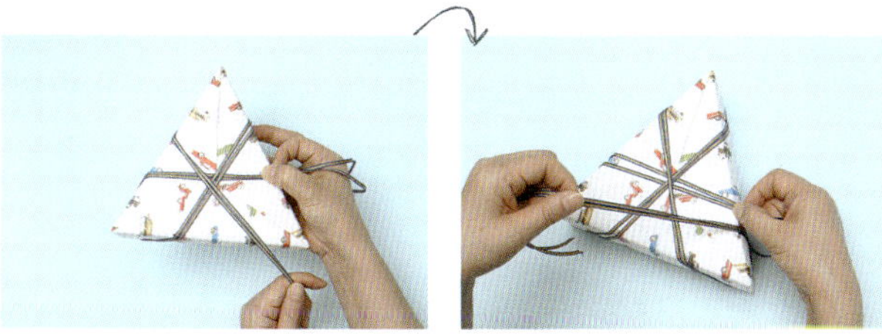

11 리본이 제자리로 돌아오면 다시 오른쪽 각을 돌려줍니다.

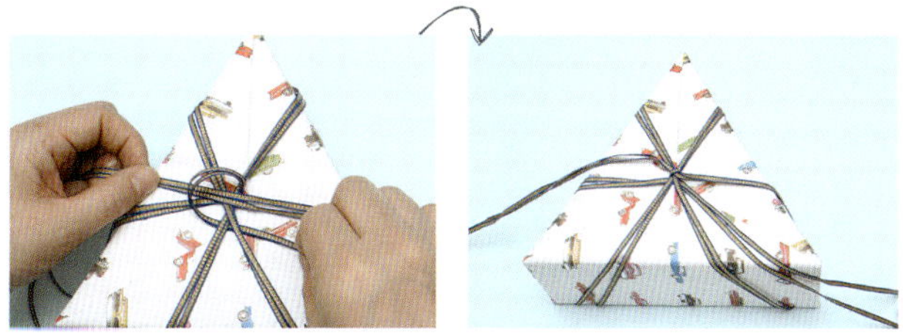

12 처음부터 중심에서 잡고 있던 리본으로 나중 리본을 한 바퀴 돌려 리본들 밑으로 빼서 대각선 위치에 놓아주세요.

자동차 모형 고정하기

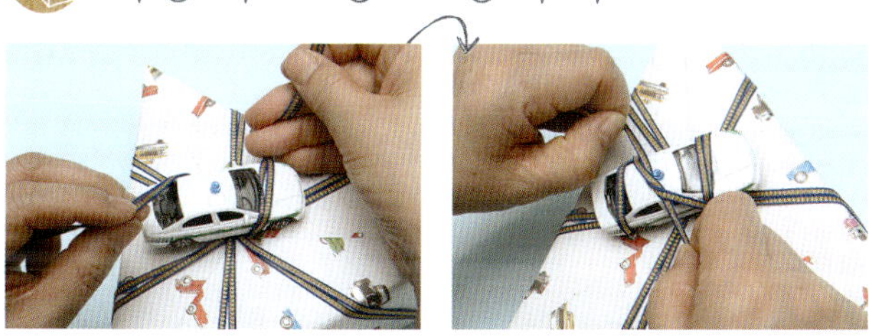

13 자동차 모형을 놓고 리본으로 돌려 움직이지 않게 고정시켜 묶습니다.

14 한 번 더 묶어주고 가위로 리본을 잘라 포장을 완성합니다.

12 누구나 쉽게 만드는
삼각뿔 봉투 포장

12 삼각뿔 봉투 포장

준비물 두꺼운 포장지 □ 리본 □ 색지 □

난이도 ★★☆☆☆

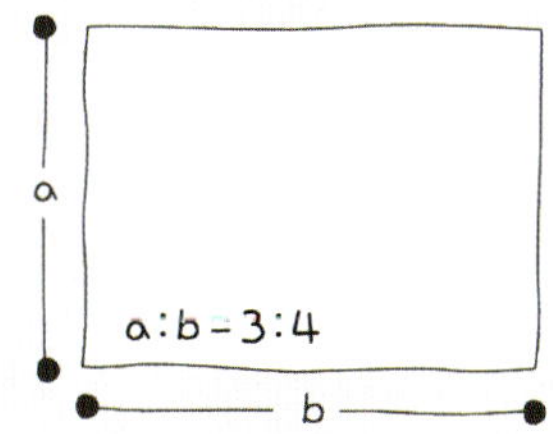

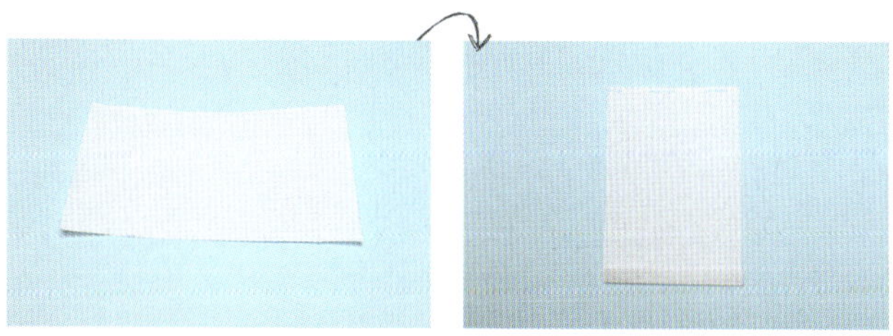

01 옆선을 1cm 정도 접은 뒤 반대쪽엔 양면테이프를 붙입니다.

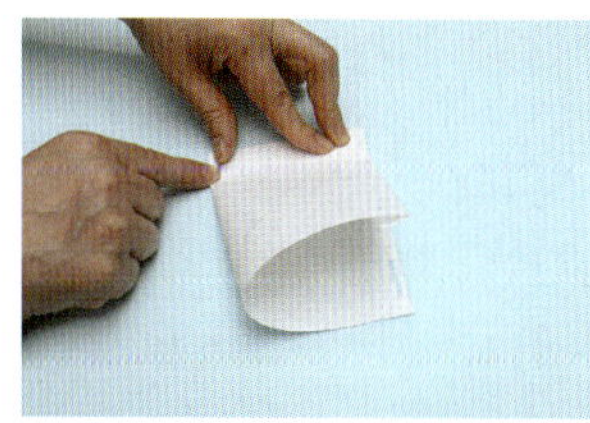

02 세로로 반을 접어 양면테이프로 고정합니다.

03 아래 부분을 2cm 정도 접습니다.

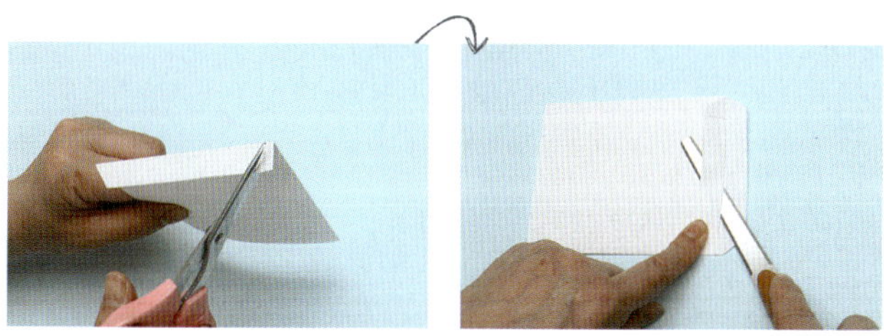

04 양끝을 45도 각도로 잘라주어 두 장으로 갈라지면 한쪽은 잘라내세요.

05 사다리꼴 부분에 양면테이프를 붙여서 고정합니다.

06 입구 쪽을 봉투 아래쪽 방향과 직각이 되도록 접어주세요.

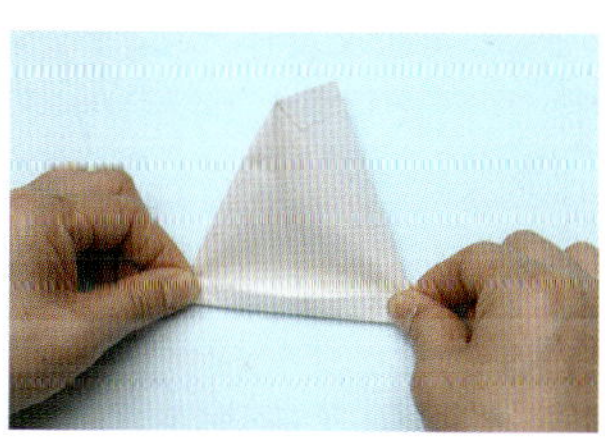

07 삼각뿔의 입구를 2cm 정도 접습니다.

08 색지를 준비해 봉투보다 작은 크기로 잘라 모양을 냅니다.

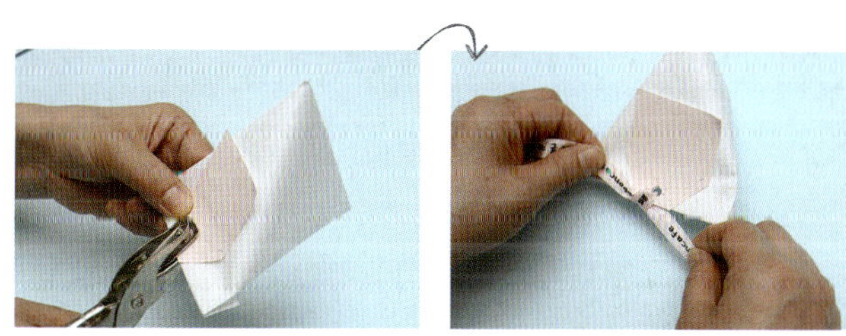

09 펀치로 구멍을 낸 뒤 리본을 끼워 묶어주세요.

10 삼각뿔 포장이 완성되었습니다.

13 귀여운 매력의 나비묶음 쇼핑백 포장

14 고급스러운 멋, 변형 프렌치보우 쇼핑백 포장

13 나비묶음 쇼핑백 포장 DVD 작품

준비물 포장지 □ 리본 □
난이도 ★★★☆☆

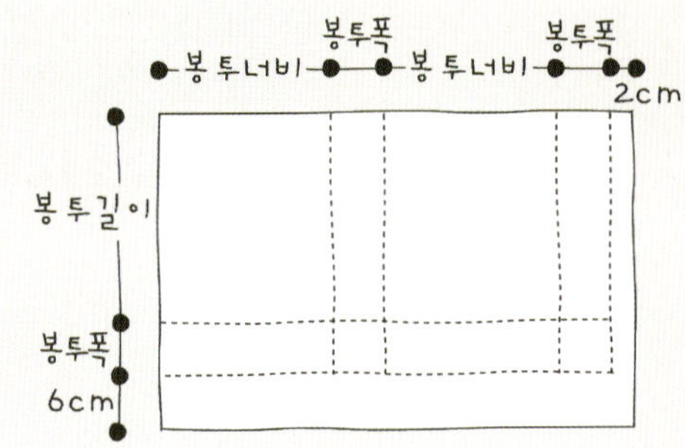

쇼핑백 만들기

01 포장지를 준비하고 세로 부분을 1cm 정도 안쪽으로 접고 맞은편에 양면테이프를 붙입니다.

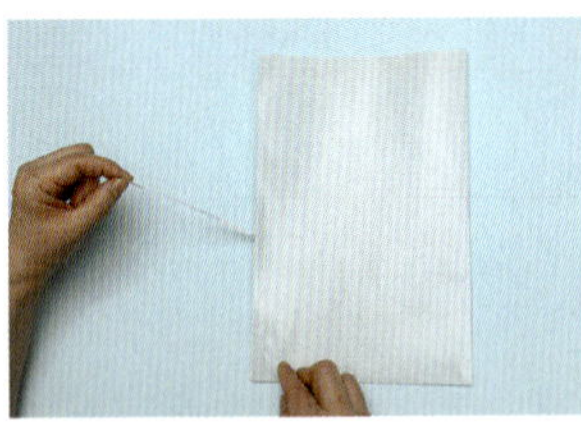

02 세로로 반을 접고 갈라진 곳은 양면테이프로 붙여줍니다.

쇼핑백 아랫부분 접기

03 원하는 봉투 두께보다 2cm 정도 넓게 아래쪽을 접어줍니다.

04 접었던 곳을 다시 펼쳐서 양옆에 45도로 접은 선을 넣어주세요.

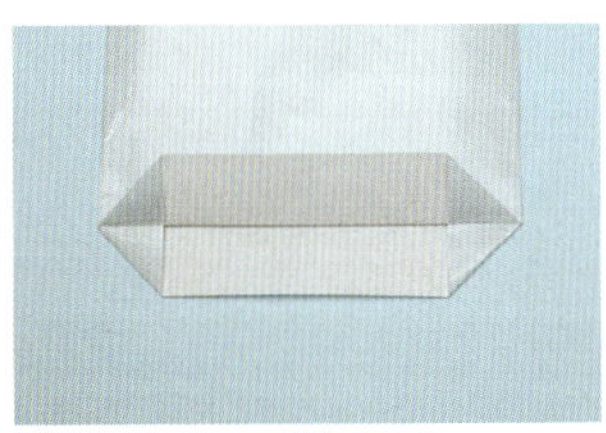

05 아랫부분을 벌려서 앞에서 접은 선을 따라 이등변삼각형으로 접어줍니다.

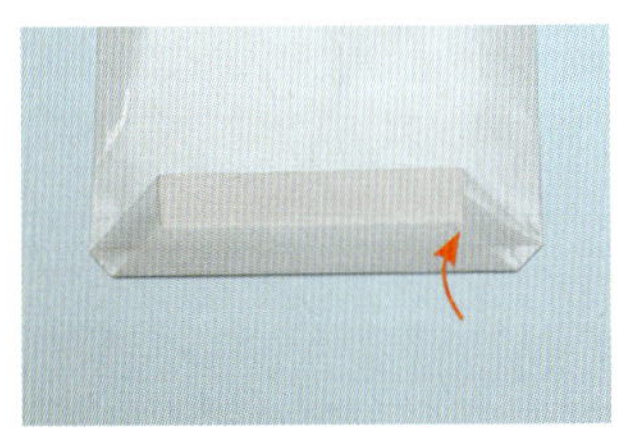

06 중앙선에서 2cm 위로 넘어가게 접어주세요.

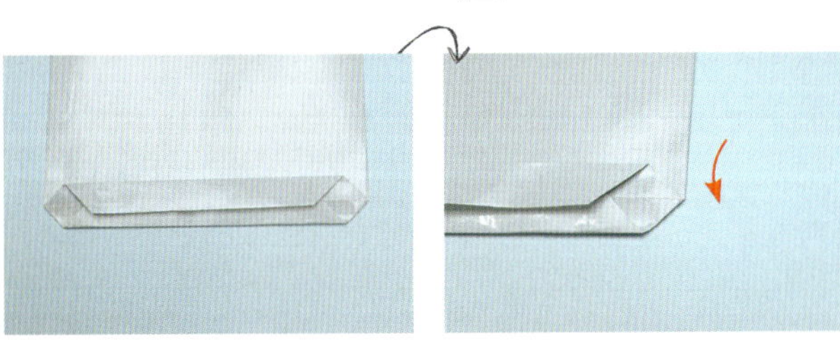

07 양옆의 사각형이 마름모꼴이 되도록 위쪽도 접어주세요.

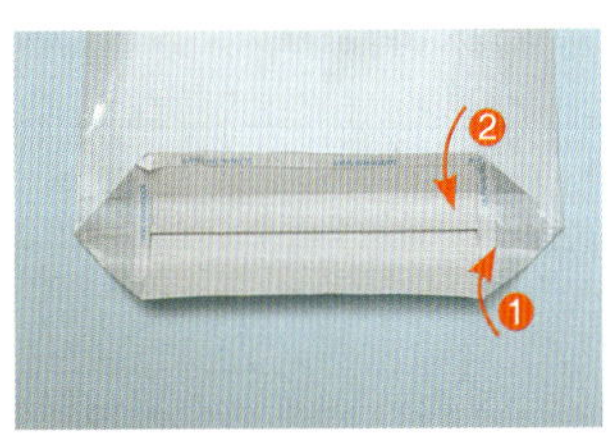

08 다시 펼쳐서 아래쪽만 남기고 양면테이프를 붙인 후 아래쪽부터 여며주어 고정시킵니다.

쇼핑백 옆선 접기

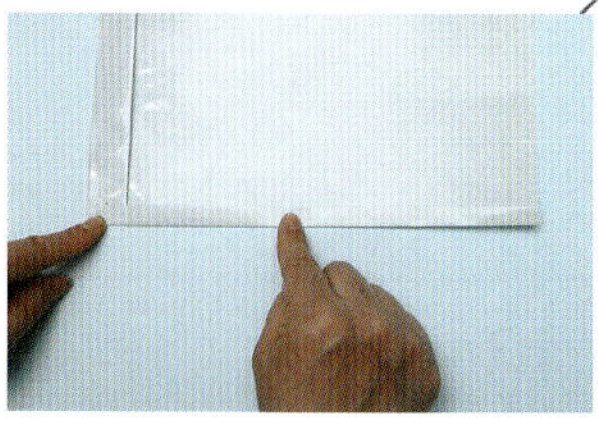

09 양옆의 마름모를 이등분하는 옆선을 접어 접은 선을 넣어줍니다.

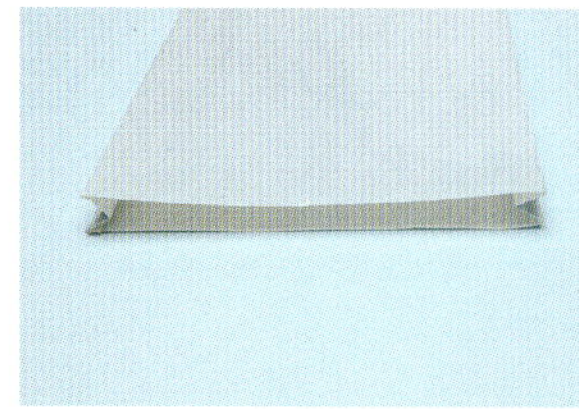

10 접은 선에 맞추어 쇼핑백 모양으로 다듬어주세요.

리본 묶기

11 봉투 위쪽 뒤에 리본을 놓습니다.

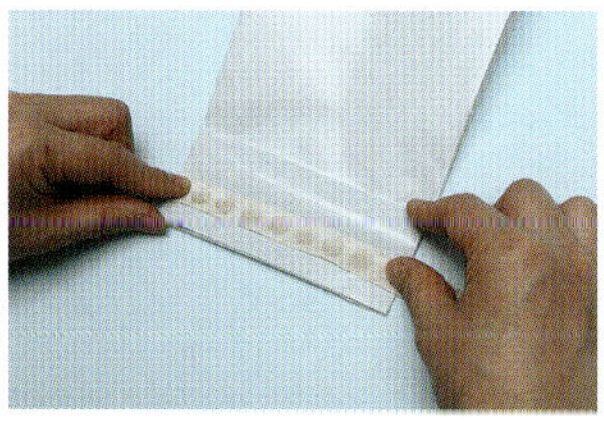

12 리본의 폭만큼 연거푸 두 번 접어주세요.

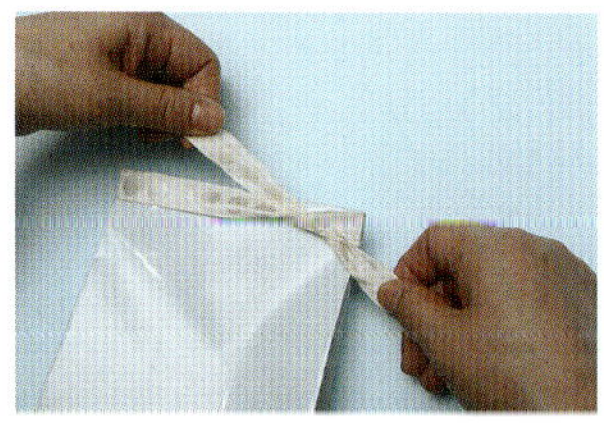

13 앞으로 돌려 나비묶음을 합니다.

14 나비묶음 쇼핑백이 완성되었습니다.

TIP

와이셔츠 모양의 선물포장을 위해서 12번에서 접은 선 아래의 양옆에서 1/3 정도 되는 지점에 가위선을 낸 후 앞쪽을 삼각형이 되게 접어 셔츠깃 모양이 되면 리본을 묶어다른 봉투 모양으로 만들 수 있어요. 244쪽을 참고하세요.

14 변형 프렌치보우 쇼핑백 포장

준비물 포장지 □ 리본 □ 핑킹 가위 □ 철사 □

난이도 ★★★★★

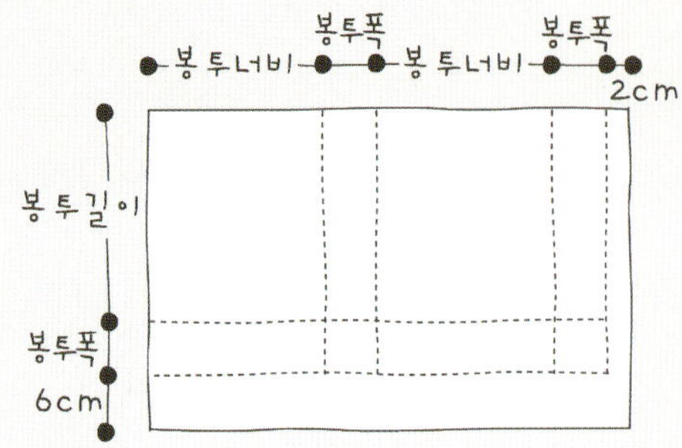

쇼핑백 만들기

01 쇼핑백을 만듭니다.

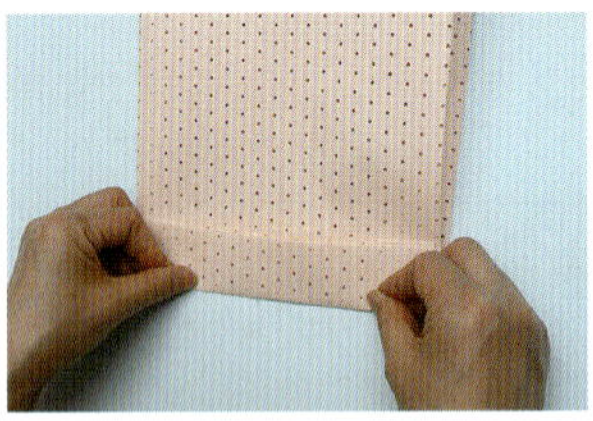

02 봉투 윗부분을 4cm 정도 접어 접은 선 표시를 냅니다.

03 접은 선을 따라 안쪽으로 접어 넣습니다.

TIP 쇼핑백 만드는 방법은 82쪽을 참고하세요.

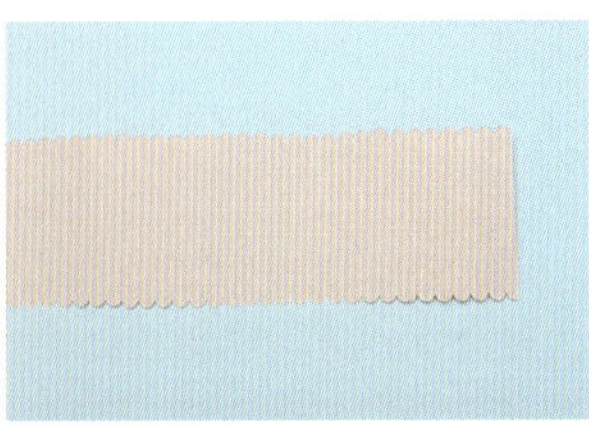

04 폭은 5cm 정도, 길이는 봉투의 세로 둘레인 종이 띠를 핑킹 가위로 잘라주세요.

05 세로 중앙에 두릅니다.

06 세로 중앙에 둘러 안쪽에서 양면테이프로 고정시킵니다.

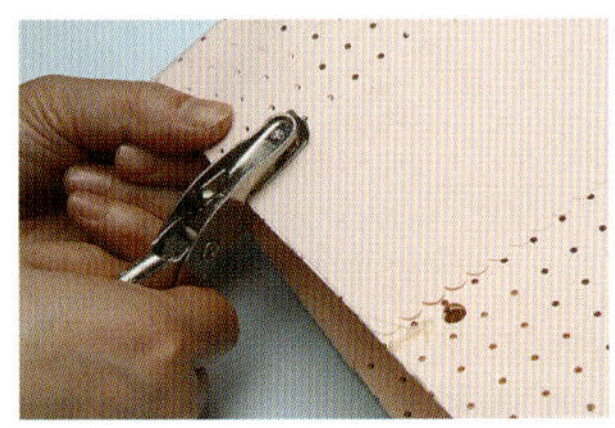

07 손잡이를 끼울 곳은 펀치로 대칭되게 구멍을 뚫습니다.

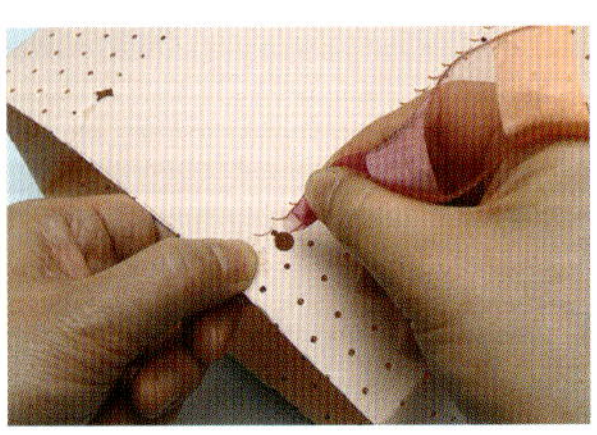

08 리본을 끼우고, 안쪽에서 매듭을 지어 빠져나오지 않게 합니다.

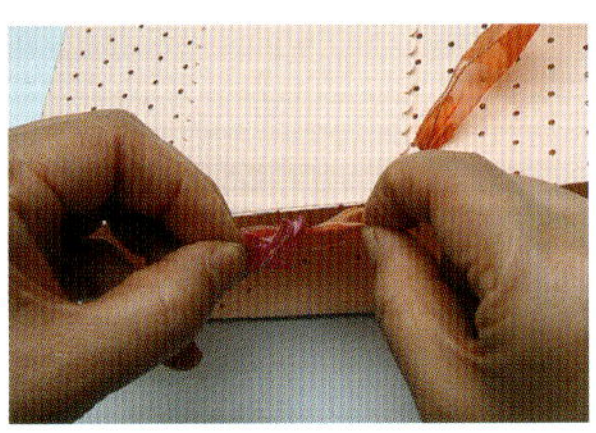

09 손잡이가 되도록 적당히 남기고 옆의 구멍에 끼워 매듭을 짓습니다. 반대쪽도 마찬가지로 구멍을 뚫고 손잡이를 만듭니다.

10 쇼핑백이 완성되었습니다.

변형 프렌치보우 만들기

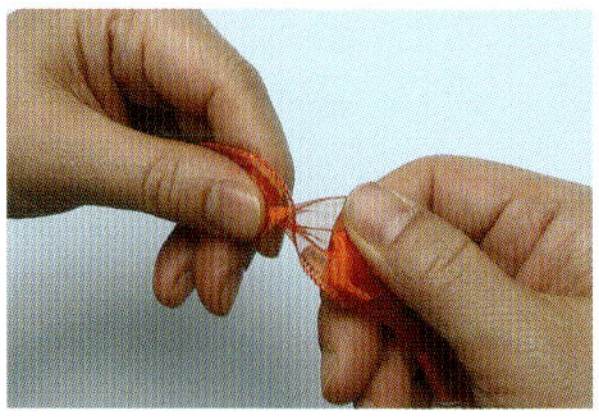
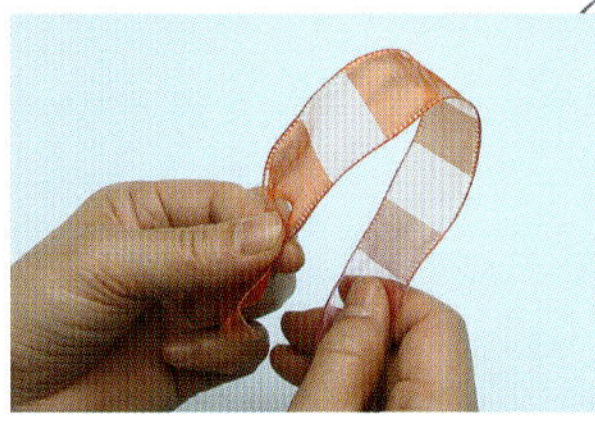

11 리본의 2cm 지점에서 반 바퀴 돌려주세요.

12 원하는 크기로 둥그렇게 리본 날개를 만든 후 아랫부분을 다시 반 바퀴 꼬아주고 리본 아래쪽에 댄 뒤 함께 잡아줍니다.

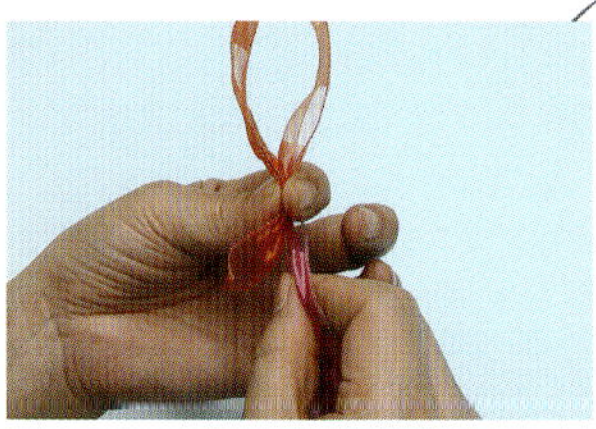
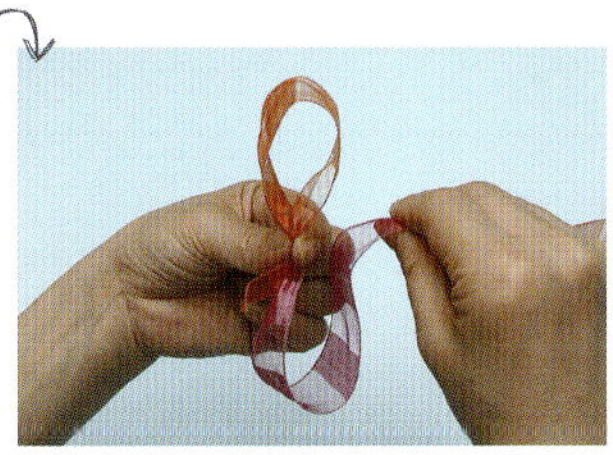
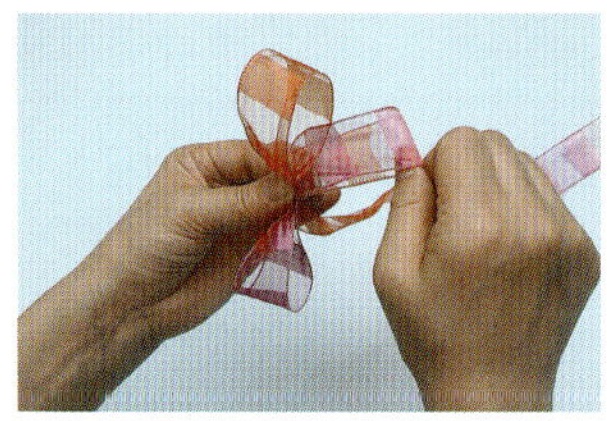

13 같은 크기로 리본 날개를 아래쪽에 한 개 더 만들고 중심에서 반 바퀴 꼬이 왼손으로 고정시킵니다.

14 처음에 만든 보우들과 오른쪽으로 30도 정도 기울어지게 방향을 틀어서 같은 크기의 리본 날개를 위아래로 만듭니다.

15 이번엔 왼쪽으로 기울어지게 리본 날개를 만들고 여러 번 반복해서 리본을 만듭니다.

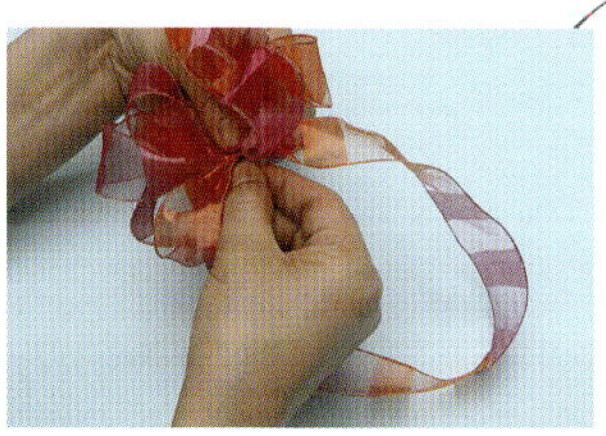

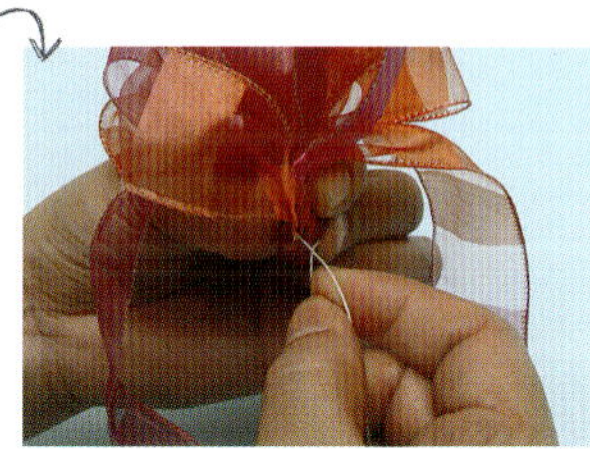

16 다리 부분을 둥그렇게 만들어 꼬인 부분에 갖다 대고 보우 중심부를 철사로 고정하여 리본 뒤쪽에서 꼬아 짧게 잘라주세요.

17 다리가 될 리본의 중간을 가위로 잘라 보우를 완성합니다.

18 봉투 손잡이 아랫부분에 글루로 보우를 고정시켜 완성합니다.

15 아이들이 좋아하는 미키 상자 포장

15 미키 상자 포장

준비물 골판지 □ 리본 □ 투명 봉투 □
난이도 ★★★★★

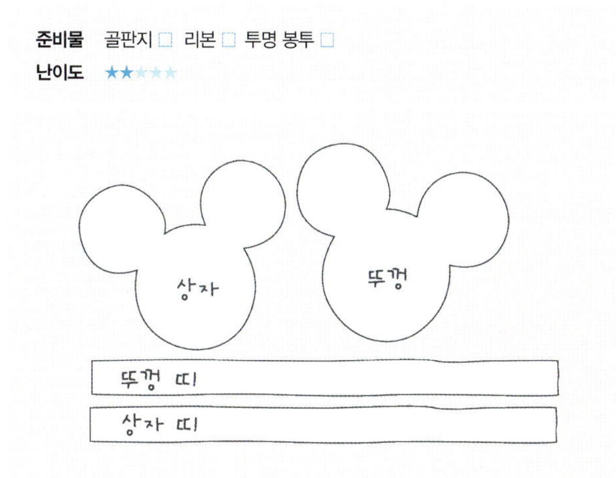

01 부록의 도안을 이용하여 골판지에 재단하여 미키 모양의 뚜껑과 밑상자, 상자 높이의 띠를 준비합니다.

TIP 직접 도안할 경우에는 뚜껑과 밑상자를 같은 크기로 그립니다. 밑상자 안쪽에 띠를 덧대어 상자를 연결하기 때문에 크기의 차이를 둘 필요가 없어요.

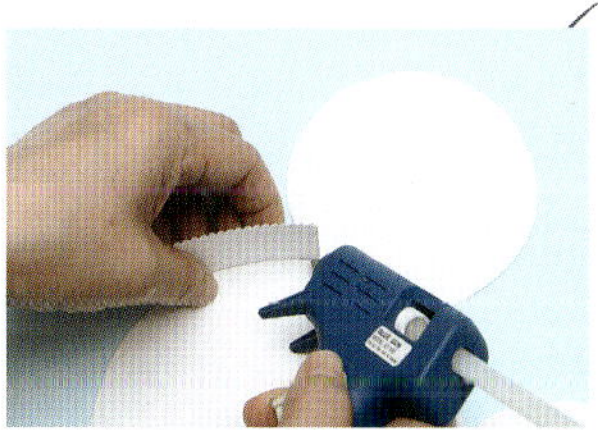

02 귀 아래 부분에 띠를 대고 글루건으로 고정시켜 뚜껑과 밑상자를 완성합니다.

TIP 40쪽의 원형 상자 만들기를 참고하세요.

03 밑상자의 높이보다 2cm 정도 높은 띠를 준비합니다.

04 밑상자 안쪽은 글루건으로 붙여주고 이음새 부분은 오목한 곳으로 모아주세요.

05 미키 상자를 완성하였습니다.

06 캔디를 투명 봉투에 넣고 입구는 주름을 잡아가며 모아주세요.

07 준비한 가는 리본으로 나비묶음을 해줍니다.

08 얼굴과 귀 부분에 들어갈 캔디를 준비해 상자에 넣어주세요.

09 뚜껑을 닫은 뒤 한쪽 귀에 리본을 둘러 나비묶음을 해주고 리본 다리를 잘라줍니다.

10 나비묶음을 한 미키 상자가 완성되었습니다.

16 마음을 전하는 초콜릿 보석 상자 포장

16 초콜릿 보석 상자 포장

준비물 골판지 □ 리본 □ 하트장식 □

난이도 ★★☆☆☆

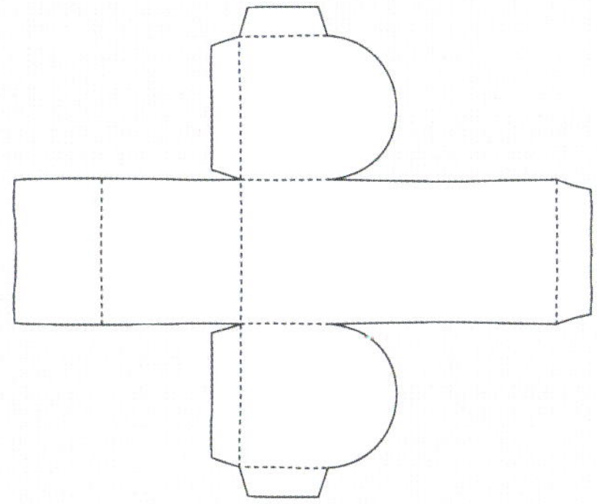

01 부록의 도안을 이용하여 상자를 만들기 위해 골판지를 재단합니다.

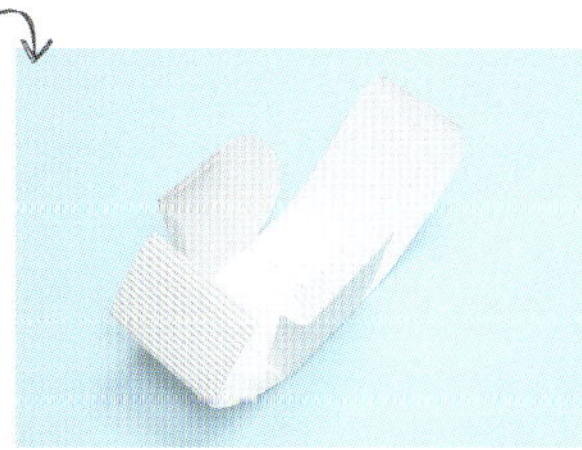

02 도안에 실선으로 나타나 있는 부분은 자를 대고 칼등으로 그어 접은 선을 넣어 접어주세요.

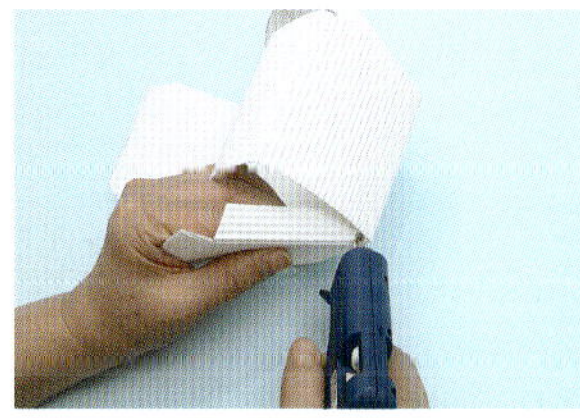

03 풀붙이는 곳은 글루건을 이용하여 붙여주세요.

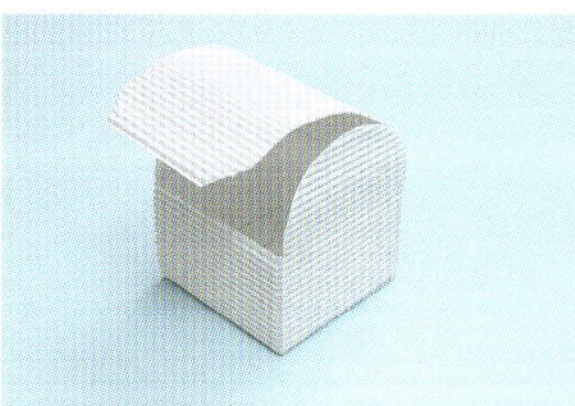

04 초콜릿 보석 상자를 완성하였습니다.

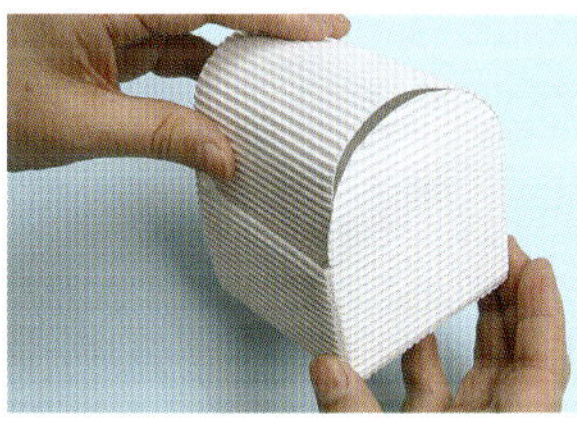

05 초콜릿을 넣고 뚜껑을 닫아주세요.

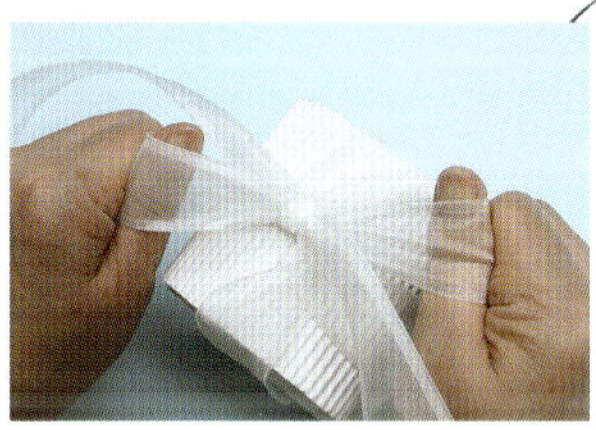

06 리본으로 초콜릿 보석 상자를 십자걸기한 후 나비묶음을 해 줍니다.

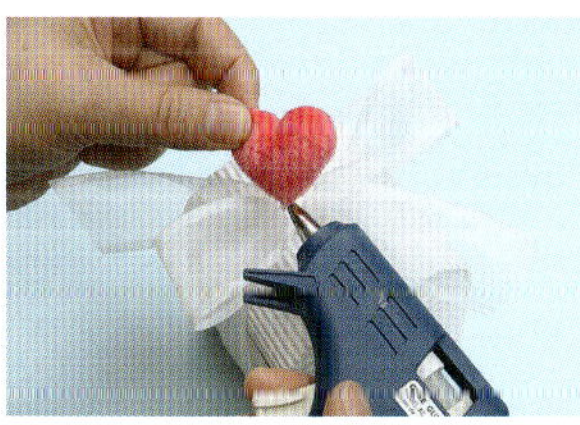

07 준비한 하트장식을 리본 중앙에 붙여주세요.

08 초콜릿 보석상자가 완성되었습니다.

Part 04

소중한 마음을 전하는 포장의 기술

17 반듯한 포장법, 정사각 캐러멜 포장

17 정사각 캐러멜 포장

준비물 포장지 □ 상자 □ 리본 □
난이도 ★★★★★

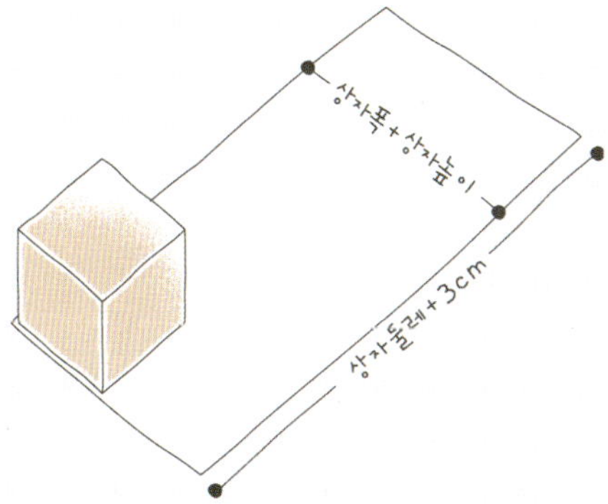

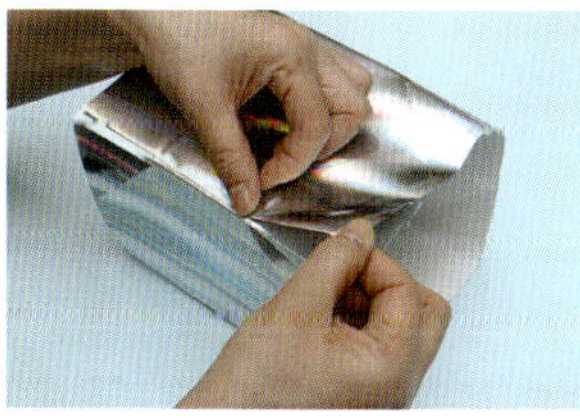

01 포장지의 세로를 안쪽으로 1cm 접어 양면테이프를 붙인 후 상자를 가운데 세워 놓고 여밈선이 상자 옆 모서리에 오도록 하여 포장지를 고정하세요.

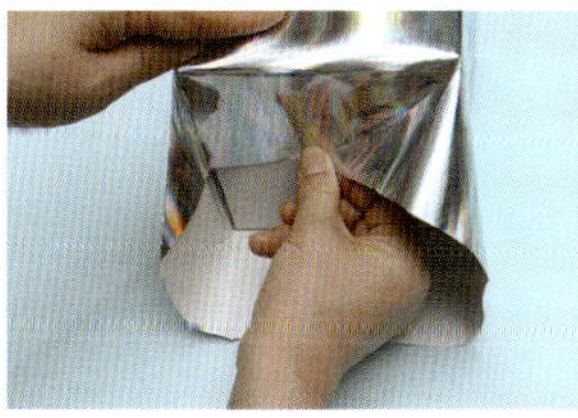

02 아래쪽으로 종이를 내려 왼쪽 꼭짓점에서 45도로 접어줍니다.

03 45도 접힌 종이를 다시 상자 쪽으로 접고 아래쪽 종이를 45도로 접어주세요.

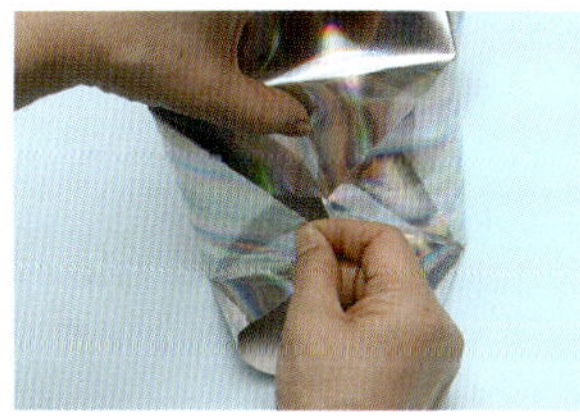

04 상자를 시계 방향으로 돌려가면서 꼭짓점에서 45도 각도로 접습니다.

05 마지막 부분에서는 처음 접힌 부분에 잘 끼워주고 반대편도 마찬가지로 접어줍니다.

06 포장이 완성됩니다.

07 리본으로 십자걸기를 합니다.

TIP 십자걸기는 32쪽을 참고하세요.

08 리본으로 다시 한 번 상자를 둘러싼 뒤 중심에서 다시 90도로 교차시킵니다.

09 한 번 더 십자걸기를 해줍니다.

10 리본이 서로 대각선 위치에 오도록 끼워서 고정시킵니다.

11 나비묶음을 해주고 다리를 정리한 후 상자 위의 겹쳐진 리본 사이를 벌려주세요.

12 정사각 캐러멜 포장이 완성되었습니다.

18 다양한 냅킨으로 포장한 원형 상자 포장

18 원형 상자 포장

준비물 원통 상자 □ 냅킨 □ 스프레이 풀 □
난이도 ★★★★★

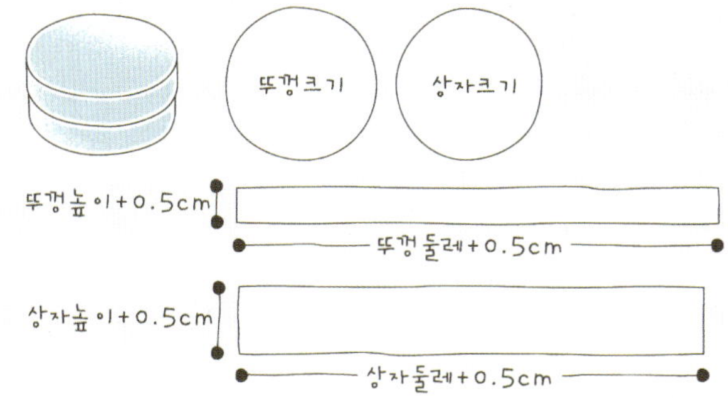

포장지 재단하기

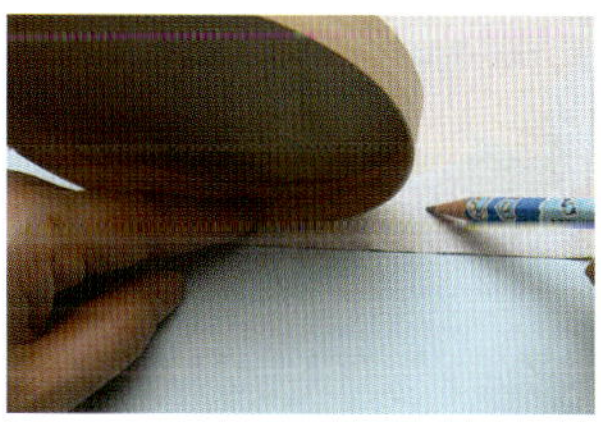

01 뚜껑 높이에 0.5cm를 더하여 냅킨에 상자 둘레만큼 직선 띠를 그립니다.

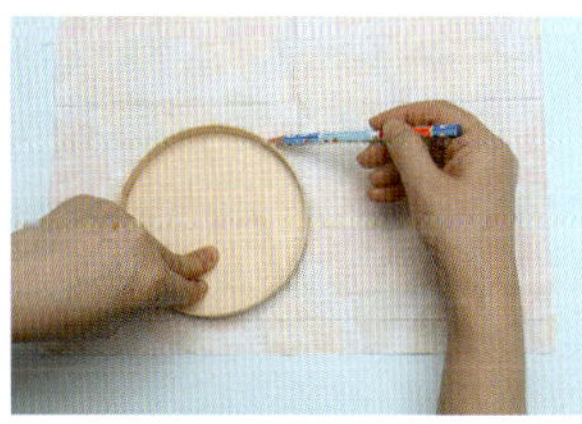

02 상자 뚜껑을 대고 원을 그립니다.

03 앞에서 그린 모양대로 냅킨을 오려주세요.

TIP 평소 다양한 디자인의 냅킨을 모아 두면 포장에 활용할 수 있어요.

포장지 붙이기

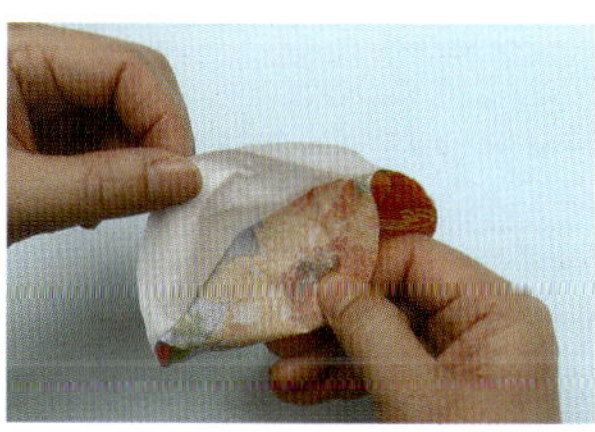

04 세 겹으로 된 냅킨에서 두 장의 휴지를 떼어냅니다.

05 바닥에 신문지를 깔고 도안 뒤쪽에 스프레이 접착제를 뿌려주세요.

06 뚜껑 옆면에, 접착제가 뿌려진 띠를 뚜껑 아래 선에 맞추어 붙입니다.

07 위에 남은 여유 부분은 상자에 붙여줍니다.

08 원형 부분도 마저 붙여 뚜껑을 완성합니다.

09 상자 아래쪽도 같은 방법으로 냅킨을 잘라서 붙여주세요.

10 냅킨의 디자인을 살린 멋진 상자가 완성됩니다

19 쉽고 간편한 주머니 포장

19 주머니 포장

준비물 헝겊 or 손수건(정사각형) □ 리본 □
난이도 ★★★★★

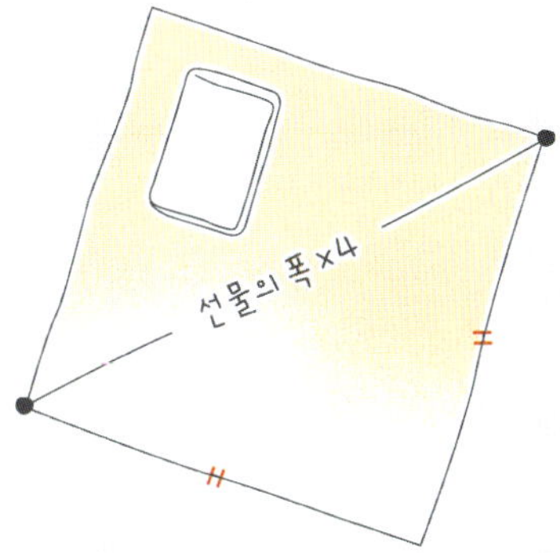

01 헝겊이나 냅킨을 준비하고 같은 크기의 부직포를 두 장 준비합니다.

02 냅킨 위에 같은 크기의 부직포를 살짝 틀어서 놓습니다.

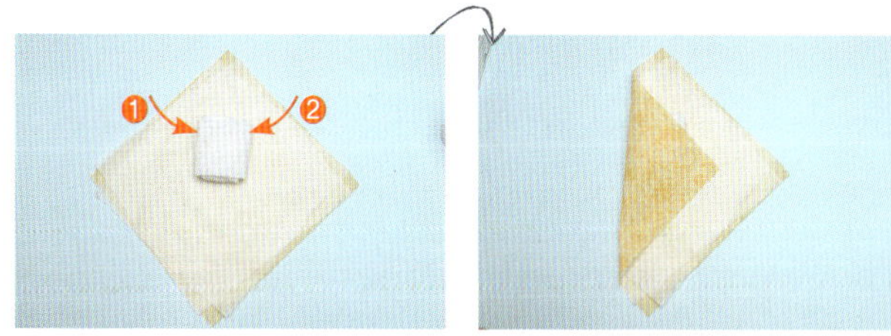

03 대각선 중심 위치에서 위쪽에 선물을 놓고 양쪽의 헝겊을 여며주세요.

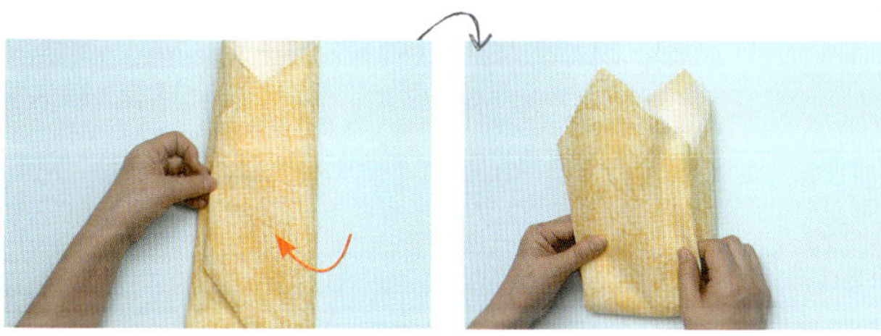

04 남는 헝겊은 접어 넣고 다시 반을 접어 주머니 모양을 만듭니다.

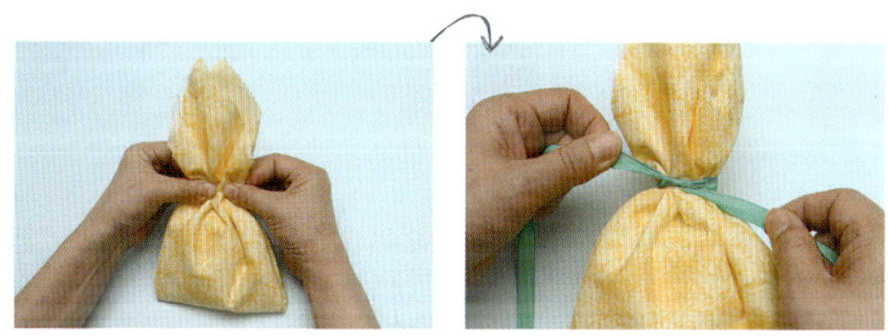

05 윗부분은 조여주고 리본으로 묶어주세요.

06 오간디 리본으로 만든 이중 8자보우 한 개와 가는 리본으로 만든 8자보우 한 개를 준비하세요.

TIP 8자보우는 99쪽을 참고하세요.

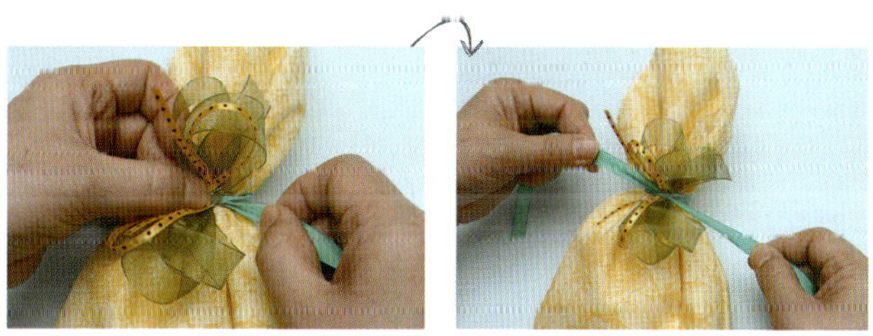

07 주머니 위에 두 개의 8자보우를 세워 놓고 8자보우를 묶어서 고정시킵니다.

08 냅킨을 이용한 선물포장이 완성되었습니다.

20 이중 8자보우를 이용한 사탕 포장

20 사탕 포장

준비물 긴 원통형 상자 □ 포장지 □ 리본 □
난이도 ★★★★★

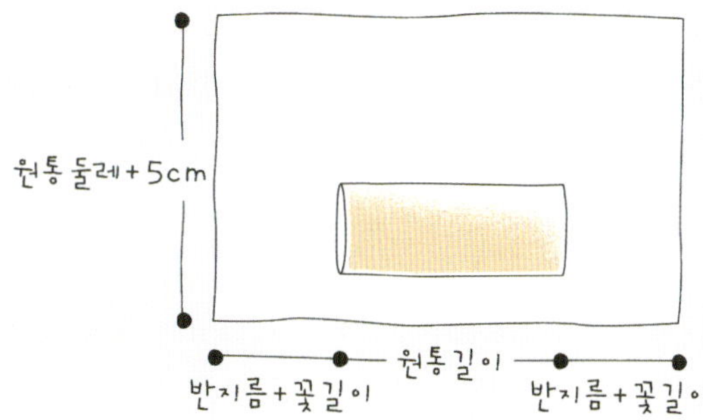

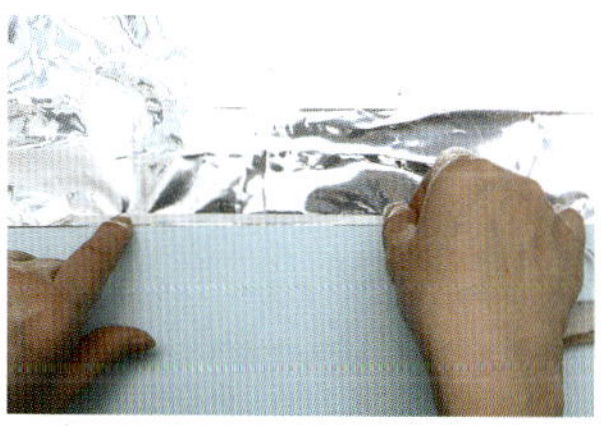

01 포장지의 한쪽 끝 중앙에 양면 테이프를 붙입니다.

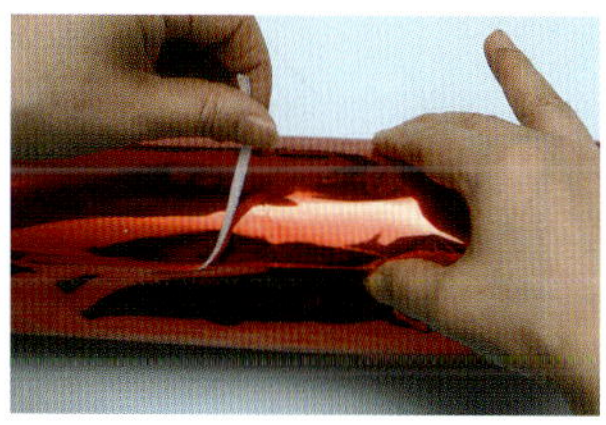

02 중앙에 놓인 원통을 굴려서 싸고 양면테이프로 고정합니다.

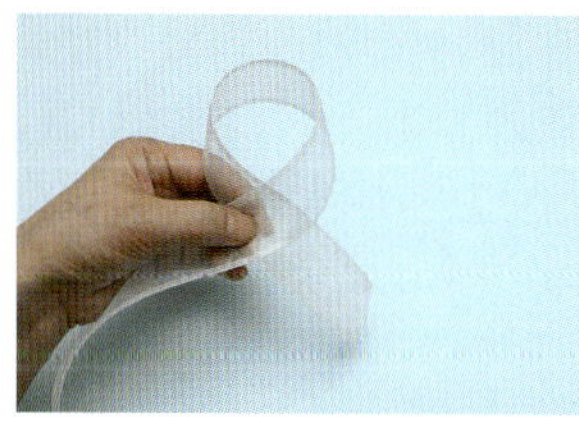

03 리본을 모아 둥그렇게 만듭니다.

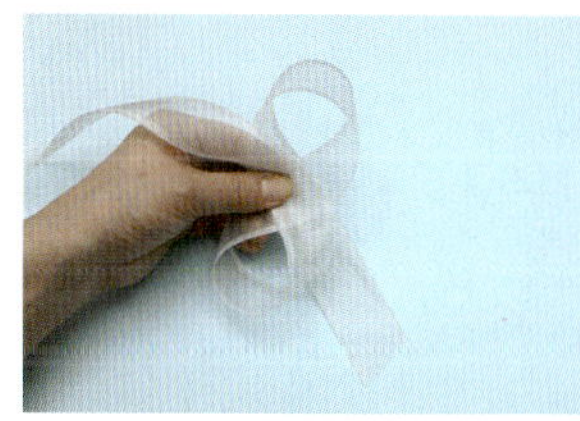

04 아래 부분도 같은 크기로 모아 리본의 모양이 8자가 되도록 합니다.

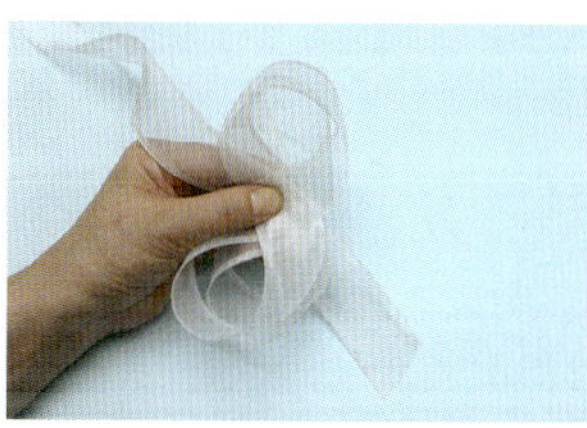

05 같은 방법으로 한 번 더 겹치도록 만듭니다.

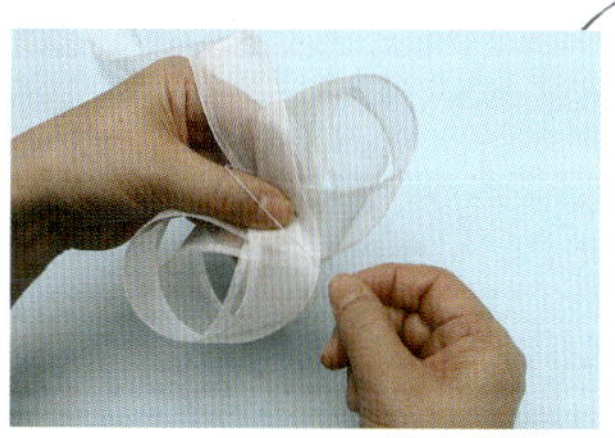

06 가운데 부분은 철사로 플리츠를 잡아 고정합니다.

07 이중 8자보우가 완성되었습니다. 같은 방법으로 1개 더 준비합니다.

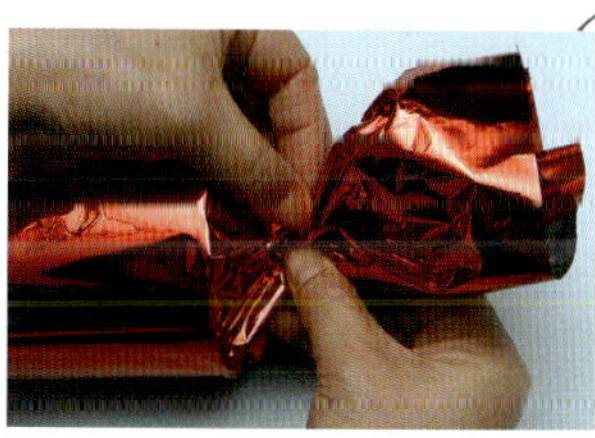

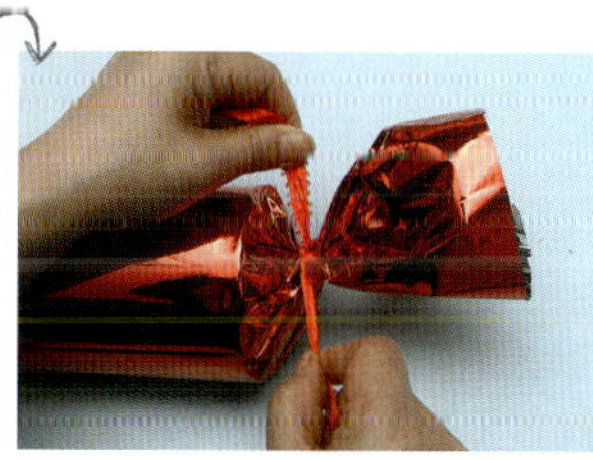

08 원통 옆 부분의 포장지를 조여 리본으로 묶습니다.

09 반근 묶어 둔 리본 위에 준비한 이중 8자보우를 놓고 나비묶음을 해주세요.

10 다른 한쪽도 같은 방법으로 나비묶음을 하고 사탕 포장을 완성합니다.

21 작은 리스를 이용한

리스 장식 포장

21 리스 장식 포장 DVD 작품

준비물 포장지 □ 리본 □ 작은 종 2개 □ 트리 가지 □

난이도 ★★★★★

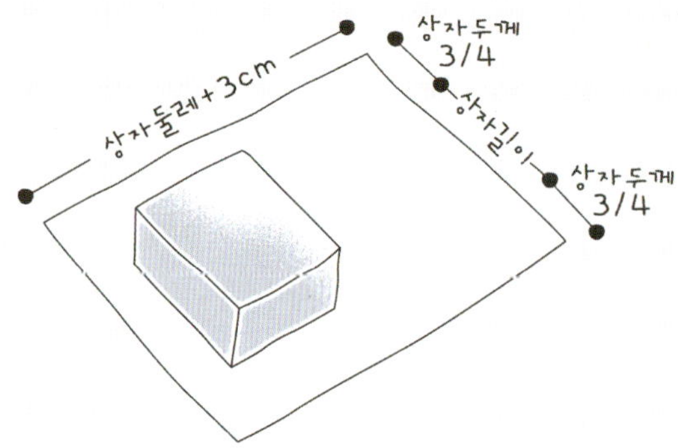

01 포장한 상자를 준비합니다.

TIP 여기서는 캐러멜 포장법을 이용하였습니다.

02 못쓰게 되거나 잘 사용하지 않는 트리 가지를 준비합니다.

03 거친 잎은 가위로 짧고 고르게 다듬어주세요.

04 가지 끝에 글루를 묻힙니다.

05 둥글려서 양끝을 붙여줍니다.

06 리스 틀이 완성되었습니다.

TIP 트리 가지가 없을 때는 두꺼운 끈이나 철사, 스티로폼 끈 등으로 대체해도 됩니다.

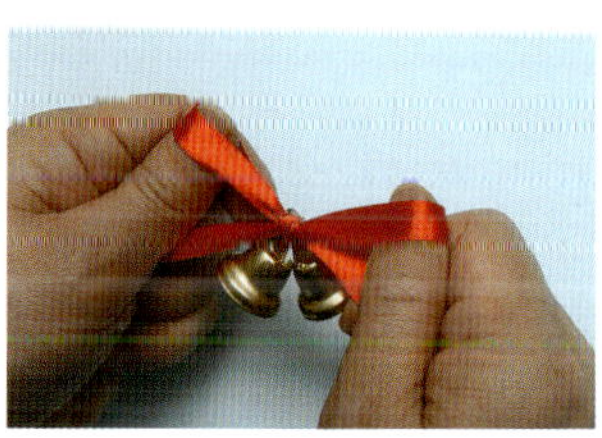

07 작은 종 두 개를 리본에 끼워 묶고 나비묶음을 해줍니다.

08 글루건으로 리스 틀의 이음새 부분에 리본으로 묶은 종을 붙여주세요.

09 리스를 상자 위에 놓고 글루건으로 고정시켜 완성합니다

22 구슬과 리본을 이용한 나비보우 리스 장식 포장

22 나비보우 리스 장식 포장

준비물 리본 □ 가는 철사 □ 구슬 줄 □ 글루건 □
난이도 ★★★★★

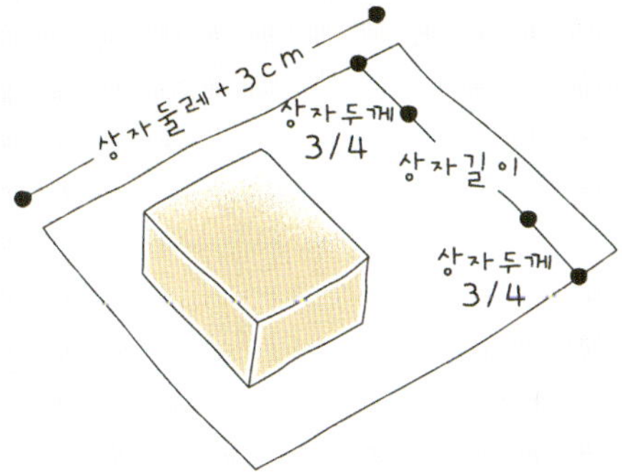

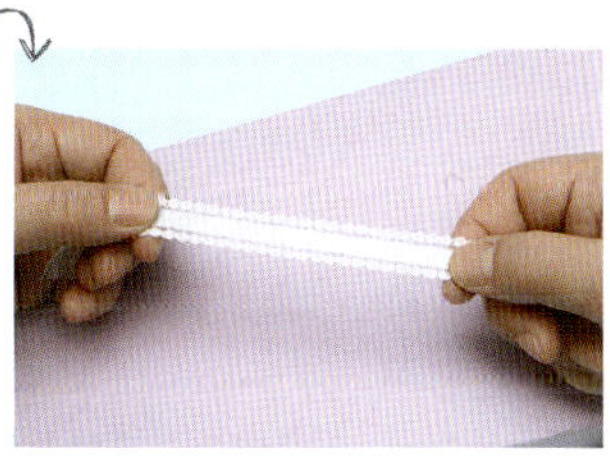

01 포장된 상자를 준비합니다.

TIP 여기서는 캐러멜 포장법을 이용하였습니다.

02 리본을 양손으로 맞잡고 교차시킵니다.

03 둥근 부분의 중심을 잡아 교차한 곳에 갖다 댑니다.

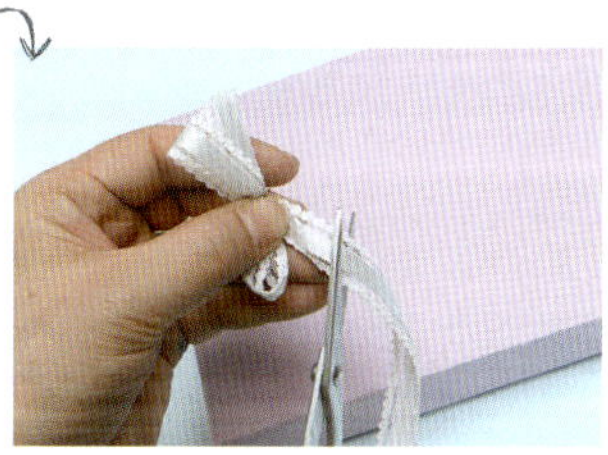

04 중심에 철사를 끼우고 뒤에서 꼬아준 다음 철사를 잘라내고 다리를 정리합니다.

05 나비보우를 완성하였습니다.

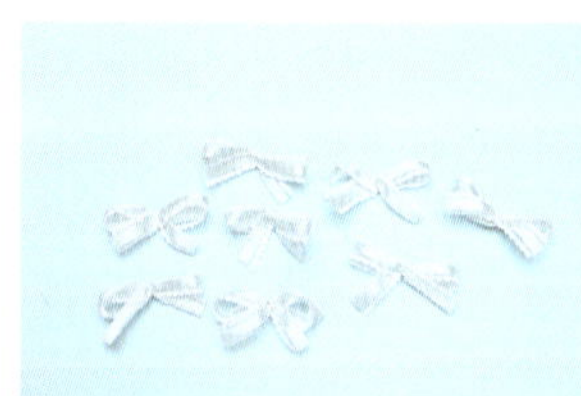

06 앞에서 만든 것과 같은 나비보우를 8개 준비합니다.

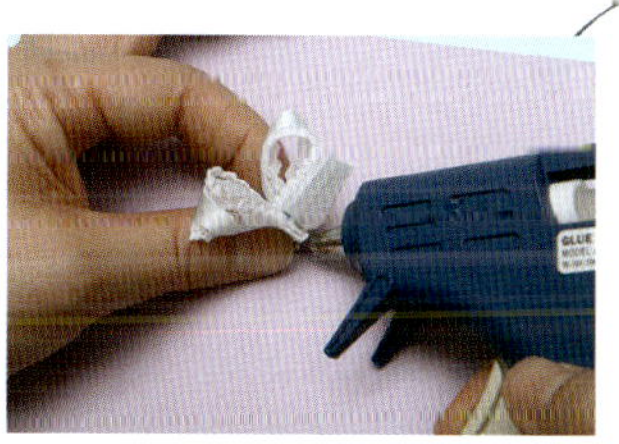

07 나비보우 뒷부분에 글루를 묻혀 원하는 원의 크기를 정해 네 군데에 임의로 붙여주세요.

08 구슬 줄로도 나비보우를 만들어 리본 사이를 메워가며 붙여주세요.

09 나비보우를 이용한 리스 모양 포장이 완성되었습니다.

23 조각종이를 이용한 캔디보우 포장

23 캔디보우 포장

준비물 포장지 □ 리본 □ 조각종이 □
난이도 ★★★☆☆

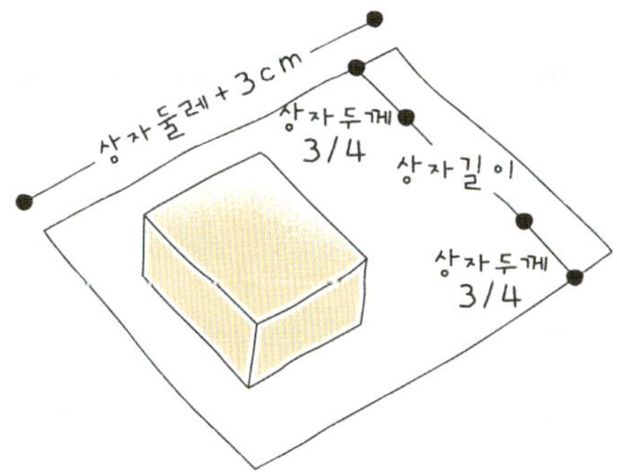

01 포장한 상자를 준비합니다.

TIP 여기서는 캐러멜 포장법을 이용하였습니다.

02 상자에 덧댈 종이를 준비합니다.

03 적당한 크기로 잘라 상자 한쪽에 둘러서 붙입니다.

04 리본으로 덧대준 종이 위에서 일자걸기를 합니다.

05 나비묶음을 하고 리본의 크기를 정리합니다.

06 한쪽 다리를 리본 아래쪽에 끼워 위쪽으로 빼주세요.

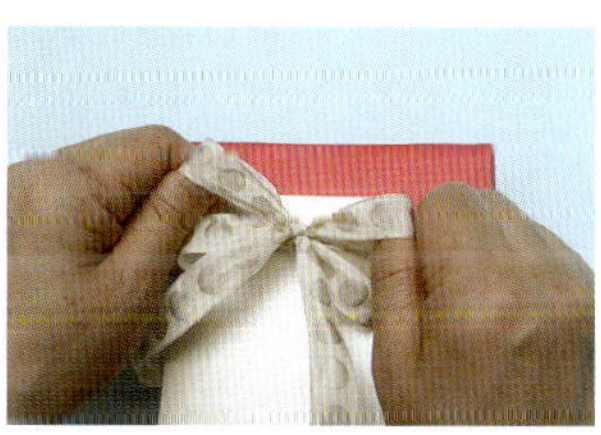

07 처음 크기와 같이 나비묶음을 한 번 더 묶어 네 개의 리본 머리를 같은 크기로 정리하고 다리를 잘라주세요.

08 조각종이를 이용한 캔디보우 포장이 완성되었습니다.

24 부드러운 리본 끼우기를 이용한 사선 포장

24 사선 포장 DVD 작품

준비물 포장지 □ 리본 □
난이도 ★★★★★

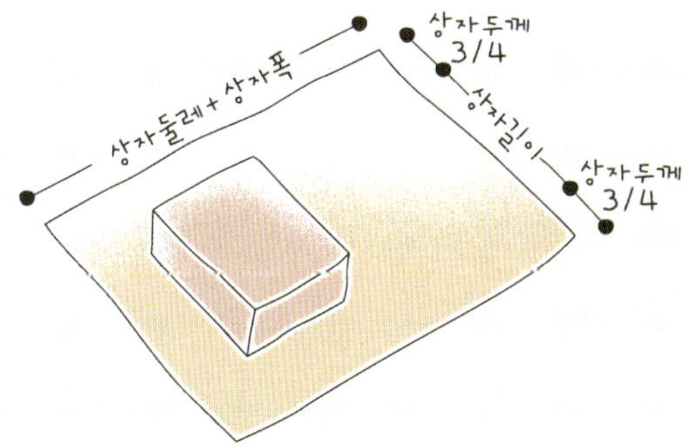

01 상자를 포장할 포장지를 준비합니다.

02 포장지를 상자 위에서 비스듬히 접어주세요.

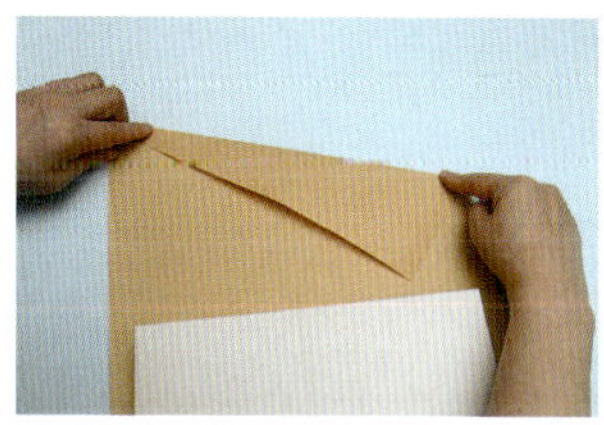

03 다시 펴서 접은 선을 이용해 안쪽으로 접어 넣습니다.

04 접은 선을 따라 양면테이프를 붙여주세요.

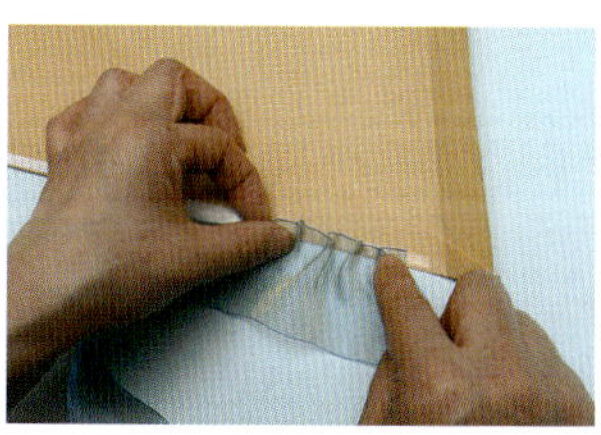

05 양면테이프의 종이를 떼어내고 그 위에 리본으로 플리츠를 잡아 붙여줍니다.

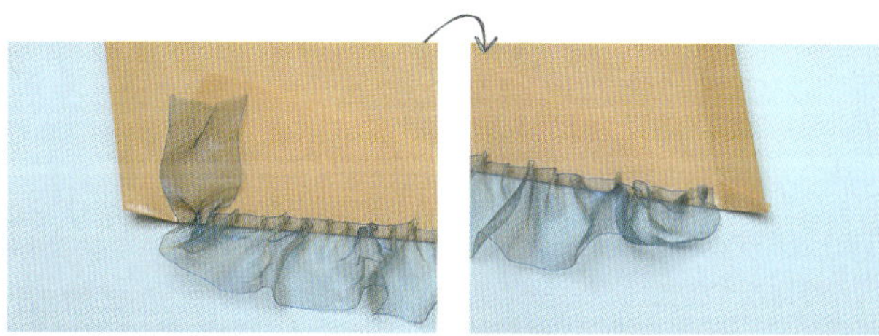

06 리본 올이 풀리지 않도록 처음 시작 부분과 끝 부분도 붙여주세요.

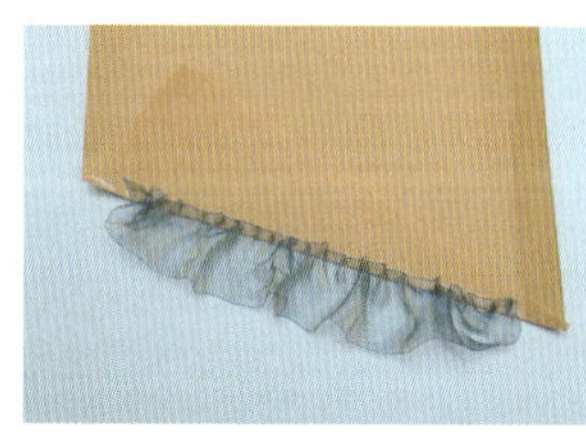

07 남은 리본은 깨끗이 잘라주고 상자 길이만큼만 리본을 붙여줍니다.

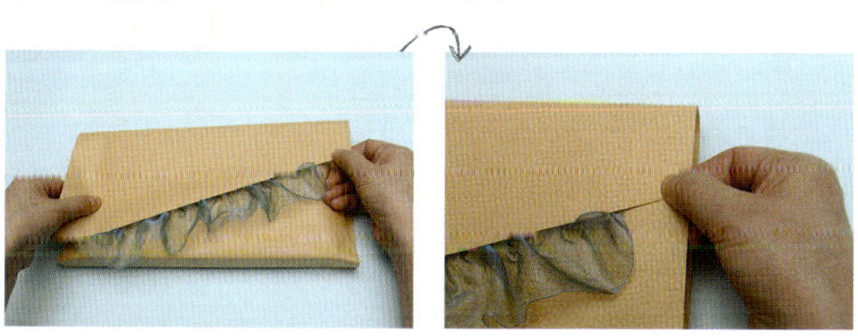

08 상자를 놓고 리본이 앞으로 오도록 여며주고 양끝을 붙여주세요.

09 상자 위아래를 캐러멜 포장법으로 포장합니다.

TIP 캐러멜 포장은 46쪽을 참고하세요.

10 리본 끼우기 기법을 이용한 사선 포장을 완성하였습니다.

25 주름을 접어서 만들어 낸 플리츠 포장

25-1

나비넥타이 플리츠 포장

DVD 작품

준비물 포상지 □ 리본 □

난이도 ★★★★★

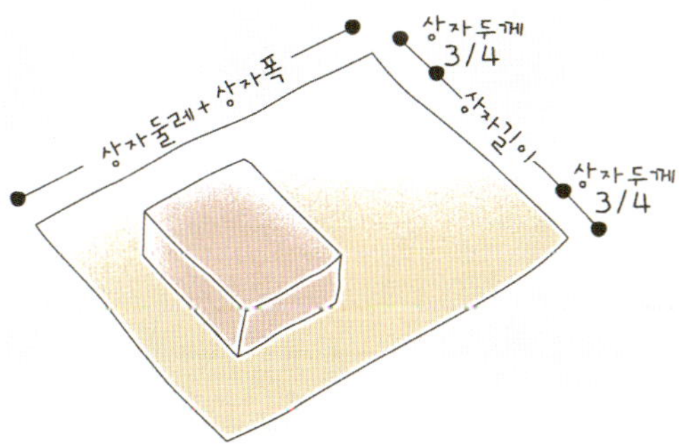

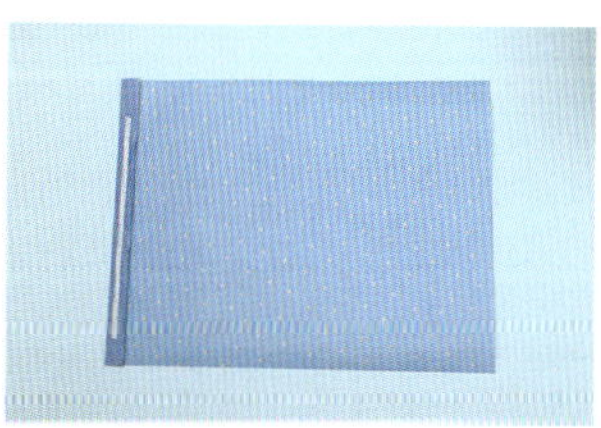

01 종이를 재단하여 세로 방향에서 2cm 정도 안쪽으로 접고 양면테이프를 중간에 붙입니다.

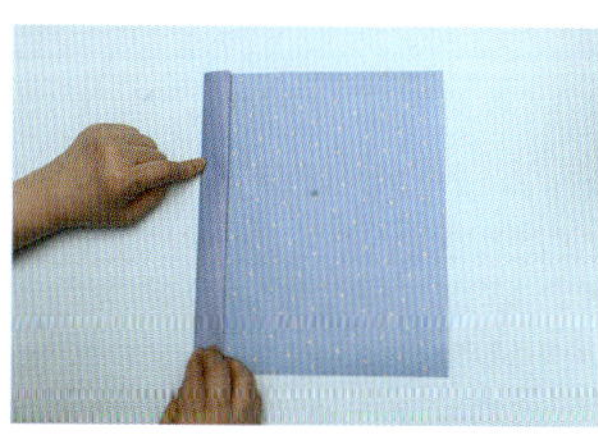

02 계속해서 진행 방향으로 2cm 간격으로 다섯 번 접어주세요.

TIP 접는 횟수는 상자 크기에 따라 다를 수 있습니다. 주름을 많이 넣고 싶을 때는 가로 길이의 여유를 넉넉히 주세요.

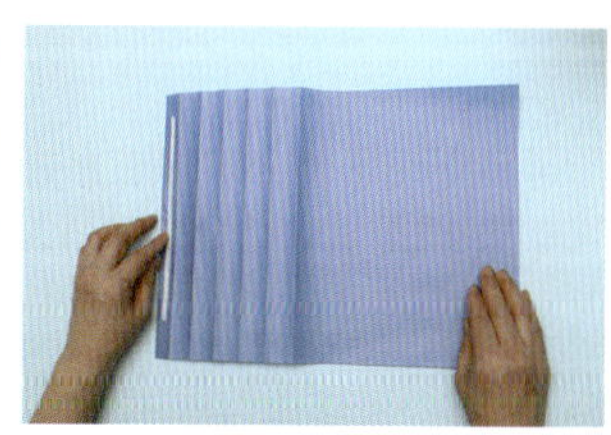

03 접었던 종이를 다시 펼쳐주세요.

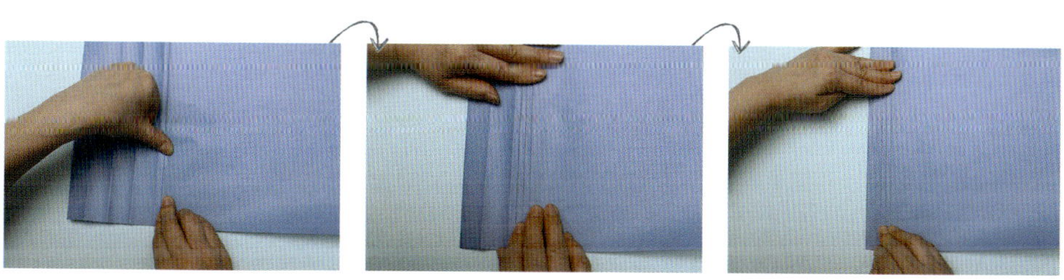

04 접은 선을 이용해 안쪽부터 간격이 일정하게 접은 선과의 사이에 플리츠를 잡아주세요. 이때 플리츠의 방향은 양면테이프를 붙인 쪽으로 눕힙니다.

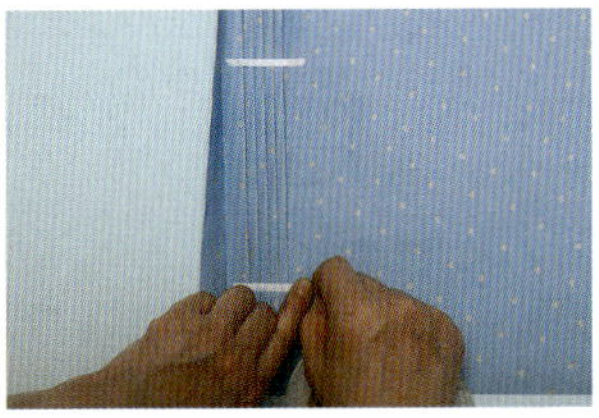

05 뒤집어서 테이프로 플리츠를 고정합니다.

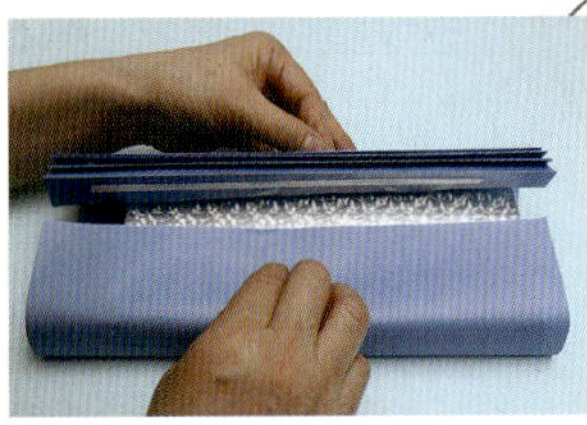

06 상자 위쪽 중앙에 플리츠가 오도록 여며서 양면테이프로 고정합니다.

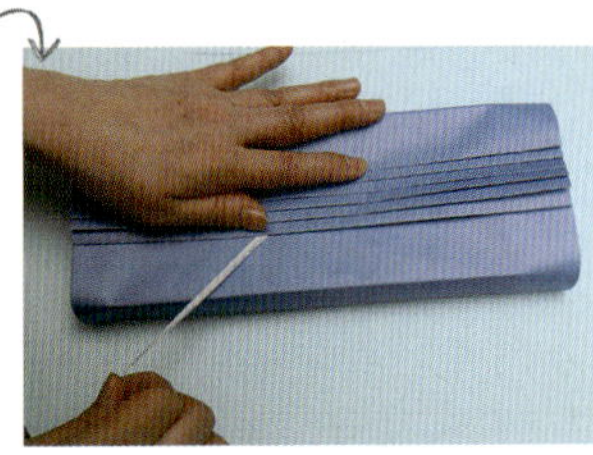

07 캐러멜 포장으로 마무리합니다.

TIP 캐러멜 포장은 46쪽을 참고하세요.

08 4cm×15cm의 리본과 4cm×3cm의 리본을 준비합니다.

09 한쪽 끝에 양면테이프를 붙이고 리본을 둥그렇게 이어주세요.

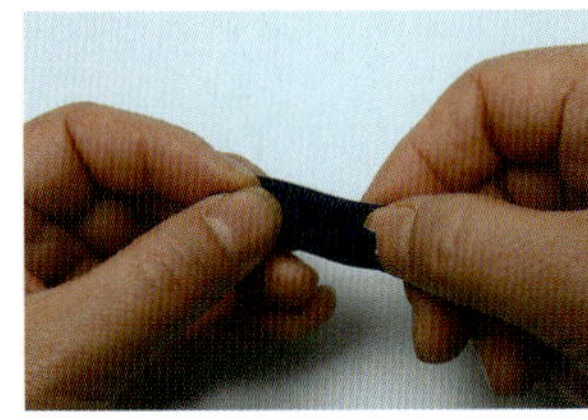

10 마무리 리본은 3등분 크기로 접어 양면테이프로 고정시켜 놓습니다.

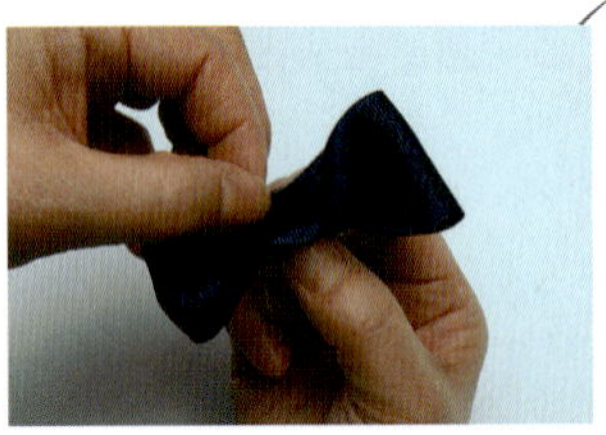

11 9번에서 준비한 리본의 중심에서 반을 접고 다시 양옆 부분을 반씩 접어 손으로 플리츠를 두 번 잡아주세요.

12 10번에서 준비한 마무리 리본으로 중심을 감아 글루건으로 붙여줍니다.

13 리본이 완성되었습니다.

14 완성한 리본을 글루건으로 플리츠 상자에 고정시킵니다.

15 플리츠 포장을 완성하였습니다.

25-2

레이스 플리츠 포장

준비물 포장지 □ 레이스 리본 □

난이도 ★★★★★

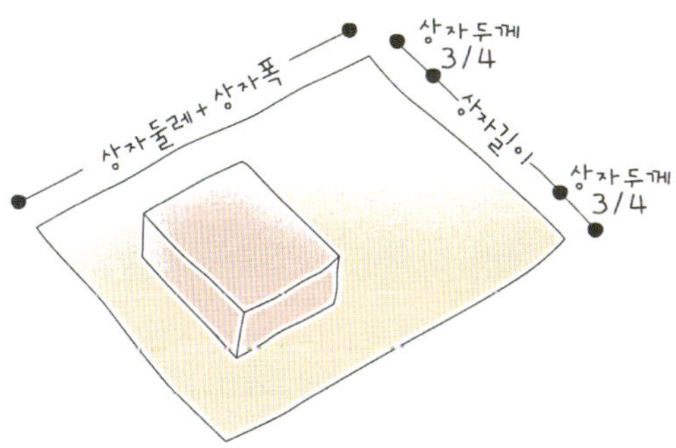

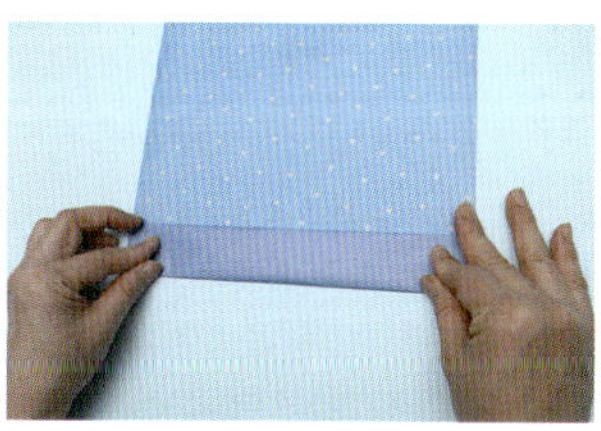

01 3cm 정도의 넓은 플리츠를 잡아 다섯 번 정도 한 방향으로 계속 접어주세요.

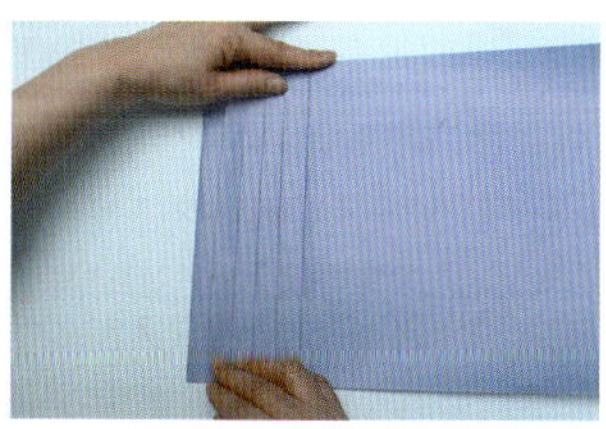

02 다시 펼쳐 큼직한 플리츠를 접어줍니다.

TIP 플리츠 포장은 109쪽을 참고하세요.

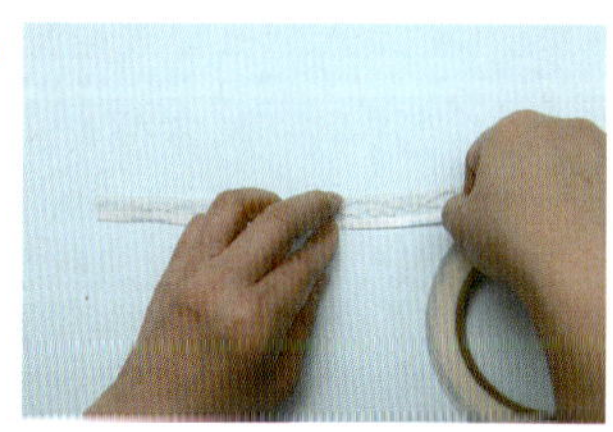

03 플리츠 간격보다 약간 좁은 리본을 포장지의 세로 길이만큼 잘라 양면테이프를 붙여주세요.

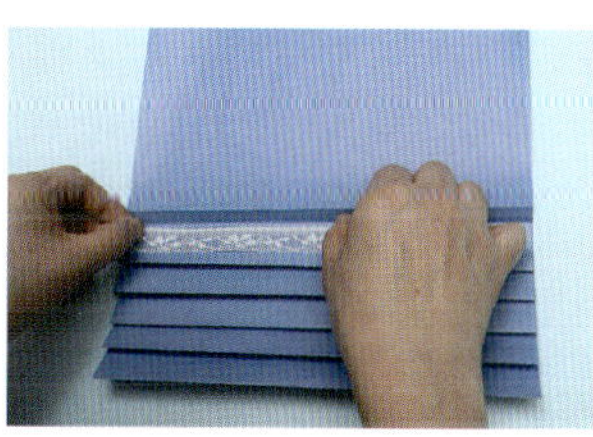

04 펼쳐진 플리츠의 안쪽 선에 맞춰 붙여줍니다.

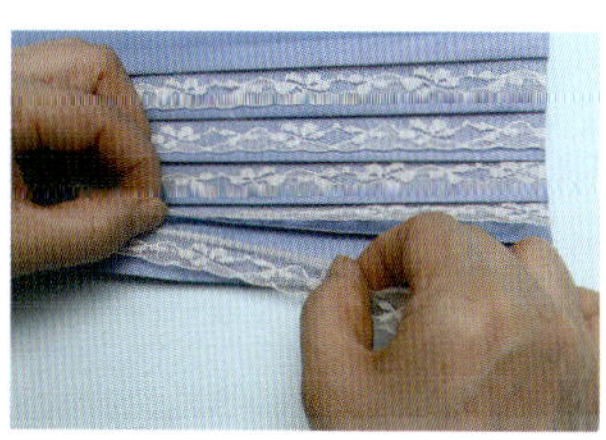

05 리본을 모두 붙여주고 안쪽에서 플리츠를 테이프로 고정한 뒤 캐러멜 포장을 합니다.

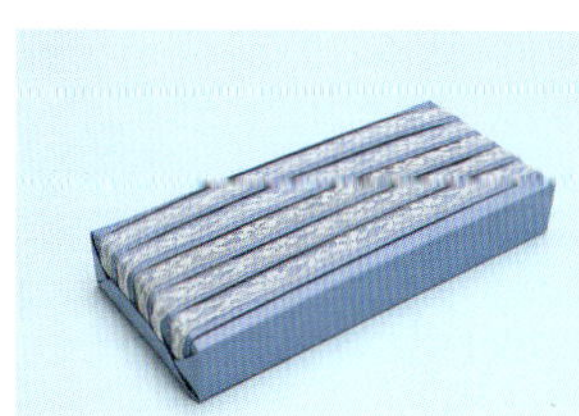

06 레이스 플리츠 포장이 완성되었습니다.

TIP 레이스 리본 이외의 다양한 재질의 리본을 사용해도 좋아요.

26 왔다갔다 변화를 준
지그재그 플리츠 포장

26 지그재그 플리츠 포장

준비물 포장지 □ 리본 □
난이도 ★★★★☆

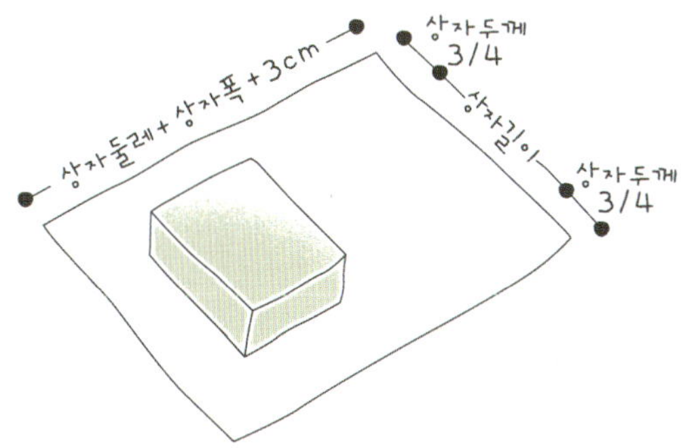

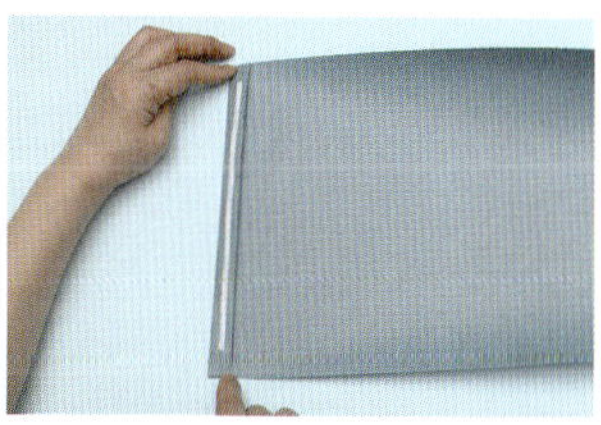

01 왼쪽 끝을 안쪽으로 2cm 정도 접어 양면테이프를 중간에 붙여줍니다.

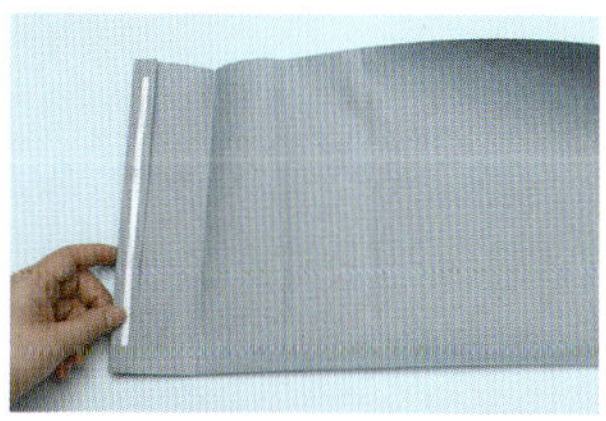

02 6cm 정도 간격으로 3번 정도 접었다 펼쳐주세요.

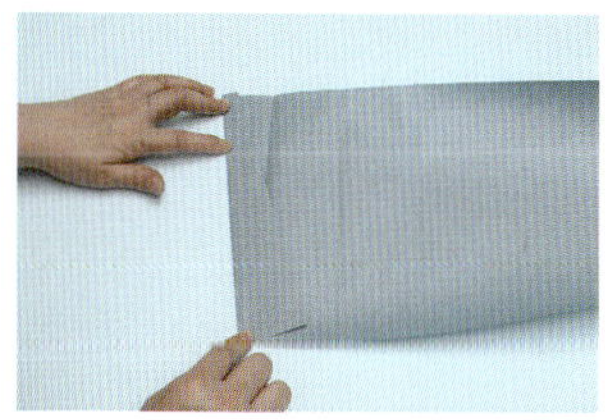

03 앞에서 접었던 두 개의 플리츠에 걸치도록 비스듬히 접어줍니다.

04 앞에서 접었던 것과 마찬가지로 세 번 접었다 펼쳐주세요.

05 처음에 양면테이프를 붙여준 곳에서 먼 쪽부터 플리츠를 잡아줍니다.

TIP 플리츠 포장은 109쪽을 참고하세요.

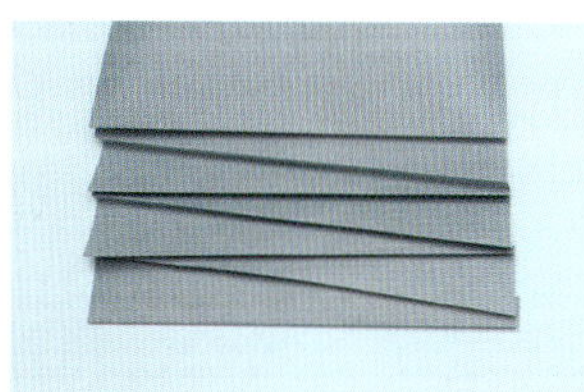

06 사선으로 된 부분에도 플리츠를 잡아줍니다.

07 플리츠 안쪽은 투명 테이프로 고정시켜주세요.

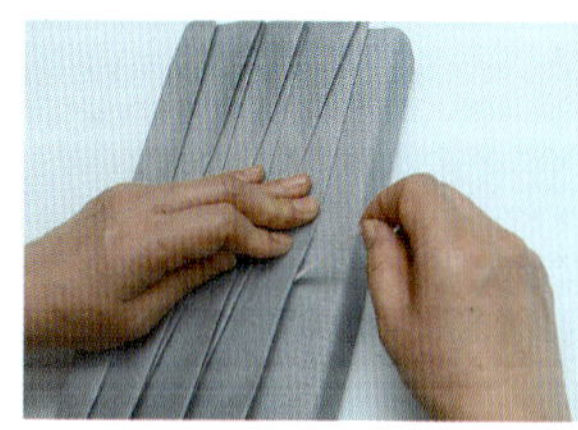

08 상자 위의 중앙에 플리츠가 오도록 종이를 여며 양면테이프로 고정시킵니다.

09 양옆을 캐러멜 포장으로 마무리하여 지그재그 플리츠 포장을 완성하였습니다.

10 사선걸기를 하여 나비묶음을 해줍니다.

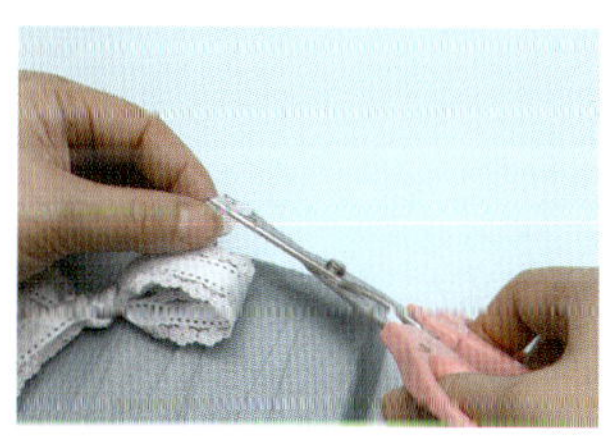

11 리본의 모양을 잡고 오른쪽 다리를 올려 다리를 잘라주세요.

12 지그재그 플리츠 포장을 완성하였습니다.

27 물결 같은 플리츠를 이용한 웨이브 포장

28 느낌 있는 엘레강트보우를 이용한 잇기 포장

27 웨이브 포장

준비물 포장지 □ 리본 □

난이도 ★★★★★

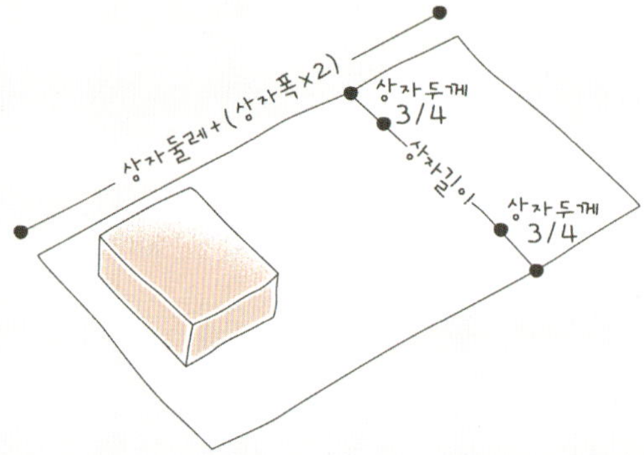

플리츠 만들기

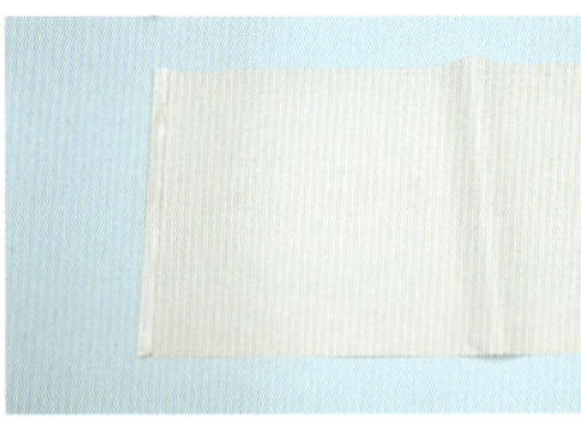

01 2~3cm 폭으로 포장지 안쪽 방향으로 접어줍니다.

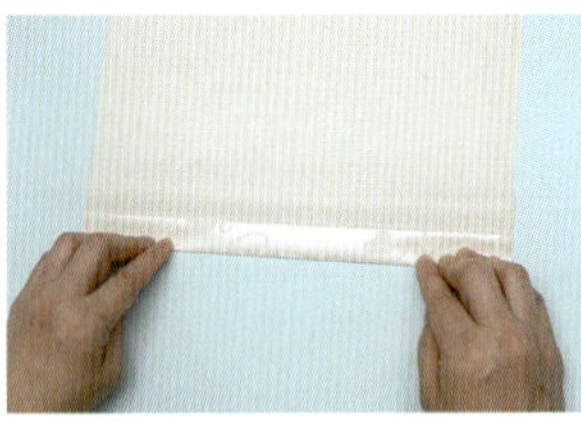

02 같은 간격으로 12번 정도 접어줍니다. 상자의 폭에 따라 접는 개수를 조절하세요.

03 다시 펼쳐 포장지 겉면이 나오도록 합니다.

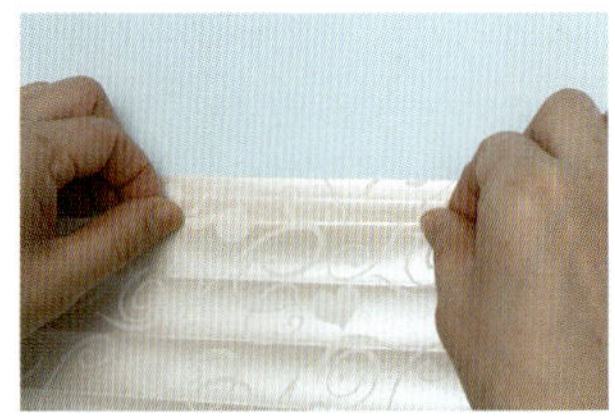

04 양면테이프를 붙인 쪽부터 바깥쪽을 향해 방금 접은 간격의 1/3 크기로 플리츠를 접어주세요.

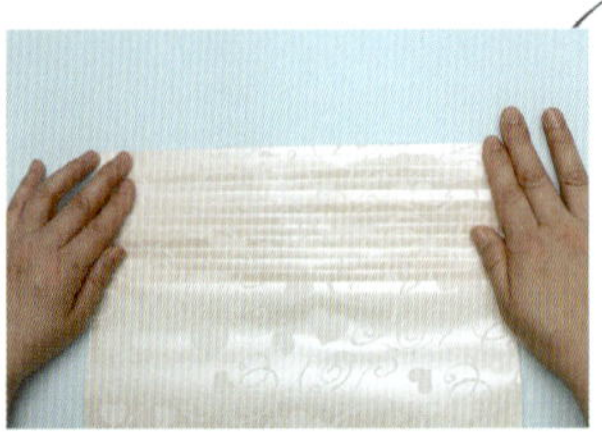

05 끝까지 접은 후 안쪽에서 투명테이프로 고정합니다.

TIP
플리츠 포장은 109쪽을 참고하세요.

플리츠 포장하기

06 플리츠를 접은 포장지로 상자를 둘러 캐러멜 포장지로 재단합니다.

07 플리츠가 상자 중앙에 오도록 놓되 1cm 정도 오른쪽으로 이동합니다.

08 포장지를 여미고 양면테이프로 고정합니다.

09 아래쪽을 캐러멜 포장으로 마무리합니다.

TIP 캐러멜 포장은 46쪽을 참고하세요.

플리츠 모양 잡기

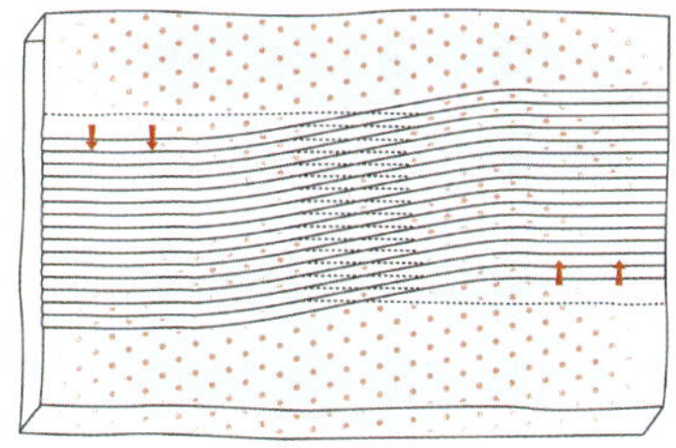

10 플리츠를 세웁니다. 이때 플리츠의 위쪽은 반대쪽으로 눕혀 주세요.

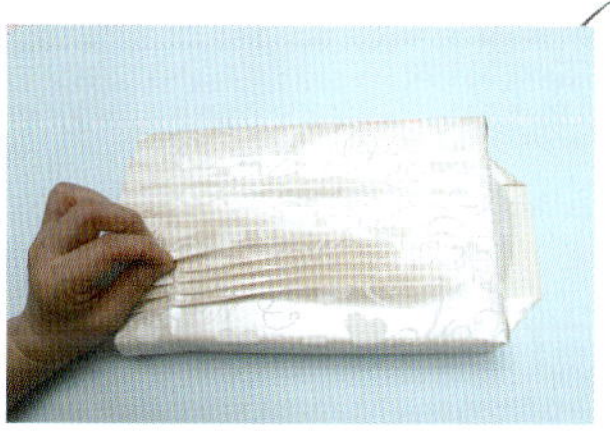

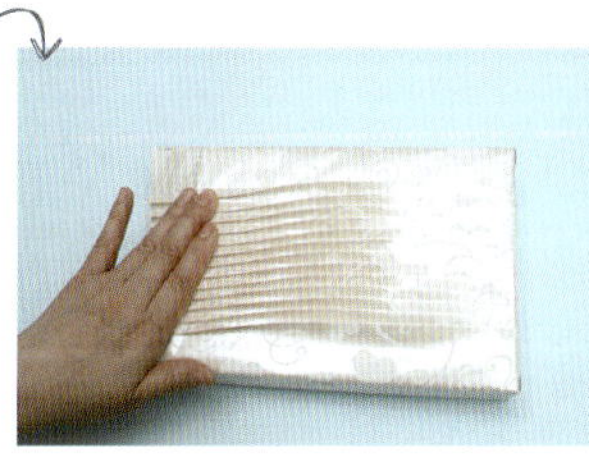

11 플리츠의 웨이브가 표현되도록 나머지도 완전히 눕히고 캐러멜 포장으로 마무리합니다.

12 웨이브 포장이 완성되었습니다.

리본 묶기

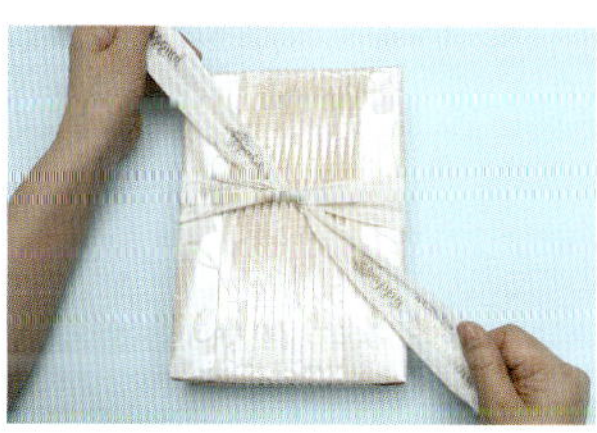

13 리본으로 상자에 일자걸기를 합니다.

14 나비묶음을 해주고 리본의 모양을 다듬어주세요.

15 다리 끝은 반을 접어 비스듬히 잘라냅니다.

16 웨이브 포장이 완성되었습니다.

28 잇기 포장

준비물 포장지 A, B □ 리본 □ 핑킹 가위 □
난이도 ★★★★★

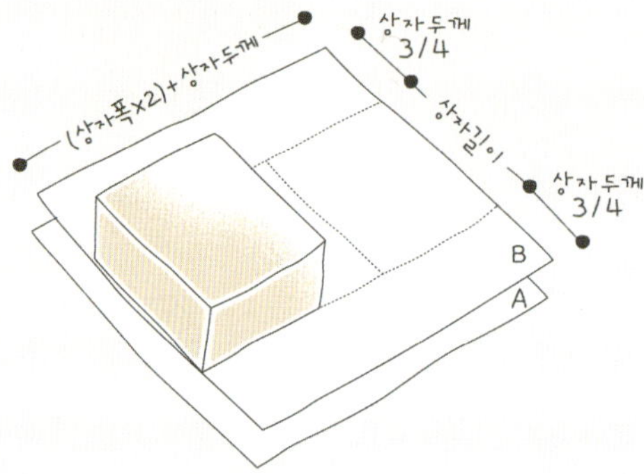

포장지 준비하기

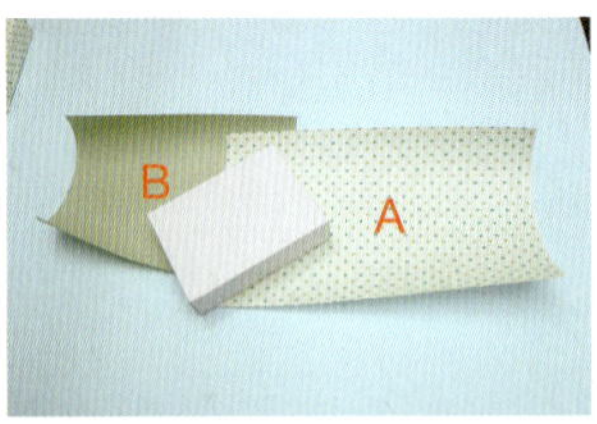

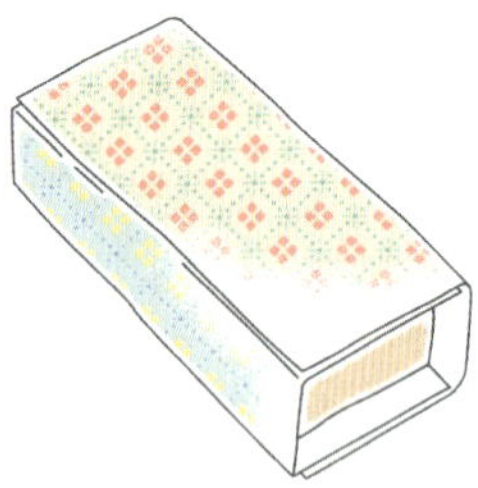

01 포장지 A, B의 세로는 캐러멜 포장의 세로 길이, 가로 길이는 앞뒤로 겹쳐지는 크기로 준비합니다.

02 포장지 A를 비스듬히 사선으로 접어 양면테이프를 붙여놓습니다.

03 포장지 B와 위아래선이 일직선이 되도록 연결하여 양면테이프로 이어주세요.

캐러멜 포장하기

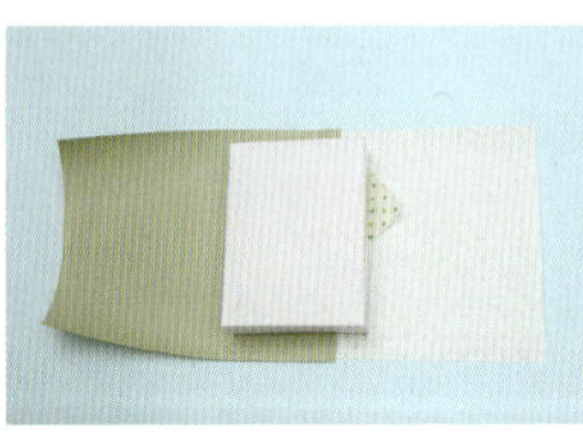

04 포장지의 이음새에 상자를 놓습니다.

05 이때 가로 길이는 상자 둘레에 상자 두께를 더한 길이만큼만 남겨두고 나머지는 잘라냅니다.

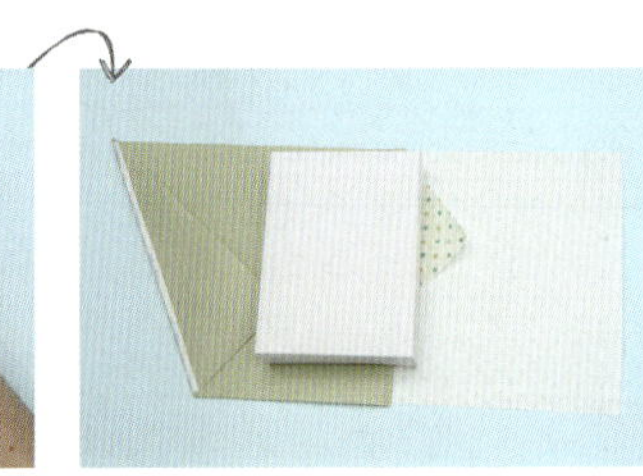

06 포장지 B를 비스듬히 접어 접은 선을 내고 안쪽으로 접어주세요.

07 다시 양면테이프로 고정합니다.

08 위아래를 캐러멜 포장법으로 해주세요.

09 잇기 포장이 완성되었습니다.

엘레강트보우 만들기

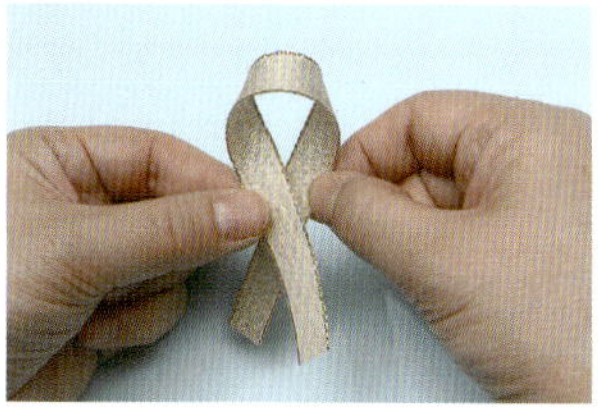

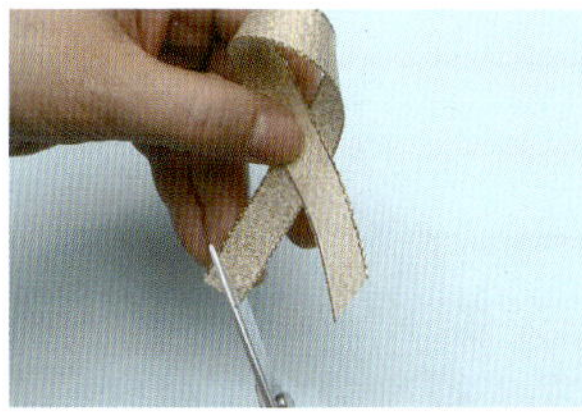

10 엘레강트보우를 만들기 위해 리본을 둥그렇게 모아줍니다.

11 가운데서 교차시키고 다리를 알맞게 잘라주세요.

12 포장지를 핑킹 가위로 잘라 뒤쪽에 양면테이프를 붙여 스티커로 만듭니다.

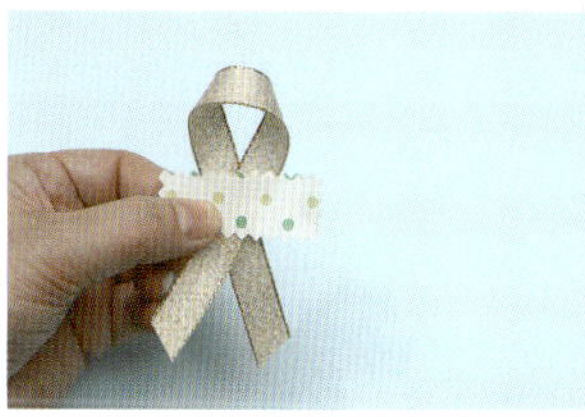

13 리본이 교차한 곳에 스티커를 붙이고 상자 위에 붙여주세요.

14 엘레강트보우를 이용한 잇기 포장이 완성되었습니다.

TIP
포장지가 모자랄 경우 남아있는 포장지를 이어서 사용할 수 있어요.

TIP
잇기 포장을 이용하여 다음의 포장처럼 다양하게 응용할 수 있어요.

사선 포장은 107쪽을, 엘레강트보우를 이용한 사선 포장은 199쪽을 참고하세요.

29 플리츠 포장과 달라요!

피코크 포장

30 다양한 응용이 가능한 병 포장

29-1

기본 피코크 포장

준비물 포장지 □ 리본 □

난이도 ★★★★★

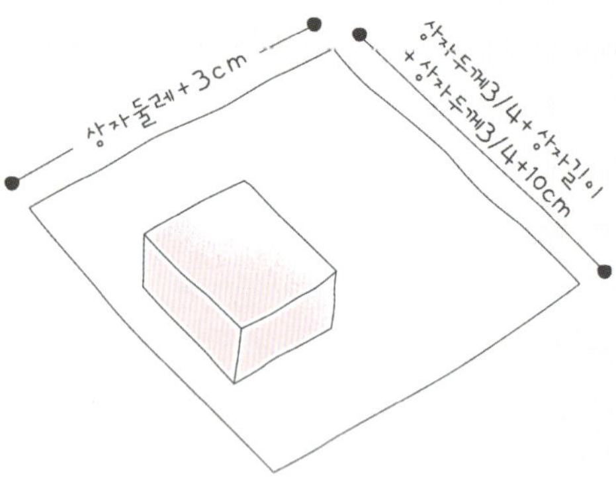

캐러멜 포장하기

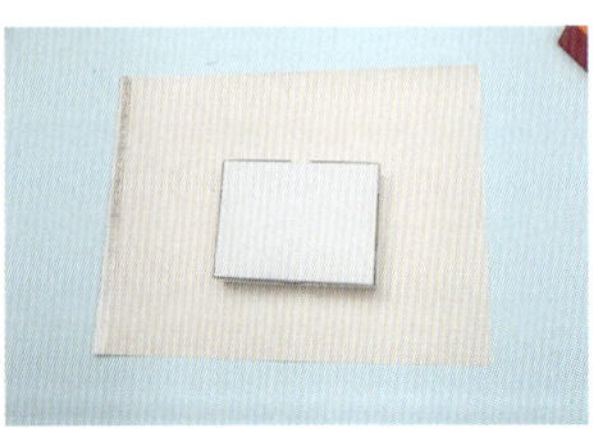

01 세로 쪽을 안쪽으로 1cm 정도 접습니다.

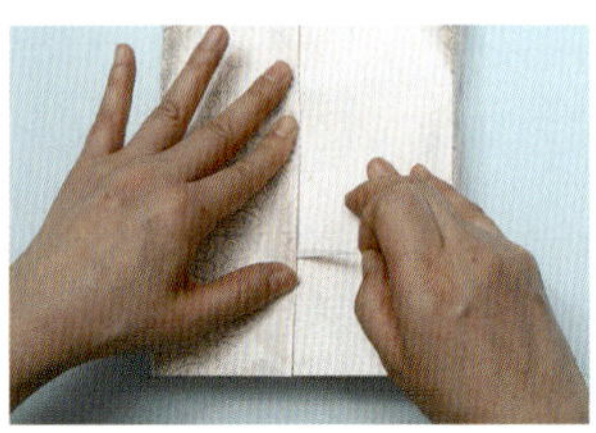

02 상자를 감싼 다음 여며주어 양면테이프로 고정합니다.

03 아래쪽은 캐러멜 포장을 해주세요.

04 위쪽은 중심에서 모아줍니다.

05 양옆을 90도로 꺾어주세요.

피코크 플리츠 접기

06 종잇조각을 준비하고 가운데에 덧대줍니다.

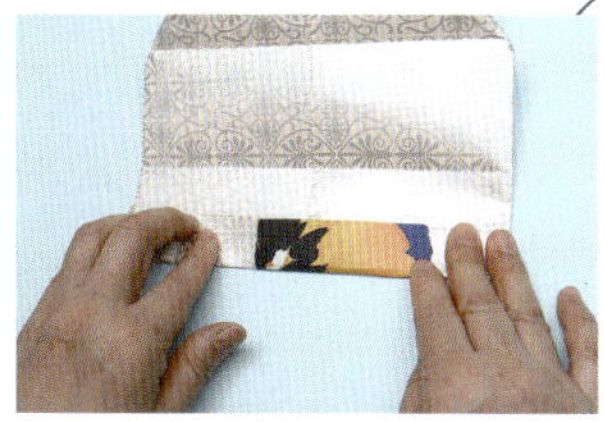

07 종이 끝쪽부터 지그재그가 되도록 앞뒤를 번갈아 가며 접어주세요.

08 접은 부분을 모은 뒤 리본 묶을 곳을 잡습니다.

09 양쪽 플리츠를 살짝 펴주세요.

리본 묶기

10 8번에서 정한 곳을 리본으로 두 번 둘러줍니다.

11 V자걸기를 하고 나비묶음을 합니다.

TIP

V자걸기는 34쪽을 참고하세요.

12 아래쪽의 리본 다리를 벌려주세요.

13 피코크 포장이 완성되었습니다.

29-2

다중 8자보우를 이용한 피코크 포장

준비물 포장지 □ 리본 □

난이도 ★★★★★

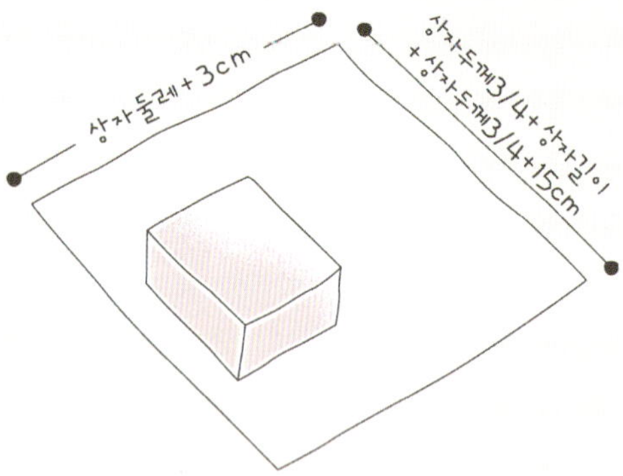

피코크 플리츠 접기

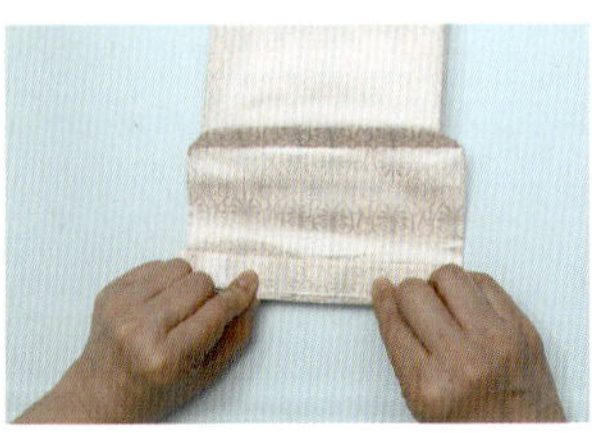

01 세로 쪽에 여유를 많이 남겨 지그재그 모양으로 피코크 포장의 플리츠를 접어주세요.

02 접은 플리츠가 상자 앞쪽으로 오도록 내려줍니다.

03 플리츠를 세운 뒤 살짝 틀어 플리츠를 고정시켜주세요.

04 완성된 모습이 사진과 같도록 고정시켜주세요.

다중 8자보우 만들기

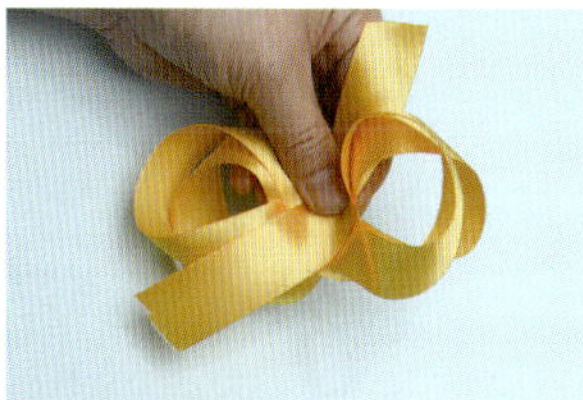

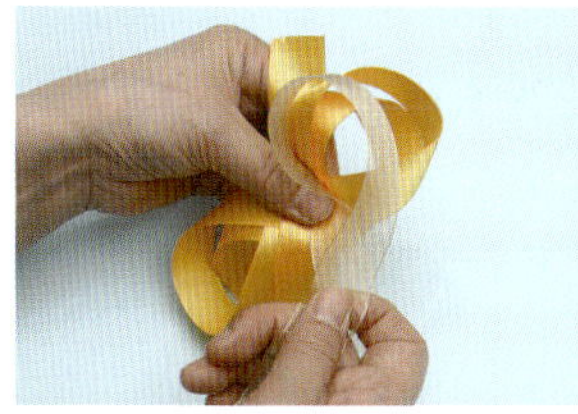

05 리본으로 8자 모양을 이중으로 만들어줍니다.

06 다리를 리본 머리와 거의 같은 길이만큼 남기고 가위로 정리합니다.

07 그 위에 다른 리본으로 다시 이중 8자보우를 만들어주세요.

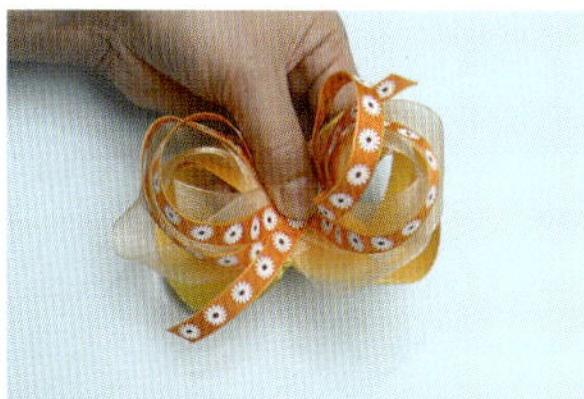

08 다시 다른 리본으로 이중 8자 보우를 만듭니다.

09 가운데를 철사로 고정시킵니다.

TIP

8자보우는 99쪽을 참고하세요.

리본 묶기

10 플리츠의 중심을 V자걸기하여 리본으로 묶어줍니다.

11 묶은 리본 위에 여러 겹의 8자보우를 놓고 나비묶음을 합니다.

12 피코크 응용 포장이 완성되었습니다.

30-1
바람개비 포장을 응용한 병 포장

준비물 한지 or 부직포 □ 리본 □

난이도 ★★★★★

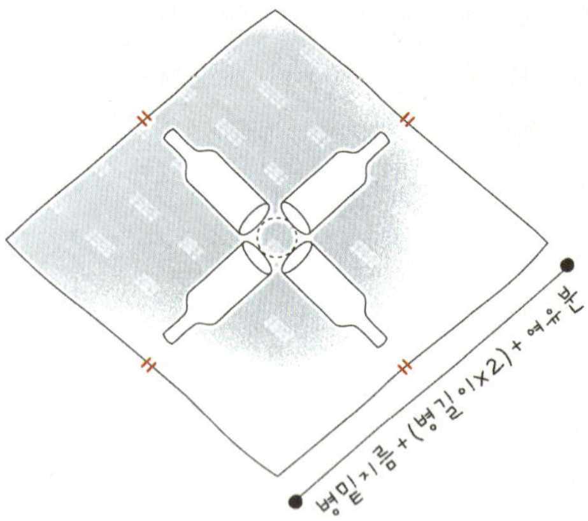

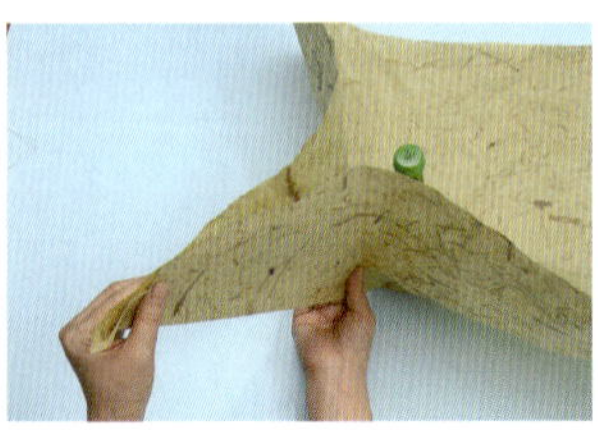

01 병을 가운데에 놓고 포장지를 대각선으로 접어주세요.

02 네 귀퉁이의 대각선을 접어 중심에서 잡습니다.

03 한 방향으로 돌려 병의 주둥이 부분에서 모아주세요.

04 주둥이 부분의 주름을 골고루 잡아 조여줍니다.

05 주름을 잡아 조여 준 곳을 리본으로 묶어주세요.

06 묶은 리본 위에 그물 리본을 놓고 나비묶음을 하세요.

07 그물 리본을 넓게 펴서 리본들을 정리합니다.

08 병 포장이 완성되었습니다.

TIP 바람개비 포장은 71쪽을 참고하세요.

30-2
죽순 포장을 응용한 병 포장

DVD 작품

준비물 한지 or 부직포 □ 리본 □

난이도 ★★★★★

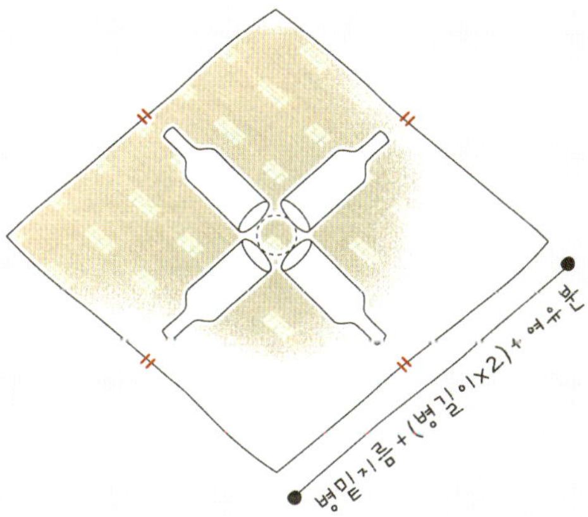

01 포장지를 준비하고, 중앙에 병을 놓아 네 귀퉁이를 중앙에서 모아줍니다.

02 왼쪽 날개를 접고 오른쪽 날개를 접어주세요.

03 남아있는 뒤쪽의 날개도 차례로 접습니다.

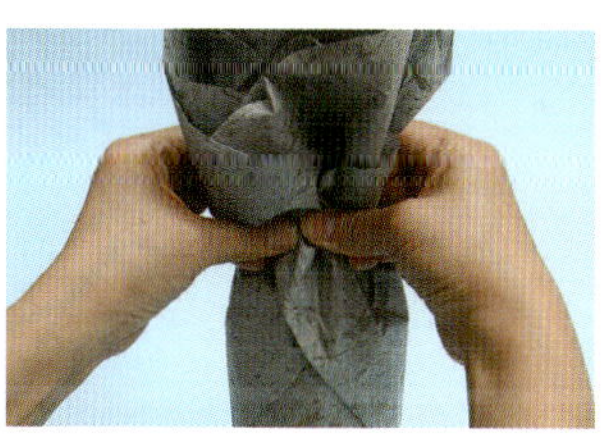

04 병 주둥이 부분에서 주름을 잡아 조여주세요.

05 리본으로 묶고 다른 리본을 접어서 놓아주세요.

06 나비묶음을 하고 정리해주세요.

TIP 죽순 포장은 56쪽을 참고하세요.

07 죽순 포장을 응용한 병 포장을 완성하였습니다.

31 한국의 멋이 느껴지는 모시 포장

32 복을 담아 드려요! 복주머니 포장

31 모시 포장

준비물 모시 □ 한지 □ 딱풀 □ 가는 끈 □
난이도 ★★★☆☆

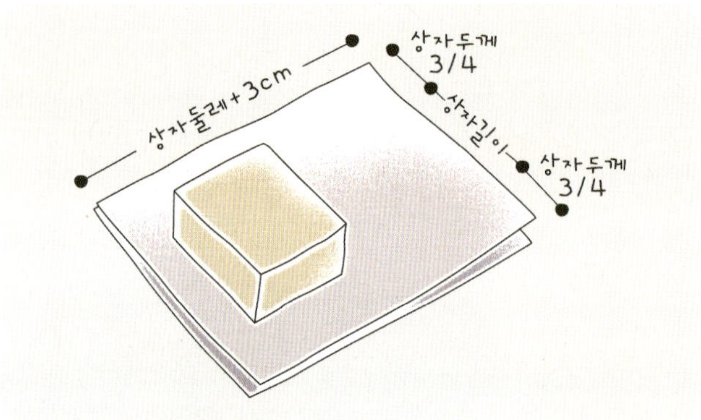

포장지 준비하기

01 상자를 쌀 수 있는 크기의 모시와 한지를 준비합니다.

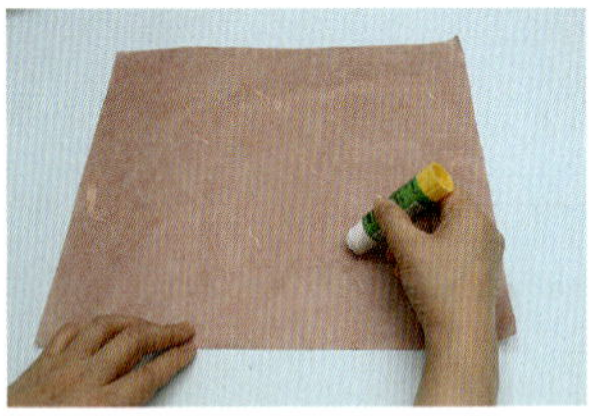

02 한지에 딱풀을 골고루 칠해주세요.

03 모시 올이 틀어지지 않게 잘 붙여줍니다.

캐러멜 포장하기

04 캐러멜 포장 크기로 재단하여 여밈선이 상자 모서리로 오게 한 후 양면테이프로 고정시킵니다.

05 캐러멜 포장을 해주세요.

TIP 캐러멜 포장은 46쪽을 참고하세요.

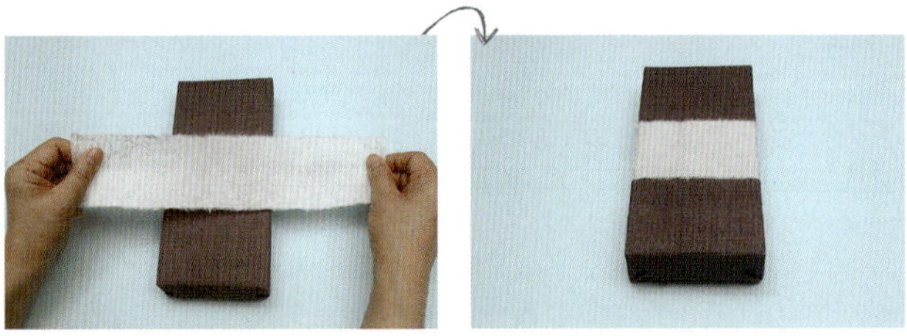

06 다른 색의 한지를 덧대어 뒤에서 붙여줍니다.

리본 묶기

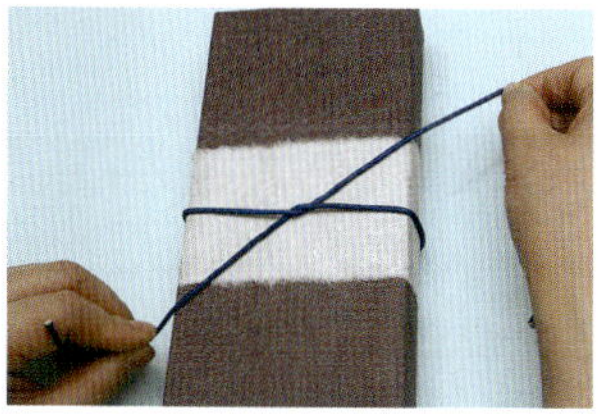

07 끈을 이용해 일자걸기로 묶어줍니다.

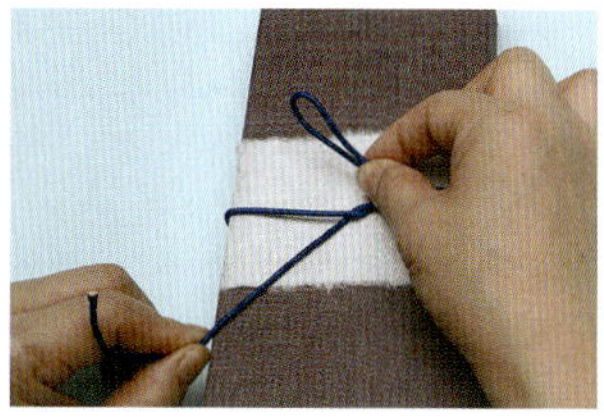

08 위쪽의 끈은 둥그렇게 리본 머리를 만듭니다.

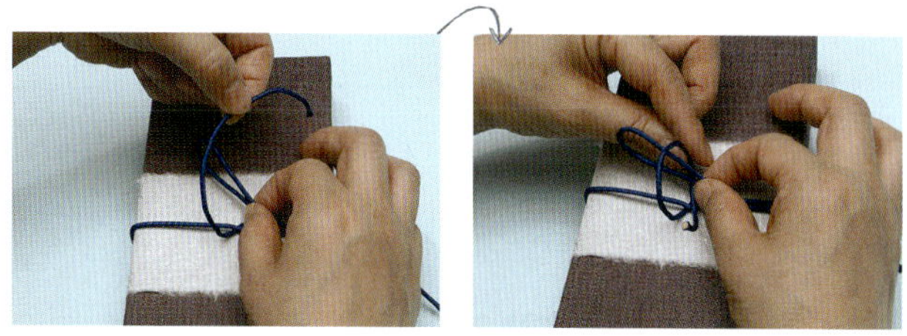

09 아래쪽 끈으로 리본 머리를 돌려주세요.

10 생긴 구멍으로 다리를 빼주면서 당겨주세요

11 리본 모양을 정리합니다.

매듭짓기

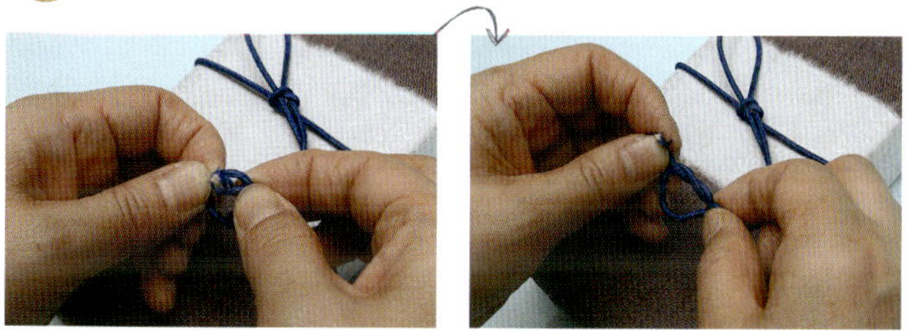

12 다리 끝을 묶어주세요.

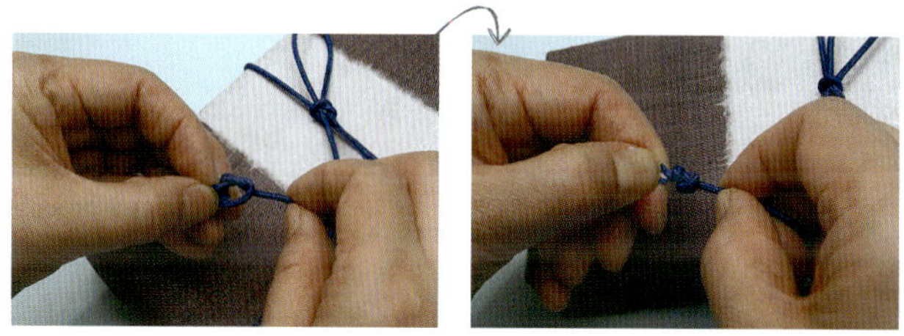

13 만들어진 구멍으로 다리를 한 번 더 끼워 넣고 당겨줍니다.

14 남는 끈을 잘라내세요.

15 모시 포장이 완성되었습니다.

32 복주머니 포장

준비물 한복천 □ 가는 리본 □ 노리개 □
난이도 ★★★★★

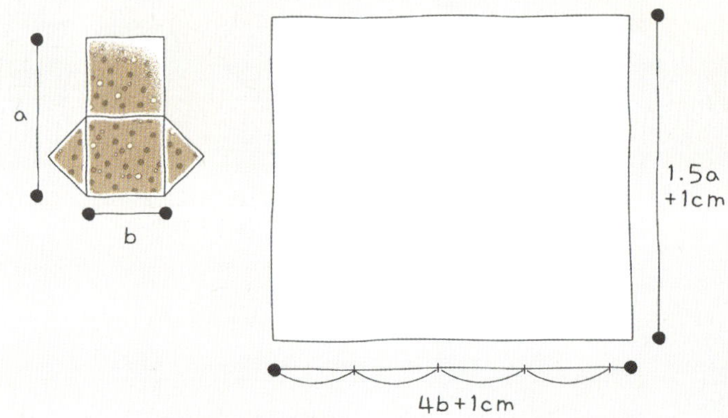

복주머니 봉투 접기

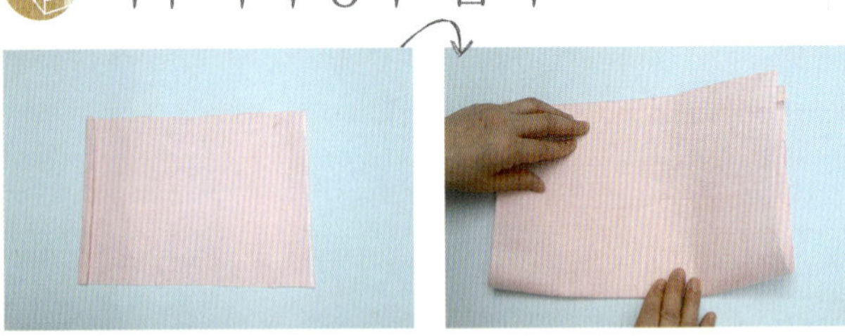

01 세로 쪽을 안쪽으로 1cm 접고 반을 접어주세요.

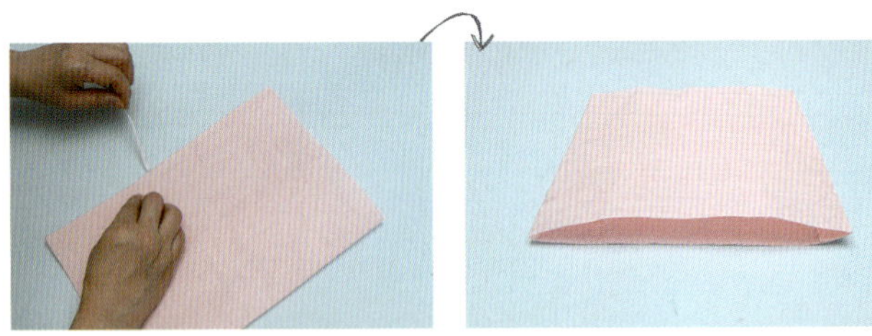

02 양면테이프로 고정합니다.

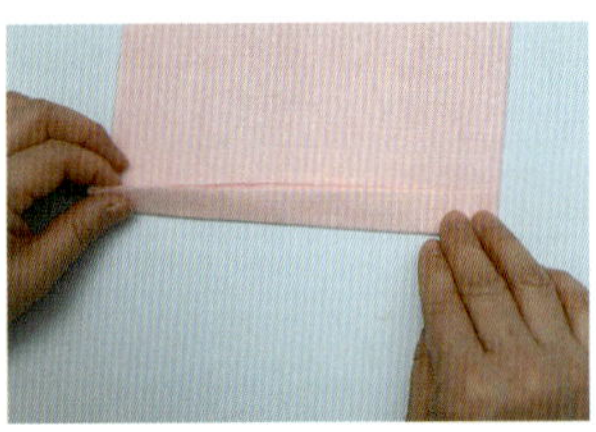

03 아래쪽을 1cm 접었다 폅니다.

04 양끝을 45도 각도로 비스듬히 잘라주세요.

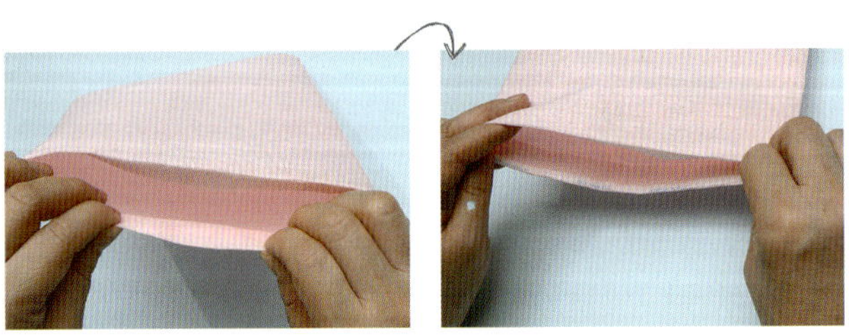

05 잘라진 시접을 접은 선에 맞추어 안쪽으로 접어줍니다.

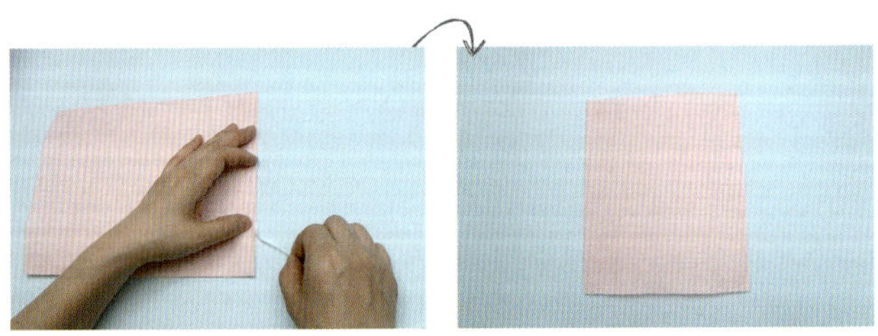

06 양면테이프로 안쪽에서 붙여주면 봉투가 완성됩니다.

복주머니 옆선 접기

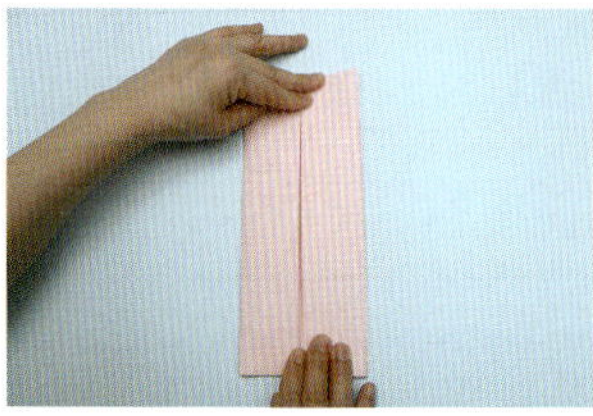

07 중심을 향해 양옆을 접어주세요.

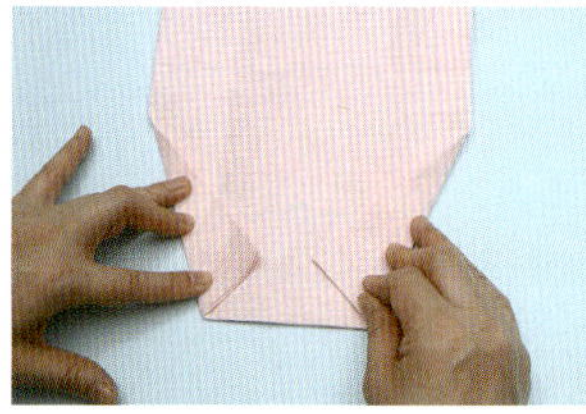

08 다시 펼쳐서 밑면의 3/4 길이만큼 비스듬히 접었다 펴줍니다.

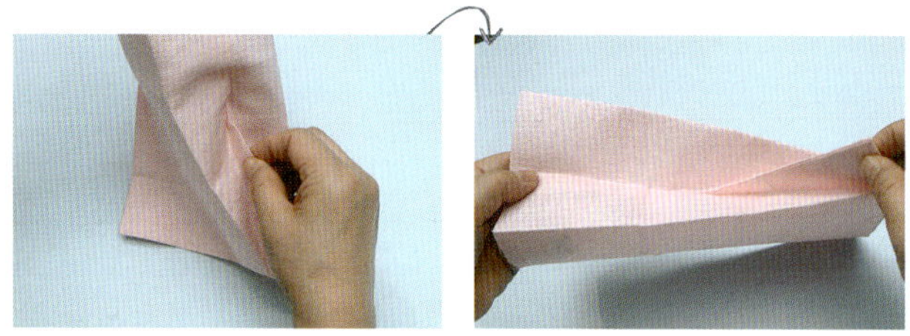

09 접은 선을 이용해 옆선을 정리해줍니다.

10 원하는 길이에 맞추어 뚜껑을 접어 주머니 중간 정도에서 잘라내 주머니를 완성합니다.

노리개 달기

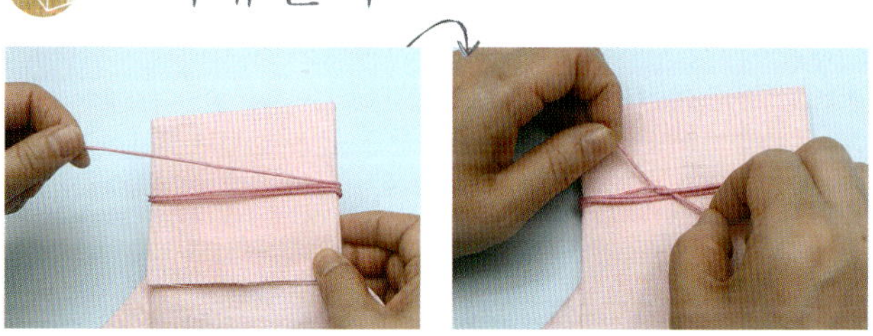

11 가는 리본을 세 바퀴 정도 돌리고 풀리지 않게 묶어주세요.

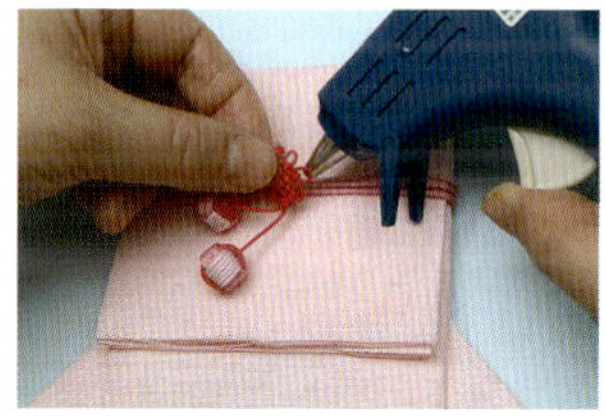

12 준비한 노리개를 글루건으로 중앙에 고정시킵니다.

13 복주머니 포장이 완성되었습니다.

33 탐스러운 포도송이를 이용한 리본플라워 포장

33 리본플라워 포장

준비물 잎사귀용&포도용 색깔의 실키 리본 □ 리본플라워용 접착제 □ 철사 □ 칫솔 □ 물수건 □ 받침대 □ 가위 □ 인두 □ 도안 □

난이도 ★★★★★

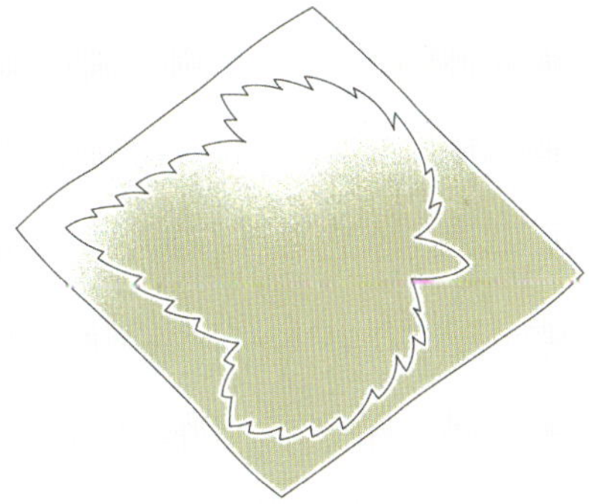

포도잎 만들기

01 1번 실키 리본을 정사각형으로 잘라 부록의 포도잎 도안을 그립니다.

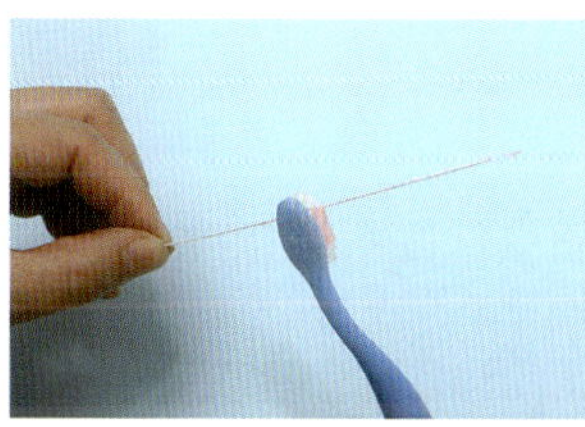

02 28번 철사에 본드를 묻혀주세요.

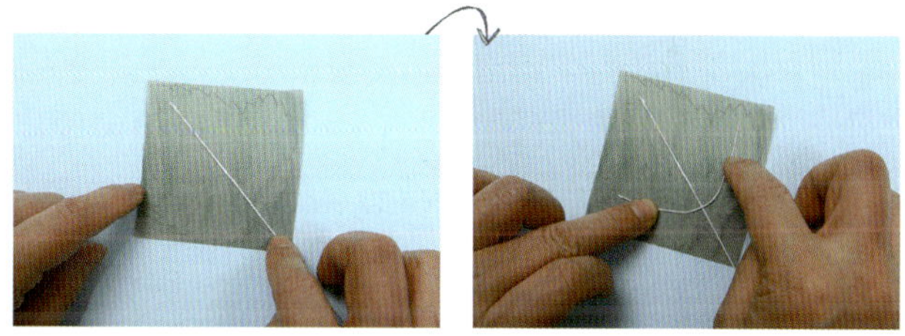

03 도안대로 리본에 철사를 붙여줍니다.

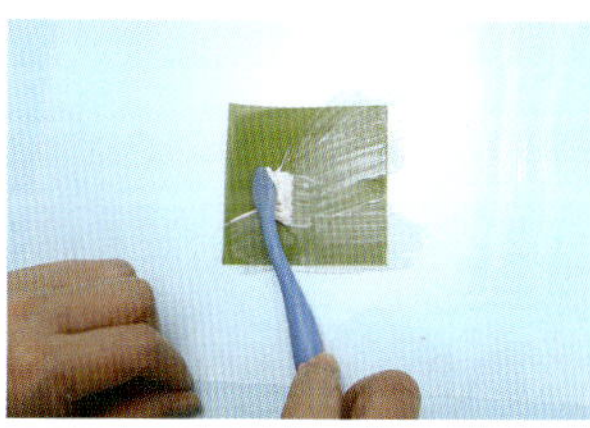

04 같은 크기의 28번 실키 리본을 잘라 본드를 칠하세요.

05 3번에서 철사를 붙인 리본에 덧붙여줍니다.

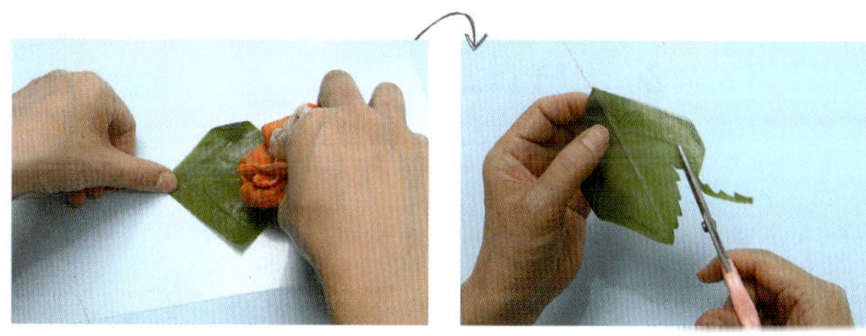

06 꽉 짠 물수건으로 붙인 리본을 잘 펴주세요.

07 도안의 모양대로 오립니다.

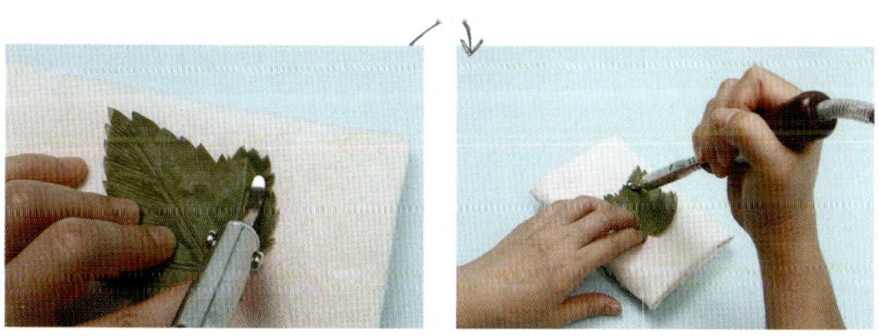

08 3줄 인두로 힘껏 눌러 잎사귀의 잎맥을 그려줍니다.

09 21번 실키 리본을 3mm 폭 정도로 가늘게 잘라 본드를 묻혀 잎줄기인 철사를 감아주세요.

10 리본을 다 감아준 철사는 송곳이나 가는 볼펜 등에 감아 넝쿨을 표현해 줍니다.

포도송이 만들기

11 1cm 내외의 스티로폼 볼을 30~40개 준비합니다.

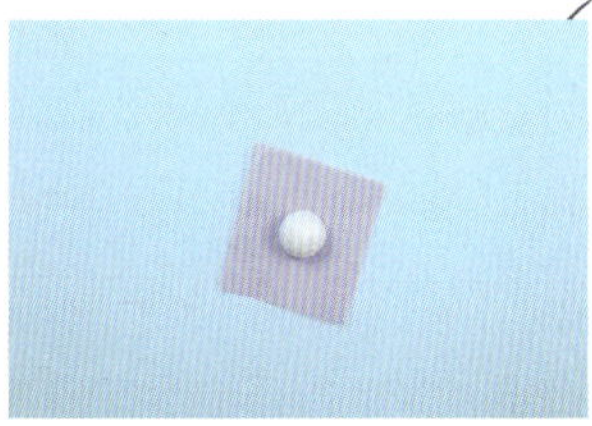

12 스티로폼 볼을 쌀 수 있는 보라색 계통의 플라워 리본을 볼의 수만큼 준비하세요.

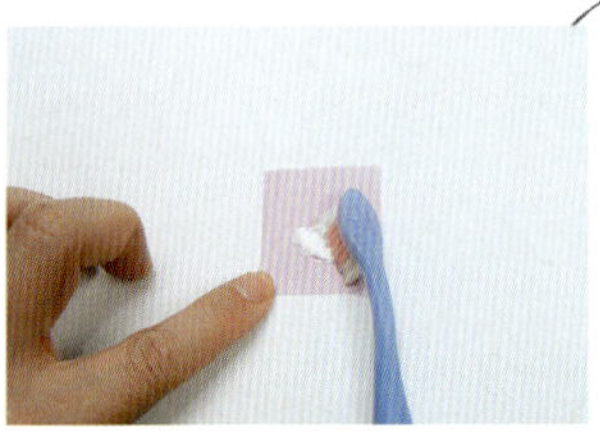
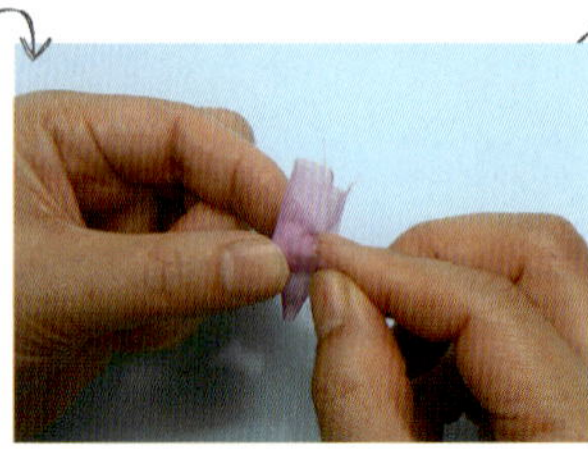

13 리본에 본드를 칠해 볼을 감싸주고 끝을 모아 꼬아줍니다.

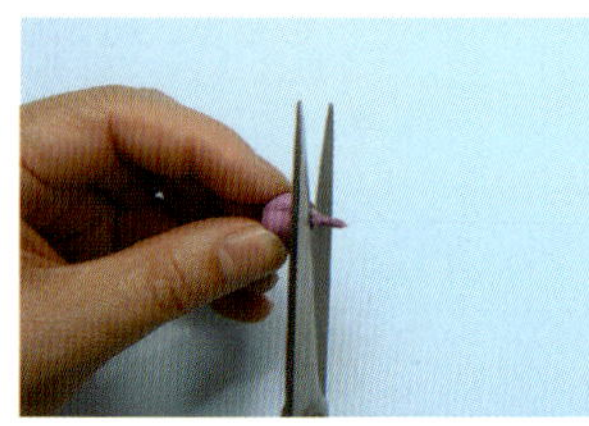

14 본드가 마른 다음 꼬인 부분은 가위로 잘라냅니다.

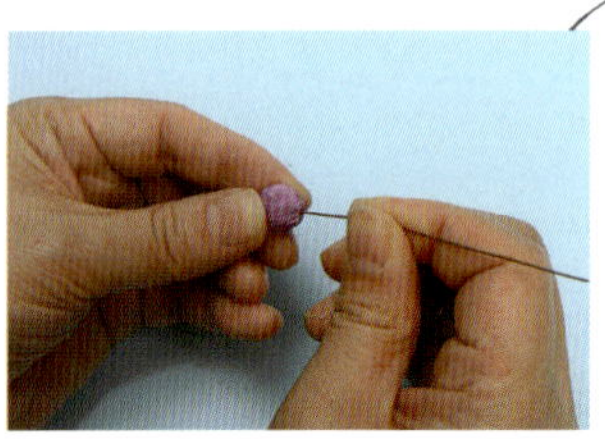
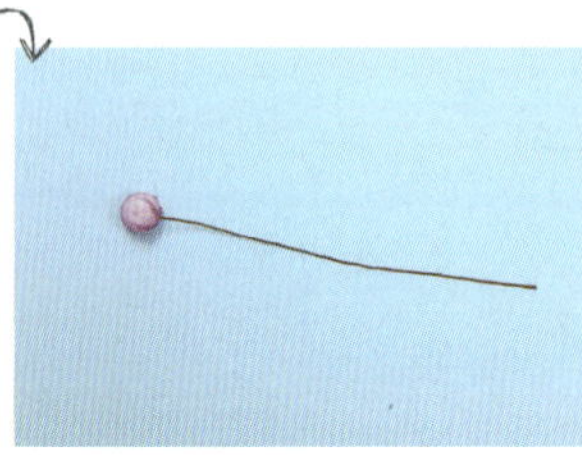

15 26번 밤색 철사를 1/2 크기로 잘라 본드를 묻혀 스티로폼 볼에 꽂아줍니다.

16 나머지도 만든 후 21번 밤색 실키 리본을 5mm로 가늘게 잘라 본드를 묻혀 작은 것부터 붙여가며 감아주세요.

17 계속해서 포도송이 모양이 되도록 포도알을 넣어가며 감아주세요.

18 4cm 정도 더 감은 뒤 철사를 잘라내고 마무리합니다.

리본 묶기

19 상자를 포장하고 리본으로 십자걸기를 합니다.

20 앞에서 만든 포도송이와 나뭇잎을 십자걸기한 리본 위에 놓으세요.

21 리본으로 한 번 묶은 다음 다시 나비묶음을 하고 모양을 정리하세요.

22 리본플라워 포장을 완성하였습니다.

TIP

리본플라워 기법으로 만든 포도송이를 이용하여 포도송이 리스를 만들 수도 있어요.

34 새콤달콤, 먹음직스러운 딸기 상자 포장

34 딸기 상자 포장

준비물 포장 상자□ 실키 리본□ 코튼벨벳 리본□ 인두□ 물수건□ 접착제□ 철사□ 네임 펜□

난이도 ★★★★★

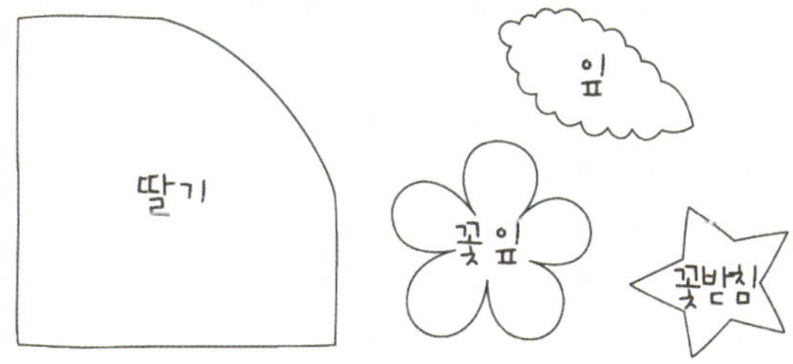

잎사귀 만들기

01 29번 실키 리본과 코튼벨벳을 준비합니다.

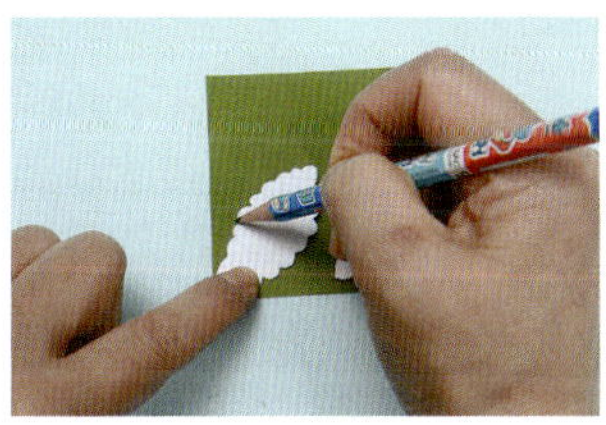

02 실키 리본에 잎사귀를 그립니다.

TIP 부록의 도안을 참고하세요.

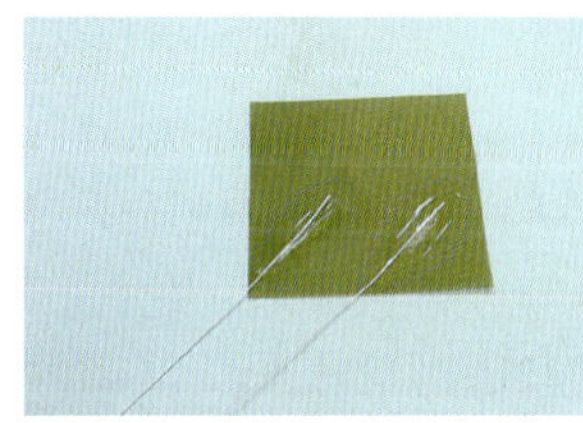

03 26번 철사의 반은 본드를 묻혀 그린 도안에 붙이세요.

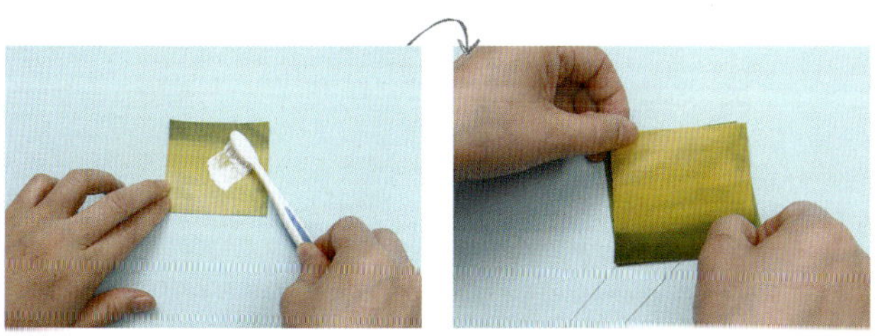

04 코튼벨벳에 본드를 칠해 철사를 붙인 실키 리본에 덧붙여 줍니다.

05 가위로 잎사귀를 오려줍니다.

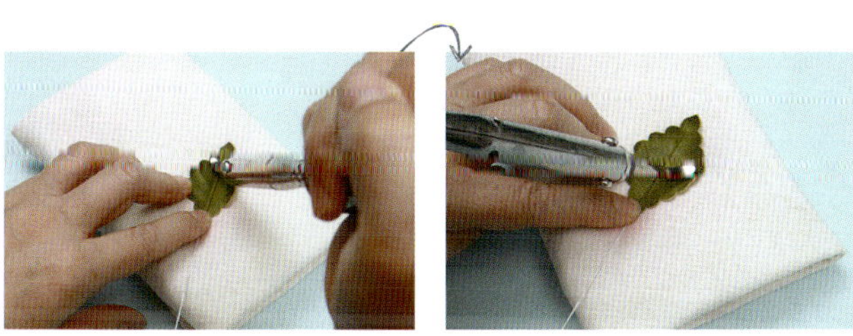

06 본드가 마른 뒤에 3줄 인두로 잎맥을 그려주세요.

07 코튼벨벳을 3mm로 가늘게 잘라 잎줄기가 될 철사를 감아 주세요.

08 잎을 5개 만듭니다.

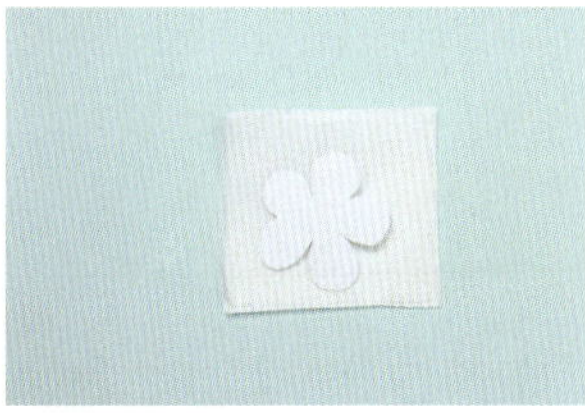

09 부록의 꽃잎 도안을 1번 실키 리본에 그립니다.

10 1번 실키 리본과 1번 코튼벨벳을 서로 붙여주세요.

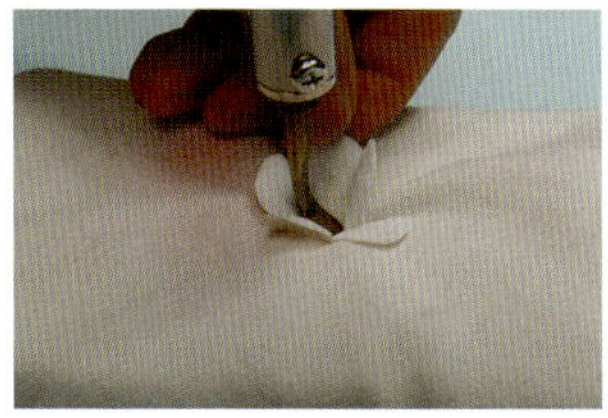

11 도안대로 꽃잎을 오린 다음 꽃잎 인두를 이용해 꽃잎을 실키 리본 쪽에서 다려주세요.

12 다려 준 꽃잎을 뒤집어서 중심부를 눌러주세요.

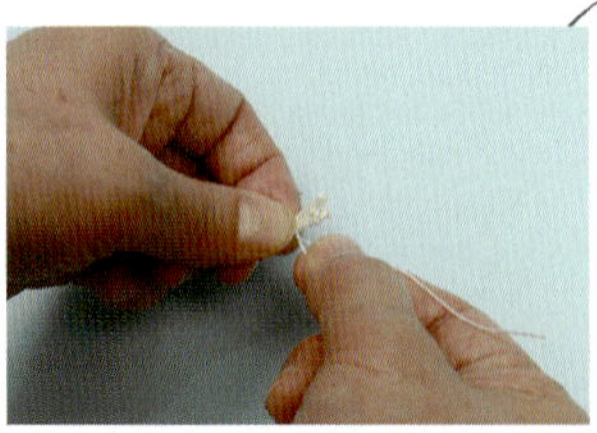
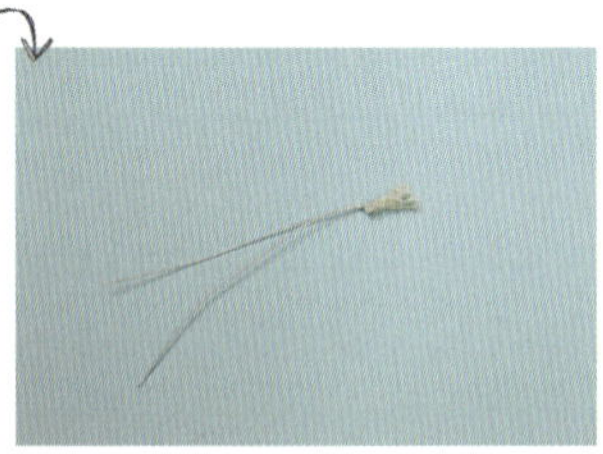
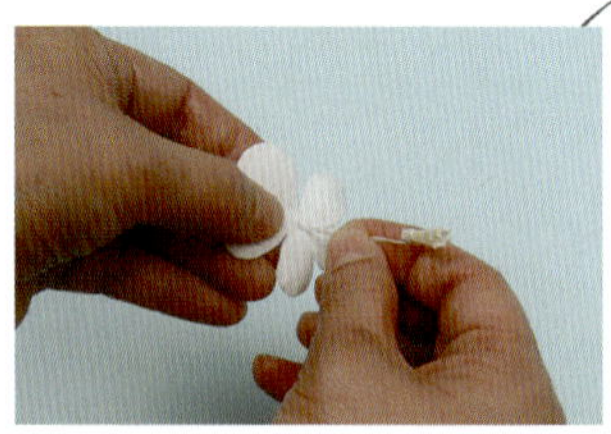

13 꽃술을 10개 정도 모아 철사로 고정시켜줍니다.

14 꽃잎 중앙은 송곳으로 구멍을 뚫어 꽃술을 끼운 뒤 본드를 묻혀 모아주세요.

15 잎줄기와 마찬가지로 꽃줄기를 코튼벨벳으로 감아줍니다. 두 송이를 준비하세요.

딸기 만들기

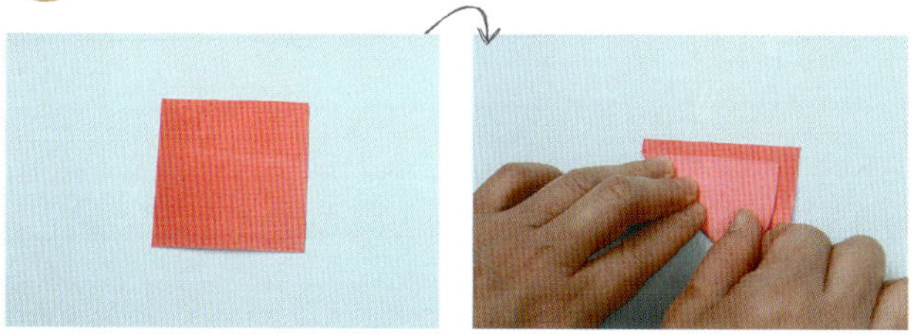

16 26번 코튼벨벳을 정사각형으로 잘라 0.5cm 남기고 대각선으로 접어주세요.

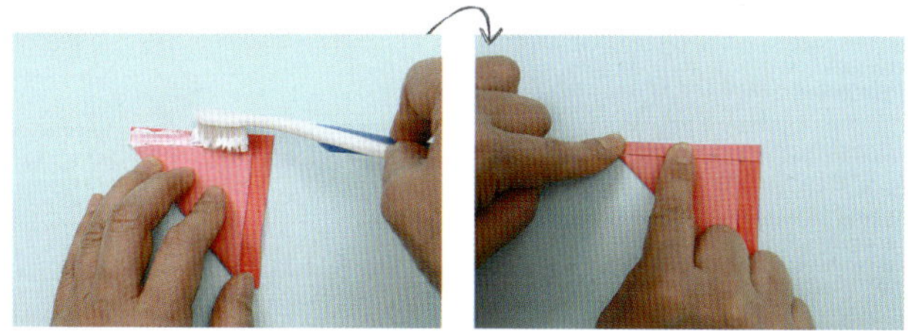

17 남은 시접에 본드를 묻혀 아래로 접어줍니다.

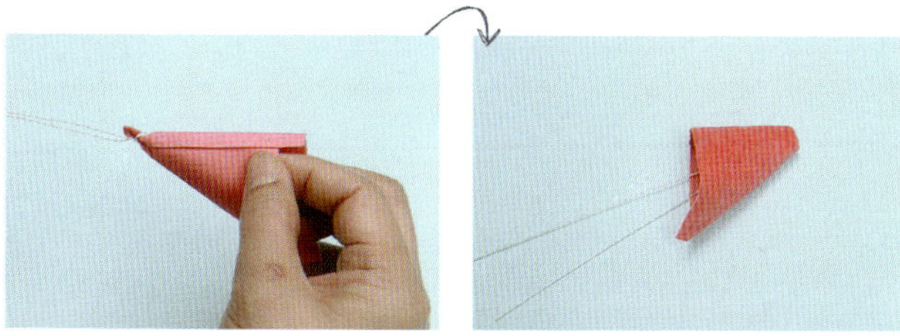

18 꼭지를 철사로 묶은 다음 뒤집어주세요.

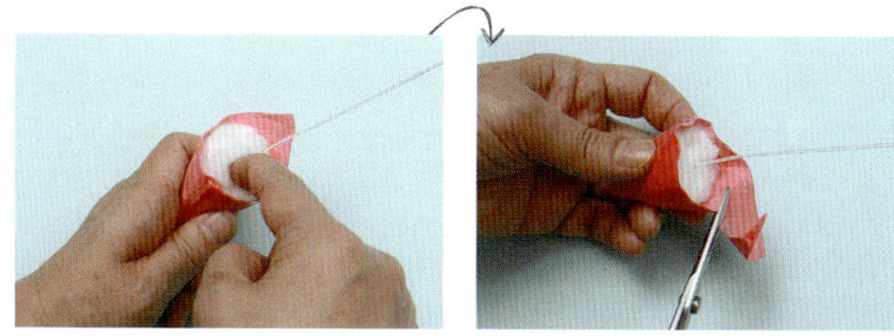

19 탈지면을 채워서 넣은 뒤 남는 리본은 잘라냅니다.

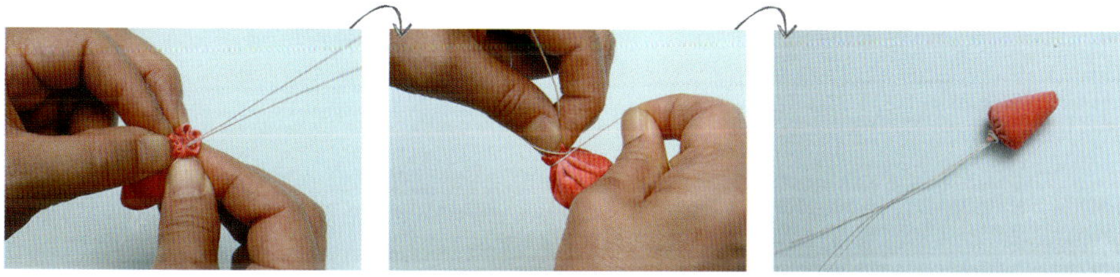

20 리본을 중심으로 모아 철사로 고정시켜주세요.

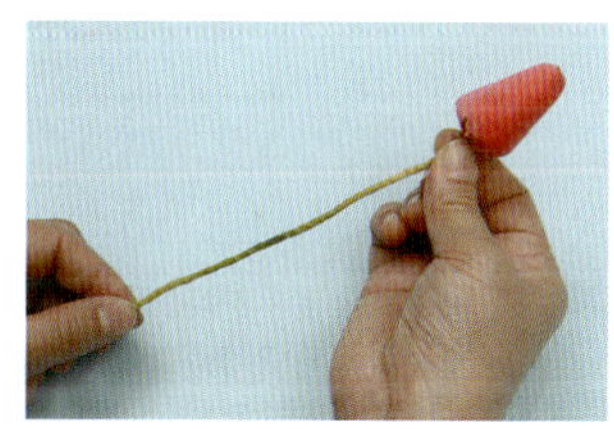

21 코튼벨벳 3mm 리본으로 줄기를 감아 딸기를 완성합니다.

딸기 받침 만들기

22 29번 실키 리본과 코튼벨벳을 서로 덧붙여 딸기 받침 도안을 그린 다음 오려줍니다.

23 꽃잎 인두로 실키 리본쪽을 인두질합니다.

24 딸기 받침 중앙을 송곳으로 구멍을 뚫고 딸기 줄기에 끼운 다음 본드로 고정시킵니다.

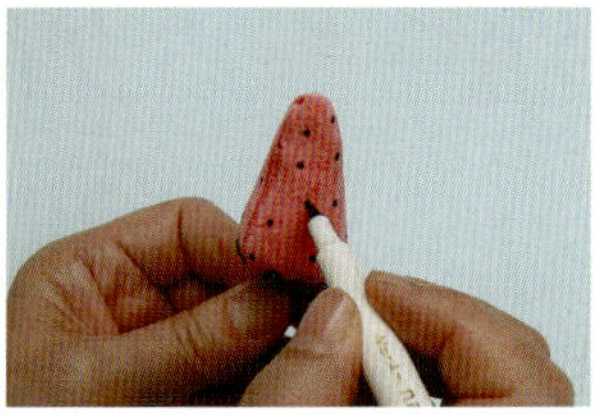

25 네임 펜으로 딸기 씨를 그려주세요.

26 같은 방법으로 딸기를 3개 준비합니다.

딸기 다발 고정시키기

27 앞에서 만들어 둔 딸기와 꽃, 잎을 모아 딸기 다발을 만듭니다.

28 상자 위에 딸기 다발을 올려놓고 글루건으로 고정시켜주세요.

프렌치보우 고정시키기

29 프렌치보우를 만들어 딸기 다발의 줄기 부분에 고정시켜주세요.

30 딸기상자를 완성하였습니다.

TIP

프렌치보우는 85쪽을 참고하세요.

35
곰돌이 푸우가 내 선물 속에 쏘옥,
캐릭터 태그 포장

준비물 포장지 □ 리본 □
난이도 ★★★★★

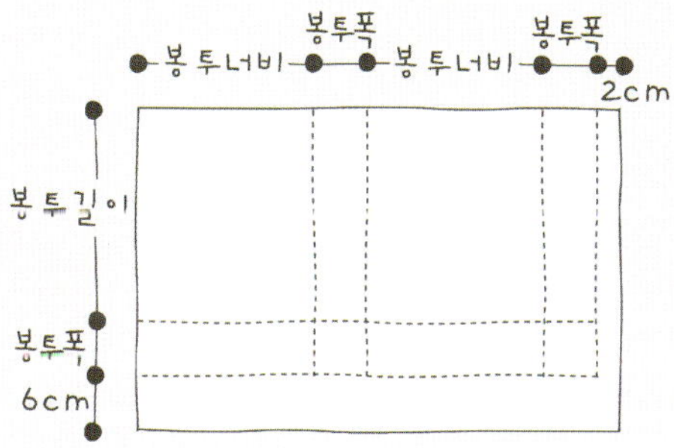

01 쇼핑백을 만들어 입구를 뒤로 접어줍니다.

TIP 쇼핑백 만들기는 82쪽을 참고하세요.

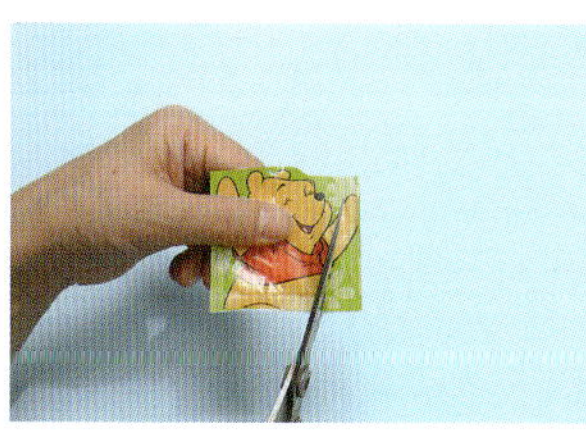

02 과자나 식품 포장에 있는 캐릭터 그림을 오려둡니다.

03 양면테이프나 딱풀을 이용해 두꺼운 흰 종이에 붙이고 사각형으로 자릅니다.

04 구멍을 뚫어 캐릭터 태그를 만듭니다.

05 가는 샤무드 리본에 태그를 끼워 가며 봉투를 세로로 두 번 감아 나비묶음을 합니다.

06 캐릭터 태그를 이용한 포장이 완성되었습니다.

Part 05

선물의 가치를 높이는 아이템 포장

36 마음의 양식, 내 느낌대로 책 포장

36 책 포장

준비물 포장지 □ 리본 □ 골판지 □
난이도 ★★★★★

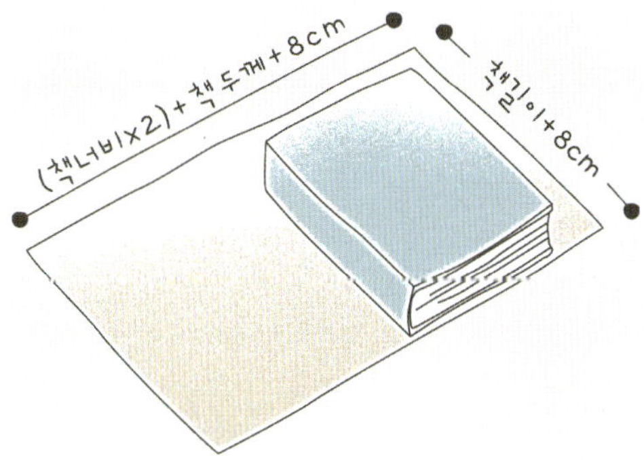

01 책을 포장지 중앙에 끼워 넣고 책 테두리를 따라 접은 선을 넣어줍니다.

02 포장지를 펼쳐서 책의 두께에 해당되는 부분의 남는 종이를 비스듬히 잘라주세요.

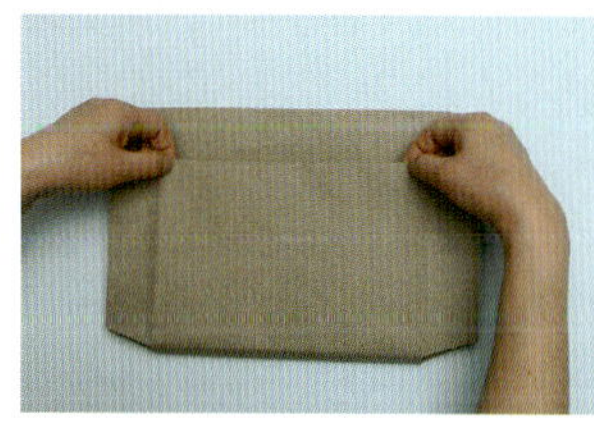

03 포장지를 덮어 접은 선을 따라 표지 안쪽으로 접어주세요.

04 책의 위아래 부분은 바깥쪽 여유분 모서리 부분을 삼각형으로 접어 표지 안쪽으로 끼워 넣어주세요.

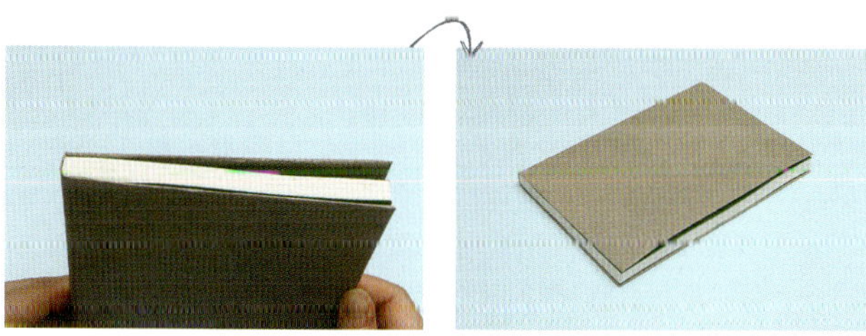

05 책의 포장을 완성하였습니다.

리본 꾸미기

06 골판지나 두꺼운 종이에 부록의 도안을 이용해 고정장치를 만듭니다.

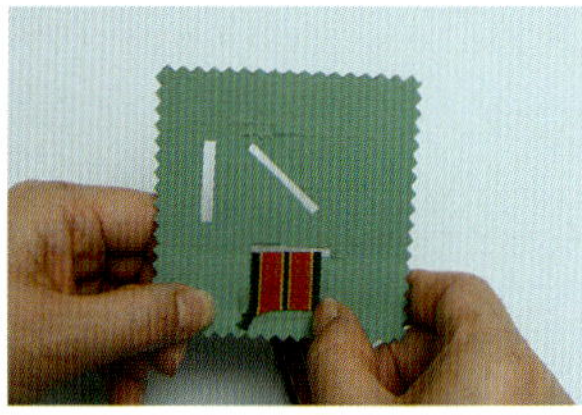

07 1번 구멍에 리본을 넣고 안쪽에서 고정시켜주세요.

08 포장된 책의 중앙에 놓고 리본을 둘러주세요.

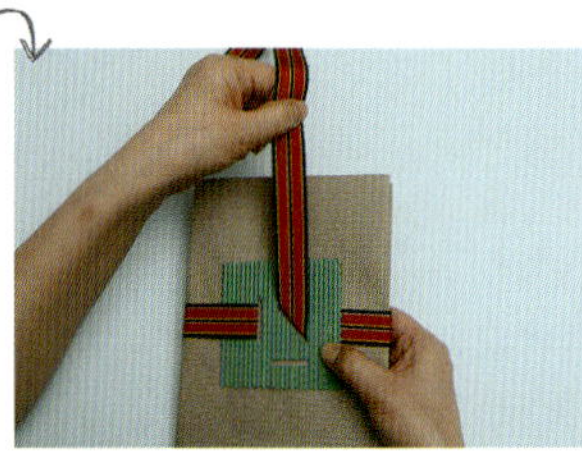

09 2번 구멍에 리본을 넣어 방향이 바뀌면 다시 책을 한 바퀴 돌려주세요.

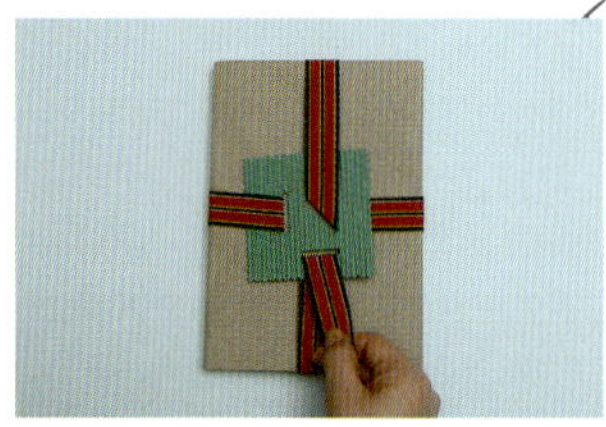

10 3번 구멍에 끼워서 남은 리본을 클립으로 고정시켜주세요.

11 리본을 이용한 책 포장을 완성하였습니다.

TIP

책 제목이 보이게 포장하기 위해 책 길이의 1/2 정도의 포장지만 표지에 끼워서 포장해도 특별한 느낌을 줄 수 있어요. 참, 책의 안쪽 표지에 메시지 적는 것도 잊지 마세요.

37

입학을 축하합니다!

학용품 포장

준비물 포장지 □ 리본 □ 색연필 □
난이도 ★★★★★

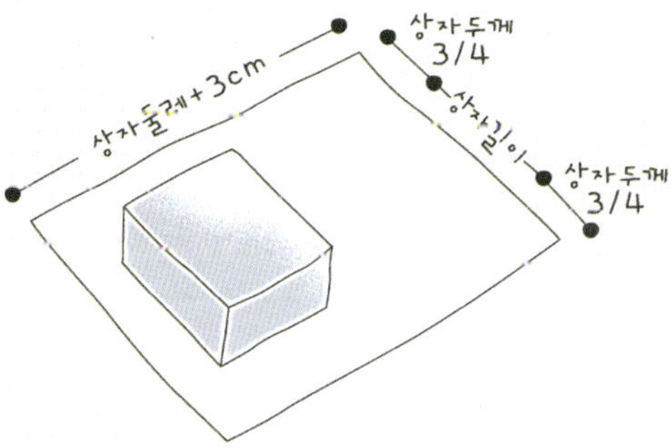

01 학용품을 상자에 넣고 포장지로 잘 싸줍니다.

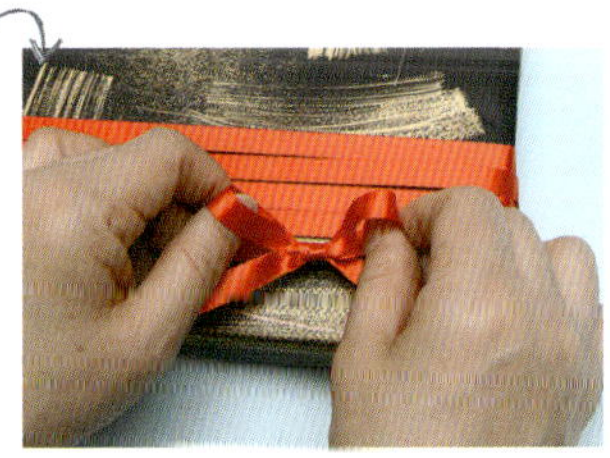

02 가는 리본으로 상자를 여러 번 둘러주고 나비묶음을 해줍니다.

03 필기도구를 바구니 짜듯 리본에 교대로 끼워주면서 꾸며주세요.

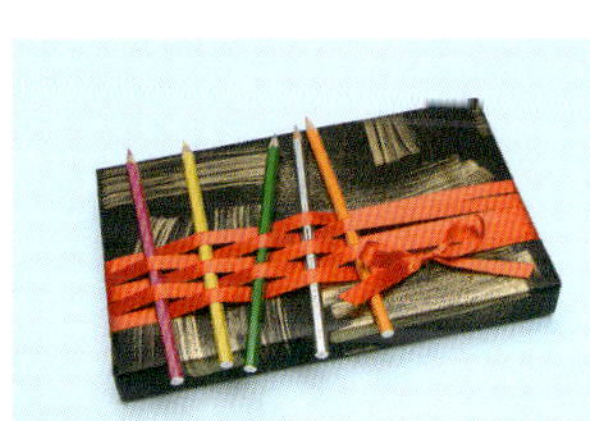

04 졸업과 입학을 축하하는 학용품 포장을 완성하였습니다.

TIP

여기서는 캐러멜 포장법을 사용하였습니다.

38 종이 한 장으로 남과 다른 특별함, 양말 포장

38 양말 포장

준비물 포장지 □ 리본 □ 받침대용 마분지 □
난이도 ★★★★★

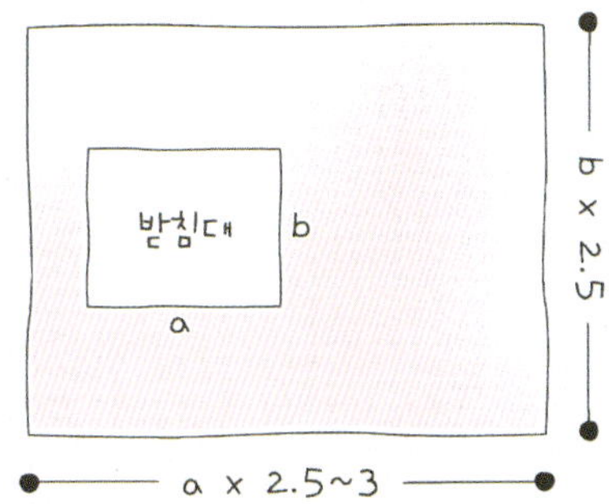

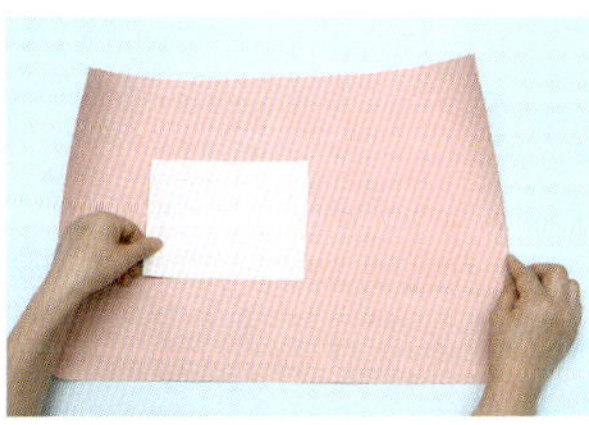

01 두꺼운 종이로 원하는 봉투 크기의 받침대를 준비합니다.

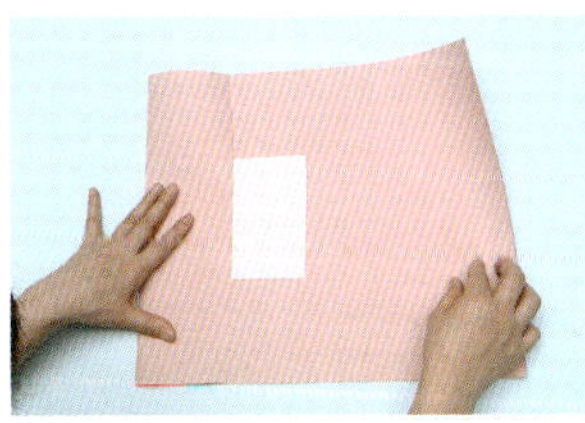

02 받침대를 포장지 중심선 왼쪽에 놓고 왼쪽 종이 끝이 받침대 중간에 오도록 접어줍니다.

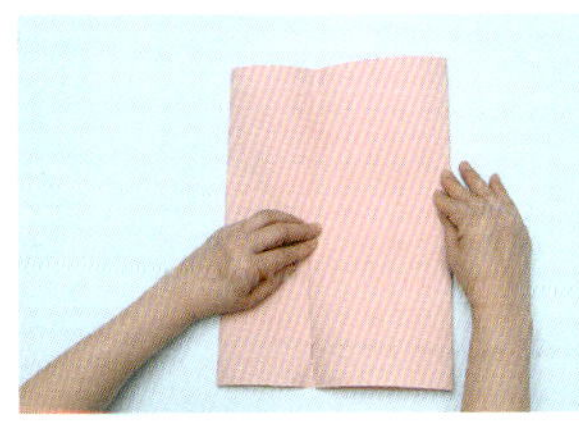

03 오른쪽 종이도 같은 위치까지 오도록 접어주세요.

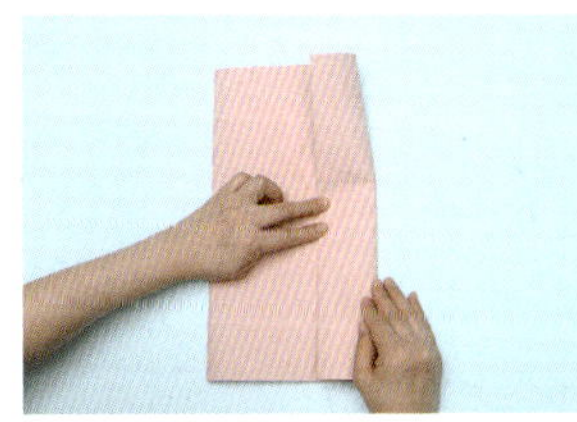

04 뒤로 돌려 받침대가 들어있지 않은 부분을 올려 접어 주머니가 될 부분을 만들어주세요.

05 다시 뒤쪽으로 돌려 받침대가 없는 양옆의 종이를 받침대에 맞추어 접어주세요.

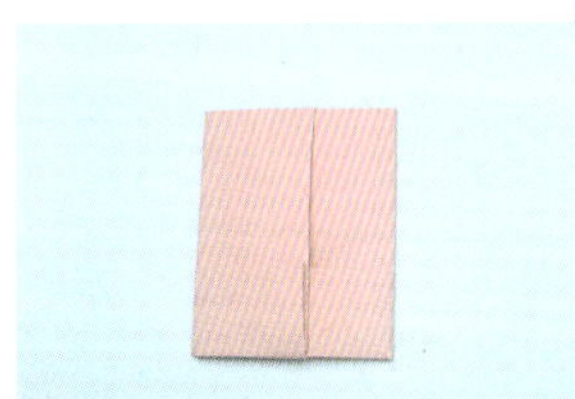

06 남는 부분을 끼우면 봉투가 완성됩니다.

07 양말을 준비해 주머니에 넣고 끈으로 나비묶음을 해주세요.

08 양말포장이 완성되었습니다.

TIP

양말뿐만 아니라 장갑, 손수건, 지갑 등의 납작한 선물을 내용물이 드러나게 포장하고 싶을 때에 이용하면 좋아요.

39 속옷보다 더 예쁜
속옷 포장

39 속옷 포장

준비물 포장 상자 □ 가는 리본 □ 작은 종이 □ 레이스 □ 단춧구멍 리본 □
난이도 ★★★★★

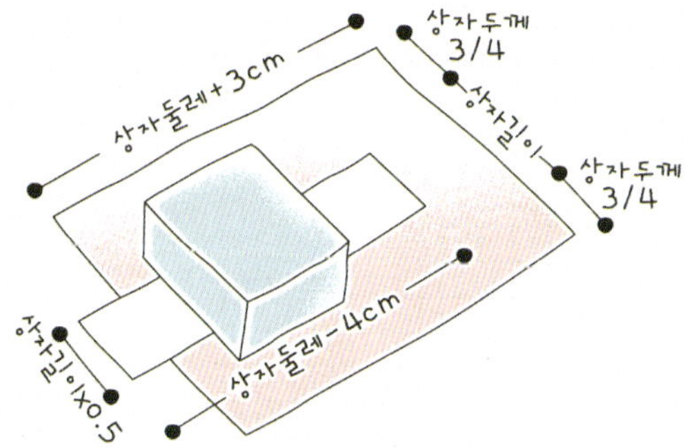

01 속옷 선물상자를 캐러멜 포장합니다.

02 세로는 상자 길이의 반 정도, 가로는 상자 둘레보다는 4cm 작은 종이를 준비합니다.

03 네 변을 1cm 정도씩 안쪽으로 접어주세요.

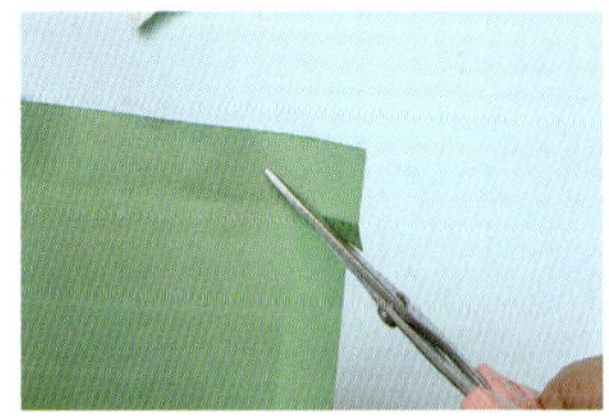

04 접었던 부분을 다시 펴서 네 귀퉁이를 45도로 잘라주세요.

05 시접에 양면테이프를 붙이고 다시 접어 붙여주세요.

07 양 끝의 세로 방향으로 단춧구멍 리본을 글루건으로 달아줍니다.

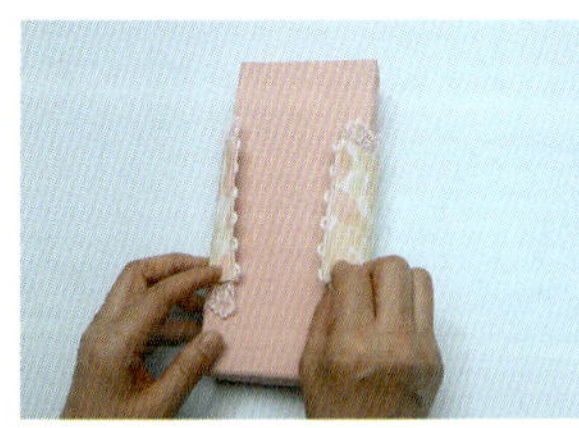

08 만들어진 띠 위에 상자를 놓고 양끝을 상자 위로 오게 합니다.

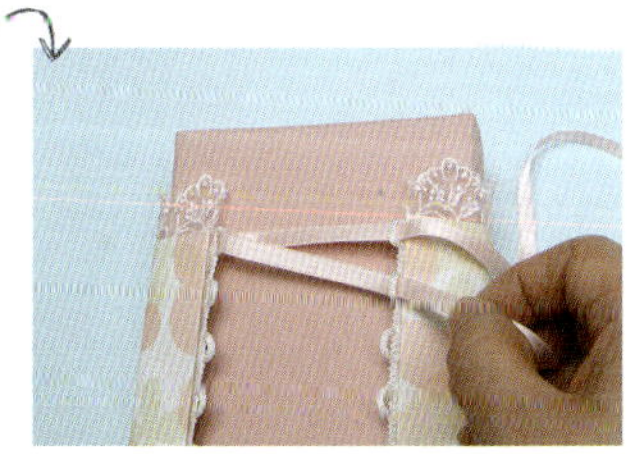

09 리본을 이용하여 운동화 끈을 끼우듯이 끼워주세요.

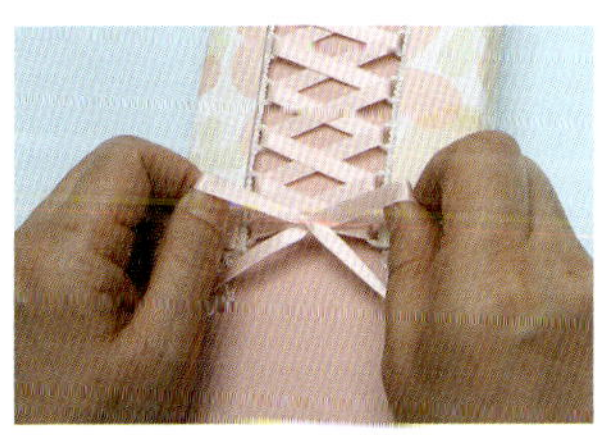

10 X자로 교차하여 끼운 다음 나비묶음으로 정리하세요.

11 스티커를 붙여 속옷 포장을 완성합니다.

40 건강과 정성을 담은 홈베이킹 포장

40 홈베이킹 포장

준비물 포장지 □ 리본 □ 투명 셀로판지 □ 유산지 or 한지 or 부직포 □
난이도 ★★★★★

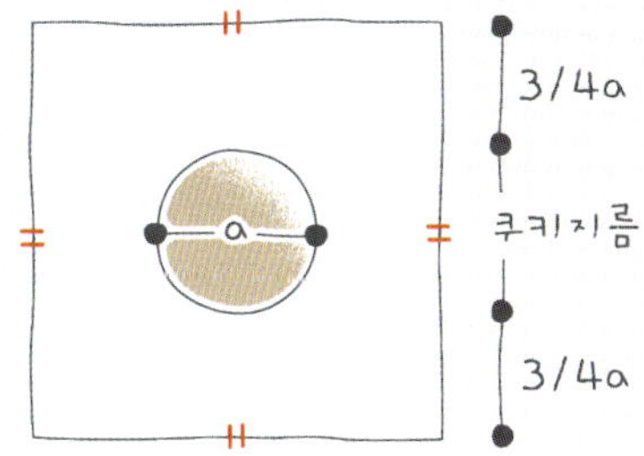

쿠키 상자 만들기

01 쿠키의 크기에 맞는 상자 도안을 준비하세요.

02 도안의 선을 따라 접은 선을 넣어준 후 선을 따라 접어주세요.

03 귀퉁이는 대각선 방향으로 접어주세요.

04 네 귀퉁이를 모두 접어주세요.

05 두 날개를 가운데로 모아줍니다.

06 윗부분은 양손으로 살짝 벌려 윗부분이 아랫부분보다 조금 큰 상자 모양을 만들어주세요.

리본 끼우기

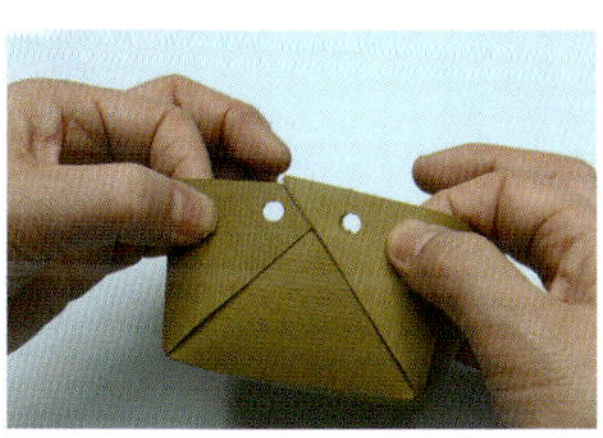

07 펀치로 구멍을 두 개 내줍니다.

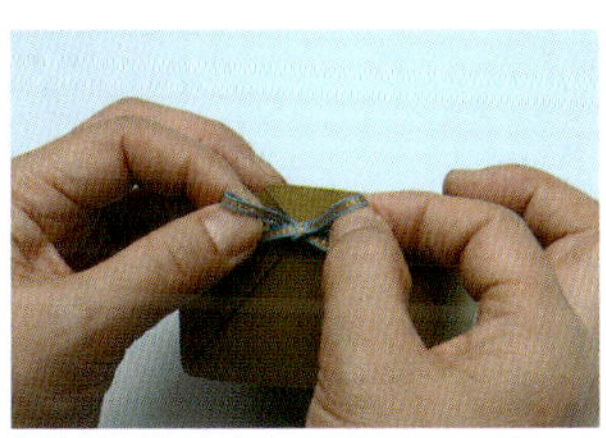

08 리본을 끼워 나비묶음을 해주세요.

09 맞은편도 구멍을 내고 리본을 묶어 종이 상자를 완성합니다.

쿠키 포장하기

10 종이 상자 안쪽에 넣을 유산지를 준비하여 깔아주세요.

11 직접 만든 쿠키를 비닐에 하나씩 포장한 뒤 방금 만든 종이 상자에 넣어줍니다.

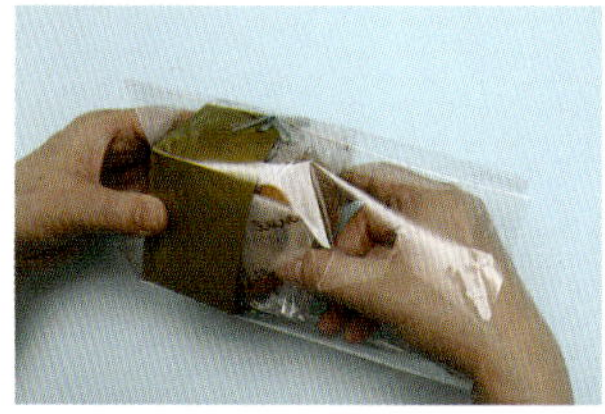

12 적당한 크기의 비닐봉지에 넣거나 셀로판지로 봉지를 만들어주세요.

TIP 종이봉투 만드는 방법은 181쪽을 참고하세요.

13 양끝에 남는 부분을 아래쪽으로 접어 투명 테이프로 고정합니다.

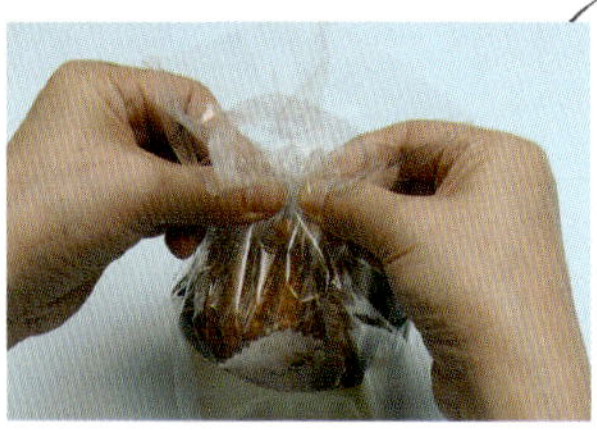

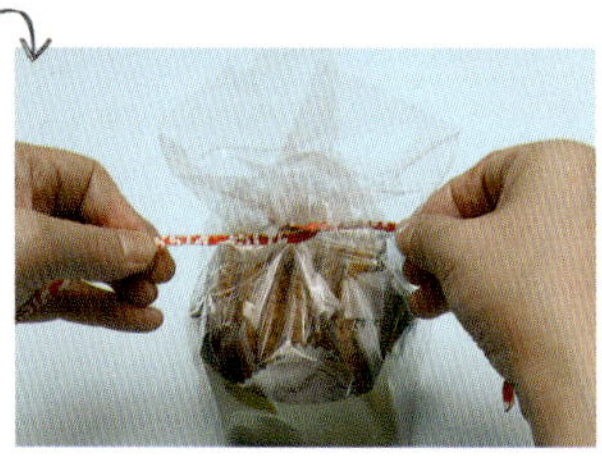

14 윗부분은 골고루 주름지게 조여주고, 종이 철사로 감아준 뒤 한두 번 꼬아주세요.

15 다리를 펜에 감아 컬을 만들어주세요.

16 홈베이킹 쿠키 포장이 완성되었습니다.

종이 철사 만들기

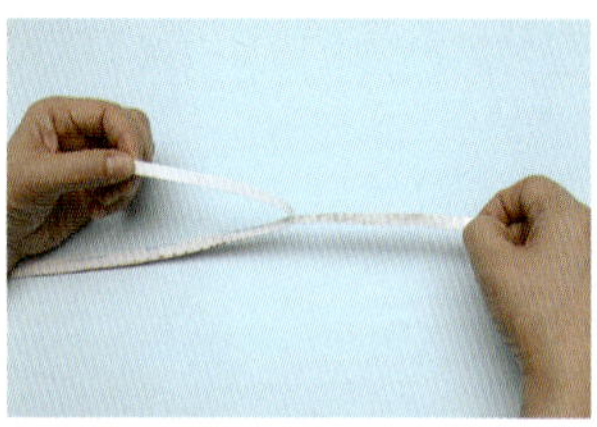

17 1.5cm 폭의 철사 길이만큼 긴 포장지를 준비하여 안쪽에 길게 양면테이프를 붙여주세요.

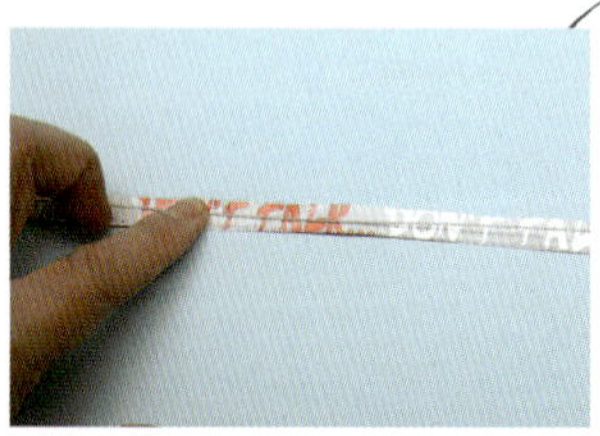

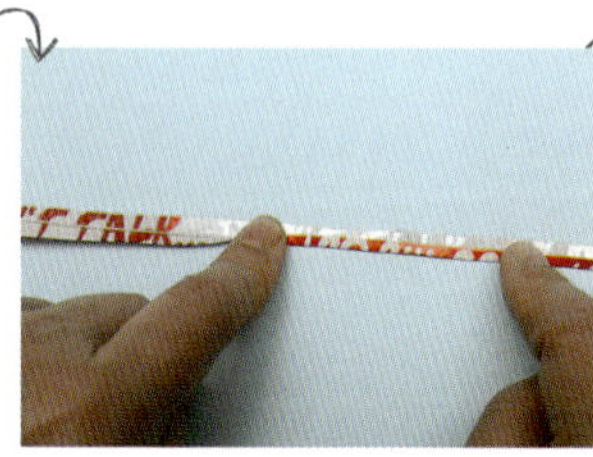

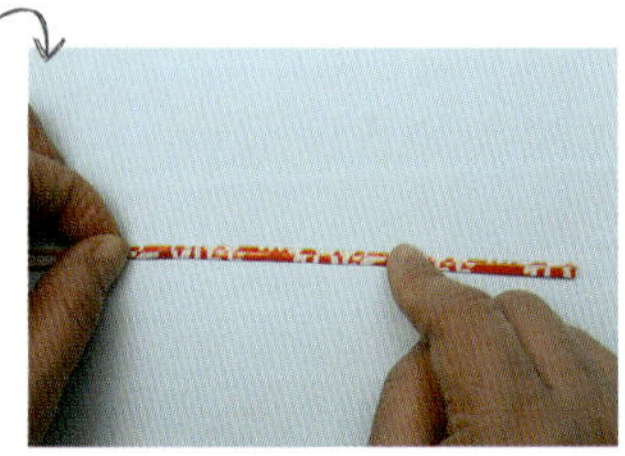

18 가운데 철사를 놓고 아래쪽 종이를 접어 올립니다. 윗부분도 마저 접어서 붙여주세요.

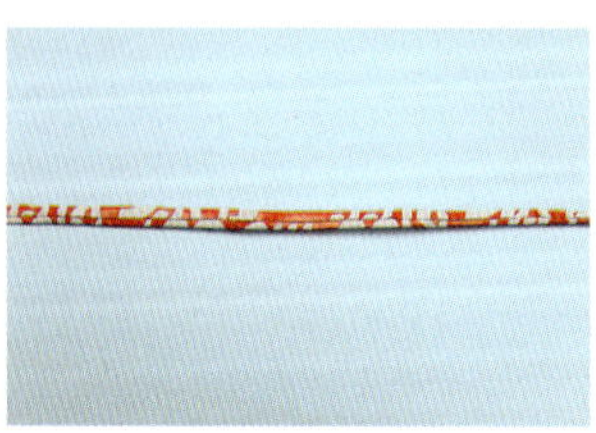

19 종이 철사가 완성되었습니다.

41

향기를 담아 전하세요!

포푸리 포장

준비물 원형 망사 □ 레이스 □ 가는 리본 □ 포푸리 구슬 □

난이도 ★★★★★

01 시중에서 판매하는 레이스나 둥그렇게 자른 망사 천을 준비합니다.

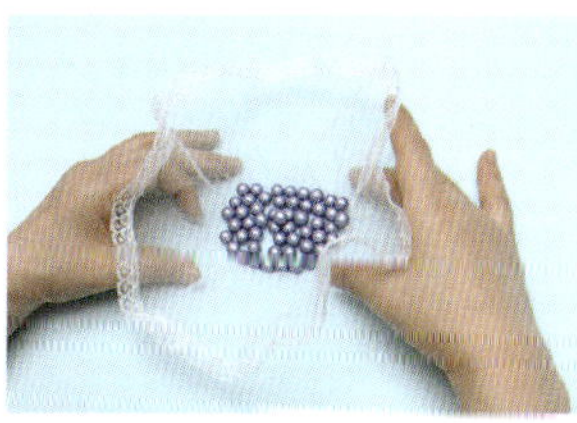

02 구입한 구슬 포푸리를 넣어주세요.

TIP

구슬 포푸리는 일반 팬시점에서 구입할 수 있습니다. 포푸리 외에 사탕이나 초콜릿, 커피향 포푸리, 꽃잎 포푸리 등 쉽게 구입이 가능한 다른 형태의 포푸리를 이용하여 포장해도 좋아요.

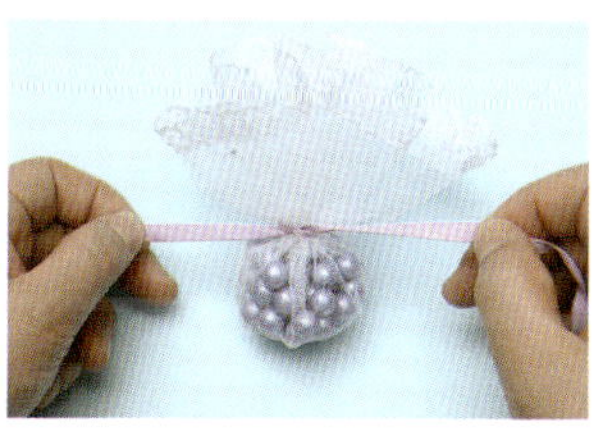

03 주름을 잡아가며 한 곳으로 모아 리본으로 묶어줍니다.

04 예쁘게 나비묶음을 해주면 완성입니다.

42 리본으로 멋을 낸 나비묶음 상품권 포장

43 독특한 감각의
격자무니 상품권 포장

42 나비묶음 상품권 포장

준비물 포장지 □ 리본 □
난이도 ★★★★★

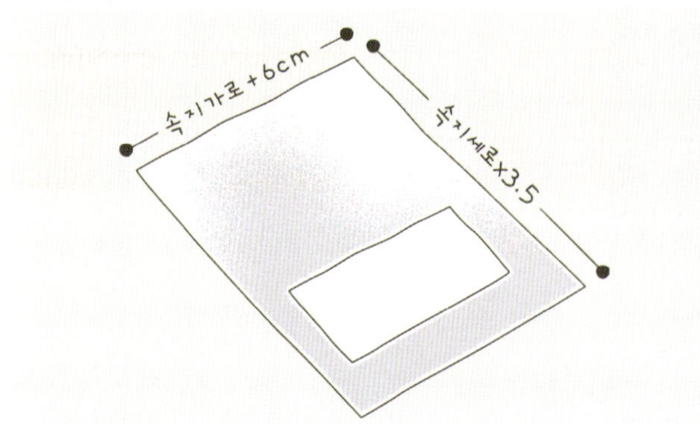

봉투 접기

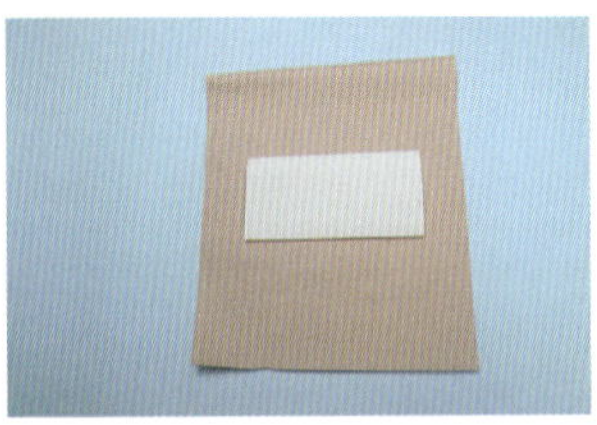

01 흰 종이로 원하는 봉투 크기의 속지를 접어 준비된 포장지 위에 놓습니다.

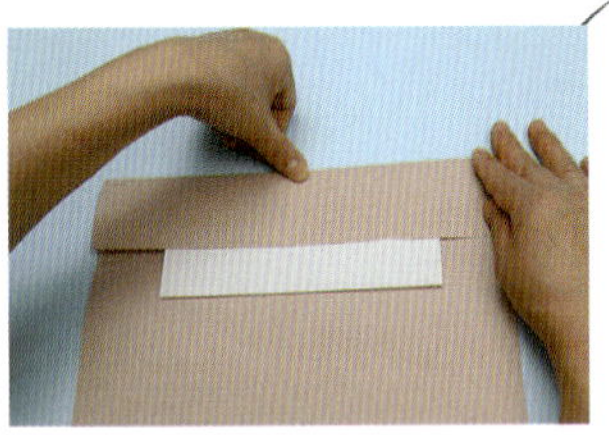

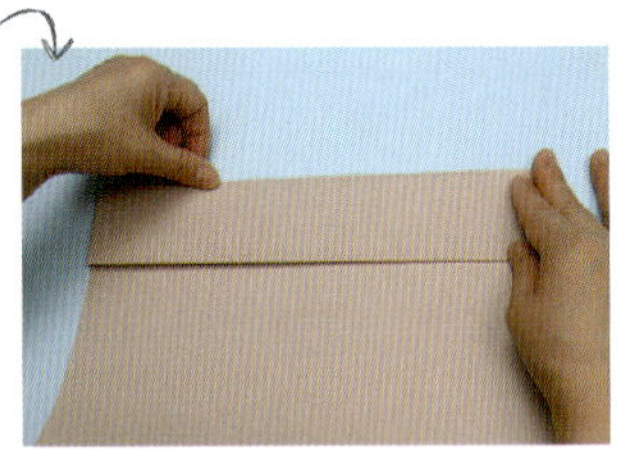

02 포장지의 세로에서 4cm 정도 접고, 속지를 빼고 같은 크기(4cm)로 한 번 더 접습니다.

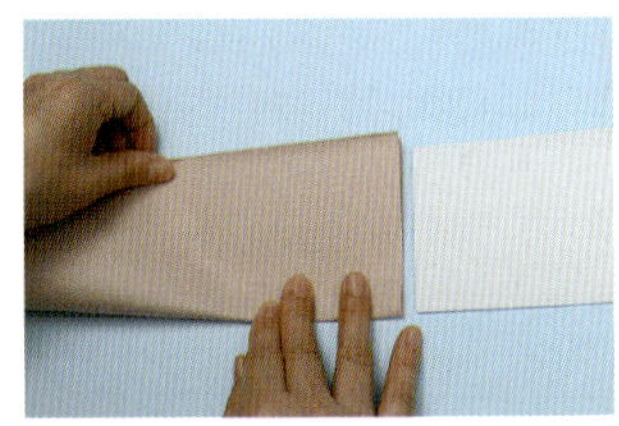

03 속지의 세로 크기만큼 한 번 더 접어주세요.

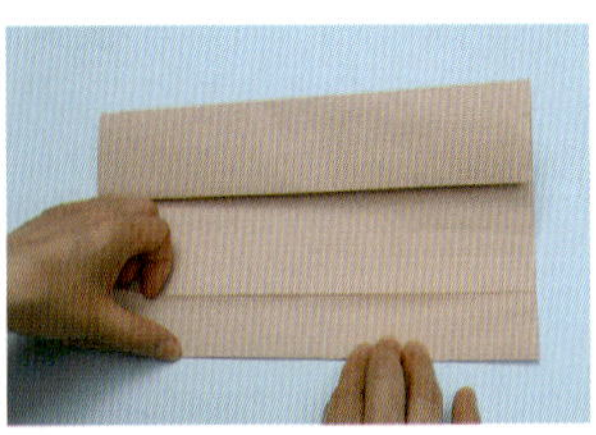

04 나머지 부분은 다시 반을 접습니다.

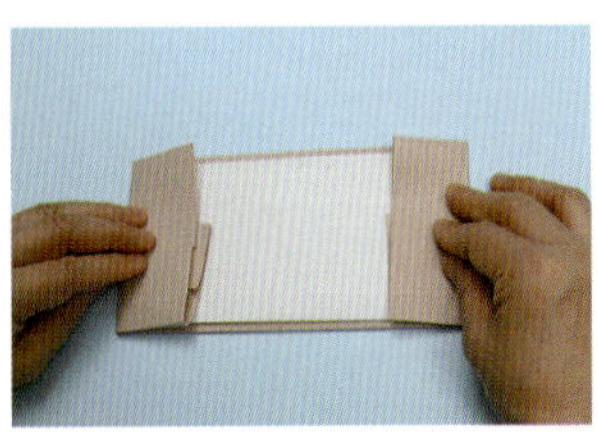

05 앞에서 접은 포장지 위에 속지를 놓고 양쪽에 남은 시접을 접어주세요.

06 다시 펼쳐서 깔끔하게 접은 선을 넣어줍니다.

07 각선의 교차되는 부분을 삼각형으로 잘라낸 후 양 끝에 양면테이프를 붙입니다.

리본 붙이기

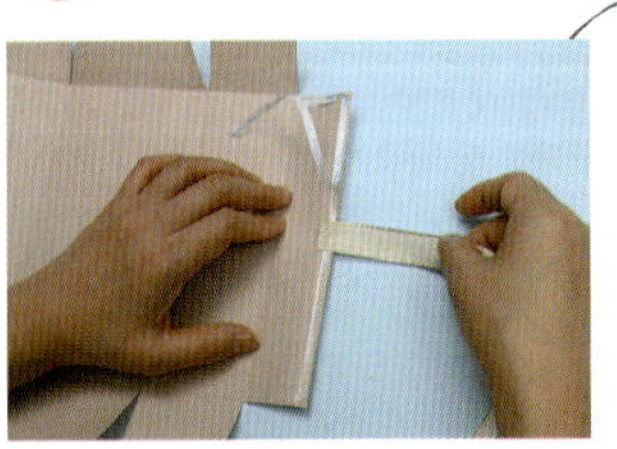

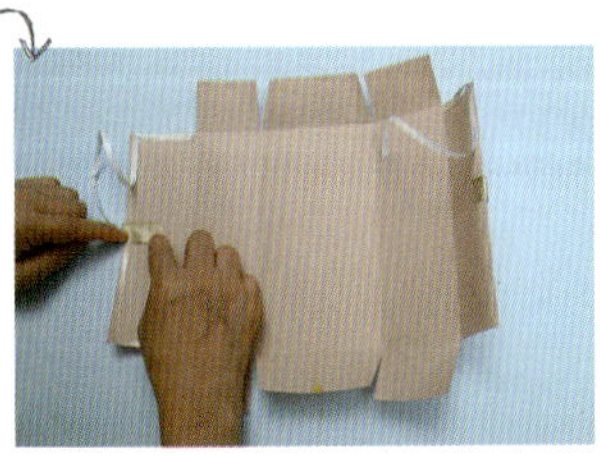

08 오른쪽 중앙에 리본을 붙인 후 봉투의 바깥쪽으로 둘러 왼쪽에 붙여주세요.

TIP 이때 리본을 약간 느슨하게 붙여야 봉투를 접었을 때 종이가 울지 않습니다.

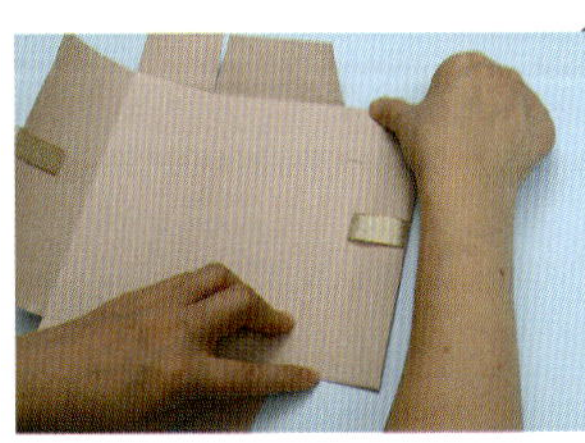

09 양면테이프 종이를 떼어 내고 양쪽에 접은 곳을 각각 붙입니다.

봉투 붙이기

10 봉투의 시접을 안쪽으로 접어 주세요.

11 뚜껑이 될 부분을 접어 뚜껑에 닿지 않게 아래쪽 남는 부분에만 글루를 묻힙니다.

12 뚜껑을 펼치고 아래쪽을 접어서 붙여주세요.

13 뚜껑을 봉투 아래쪽에 끼워줍니다.

리본 묶기

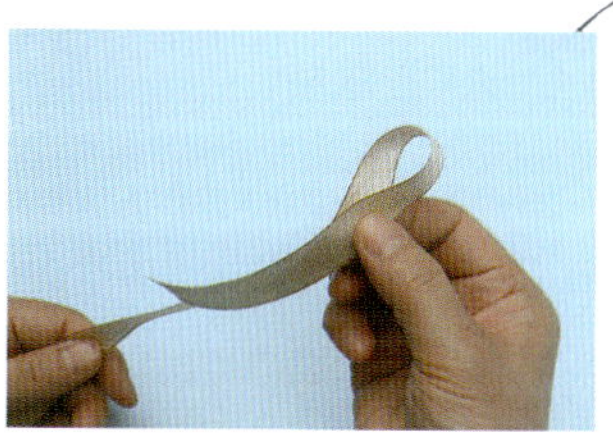

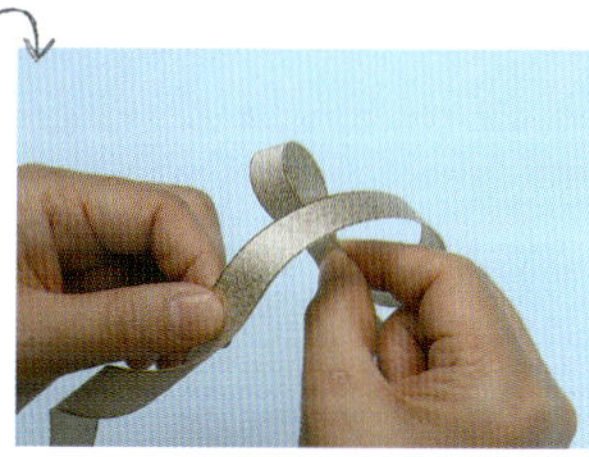

14 리본을 접어 뒤쪽의 긴 리본을 앞으로 돌립니다.

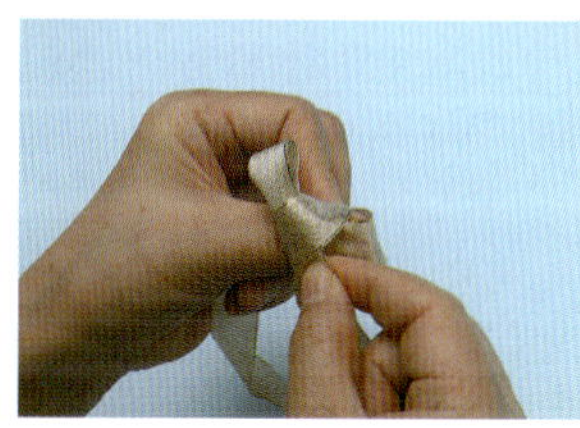

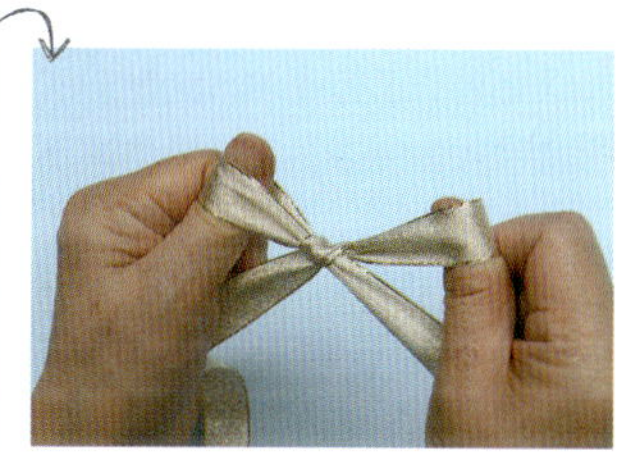

15 오른쪽 집게손가락 쪽에 생긴 구멍으로 리본을 끼워 빼주면서 당깁니다.

16 길이를 조절하고 다리를 알맞게 자르세요.

17 봉투의 리본 위에 나비묶음을 붙여주세요.

18 상품권 봉투가 완성되었습니다.

TIP

나비묶음은 30쪽을 참고하세요

43 격자무늬 상품권 포장

준비물 포장지

난이도 ★★★☆☆

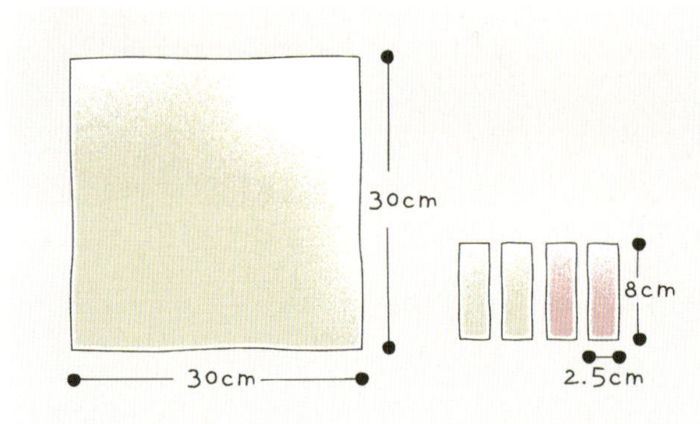

봉투 접기

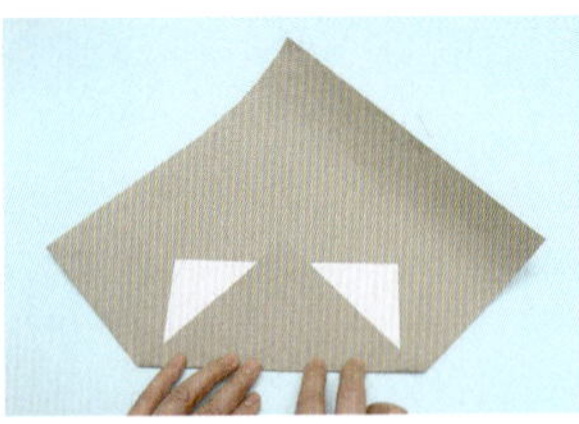

01 티켓을 흰 종이로 싼 뒤 정사각형 포장지의 한쪽 끝에 대각선 방향으로 놓고 모서리를 봉투 폭만큼 접어주세요.

02 옆쪽을 앞에서 접은 선에 맞추어 접어줍니다.

03 다른 한쪽도 모서리를 맞추어 마저 접어줍니다.

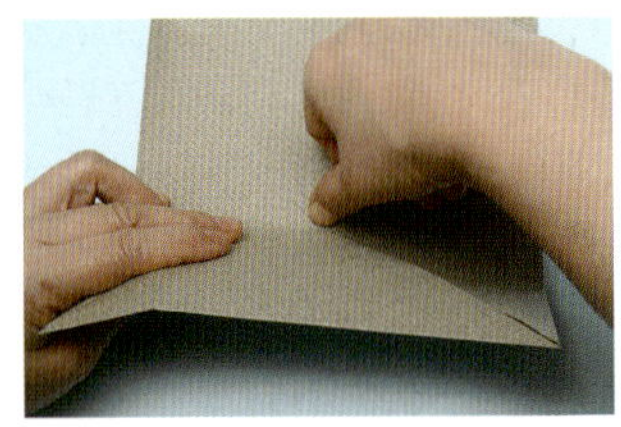

04 1에서 접은 종이의 꼭짓점 부분에 맞춥니다.

05 상품권을 반 바퀴 돌려주며 접은 선을 넣어주세요.

06 다시 한 번 반 바퀴 돌려주고 남는 부분은 상품권에 맞춰 접어줍니다.

07 다시 펴준 다음 접은 순서를 거꾸로 진행합니다.

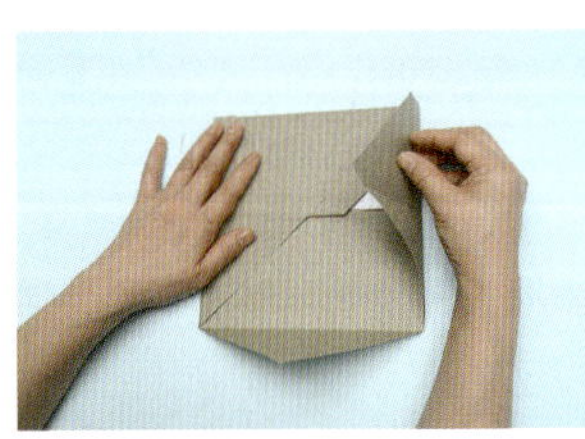

08 끝부분부터 다시 접어주세요.

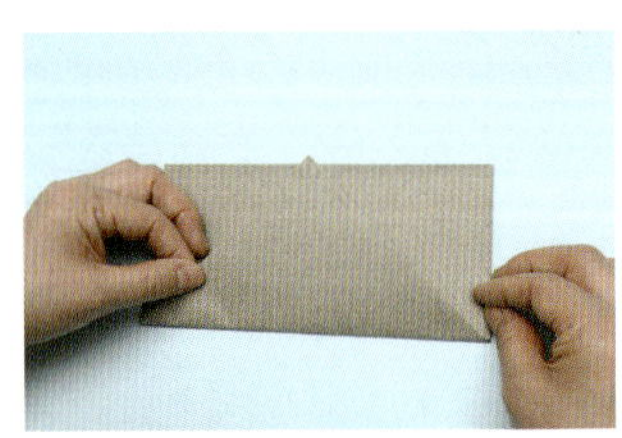

09 봉투 가운데에서 접은 종이 끝이 맞춰집니다.

격자 짜기

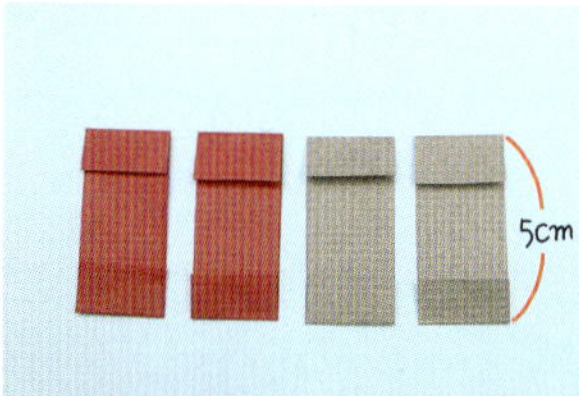

10 가로 2.5cm, 세로 8cm가 되도록 한쌍씩 준비하고 길이가 5cm가 되도록 양끝을 접어주세요.

11 서로 직각이 되게 놓습니다.

12 바구니를 짜듯 위아래가 엇갈리게 끼워주세요.

13 뒤쪽에서 시접들을 정리하여 위쪽에는 시접 안쪽에 양면테이프를 붙입니다.

14 아래쪽에는 시접 바깥쪽으로 양면테이프를 붙입니다.

격자 붙이기

15 양면테이프를 바깥쪽에 붙인 시접을 봉투 뚜껑에 끼웁니다.

16 양면테이프의 종이를 제거하여 봉투에 붙여주세요.

17 뚜껑을 여닫을 수 있도록 해주면 완성입니다.

44 좋은 향기 예쁜 포장, 비누 포장

44 비누 포장

준비물 냅킨 □ 샤무드 리본 □ 장식 조화 □
난이도 ★★★★★

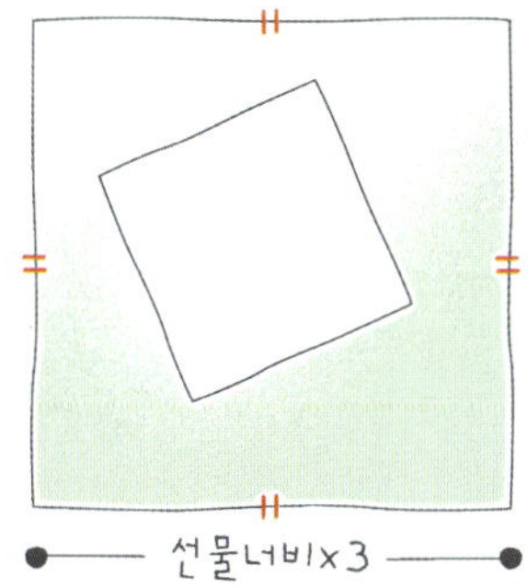

01 비누를 냅킨 중앙에 놓고 아래쪽 종이를 들어 올려 비누를 덮습니다.

02 비누 아래에서 양옆의 종이를 비누에 맞춰 안쪽으로 끼워 넣고 날개를 45도로 접어주세요.

03 위쪽 날개들을 비누 위에서 여며줍니다. 아래 날개도 위에서 여며줍니다.

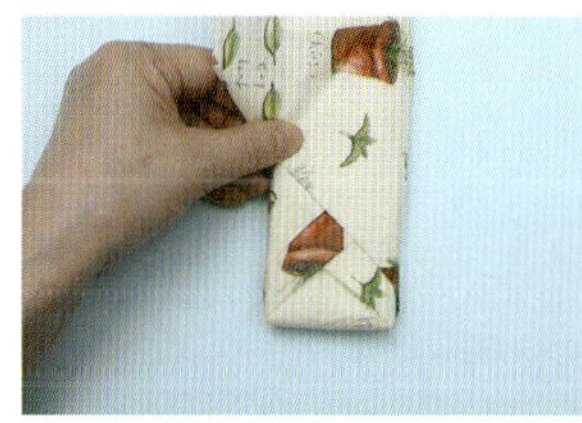

04 죽순 포장을 해주세요.

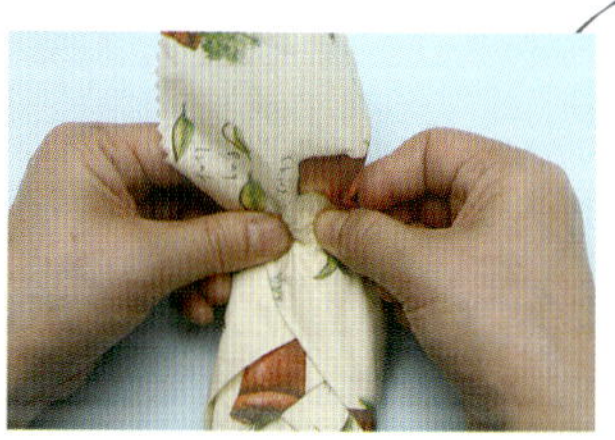

05 죽순 포장을 한 후 윗부분을 조여 가며 골고루 주름을 잡아주세요.

06 샤무드 리본으로 묶습니다.

TIP
56쪽의 죽순 포장을 참고하세요.

07 열매나 꽃 장식을 올리고 나비 묶음을 해줍니다. 이때 사용한 꽃은 조화입니다.

08 비누 포장을 완성하였습니다.

45 행복을 담은 오목 상자 포장

45 오목 상자 포장 DVD 작품

준비물 골판지 □ 핑킹 가위 □
난이도 ★★★★★

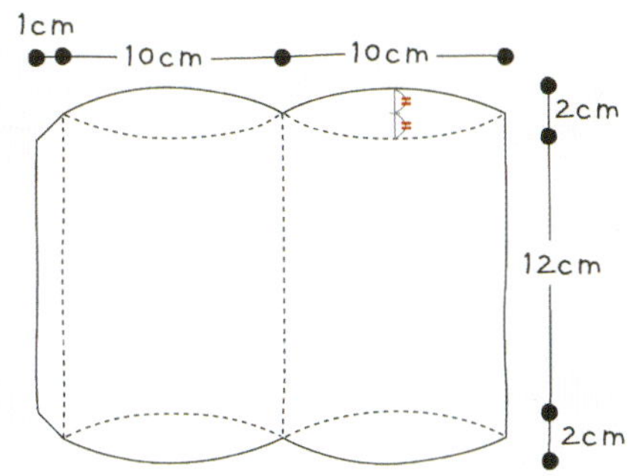

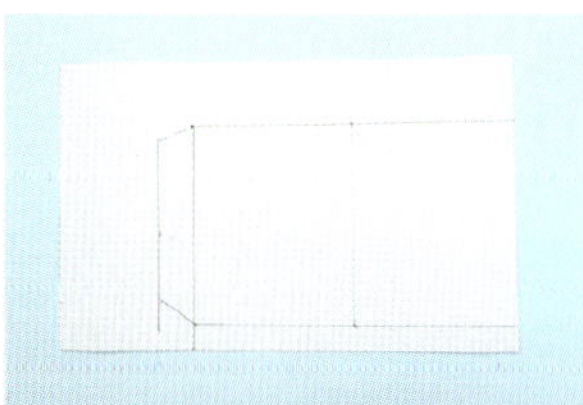

01 부록의 도안을 이용해 비누 포장에 사용할 상자를 그려주세요.

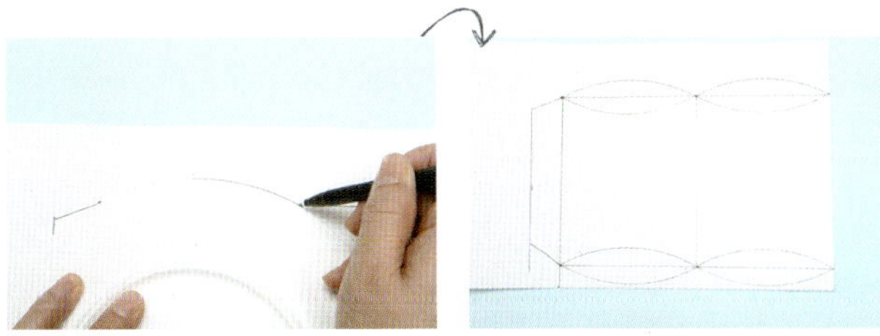

02 앞뒤 판에 접시를 대고 곡선을 그리고 도안을 잘라주세요.

TIP 부드러운 곡선을 그릴 때는 접시나 뚜껑 등을 사용하면 편리하답니다.

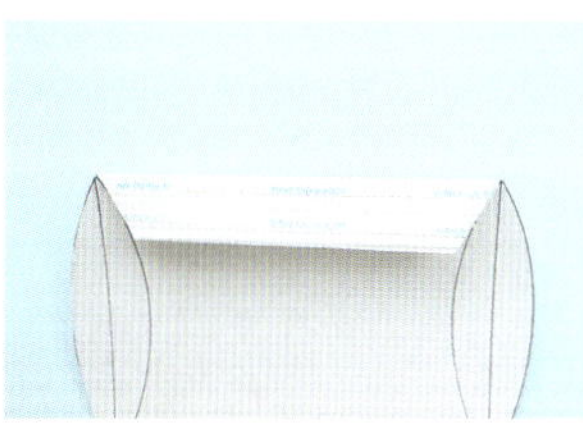

03 접은 선을 칼 뒤쪽으로 그어 접은 다음 풀붙이는 시접에 두 줄의 양면테이프를 붙입니다.

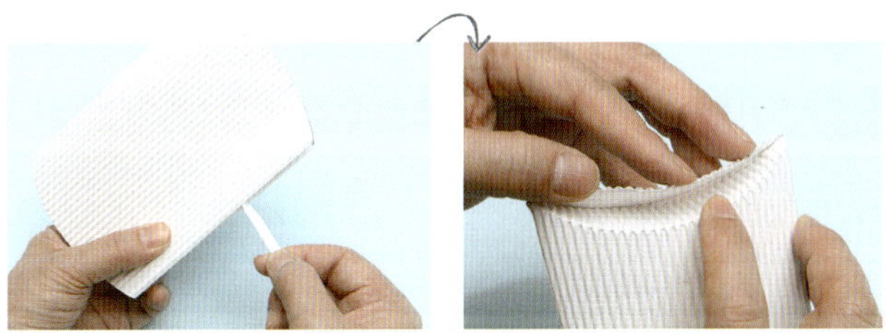

04 앞뒤 판을 붙이고 양옆을 여며 상자 모양을 만들어주세요.

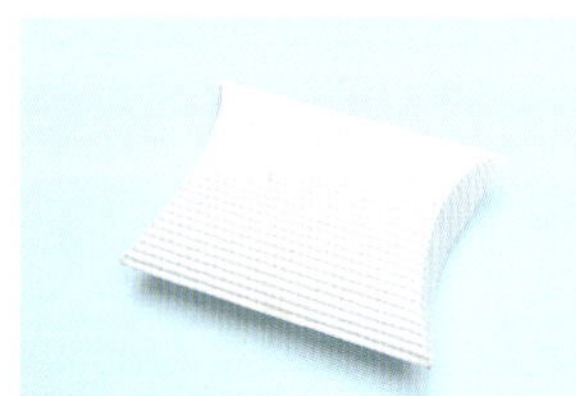

05 상자가 완성되었습니다.

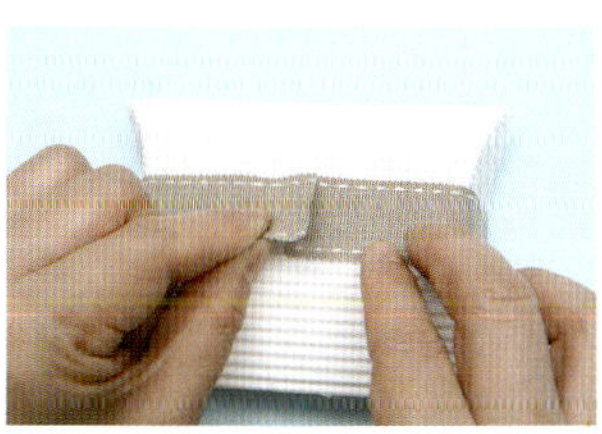

06 상자에 리본을 두르고 양면테이프로 고정시켜주세요.

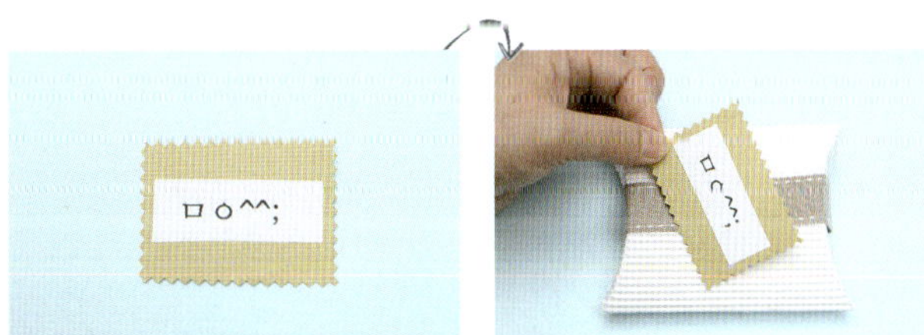

07 컴퓨터를 이용해 택을 만들어 리본 위에 붙여주세요.

08 오목 상자를 이용한 비누 포장이 완성되었습니다.

46 폼폼보우를 이용한 화장품 포장

46 화장품 포장

준비물 포장지 □ 가는 리본 □ 두꺼운 실 □ 바늘 □ 리본 □

난이도 ★★★★★

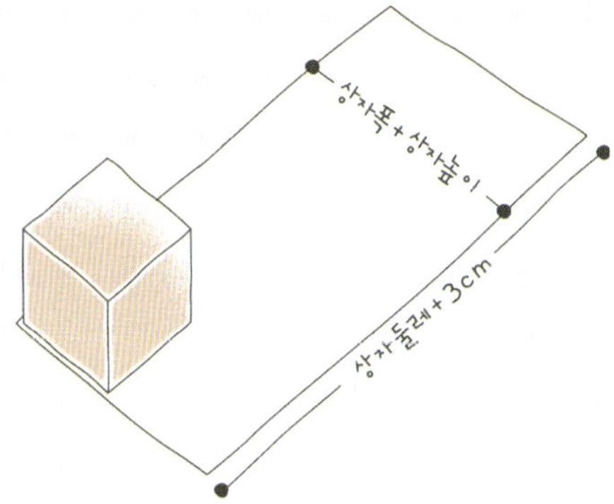

01 상자를 정사각 캐러멜 포장합니다.

TIP 정사각 캐러멜 포장 방법은 93쪽을 참고하세요.

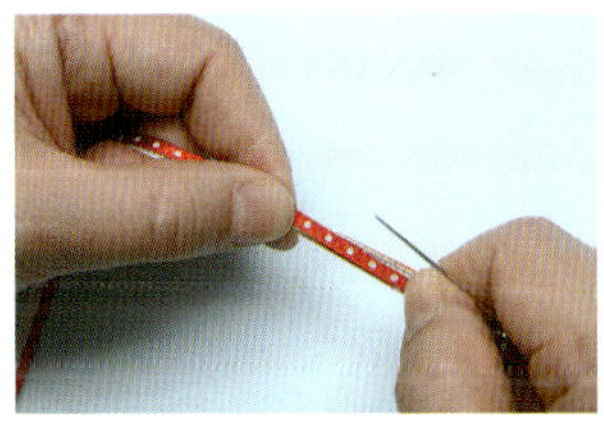

02 3mm 정도 폭의 1.5m 길이의 가는 리본을 5개 정도 모아주세요.

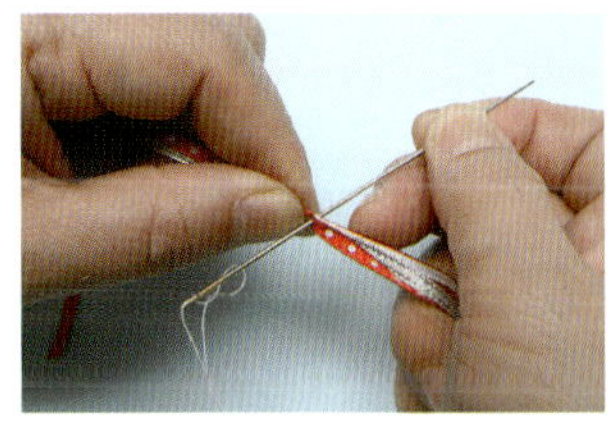

03 리본의 다리 길이가 될 만큼 떨어진 곳에 1m 정도의 실을 꿴 바늘을 꽂아 당깁니다.

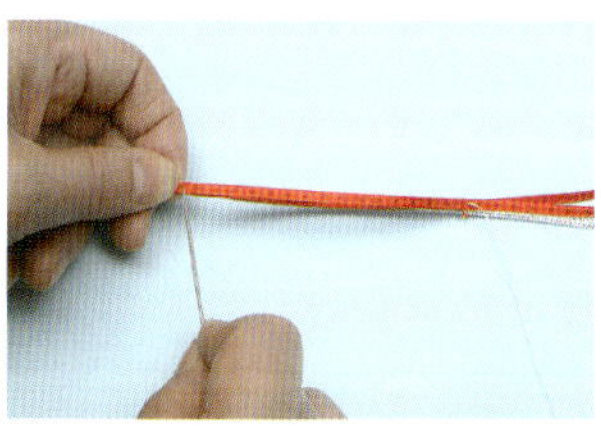

04 8cm 떨어진 곳에 홈질을 해주세요.

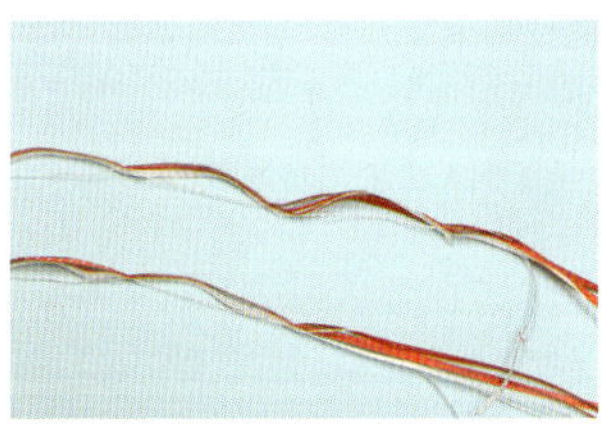

05 홈질 간격은 8cm와 0.2cm 간격으로 번갈아 가며 홈질합니다.

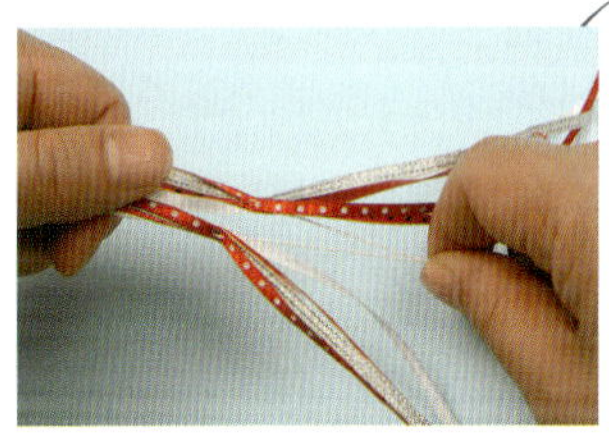

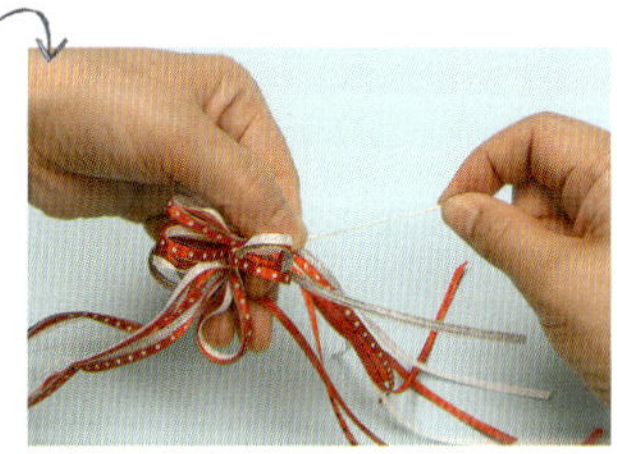

06 리본을 가지런히 놓고 실을 양 끝 안쪽에서 당겨주세요.

07 완전히 당겨준 후 양쪽 실을 서로 묶어주세요.

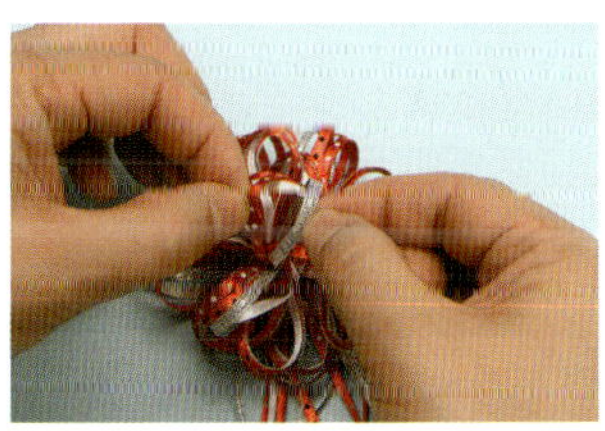

08 겹쳐있는 리본들은 벌려 예쁘게 정리해주세요.

09 예쁘게 정리한 폼폼보우입니다.

10 완성한 폼폼보우를 상자 위에 고정시켜 화장품 포장을 완성합니다.

47 눈으로 보는 음악 선물, CD 포장

47 CD 포장

준비물 포장지 □ 라피아 □
난이도 ★★★★★

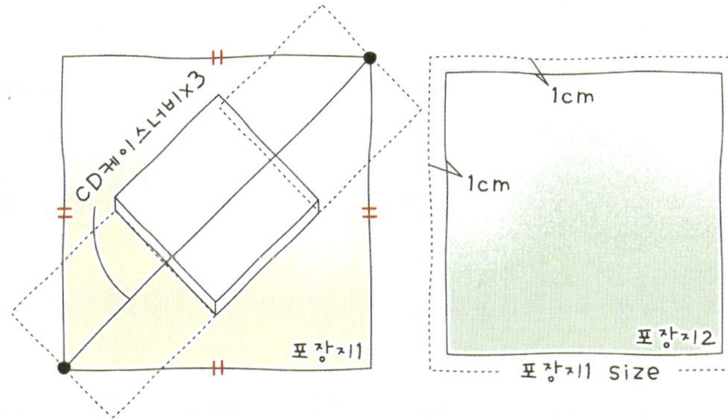

01 대각선이 CD 케이스 폭의 3배되는 포장지를 두 장 준비합니다.

TIP 속포장지는 겉 포장지의 상하좌우보다 1cm 정도 작게 준비합니다.

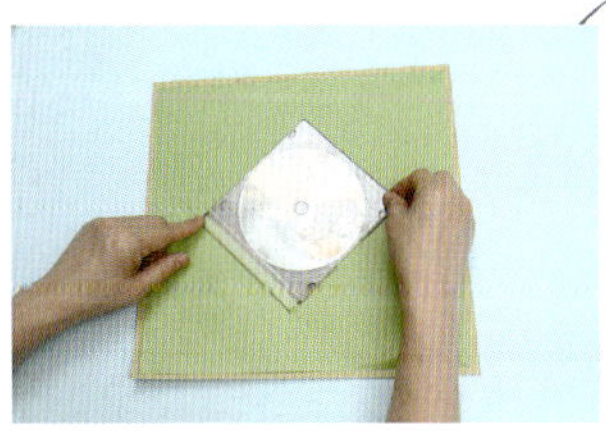

02 CD를 중앙에 놓고 양옆의 종이를 여며주세요.

03 중심에서 종이를 접어 양면테이프로 붙여줍니다.

04 왼쪽 종이를 CD에 맞추어 접고 중심에서 바깥쪽으로 접어주세요.

05 오른쪽 종이도 마찬가지로 접어줍니다.

06 CD 봉투를 완성하였습니다.

07 포장한 CD를 인조 라피아로 십자걸기를 하고 나비묶음을 해주세요.

08 CD 포장을 완성하였습니다.

48 나만의 독특한 개성을 담은 벚꽃 봉투

48 벚꽃 봉투

준비물 포장지 □ 리본 □
난이도 ★★★★★

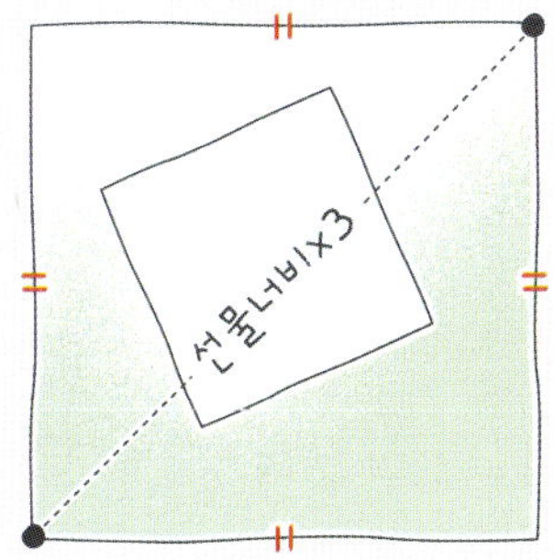

01 대각선 중앙에 선물을 놓고 양쪽 종이를 덮어줍니다.

02 위아래 종이도 선물에 맞춰 접어주세요.

03 중앙선을 맞추어 반대쪽으로 접어줍니다.

04 옆으로 돌린 후 왼쪽 아래쪽의 접은 선을 중심까지 1/2 정도 잘라주세요.

05 오른쪽 위쪽도 1/2이 되는 곳까지 잘라줍니다.

06 각 종이를 5등분해 부채처럼 접어주세요.

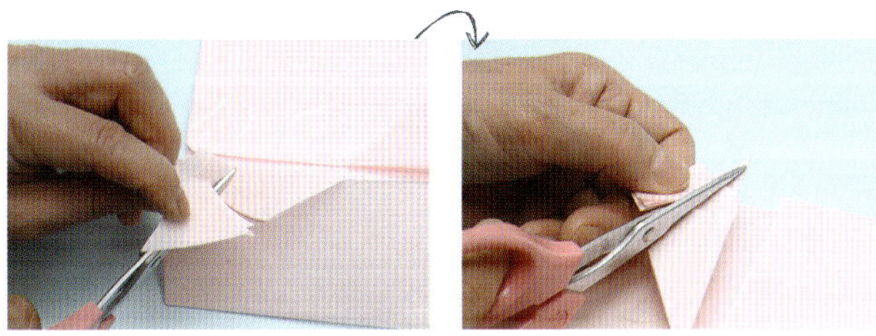

07 위아래를 꽃잎 모양으로 잘라주세요.

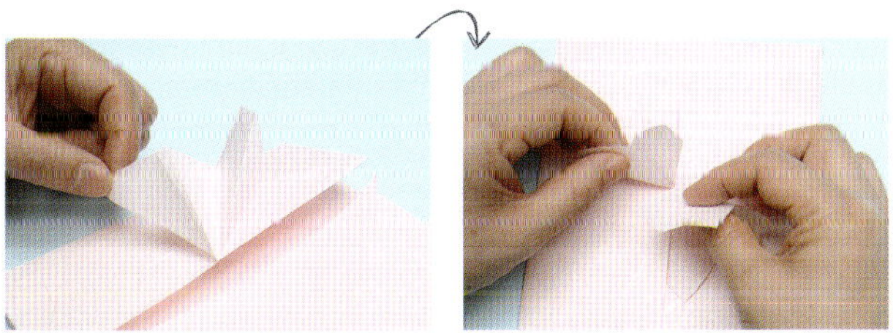

08 잘린 부분을 펼치고 서로 끼워줍니다.

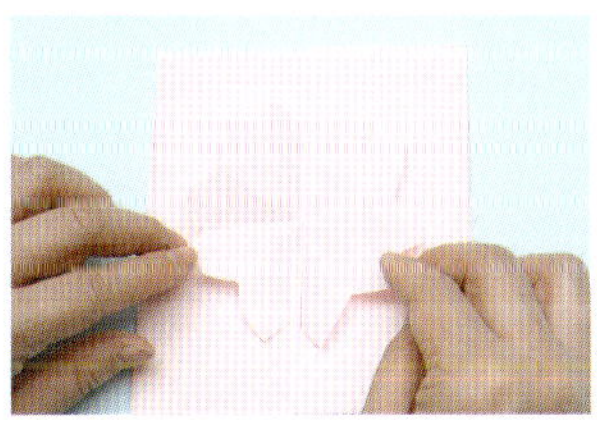

09 모양을 예쁘게 잡아주세요.

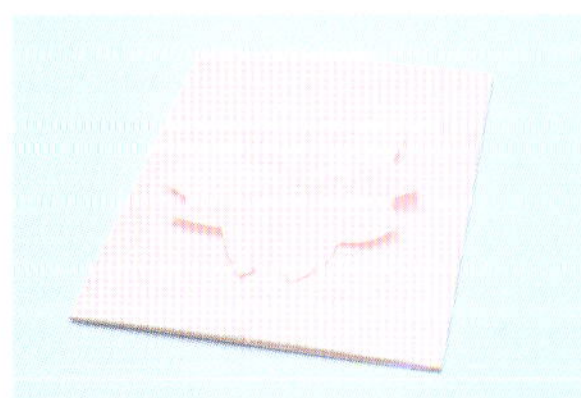

10 벚꽃 봉투 포장이 완성되었습니다.

49 조화를 이용한 특별한 향수 포장

49 향수 포장

준비물 망사 리본 3장 □ 리본 □ 꽃 □ 클립 □ 비누 □
난이도 ★★★★★

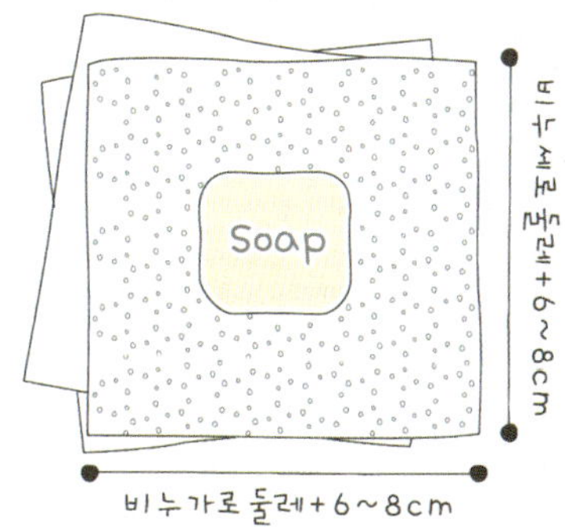

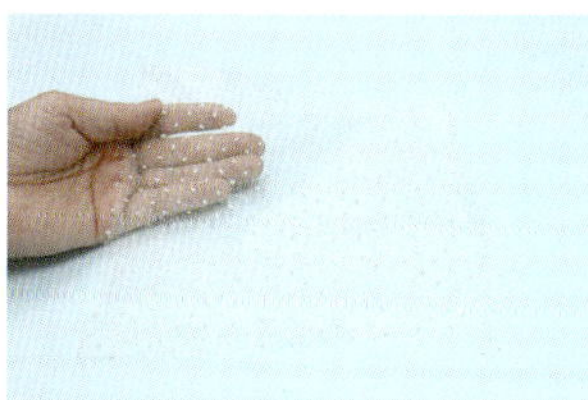

01 비누를 감싸고 3~4cm 정도 여유가 있는 정사각 크기의 망사 리본을 세 장 준비합니다.

02 핑킹 가위로 테두리를 자르고 세 장을 약간씩 엇갈리게 펼쳐주세요.

03 준비한 조화를 작은 꽃다발로 만들어 철사로 묶어주세요.

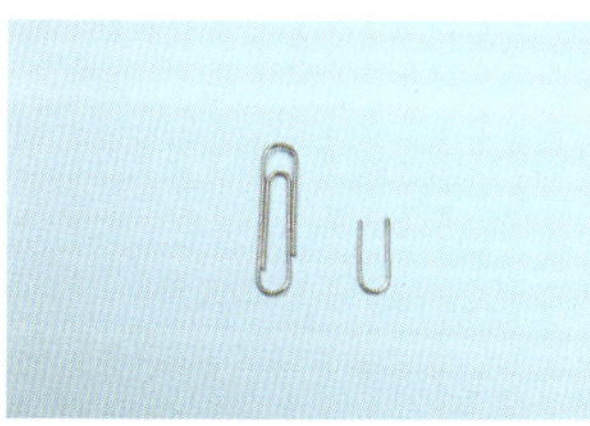

04 니퍼를 이용하여 클립을 반으로 잘라주세요.

05 향기가 강한 비누 위에 꽃다발을 놓고 이 클립으로 꽂아주세요.

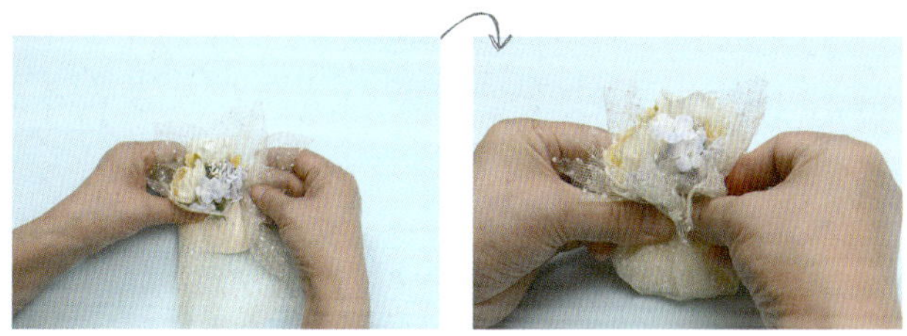

06 장식한 비누를 망사 중앙에 놓고 망사를 들어 올리며 주름을 잡아줍니다.

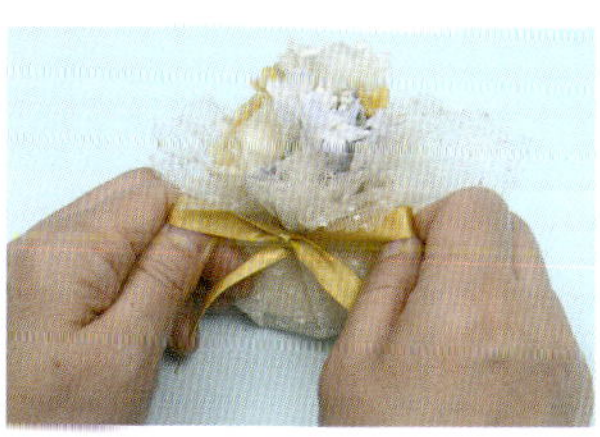

07 주름 부분에 리본을 둘러 나비 묶음을 해주세요.

08 비누 향수 포장을 완성하였습니다.

50 고급스러움을 더하는 양주 포장

50 양주 포장

준비물 포장지 □ 리본 □
난이도 ★★★★★

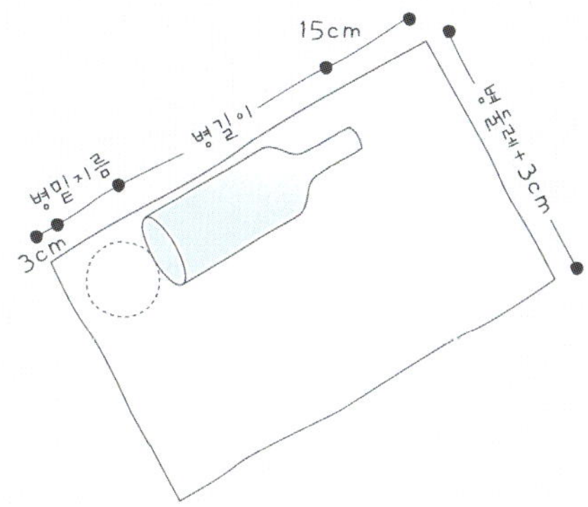

양주 포장하기

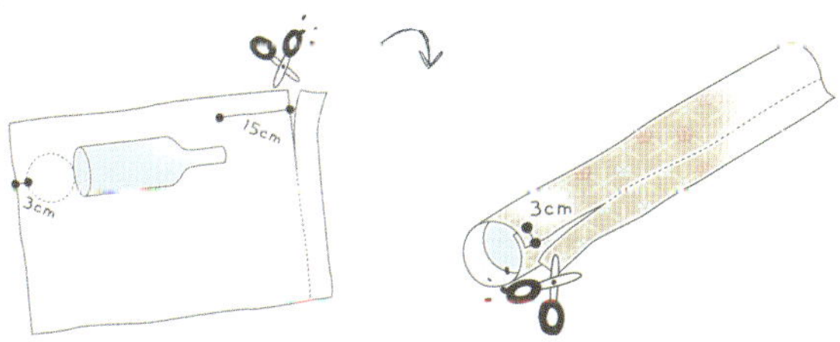

01 와인을 포장할 포장지를 재단하여 알맞은 크기로 준비합니다.

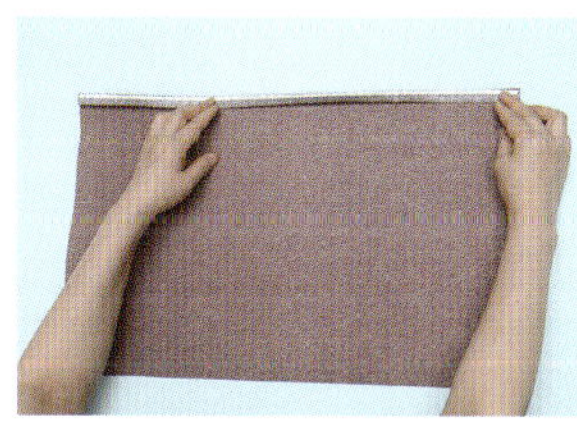

02 한쪽 끝을 1cm 정도 접은 후 양면테이프를 붙여주세요.

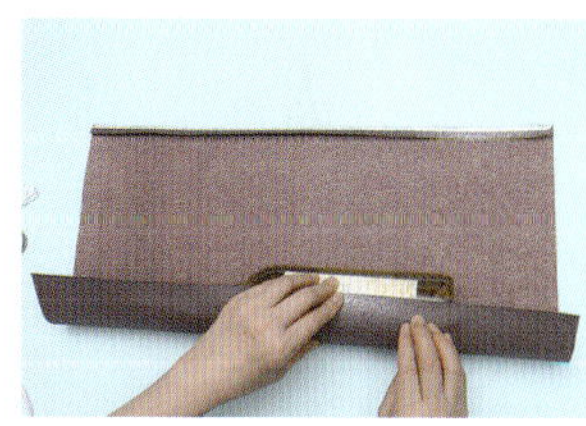

03 1cm를 접은 반대쪽에 병을 놓고 말아줍니다. 이때 병의 밑동은 병의 지름에 3cm 정도 여유를 준 위치에 병을 눕혀주세요.

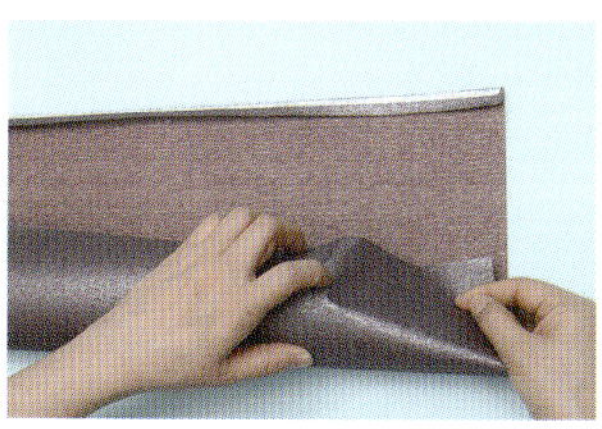

04 병 밑동선 상의 종이 끝에서 3cm 들어온 곳에서 한 선을 정합니다.

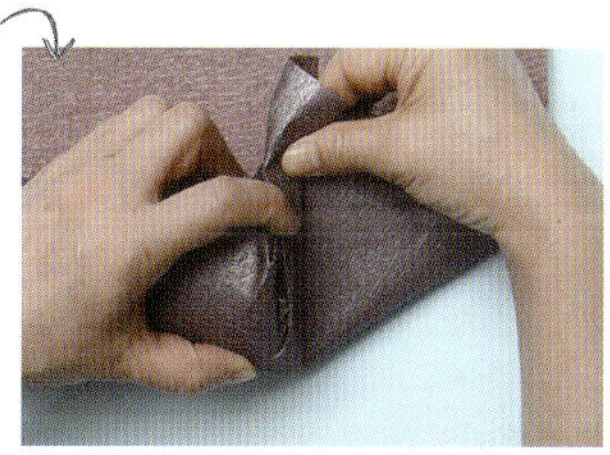

05 그 점을 향해 종이를 당겨 주름을 잡아주세요.

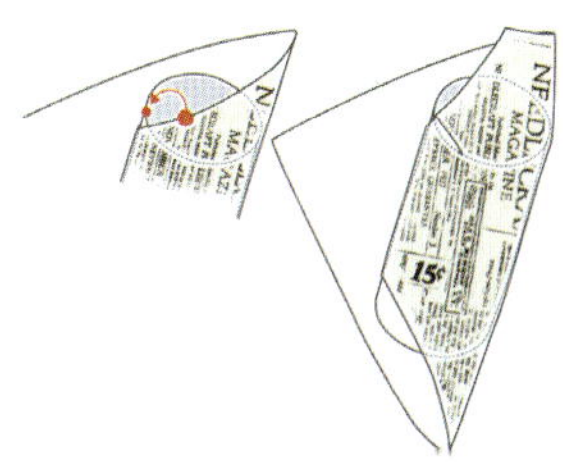

TIP 원통 포장은 58쪽을 참고하세요.

06 계속 같은 지점으로 주름을 모아가며 접어주세요.

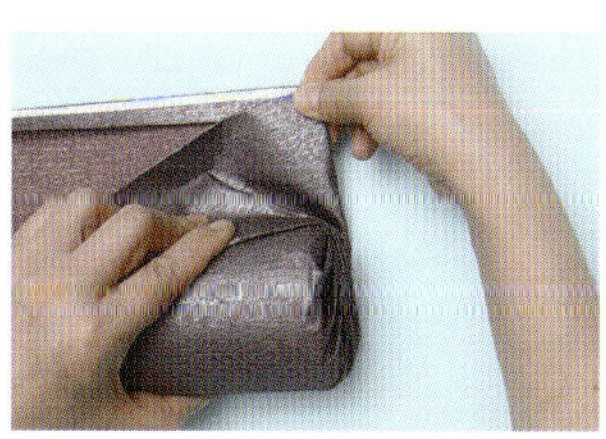

07 병의 밑동 선에 맞추어 남아도는 종이를 끼워 넣습니다.

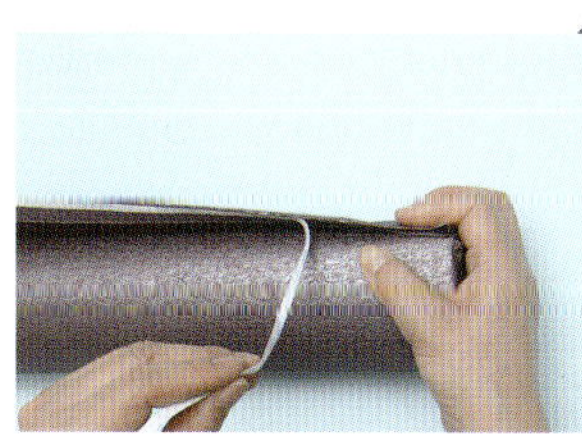

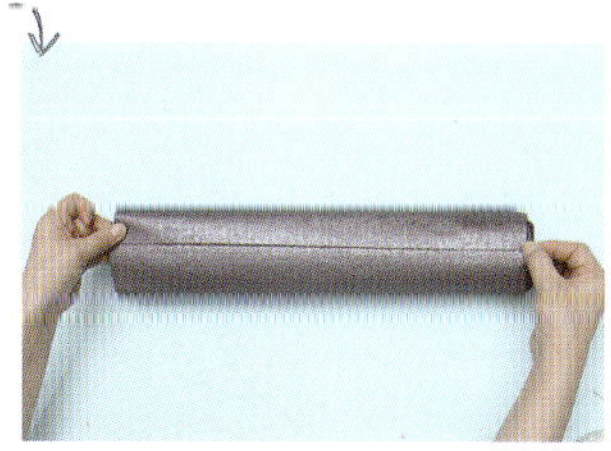

08 양면테이프로 포장지를 고정시켜주세요.

리본 묶기

08 윗부분을 납작하게 접어 뒤쪽에서 리본을 대고 연거푸 두 번 접어주세요.

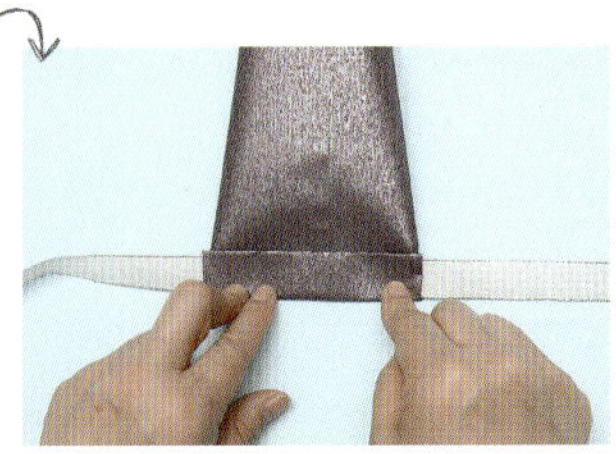

09 리본을 둘러 앞쪽에서 묶어줍니다.

10 이중 8자보우를 두 개 준비세요.

11 금색 컬링 메탈 리본으로 다리가 긴 이중 8자보우도 만듭니다.

12 은색 위에 금색, 굵기 순으로 리본을 모아주세요.

TIP
8자보우 만들기는 99쪽을 참고하세요.

13 모아준 리본을 병 포장 위에 놓고 묶어준 다음 나비묶음을 해줍니다.

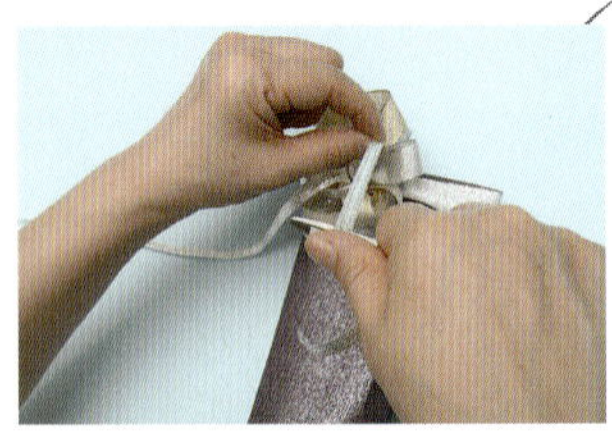

14 긴 리본 다리를 가위로 훑어내려 컬을 넣어주세요.

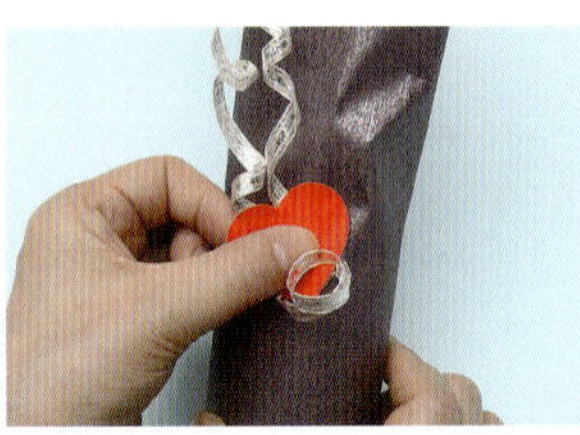

15 컬링된 다리를 늘어뜨려 스티커로 고정시킵니다.

16 양주병 포장이 완성되었습니다.

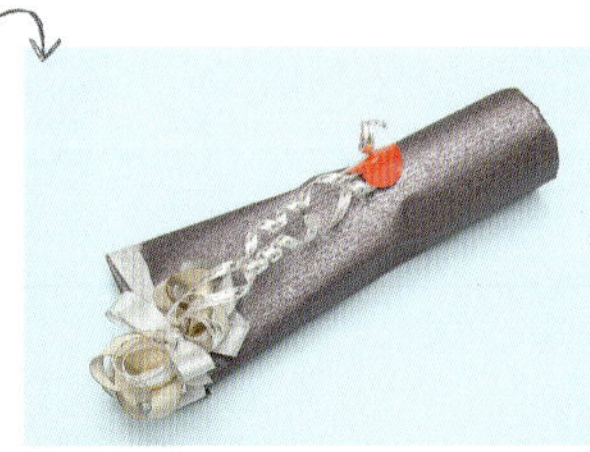

51

센스만점, 감각이 돋보이는 와인 포장

준비물 리본

난이도 ★★☆☆☆

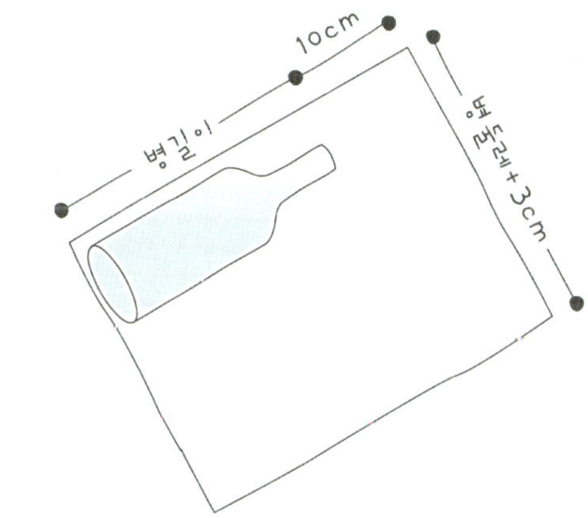

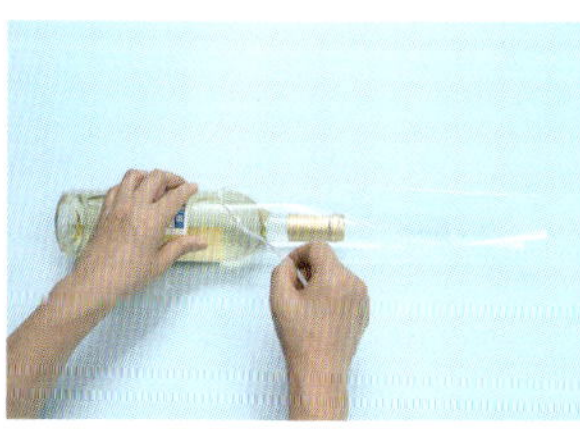

01 셀로판지를 준비하여 병 밑선에 맞주어 놓고 한 바퀴 돌린 후 양면테이프로 붙여주세요.

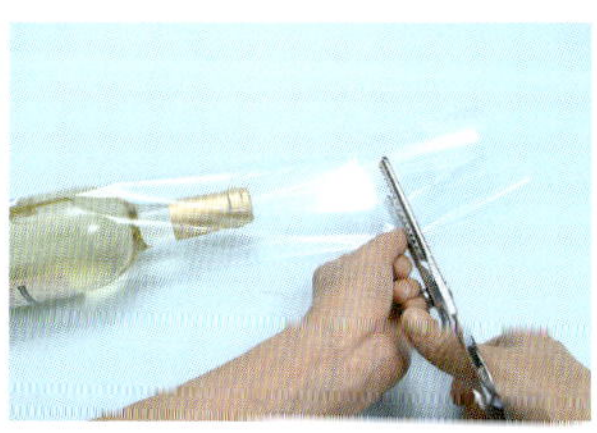

02 와인 뚜껑 위로 7~8cm 정도 남겨 놓고 핑킹 가위로 잘라줍니다.

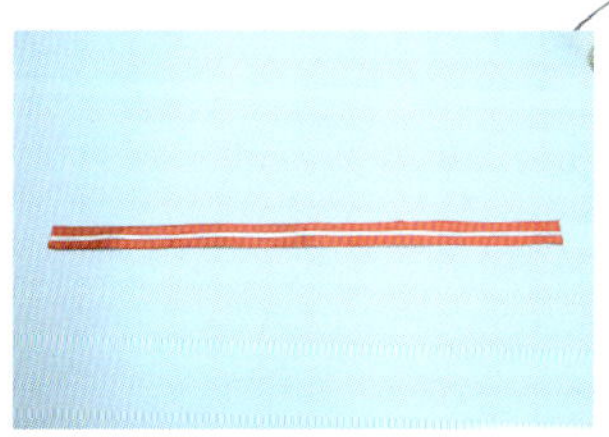

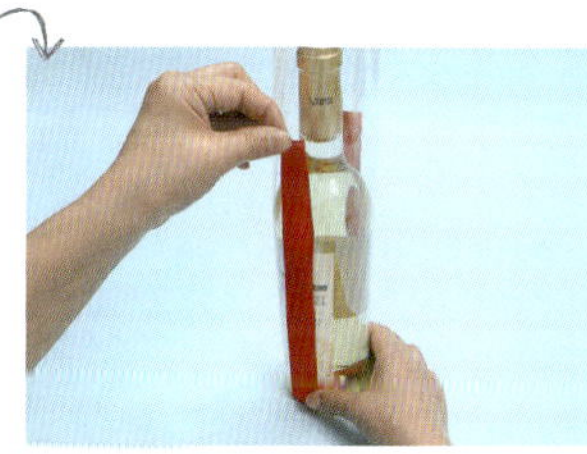

03 리본에 양면테이프를 붙여 와인 병 앞으로 리본을 묶을 위치부터 아래로 길게 붙여주세요.

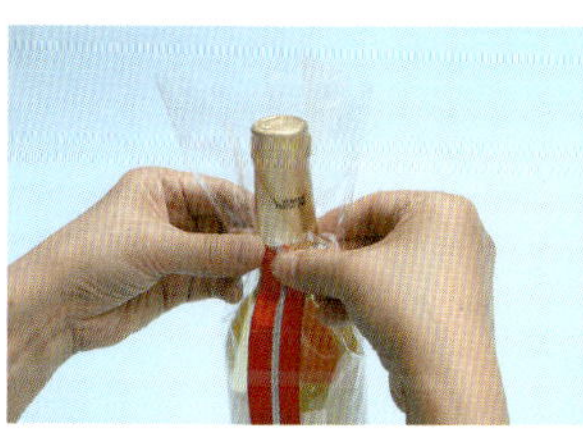

04 방금 붙여준 리본 위에 가는 리본을 덧대어 붙여줍니다.

05 리본이 끝나는 지점에서 나비 묶음을 해주세요.

06 와인병 포장이 완성되었습니다.

52 시원하게 한 잔, 상자를 이용한 맥주 포장

52 맥주 포장

준비물 포장지 □ 리본 □
난이도 ★★★☆☆

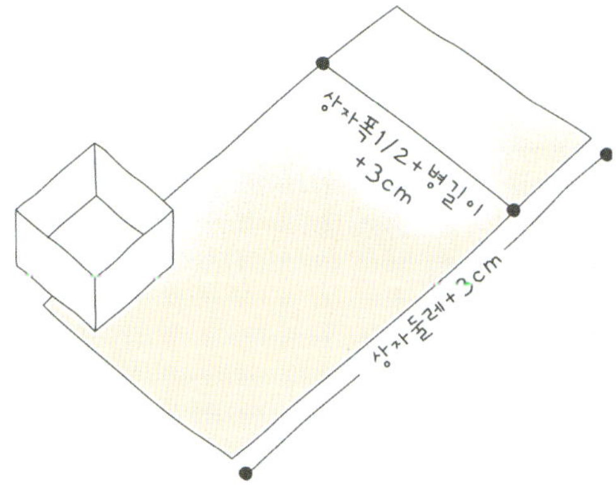

01 병이 들어갈 상자를 준비합니다.

TIP 판매되는 병 세트 상자를 그대로 이용해도 좋아요.

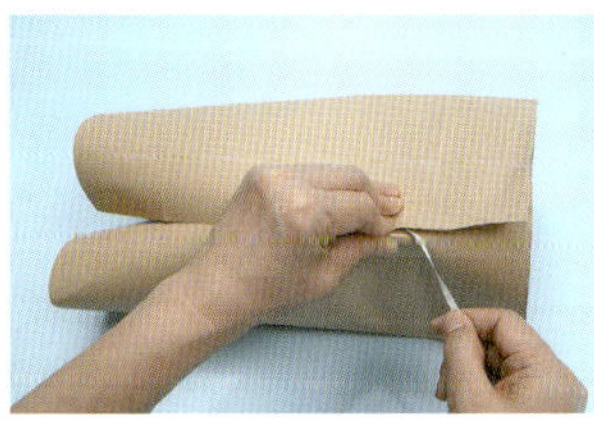

02 1/2 상자 폭을 띄어놓은 위치에 상자를 눕혀놓고 여밈선이 모서리와 일치하도록 접고 양면테이프로 고정시켜주세요.

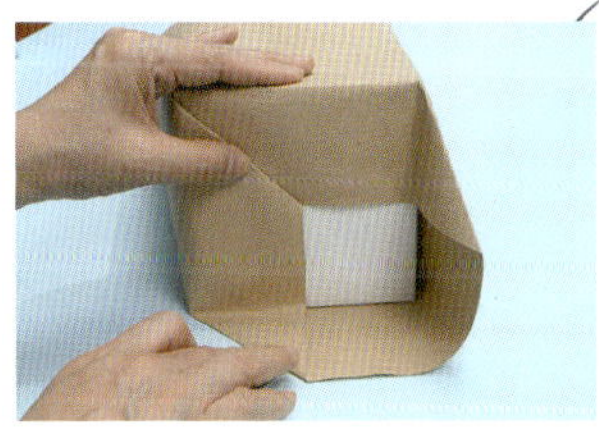

03 상자의 아래쪽은 캐러멜 포장으로 접어주세요.

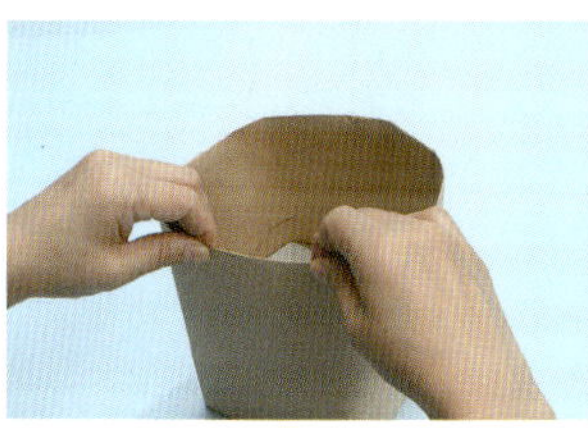

04 윗부분은 병이 약간 보이는 위치에서 남는 종이를 안으로 접어 넣습니다.

05 포장지 앞쪽에 1cm 두께로 리본을 끼울 수 있는 리본 폭만큼 두 줄로 칼집을 냅니다.

06 맥주를 넣고 벨트처럼 리본을 끼워 둘러주세요.

07 둘러 준 리본으로 나비묶음을 해주세요.

08 맥주병 포장을 완성하였습니다.

53 멋스러운, 찻잔 포장

53 찻잔 포장

준비물 포장지 □ 리본 □
난이도 ★★★★★

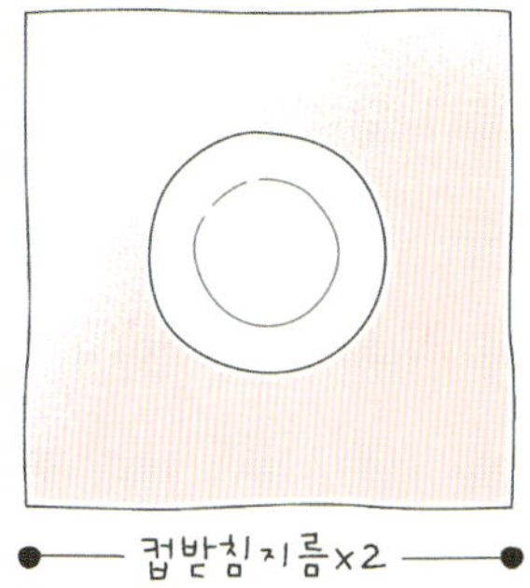

01 포장할 찻잔을 준비합니다.

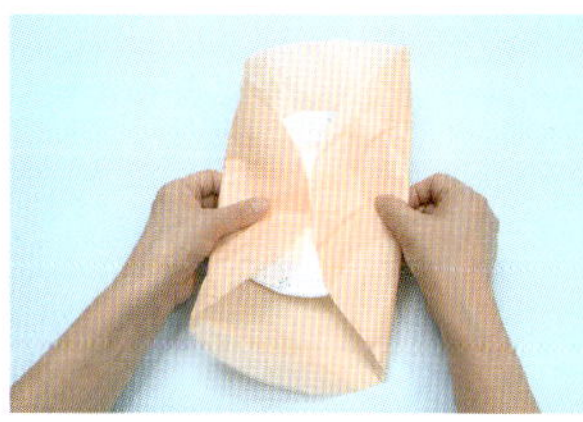

02 색습자지를 여러 겹 포개놓고 컵받침 지름의 두 배 크기로 잘라주세요.

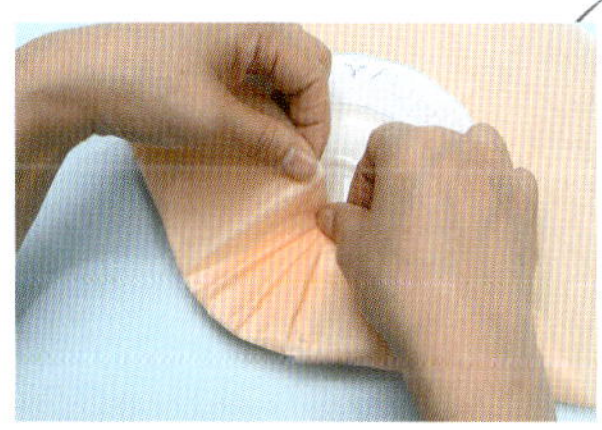
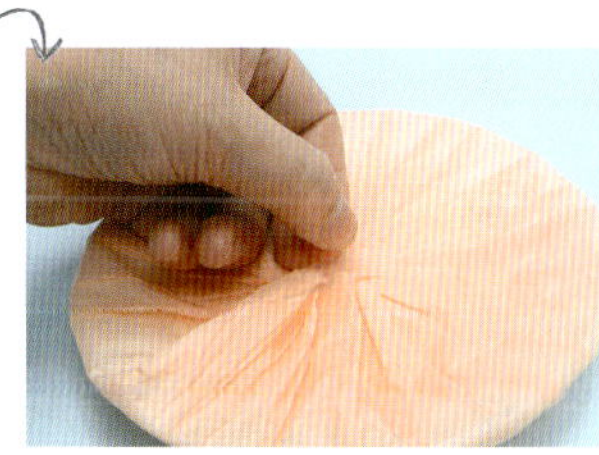

03 받침을 중앙에 놓고 중심을 향해 일정한 주름을 잡은 후 투명 테이프로 고정합니다.

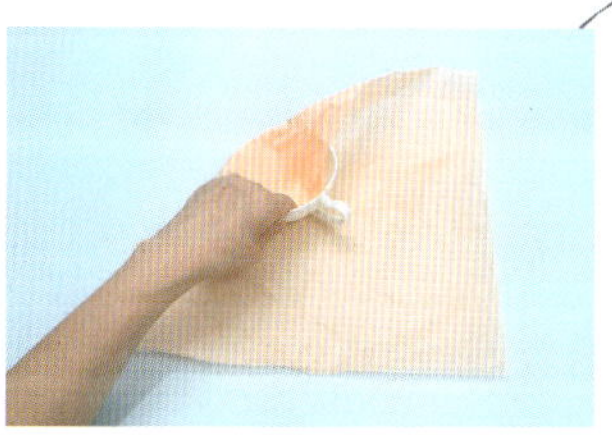
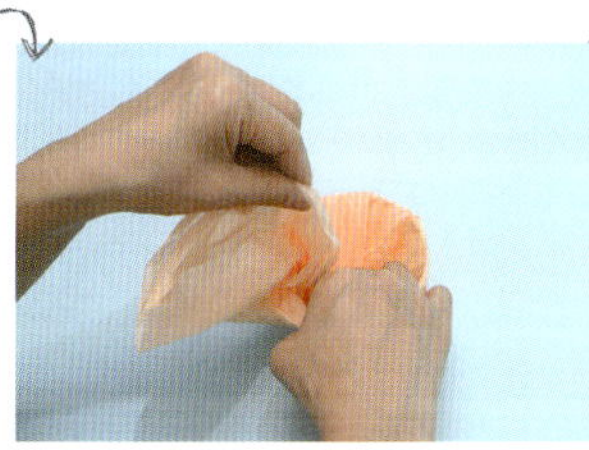
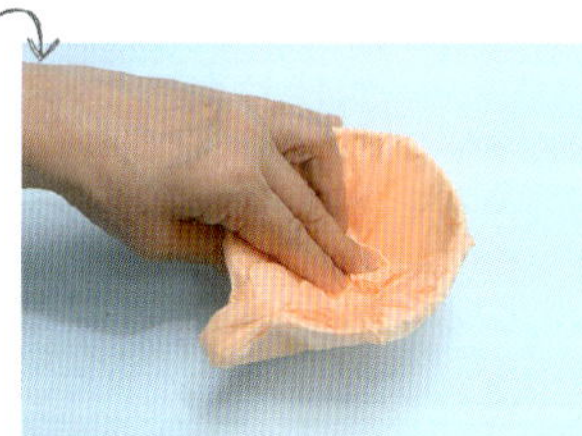

04 여러 장을 겹친 색습자지 위에 컵을 놓고 컵 안쪽으로 종이를 접어주세요.

TIP
주름접기는 62쪽을 참고하세요.

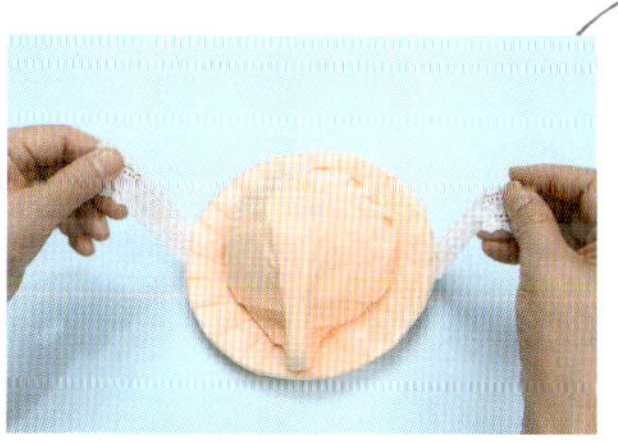

05 컵을 엎어놓고 찻잔을 리본으로 둘러 양면테이프로 고정시켜주세요.

06 리본을 이은 곳에 스티커를 붙여 포장을 완성합니다.

54 사랑의 마음을 전하는
하트 봉투 쥬얼리 포장

54 하트 봉투 쥬얼리 포장

준비물 두꺼운 색지 □ 리본 □
난이도 ★★☆☆☆

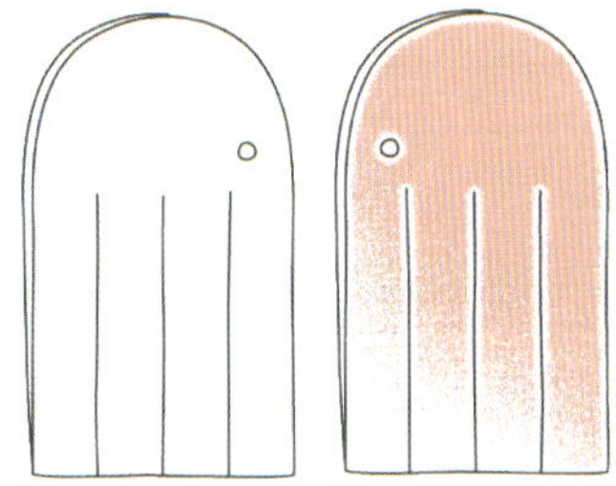

01 부록의 도안을 이용해 서로 다른 색의 포장지를 준비합니다.

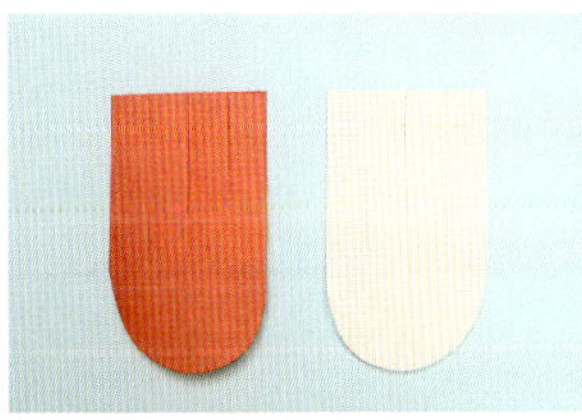

02 접힌 쪽으로 정사각형을 표시하여 4등분하고 접은 선을 넣어주세요.

03 접은 선을 따라 잘라줍니다. 이때 정사각형 길이보다 2mm 더 길게 자릅니다.

04 두 가지 색의 종이를 서로 번갈아 가며 끼워주세요.

05 안으로 넣었다 밖으로 넣었다 하며 번갈아 가며 끼워줍니다.

06 안쪽의 주머니 형태가 나타나면서 하트 주머니를 완성하였습니다.

07 리본을 끼울 하트 봉투에 펀치로 구멍을 뚫어 주세요.

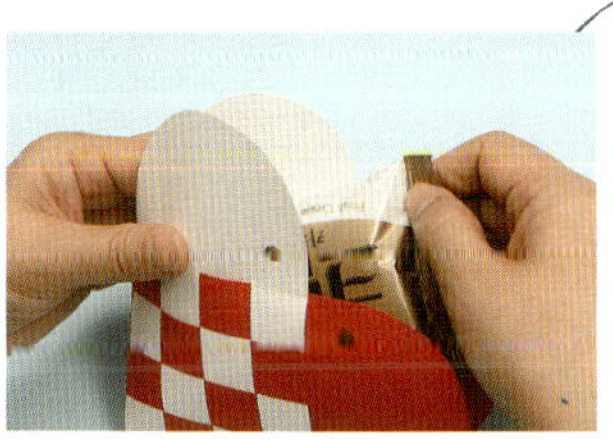

08 구멍에 리본을 끼우고 나비묶음을 해주세요.

09 하트 봉투 포장을 완성하였습니다.

55 차 한 잔의 여유로움을 담아내는 차병 포장

55 차병 포장

준비물 포장지 □ 리본 □ 색지 □
난이도 ★★★★★

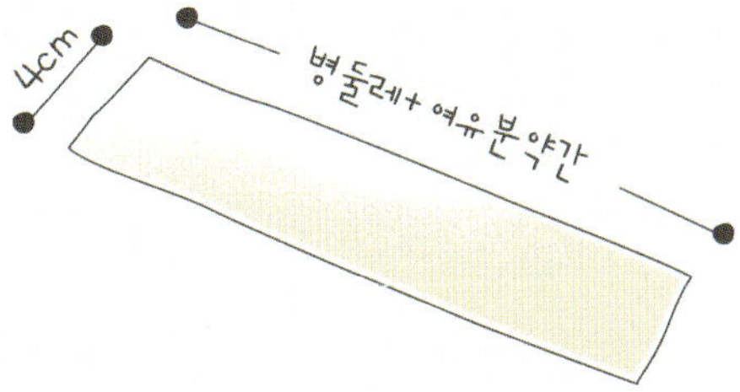

나뭇잎 만들기

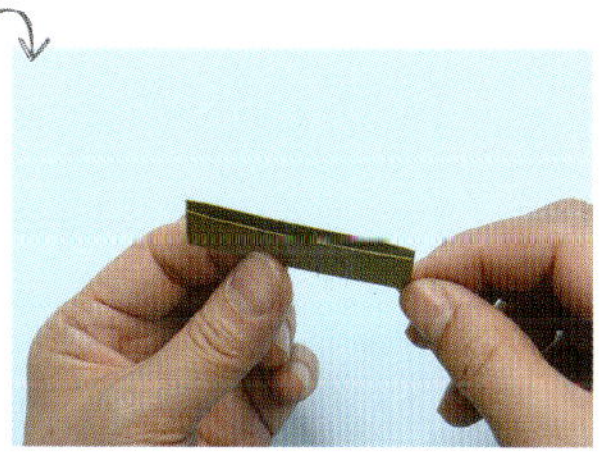

01 색지를 반으로 접어주세요.

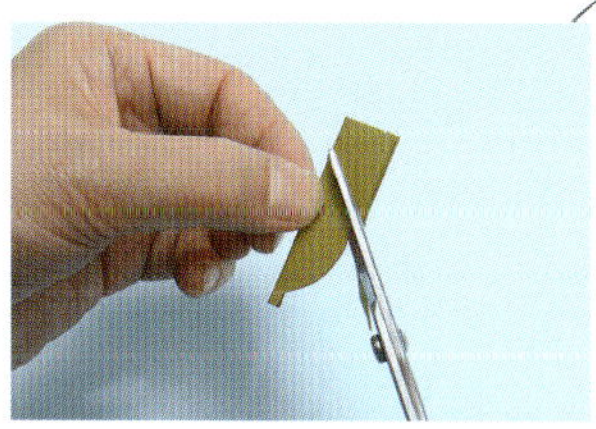

02 나뭇잎 모양으로 잘라주세요.

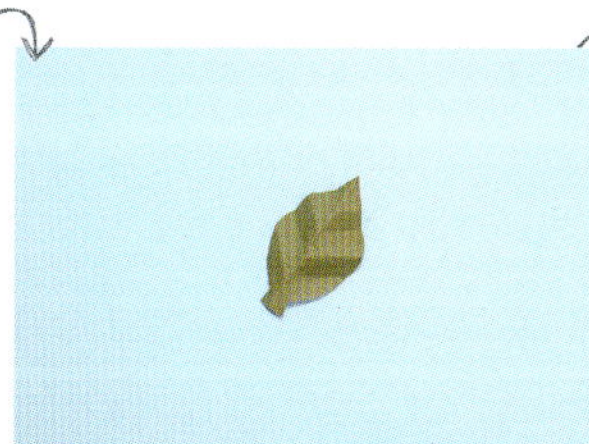

03 잎맥을 표현하기 위해 나뭇잎을 비스듬한 방향으로 교대로 접은 후 펼쳐주세요.

04 나뭇잎의 아랫부분은 펀치로 구멍을 냅니다.

차병 포장하기

05 빈 유리병에 찻잎을 넣어줍니다.

06 마포를 4cm 폭으로, 병 둘레보다 여유 있는 크기로 잘라주세요.

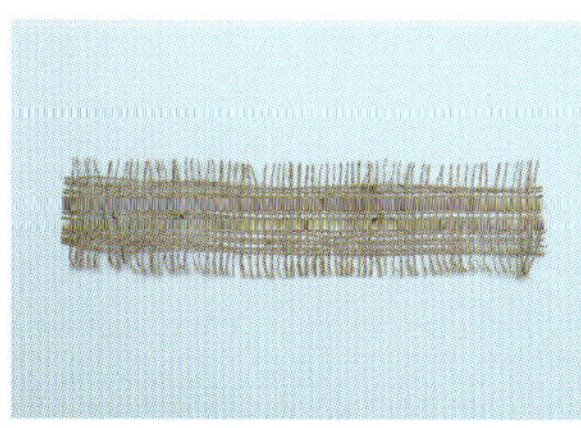

07 모양을 내기 위해 위아래 올을 약간 풀어주세요.

08 마포로 병을 두르고 양면테이프로 고정합니다.

09 샤무드 리본으로 두 번 돌려 묶어줍니다.

10 묶어준 리본에 잎을 끼워주고 나비묶음을 해주세요.

11 뚜껑에 붙일 스티커를 만들어 양면테이프로 유리병의 윗부분에 붙여주세요.

12 차병 포장을 완성하였습니다.

TIP

손글씨로 쓰거나 컴퓨터를 이용해 프린트한 종이에 양면테이프로 붙여 스티커로 만들어주세요.

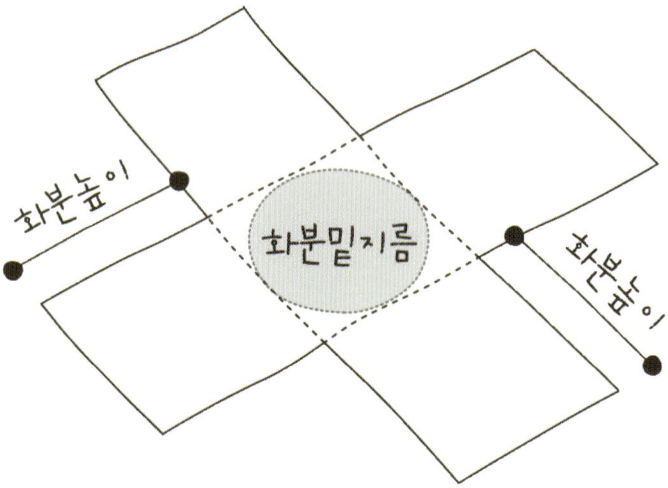

56

손수건을 이용한 내추럴 화분 포장

준비물 손수건 or 헝겊 or 스카프

난이도 ★★☆☆☆

01 손수건 중앙에 화분을 놓습니다.

02 손수건의 내각신 끝을 집습니다.

03 화분 위쪽에서 한 번 묶고 다시 한 번 더 묶어주세요.

04 남은 두 귀를 잡고 처음 묶은 곳과 반대 방향에서 묶어주세요.

05 마찬가지로 두 번을 묶어주세요.

06 손수건을 이용한 화분포장이 완성되었습니다.

57 축하하는 마음을 가득 담은 꽃다발 포장

57 꽃다발 포장

준비물 프라지 □ 왁스지 □ 셀로판지 □ 리본 □ 철사 □
난이도 ★★★★★

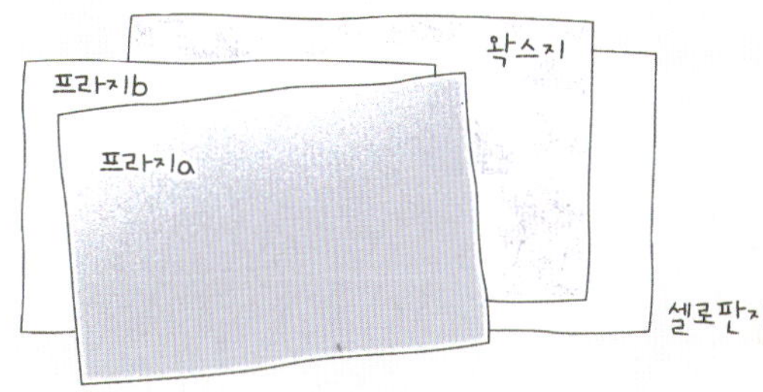

01 프라지와 왁스지, 셀로판지를 준비합니다.

02 마음에 드는 꽃을 모아 포장할 꽃다발을 준비하세요.

TIP 마음에 드는 꽃을 직접 포장한다면 상대방에게 더욱 특별한 의미가 될 거예요.

03 가는 리본 여러 개로 나비보우를 만듭니다. 이때 나비보우를 고정한 철사는 자르지 말고 길게 꼬아둡니다.

TIP 나비보우는 52쪽을 참고하세요.

04 만들어 둔 나비보우를 꽃다발에 끼웁니다.

05 프라지 두 장을 엇비슷하게 놓은 다음에 가운데 꽃다발을 놓아주세요.

06 프라지를 주름잡아 나가면서 꽃다발 주위를 둘러주세요.

07 왁스지는 꽃다발을 한 바퀴 둘릴 수 있는 정도의 크기로 잘라주세요.

08 주름을 골고루 잡으면서 꽃다발 주위를 왁스지로 싸주세요.

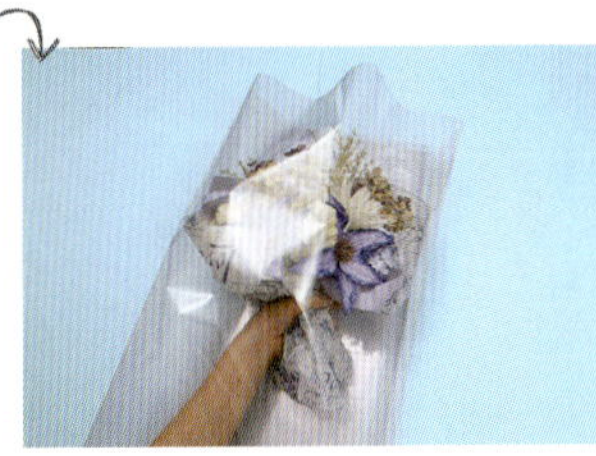

09 다시 투명한 셀로판지로 꽃다발을 한 바퀴 두르고 투명 테이프로 살짝 고정시킵니다.

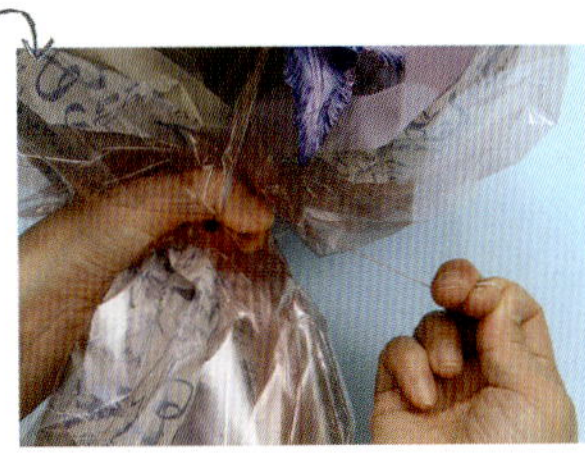

10 손잡이 부분은 주름잡아 철사로 묶어주세요.

11 다시 리본을 둘러 나비묶음을 해주세요.

12 꽃다발 포장을 완성하였습니다.

58

천연 재료를 이용한

월계수 리스 포장

준비물 포장 상자 □ 월계수 잎 □ 글루건 □ 리본 □

난이도 ★★★☆☆

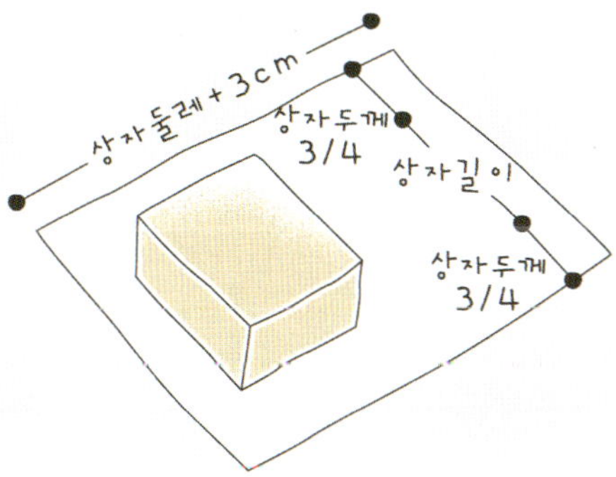

01 포장된 상자를 준비합니다.

TIP 여기서는 캐러멜 포장법을 이용하였습니다.

02 준비한 월계수 잎을 둥그런 모양이 되도록 글루건으로 겹쳐가며 붙여주세요.

TIP 월계수 잎이 없을 때는 다른 잎으로 사용해도 무방하며, 월계수 잎은 카레를 만들 때 사용하는 향신료로 대형슈퍼에서 쉽게 구입할 수 있어요.

03 월계수 리스를 완성하였습니다.

04 이음새 부분을 리본으로 둘러주세요.

05 글루건을 이용해 뒤에서 고정시킵니다.

06 월계수 리스 포장이 완성되었습니다.

59 아기자기 귀여운 꽃 봉투, 액세서리 포장

59 액세서리 포장

준비물 리본 □ 조화 □ 트레이싱지 □
난이도 ★★☆☆☆

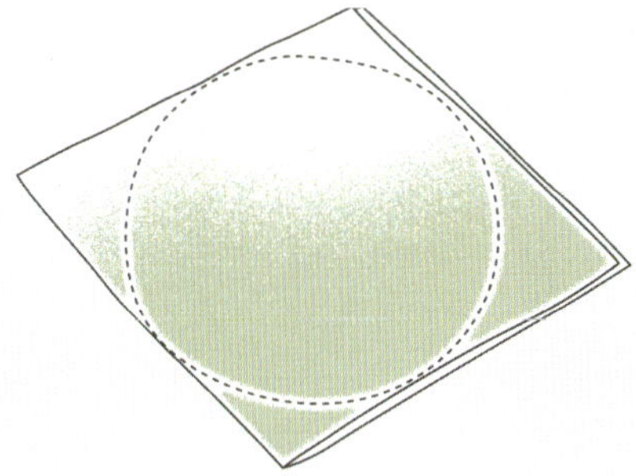

01 적당한 크기의 둥근 원을 그립니다.

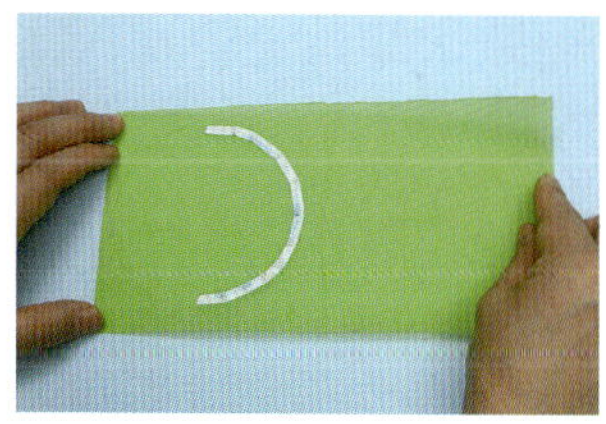

02 종이를 펴서 도안의 1cm 안쪽에 반원으로 양면테이프를 붙여 다시 종이를 접어 붙여주세요.

03 핑킹 가위로 도안을 오려주세요.

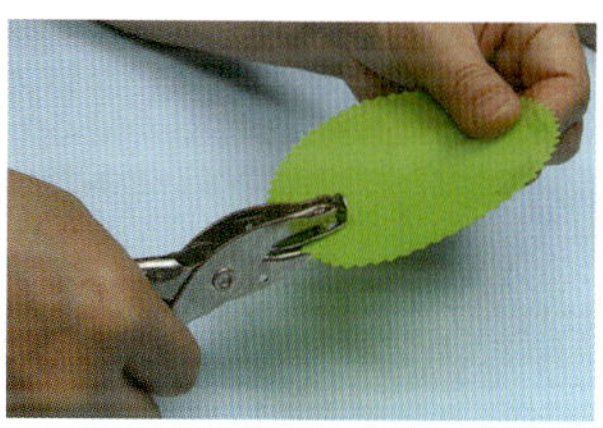

04 봉투의 입구 부분은 펀치로 구멍을 내주세요.

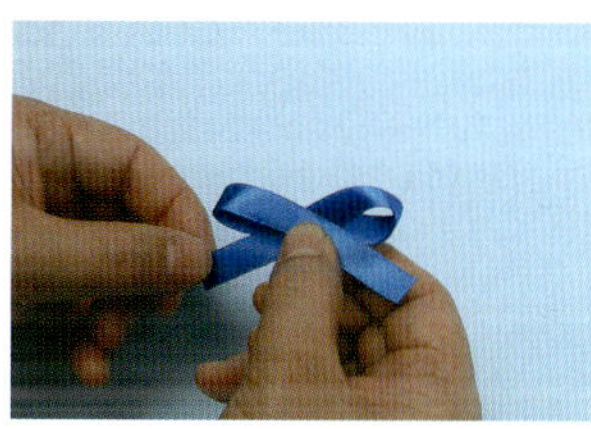

05 리본으로 나비보우를 만들어 철사로 고정시킵니다.

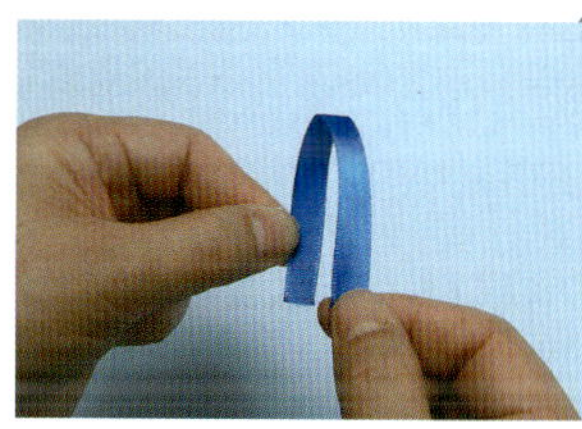

06 손잡이 리본을 둥글려 접고 나비보우 뒤에 글루를 묻혀 붙여주세요.

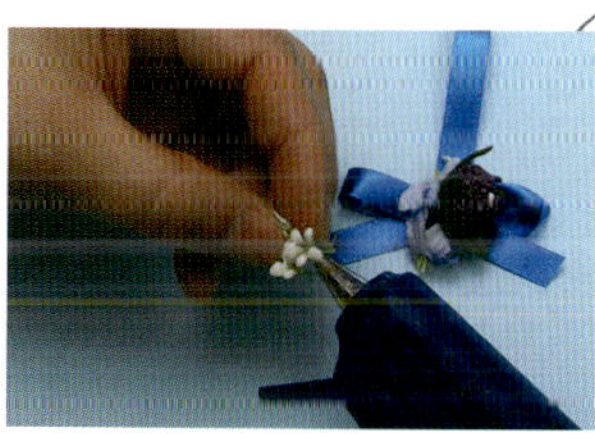

07 리본의 가운데는 꽃으로 장식해서 글루로 고정합니다.

08 봉투 안에 준비한 작은 선물을 넣고 장식한 나비보우 리본을 구멍에 끼웁니다.

09 봉투 포장을 완성하였습니다.

Part 06

특별한 날을 위한 특별한 포장

60 생일 축하 마음을 담은 엘레강트보우 사선 포장

60 엘레강트보우 사선 포장

준비물 포장지 □ 리본 □ 스테이플러 □
난이도 ★★★★★

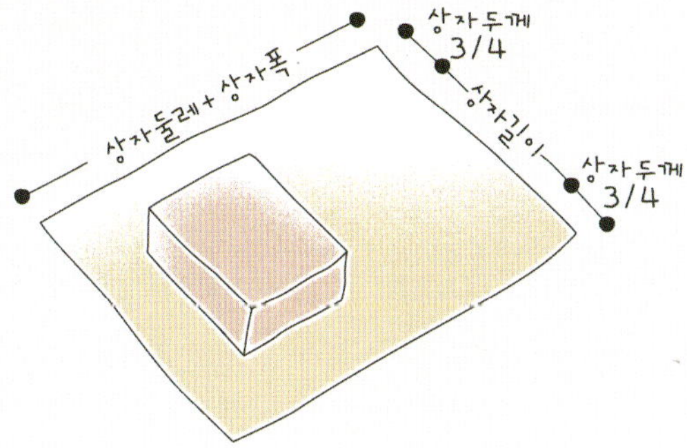

01 포장된 상자를 준비합니다.

TIP 여기서는 107쪽의 사선 포장법을 이용하였습니다.

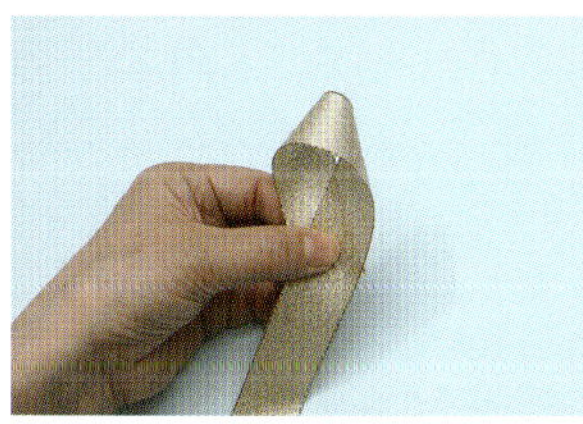

02 리본을 뒤로 돌려 모아주세요.

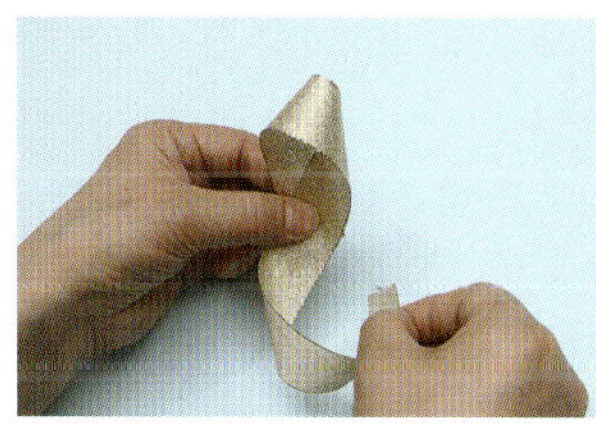

03 아래쪽도 같은 크기로 만들어 주세요.

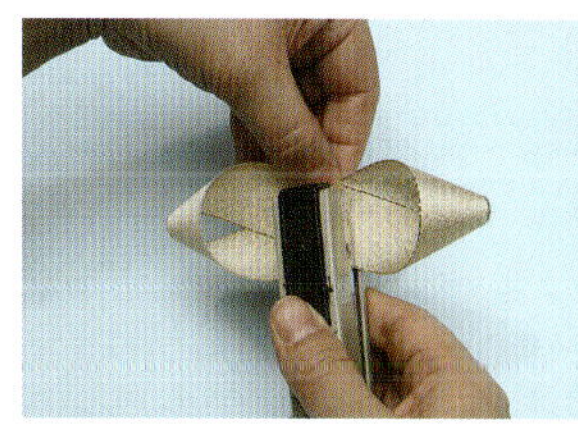

04 중심을 스테이플러로 고정시켜 보우를 완성합니다.

05 엘레강트보우 4개를 준비하여 90도씩 교차시킵니다. 두 개를 준비합니다.

06 4중으로 90도 교차시켜 붙여주세요.

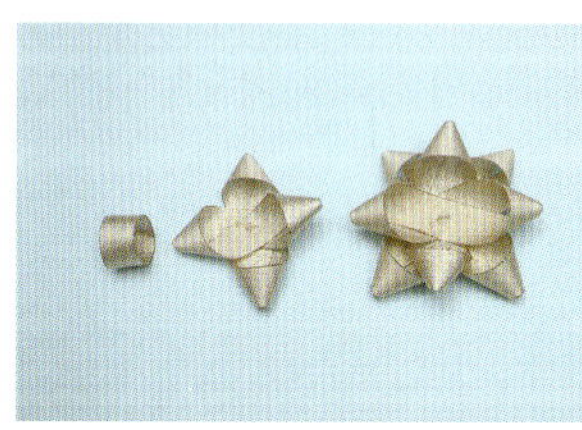

07 둥근 고리와 위에서 만든 엘레강트보우보다 작은 크기로 이중 엘레강트보우를 만들어주세요.

08 큰 엘레강트보우 위에 겹쳐주세요.

09 둥근 고리를 겹쳐 스테이플러로 중심 고리를 고정합니다.

10 엘레강트보우가 완성되었습니다.

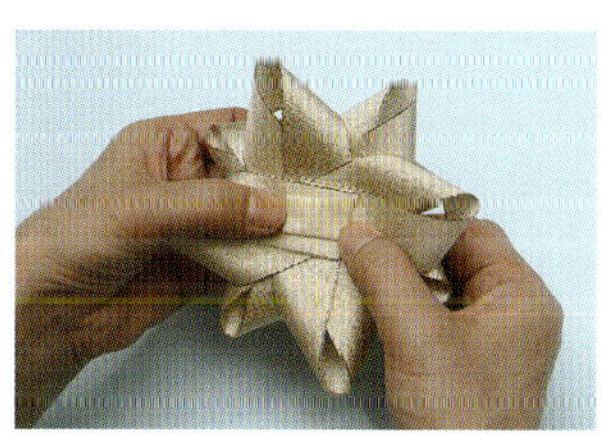

11 뒤 중심에 양면테이프를 붙여 상자에 붙여주세요.

12 멋진 엘레강트보우 사선 포장이 완성되었습니다.

61 생일을 축하해요!
케이크 상자 포장

61-1

모카 케이크 포장

준비물 삼각 상자 □ 코튼벨벳 리본 □ 실키 리본 □ 접착제 □
난이도 ★★★★★

롤리폴리 만들기

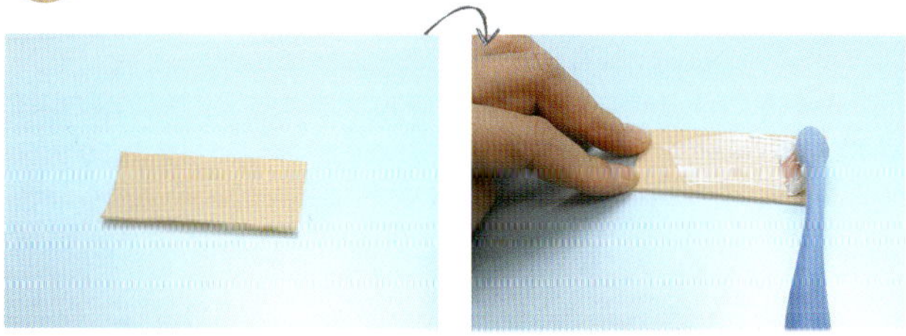

01 19번 코튼벨벳 베이지색을 3cm 정도 자르고 리본 뒤에 본드를 칠해주세요.

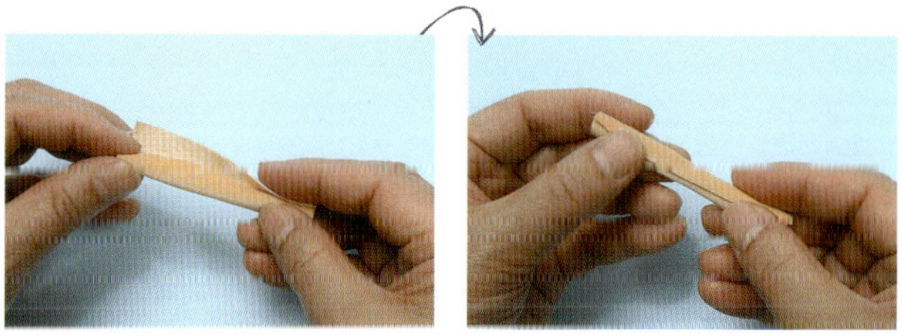

02 리본을 과자 모양으로 말아 붙입니다.

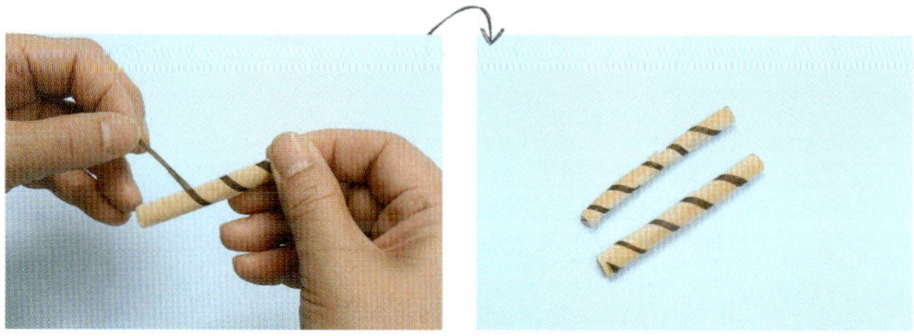

03 20번 실키 리본을 2mm 정도 가늘게 잘라 말아둔 리본 위에 둘러주세요.

초콜릿 만들기

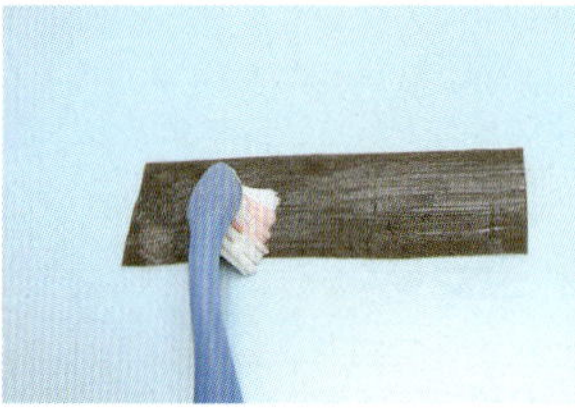
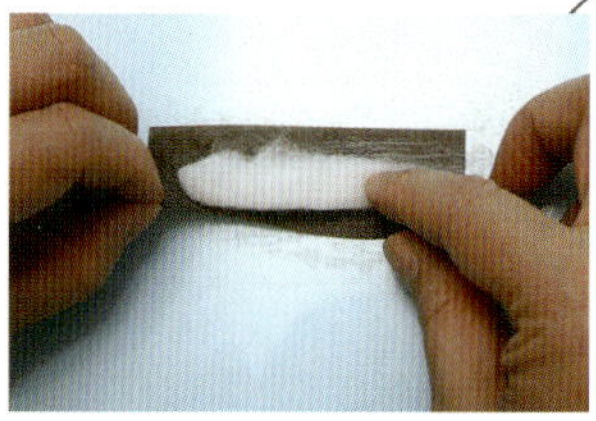
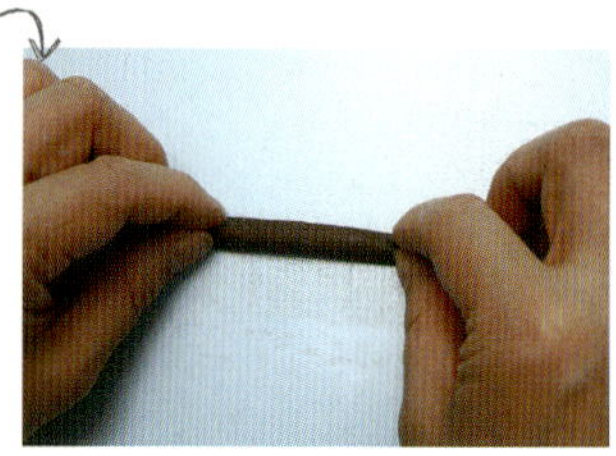

04 21번 실키 리본을 6cm로 잘라 이등분한 뒤 본드를 칠합니다.

05 리본 위에 솜을 넣고 김밥을 말듯이 리본을 말아주세요.

06 둥그렇게 모양을 내고 납작하게 눌러주세요.

모카 케이크 만들기

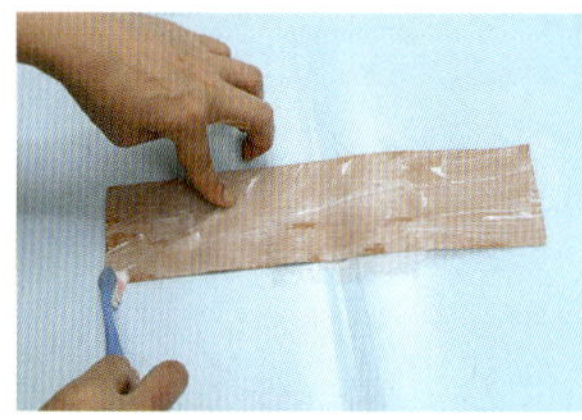

07 삼각 케이크 상자를 준비합니다.

08 플라워 리본 35번 모카색 코튼벨벳을 상자 둘레에 0.5cm 더한 길이만큼 준비합니다.

09 코튼벨벳 리본 뒷면에 본드를 칠합니다.

10 리본 중앙에 상자를 놓고 여밈선이 모서리에 맞추어 지도록 붙여주세요.

11 상자 밖으로 나온 시접의 각 꼭짓점에서 삼각형으로 잘라주세요.

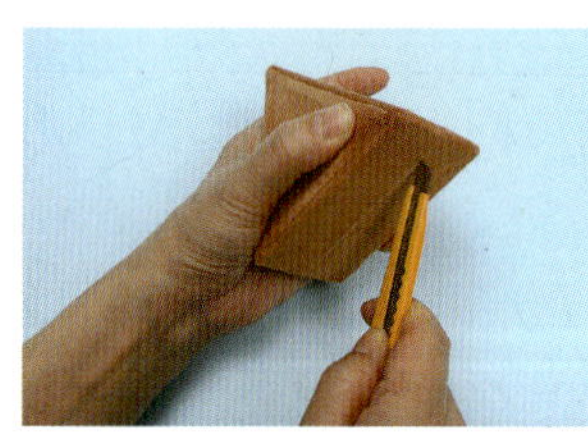

12 상자 위아래 시접을 상자에 붙여줍니다.

13 상자 윗면에 맞게 플라워 리본을 모양대로 잘라 붙여주세요.

14 상자를 열 수 있도록 잘 드는 칼로 뚜껑선의 리본을 잘라주세요.

15 초콜릿 모양을 붙이고 롤리폴리를 자연스럽게 붙여주세요.

16 모카 케이크를 완성하였습니다.

61-2
생크림 케이크 포장

준비물 케이크형 상자 □ 코튼벨벳 리본 □ 오간디 리본 □ 실키 리본 □ 가는 리본 □ 솜 □ 접착제 □ 장미심 □

난이도 ★★★★★

휘핑크림 만들기

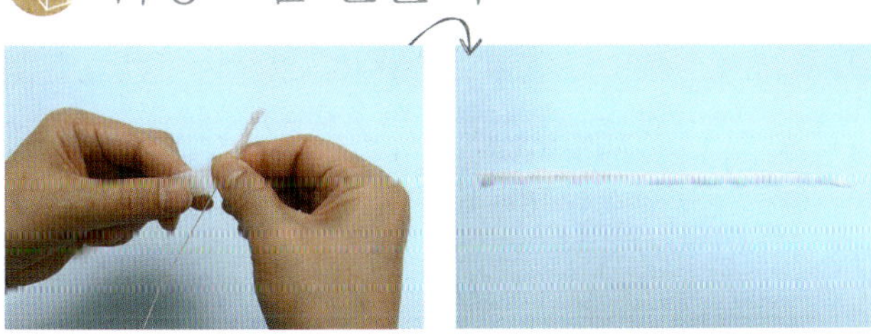

01 28번 철사에 탈지면을 고르게 말아주세요.

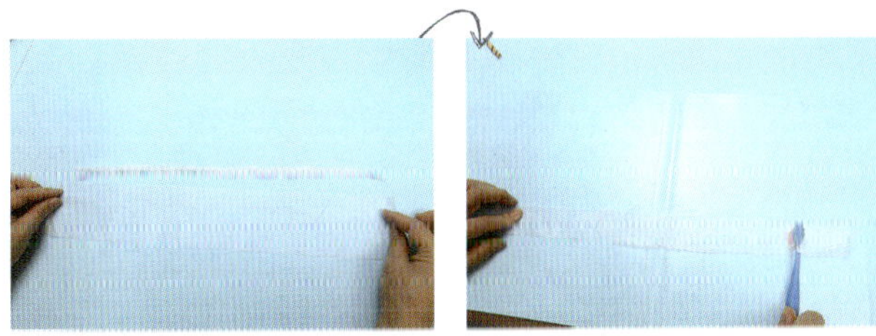

02 01번 실키 리본을 철사 길이만큼 잘라 이등분한 뒤 본드를 칠합니다.

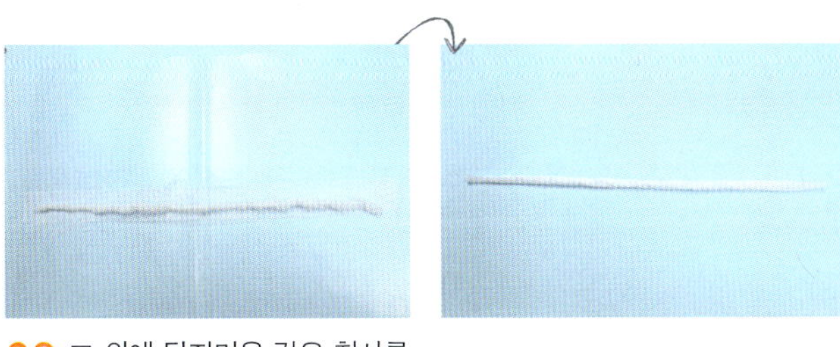

03 그 위에 탈지면을 감은 철사를 놓고 김밥을 말듯이 리본을 말아주세요.

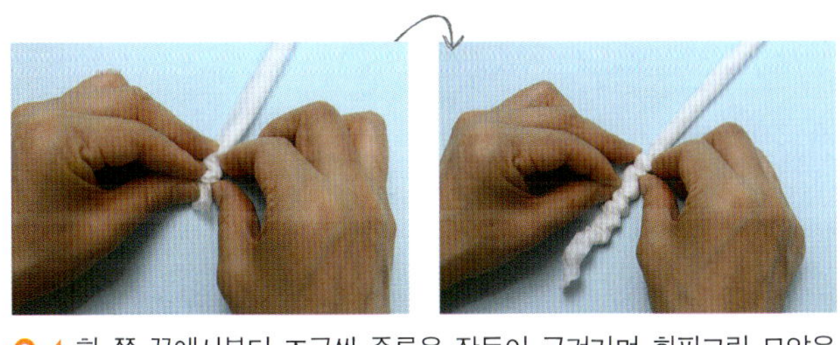

04 한 쪽 끝에서부터 조금씩 주름을 잡듯이 구겨가며 휘핑크림 모양을 내주세요.

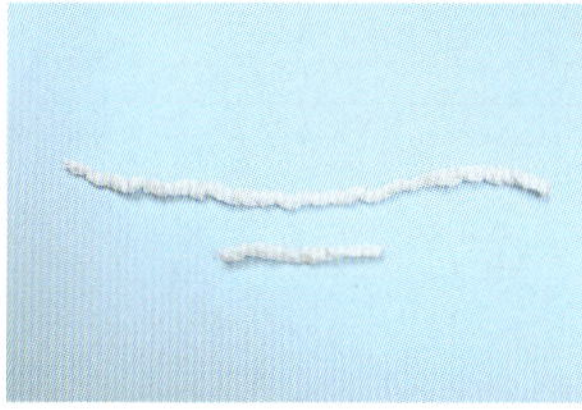

05 상자 둘레 길이에 맞는 휘핑크림 한 개와 5cm 길이의 휘핑크림 한 개를 각각 만들어 둡니다.

딸기 만들기

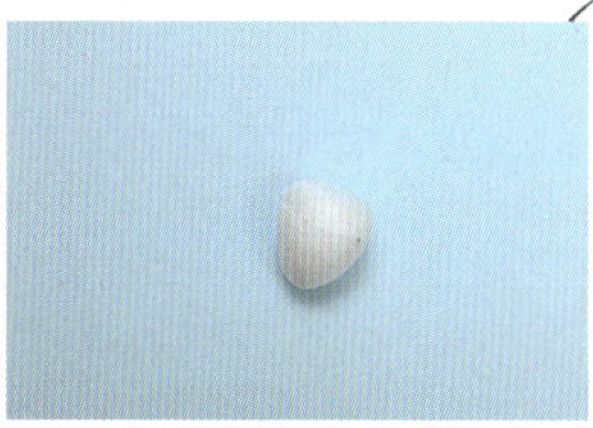

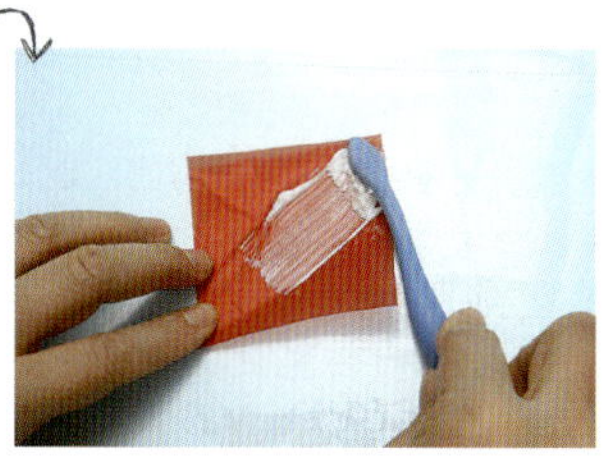

06 장미심을 준비하고 16번 실키 리본을 정사각형으로 잘라 본드를 칠해주세요.

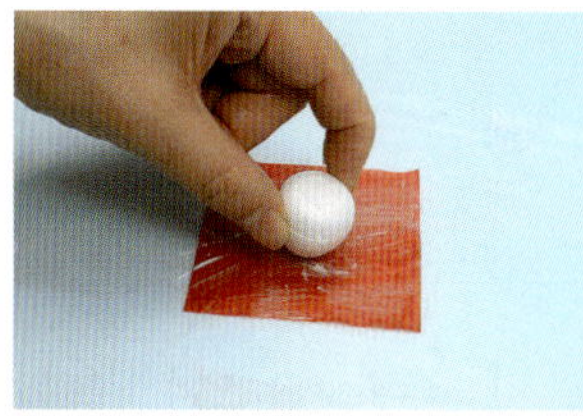

07 본드를 칠한 리본으로 장미심을 싸줍니다.

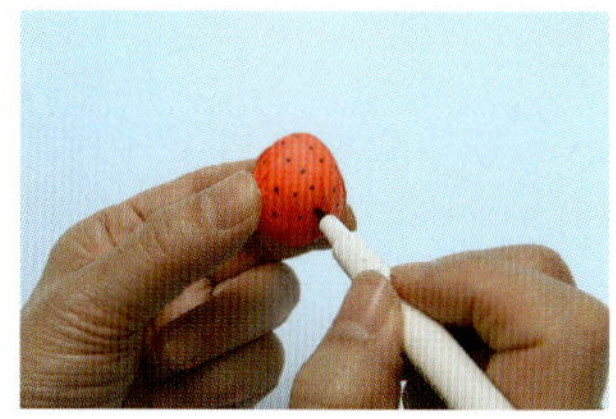

08 장미심을 싸고 남는 리본은 잘라내고 딸기 씨는 네임 펜으로 그려주세요.

생크림 케이크 만들기

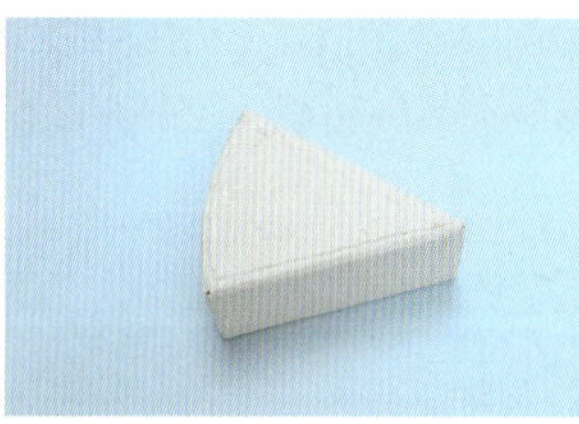

09 01번 코튼벨벳으로 생크림 상자를 싸줍니다.

10 앞에서 만들어 준 휘핑크림을 본드로 붙여주세요.

11 5cm 짜리 휘핑크림으로 딸기 받침 부분을 붙이고 딸기를 붙여주세요.

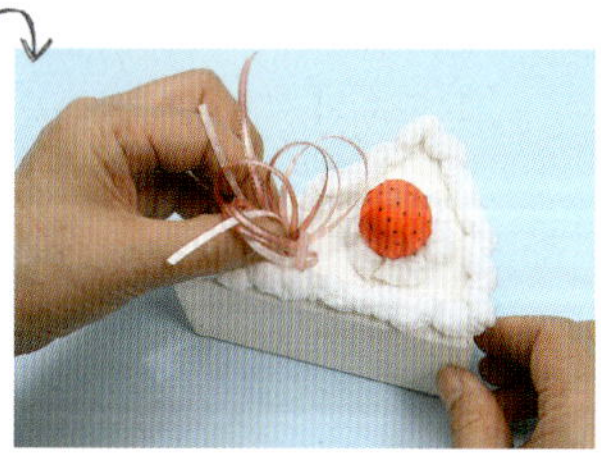

12 8자보우를 만들어 글루건으로 생크림 케이크 상자에 붙여주세요.

13 생크림 케이크 포장이 완성되었습니다.

62

백설기를 닮은 생일 선물,

백설기 포장

준비물 3색 포장지 □ 리본 □

난이도 ★★★★☆

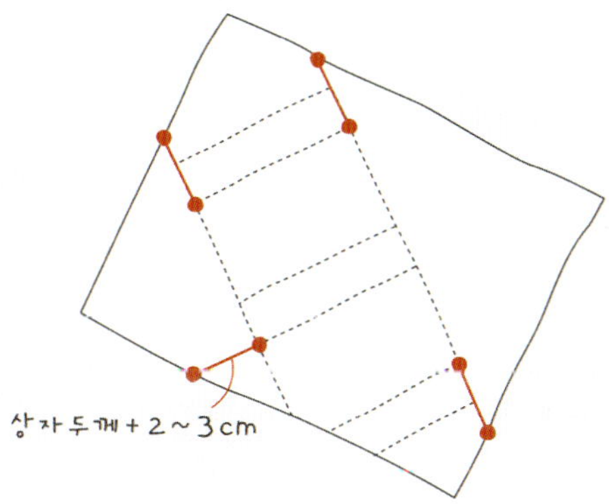

01 상자를 회전 포장법으로 포장해주세요.

TIP

회전 포장은 51쪽을 참고하세요.

02 같은 크기의 회전 포장 상자를 백설기 색처럼 핑크, 흰색, 연두로 준비하세요.

03 세 개의 상자를 가지런히 놓습니다.

04 세 개의 상자를 함께 세 겹의 리본으로 둘러주세요.

05 나비묶음을 해주세요.

06 겹쳐진 리본을 벌려주고 다리를 적당한 길이로 정리해줍니다.

07 백설기 포장이 완성되었습니다.

63 초콜릿 대신 직접 구운 과자를 담아
하트 비스킷 봉투

63 하트 비스킷 봉투

준비물 포장지□ 리본□ 펀치□
난이도 ★★☆☆☆

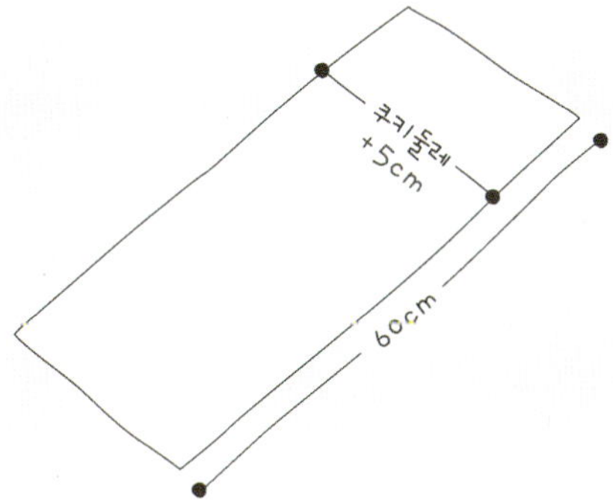

하트 비스킷 봉투 접기

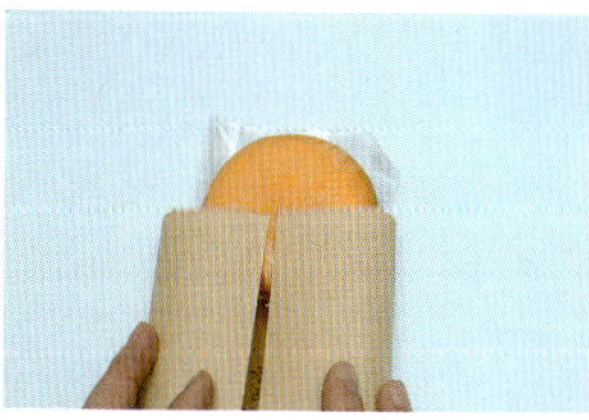

01 가로 길이는 쿠키 둘레보다 여유있게, 세로 길이는 60cm 정도의 종이를 준비합니다.

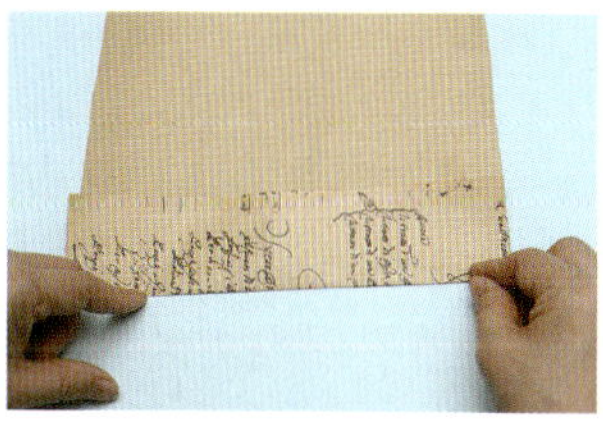

02 쿠키의 반지름보다 2cm정도 여유 있게 아래쪽을 접어주세요.

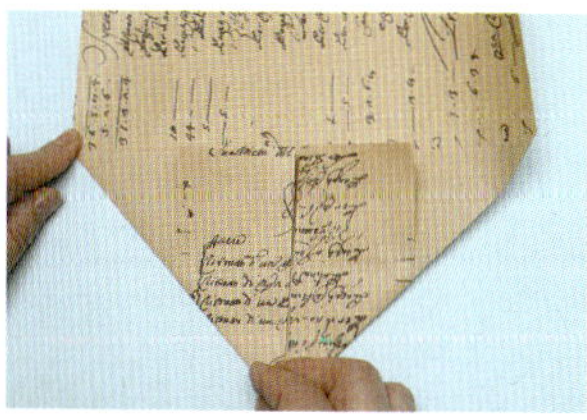

03 종이를 뒤집은 뒤 양쪽을 45도로 중심을 향해 접으세요.

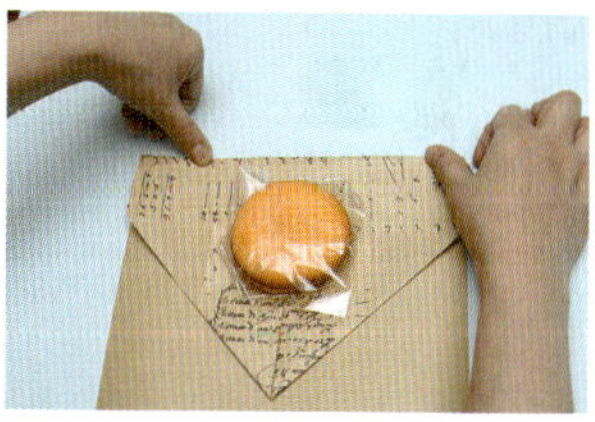

04 개별 포장한 쿠키보다 약간 여유 있게 남기고 뒤쪽으로 접어 내립니다.

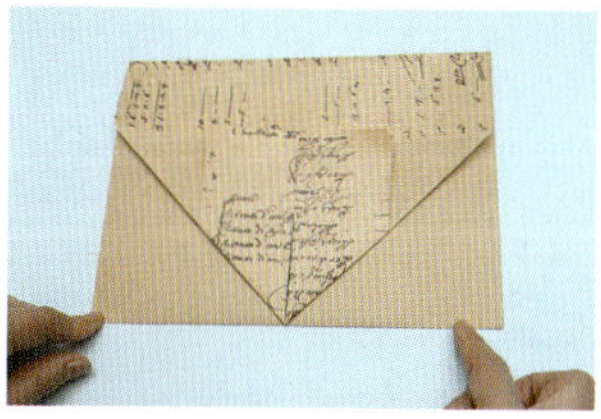

05 뾰족한 끝에 맞추고 남는 종이는 뒤쪽으로 접어 올립니다.

06 뾰족한 부분을 위로 펼칩니다

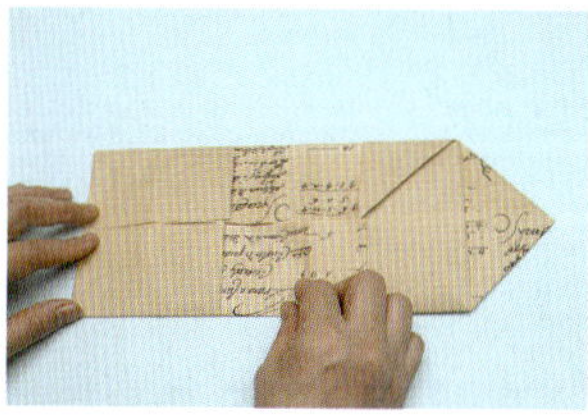

07 양옆은 중심선을 향해 접습니다.

08 뾰족한 부분은 다시 내려주세요.

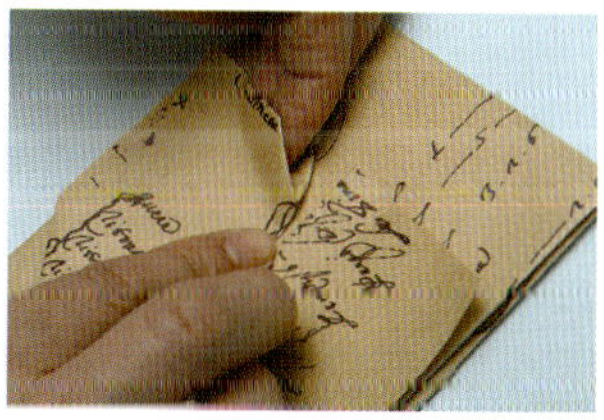

09 갈라진 부분의 양끝을 45도 각도로 접어 넣어주세요.

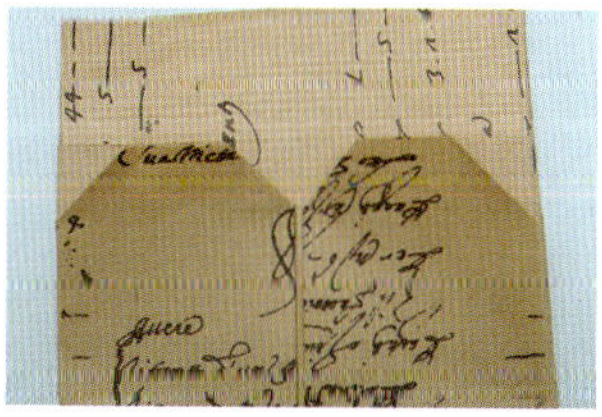

10 하트 모양이 되게 접어주세요.

리본 묶기

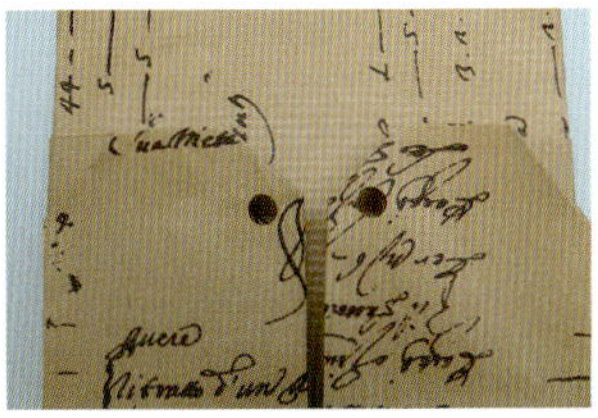

11 하트 안쪽에 펀치로 구멍을 냅니다.

12 리본을 끼워 나비묶음을 해줍니다.

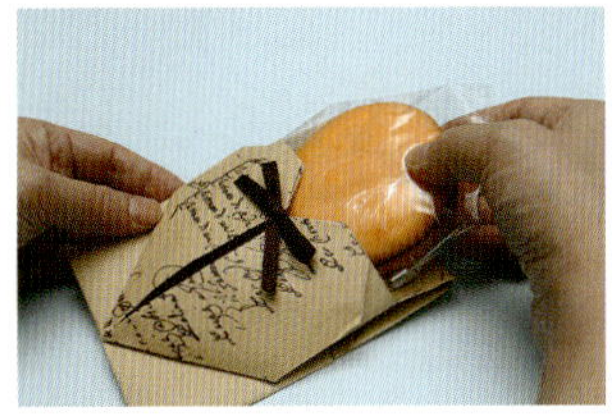

13 봉투가 완성되면 포장한 쿠키를 넣어주세요.

14 하트 비스킷 봉투가 완성되었습니다.

상자만들기

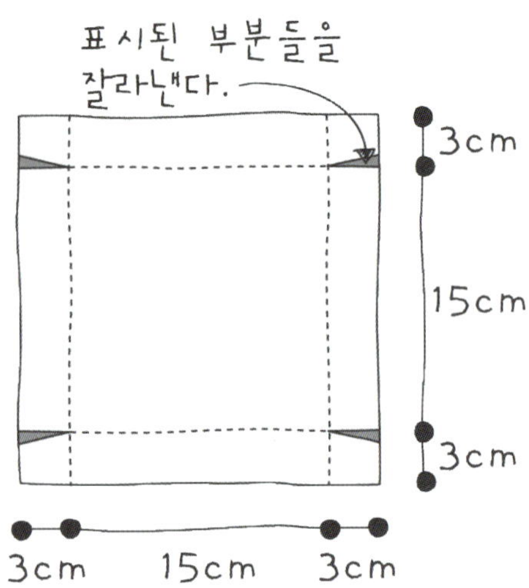

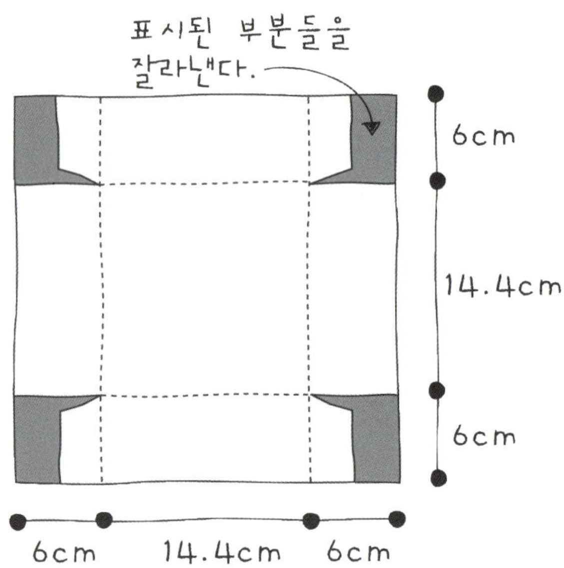

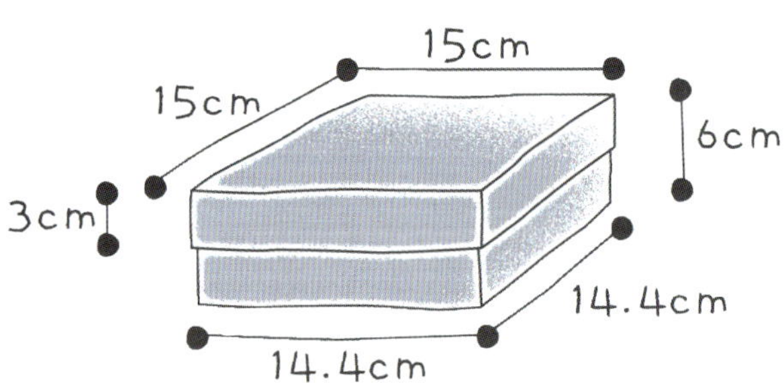

64

보석 장식을 이용한 DVD 작품

화이트데이 포장

준비물 아크릴 장식 □ 글루건 □

난이도 ★★★★★

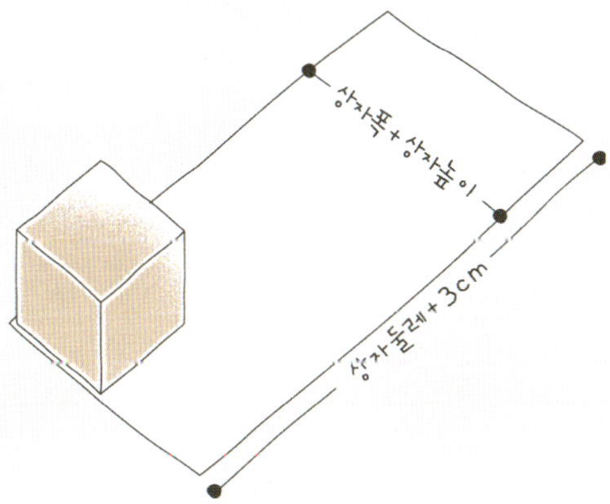

01 포장된 상자 위에 글루건으로 아크릴 장식을 군데군데 붙여 줍니다.

02 사탕 느낌의 포장으로 화이트데이 선물을 꾸며보세요.

TIP

여기에서는 정사각 캐러멜 포장법을 이용하였습니다.

65 내 사랑을 받아줘!

프렌치보우 사탕 리스 포장

65 프렌치보우 사탕 리스 포장

준비물 하드보드지 □ 리본 □ 사탕 □ 구슬줄 □ 철사 □ 콤파스 □
난이도 ★★★★★

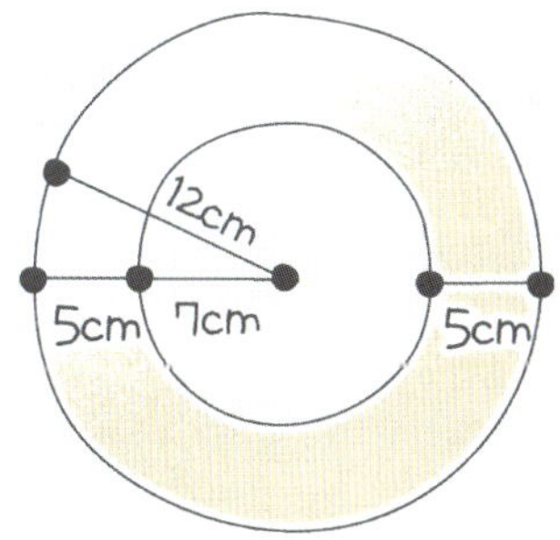

01 하드보드지에 원하는 크기의 리스 틀을 그리고 오립니다.

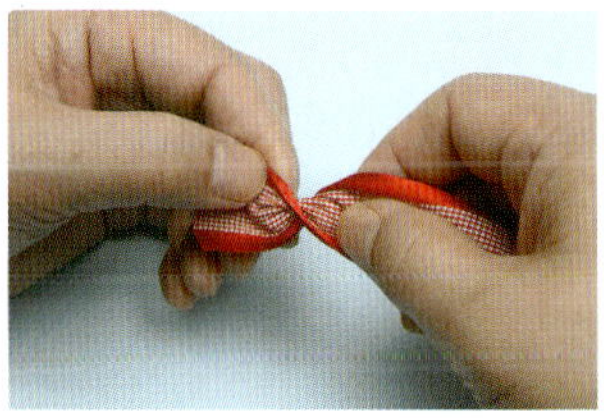

02 리본을 반 바퀴 돌려 꼬아줍니다.

TIP 프렌치보우를 만드는 방법은 85쪽을 참고하세요.

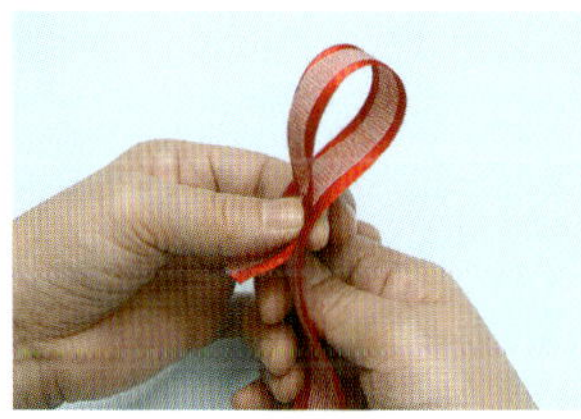

03 적당한 크기로 리본 머리를 둥그렇게 만듭니다.

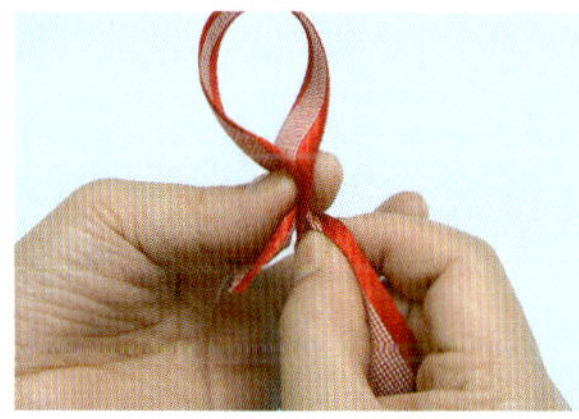

04 2번에서 처음 꼬았던 위치에서 다시 꼬아주세요.

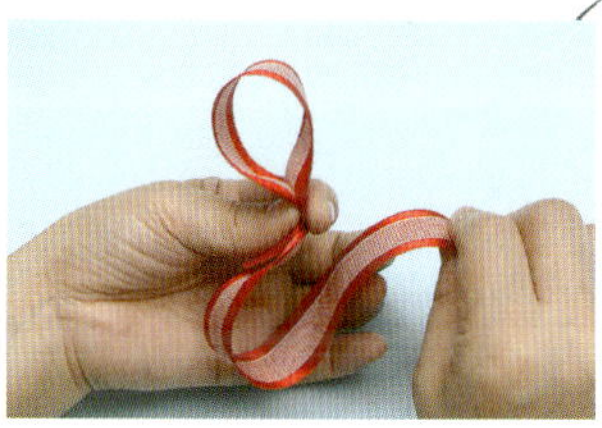

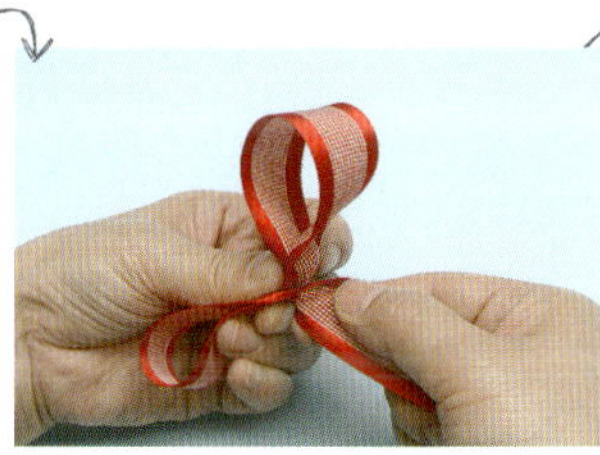

05 위쪽과 같은 크기의 머리를 아래쪽에도 하나 만들고 같은 위치에서 리본을 꼬아주세요.

06 같은 방법으로 계속 반복하여 리본 머리를 10개 정도 만들어주세요.

07 다리를 만들기 위해 남은 리본을 둥그렇게 만들어주세요.

08 끝을 중심에 대고 철사로 묶어주세요.

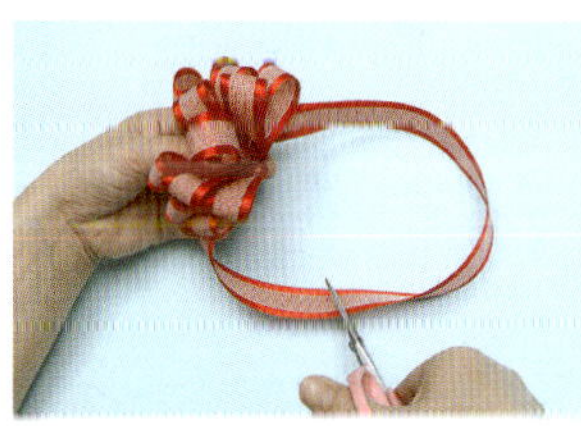

09 중간 부분을 잘라 다리를 만들어주세요.

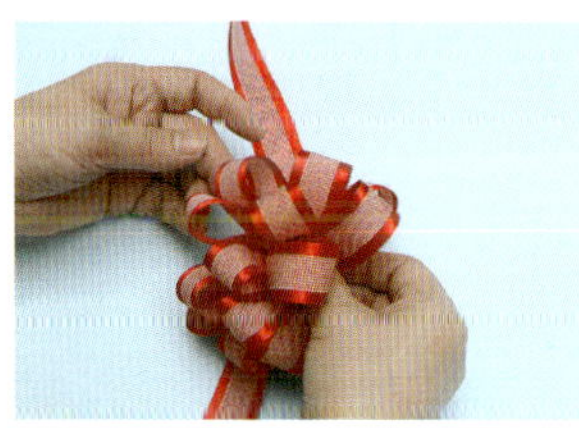

10 리본 모양을 다듬어주세요.

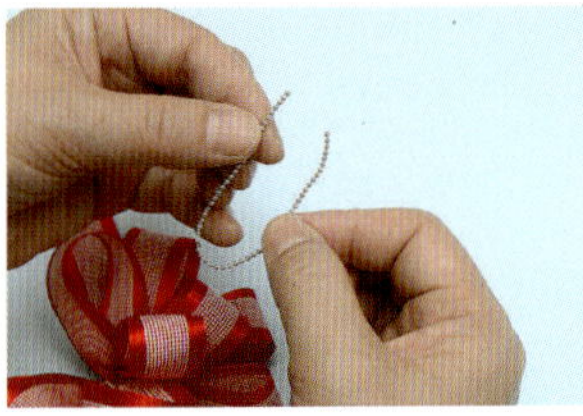

11 구슬 줄을 모아 밑동을 글루건으로 붙여주세요.

12 프렌치보우가 완성되었습니다.

13 글루건으로 리스 틀에 프렌치 보우를 붙입니다.

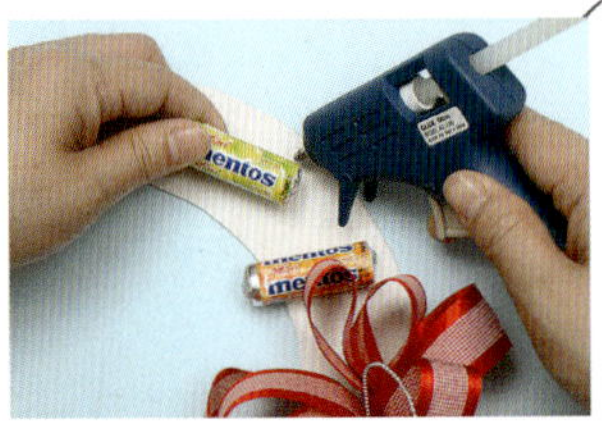

14 글루건으로 사탕을 골고루 붙여주세요.

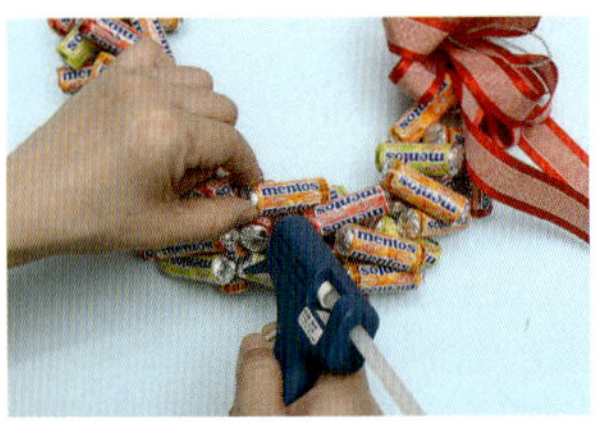

15 계속 채워나가면서 사탕을 붙여줍니다.

16 프렌치보우 사탕 리스가 완성되었습니다.

66

시험관 속 빼빼로는 더 맛있어요!

빼빼로 시험관 포장

준비물 시험관 □ 샤무드 리본 □ 빼빼로 □ 스티커 □

난이도 ★★★★★

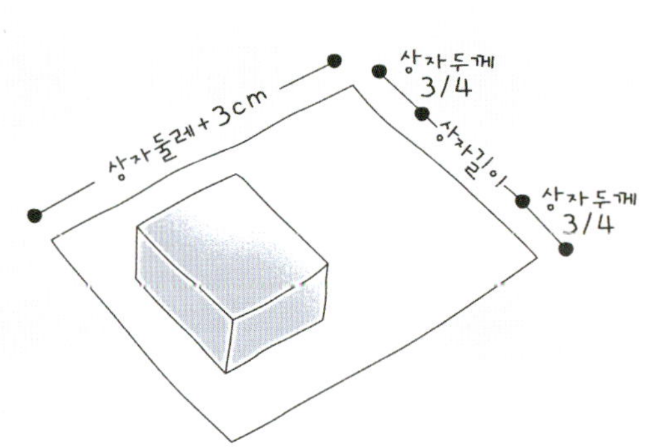

01 포장된 선물 상자를 준비합니다.

TIP 여기서는 캐러멜 포장법을 이용하였습니다.

02 준비한 시험관에 빼빼로를 넣고 마개를 닫아줍니다.

03 시험관을 상자 위에 놓고 양면테이프로 아래를 살짝 고정한 후 두 가지 색의 샤무드 리본을 이어준 뒤 여러 번 감아주세요.

04 리본을 상자 중심에서 묶은 뒤 나비묶음을 해줍니다.

05 끈의 다리를 알맞게 잘라주고 시험관이 움직이지 않게 스티커나 자른 종이를 양면테이프로 붙여주세요.

06 빼빼로 시험관 포장이 완성되었습니다.

07 부직포와 리본으로 로맨틱한
사탕 리스 포장

67 사탕 리스 포장 DVD 작품

준비물 부직포 □ 리본 □ 사탕 □ 스티커 □ 철사 □
난이도 ★★★★★

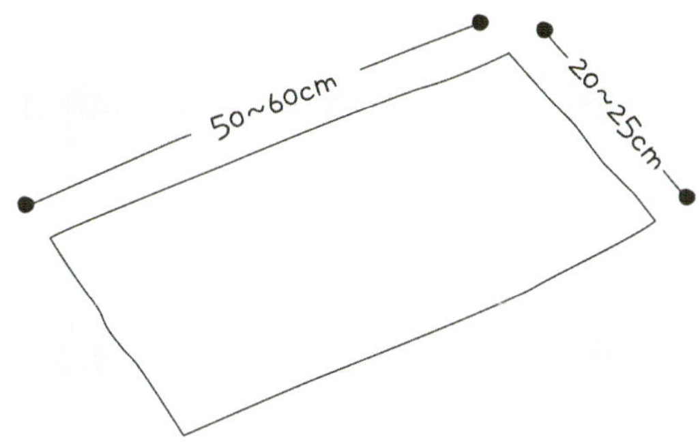

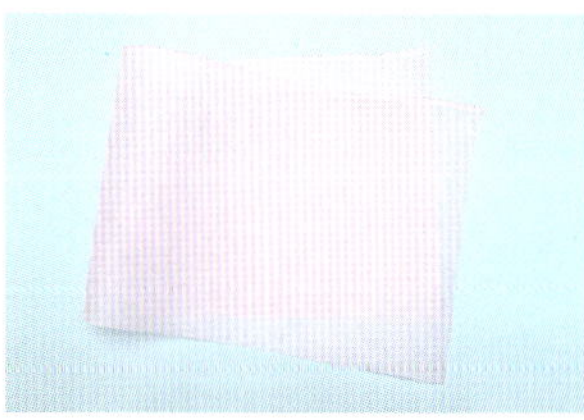

01 부직포를 길게 이등분하여 한쪽 끝에 양면테이프를 붙여줍니다.

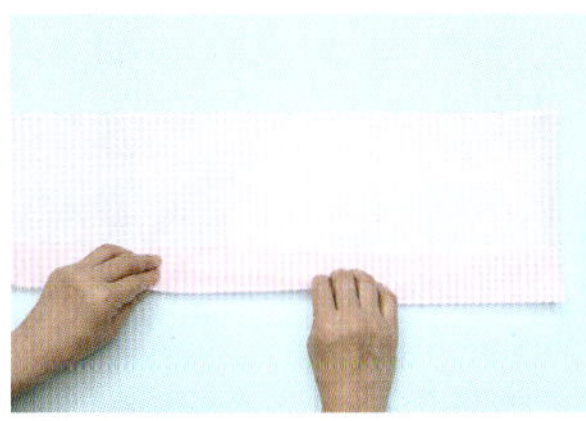

02 양면테이프가 붙어있지 않은 쪽부터 5cm 폭으로 계속 접어주세요.

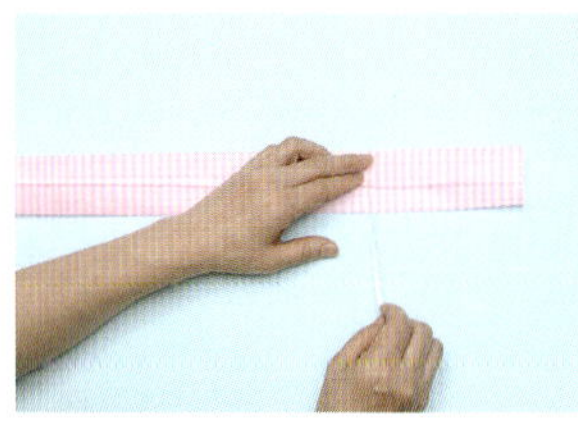

03 뒤 중앙에서 양면테이프로 고정시킵니다.

04 한쪽 끝을 리본으로 묶습니다.

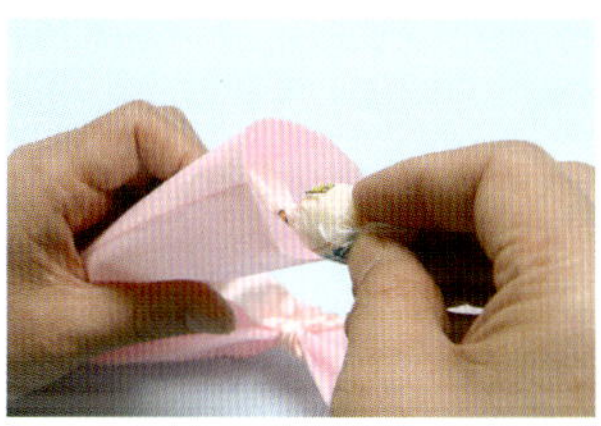

05 반대쪽으로 사탕을 넣어주세요.

06 사탕을 5~6개 정도 넣고 양쪽을 오므립니다.

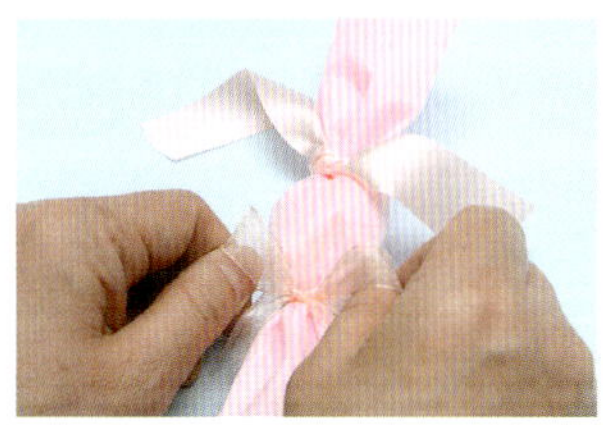

07 가는 리본으로 묶고 나비묶음을 합니다.

08 같은 방법으로 9곳 정도에 사탕을 채웁니다.

09 주머니 입구 부분을 모아서 리본으로 나비묶음을 해주세요

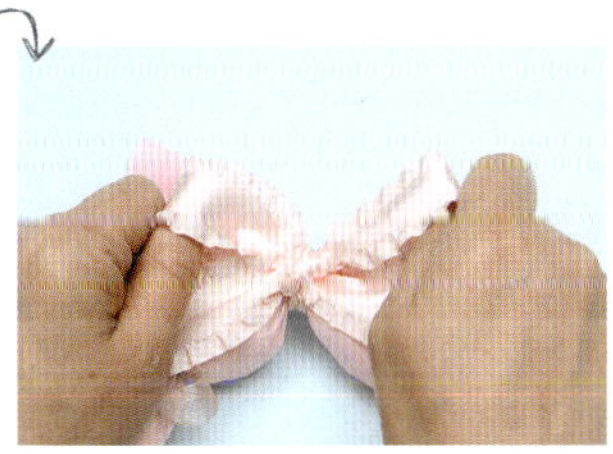

TIP 사탕을 빵빵해 질 정도로 밀어 넣고 리본으로 묶어야 리스가 단단해집니다.

10 리본 다리를 정리하고, 스티커를 붙여줍니다

11 부직포와 리본을 이용한 사탕 리스가 완성됩니다.

68 누구나 쉽게 만들 수 있는

화이트데이 사탕 포장

68 화이트데이 사탕 포장

준비물 부직포 □ 리본 □ 골판지 □ 사탕 □
난이도 ★★★★★

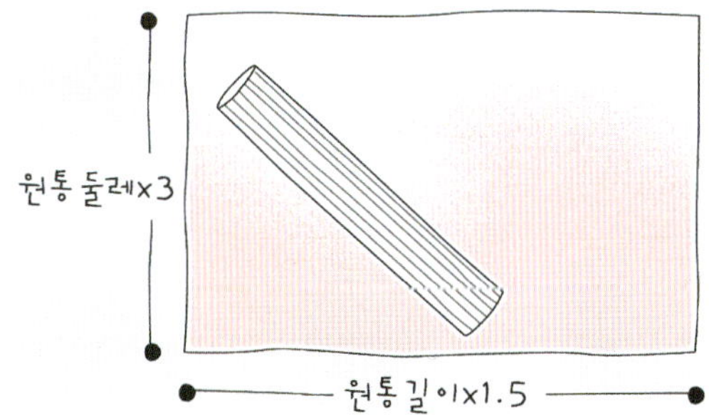

01 사탕을 넣을 봉투를 만들기 위해 골판지를 준비하여 한쪽 끝에 양면테이프를 붙여 놓습니다.

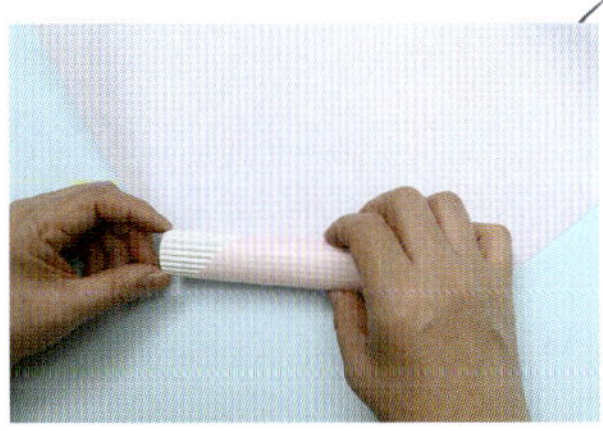

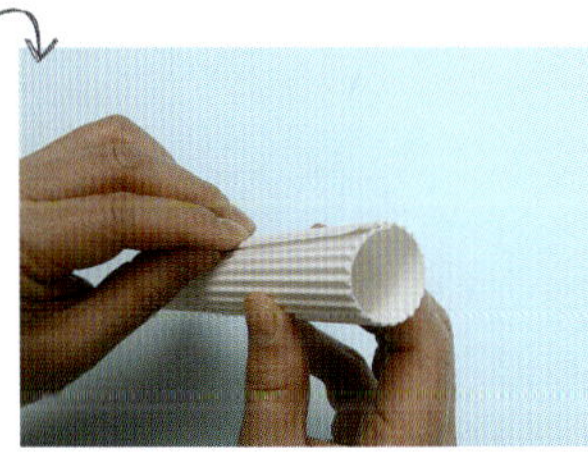

02 양면테이프를 붙인 반대쪽에서 원통형으로 말아 양면테이프로 고정시킵니다.

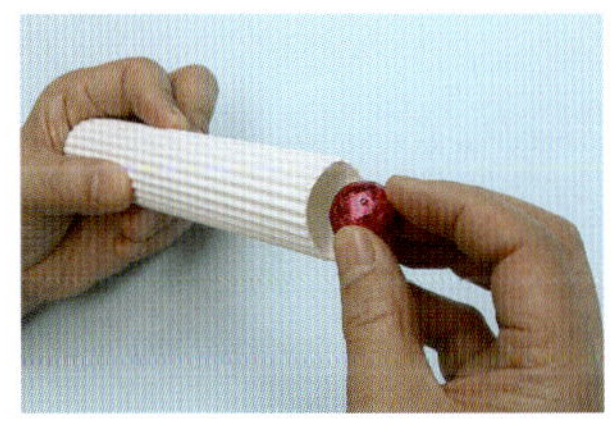

03 준비한 사탕이나 초콜릿을 넣어주세요.

04 포장할 부직포 위에 골판지 원통을 비스듬히 놓습니다.

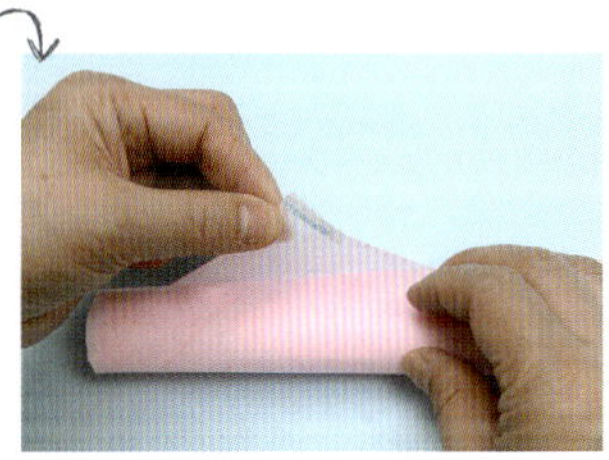

05 원통 포장을 하여 종이 끝은 양면테이프로 고정시킵니다.

TIP 원통 포장은 58쪽을 참고하세요.

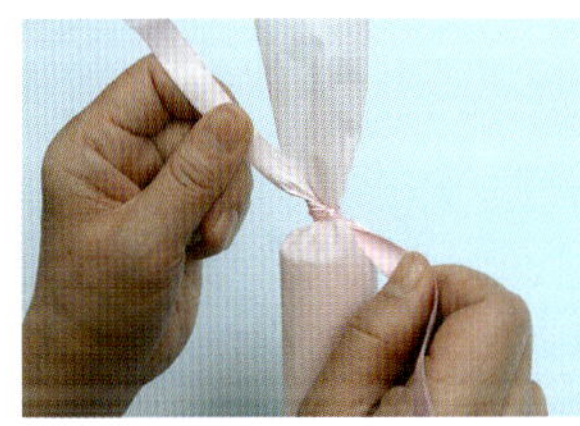

06 원통 바로 위에서 부직포를 조여서 리본으로 나비묶음을 해주세요.

07 리본 다리를 잘라줍니다.

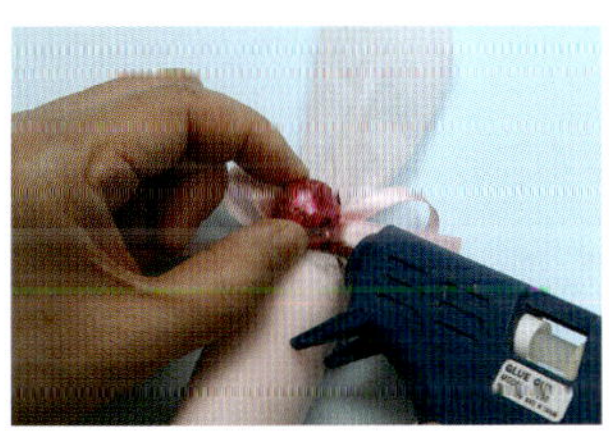

08 나비묶음 중간에 사탕을 글루건으로 붙여주세요.

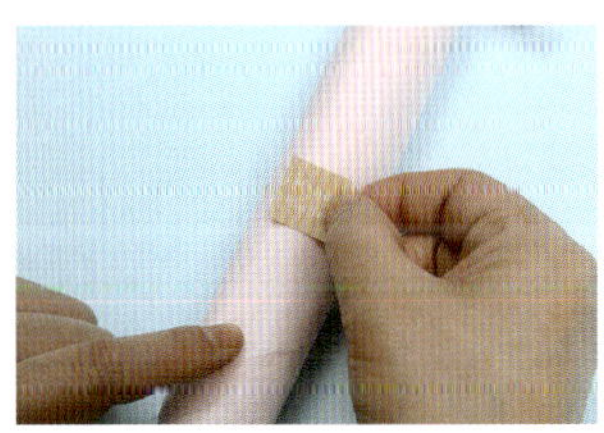

09 원통 중앙은 스티커를 붙여 마무리합니다.

10 화이트데이, 마음을 전할 사탕 포장을 완성하였습니다.

69 사회 첫 걸음, 축하합니다!
넥타이 포장

69 넥타이 포장

준비물 포장지 □ 리본 □ 스티커 □
난이도 ★★★★★

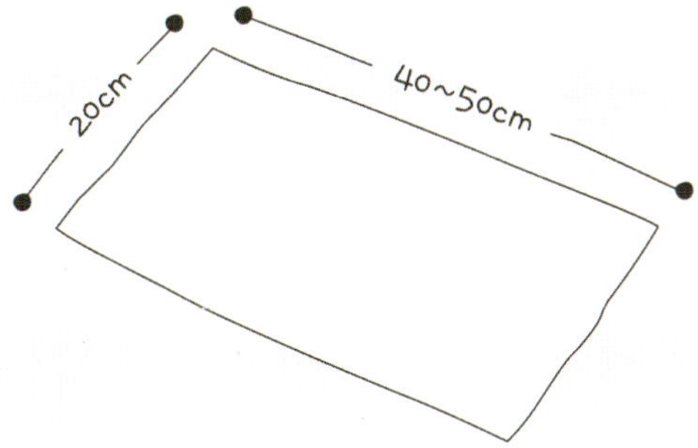

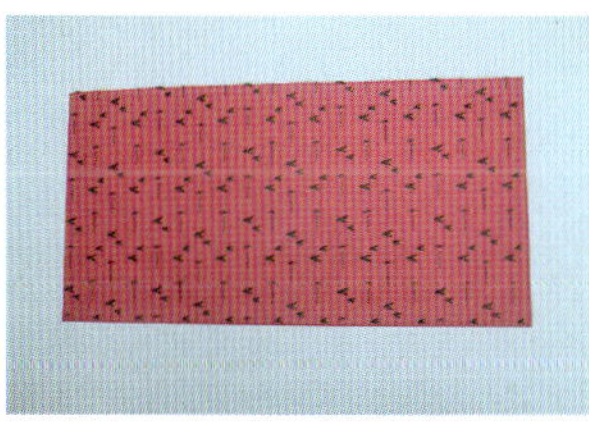

01 넥타이를 포장할 포장지를 준비합니다.

TIP 포장지의 가로와 세로는 1:1/3 크기로 준비합니다.

02 가로의 1/4이 되는 지점에서 45도로 접어주세요.

03 반대쪽도 같은 지점에서 접어줍니다.

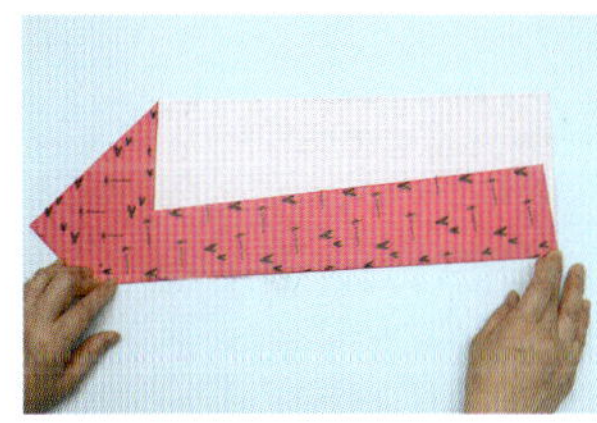

04 넥타이 모양이 되도록 비스듬히 접습니다.

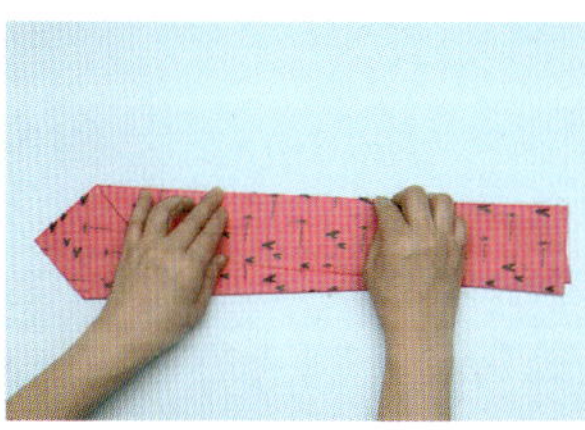

05 맞은편도 같은 각도로 비스듬히 접어주세요.

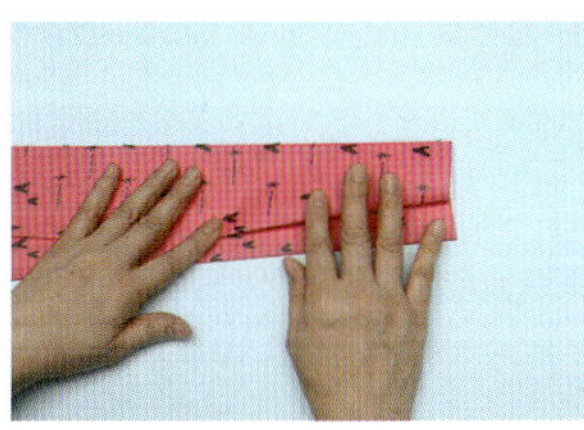

06 넥타이를 넣은 후 남는 부분은 안쪽으로 접어 넣습니다.

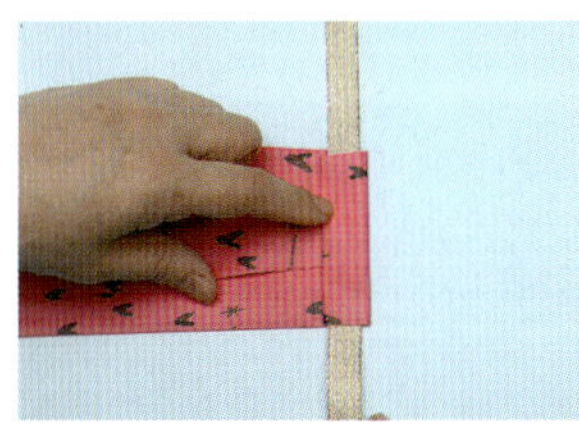

07 넥타이 모양의 윗부분에서 리본 폭만큼 두 번 접어주세요.

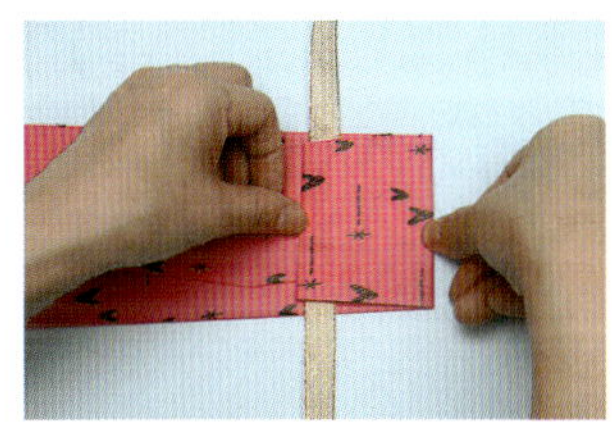

08 4cm 정도의 폭으로 다시 접어주세요.

09 앞쪽으로 뒤집어서 리본을 묶고 나비묶음을 해주세요.

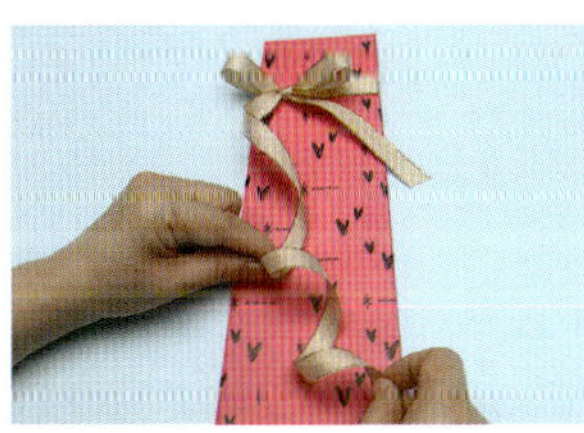

10 한쪽 다리를 길게 하여 리본을 두 번 정도 꼬아 웨이브를 만들어주세요.

11 리본 다리를 적당한 크기로 자릅니다.

12 리본을 스티커로 고정시켜 넥타이 포장이 완성되었습니다.

70 부모님 은혜, 감사합니다!
카네이션 포장

70 카네이션 포장

DVD 작품

준비물 부직포 □ 리본 □ 핑킹 가위 □ 철사 □

난이도 ★★★★★

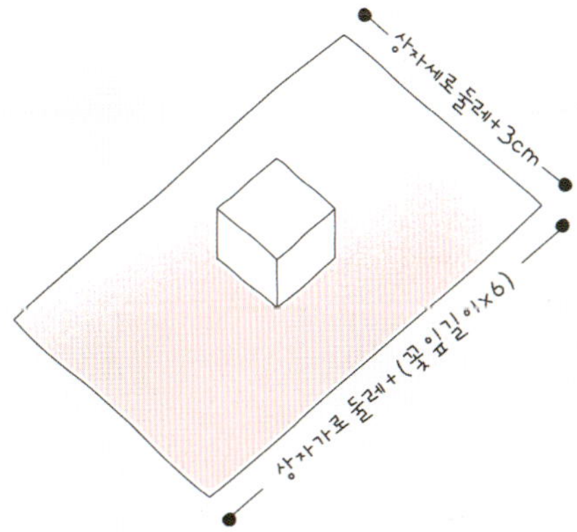

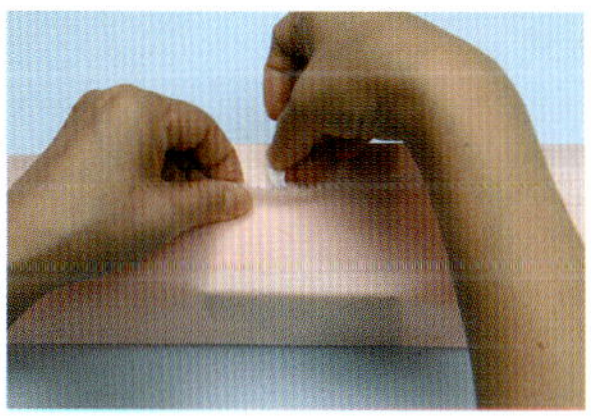

01 상자를 중앙에 놓고 한쪽 끝에 양면테이프를 붙여 부직포를 상자 위에서 여며 고정시킵니다.

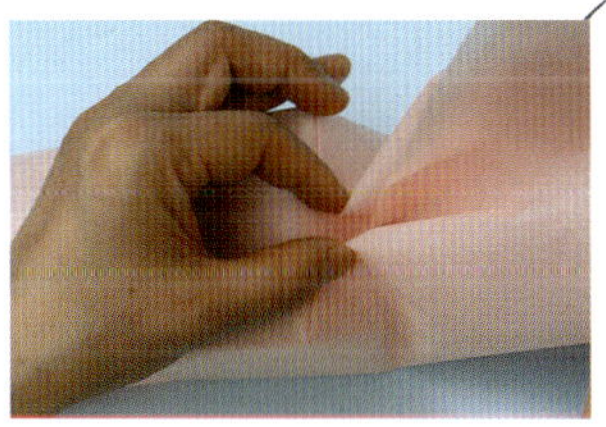

02 상자 옆은 정사각 포장처럼 모서리 안쪽으로 종이를 끼워 넣으면서 들어 올립니다.

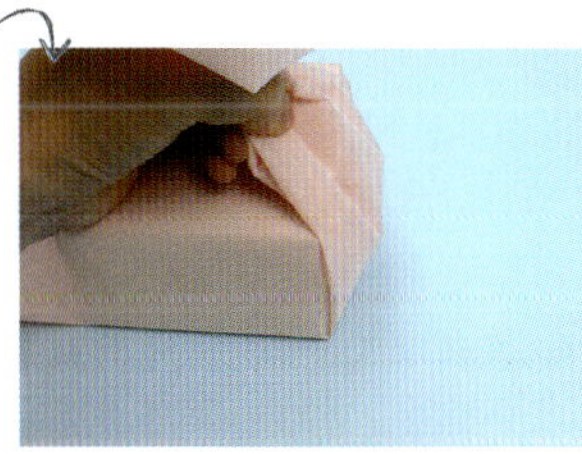

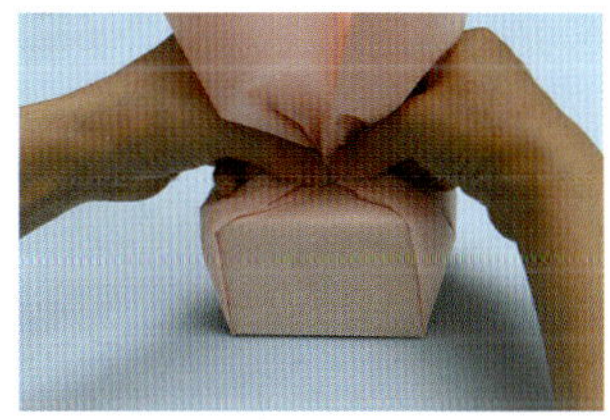

03 다른 쪽도 마찬가지로 접어 모아주세요.

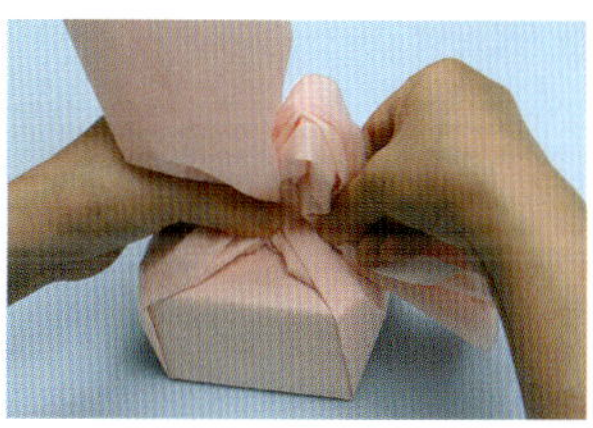

04 위쪽에 남은 종이를 각각 세 등분해서 접어주세요.

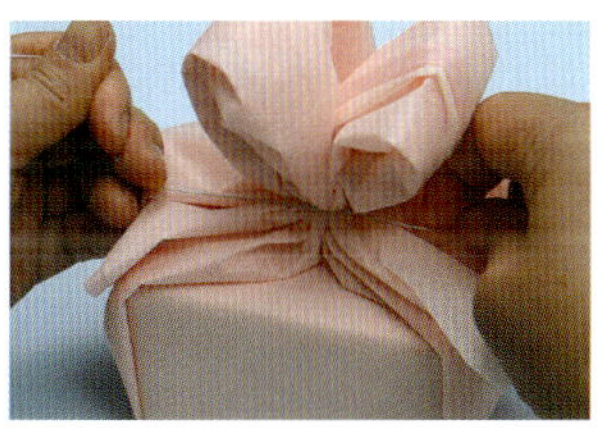

05 손으로 잡고 있던 부분을 철사로 팽팽히 당겨 꼬아준 후 남는 철사는 잘라냅니다.

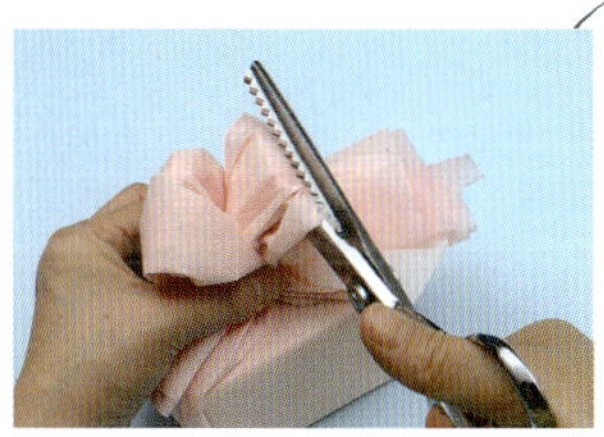

06 포장지의 접힌 부분을 반을 자르고, 남는 부분을 잘라냅니다.

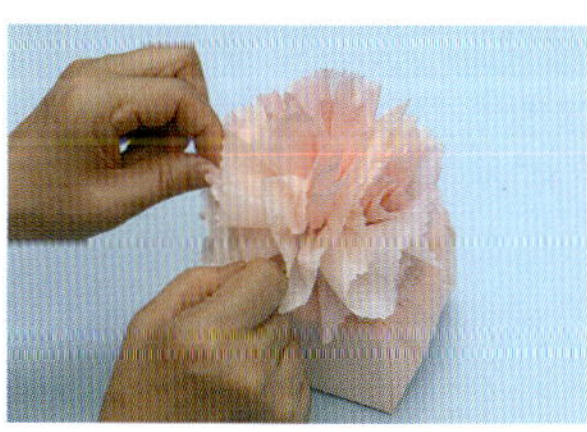

07 뭉쳐있는 종이를 일일이 당겨 펼쳐주세요.

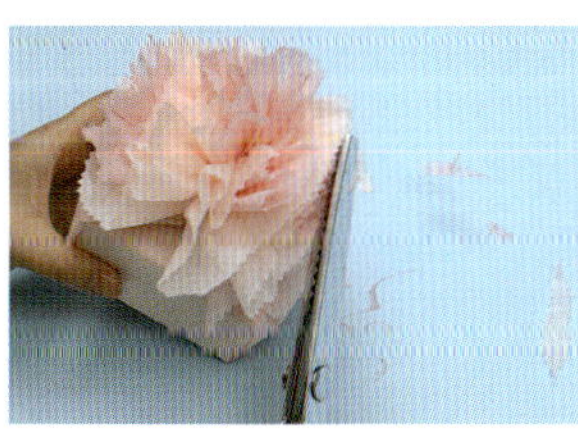

08 카네이션 모양이 되도록 핑킹 가위를 이용하여 둥그렇게 다듬어주세요.

09 카네이션 꽃의 밑부분은 리본을 묶고 다시 나비묶음을 해줍니다.

10 부모님께 고마운 마음을 전할 카네이션 포장이 완성되었습니다.

71 담배 대신 빼빼로, 금연하세요!

빼빼로 포장

71 빼빼로 포장

준비물 컴퓨터로 프린트한 담배용지 □ 금연스티커 □ 투명 봉투 □ 가는 리본 □
난이도 ★★★★★

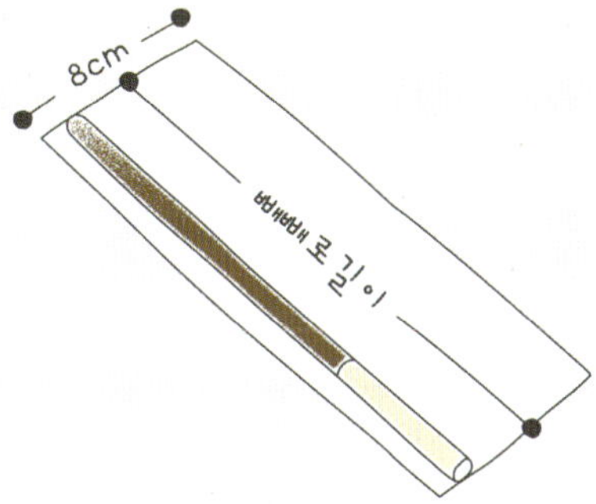

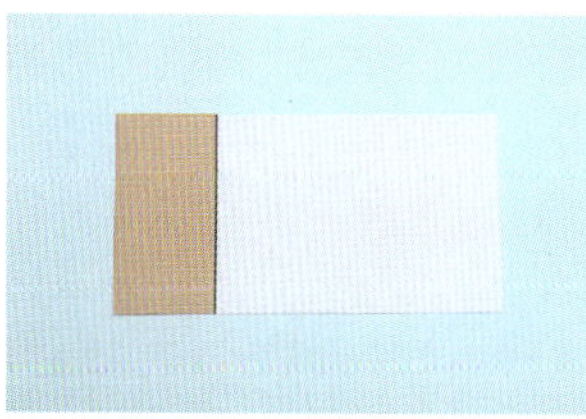

01 빼빼로 길이만큼의 담배색 용지를 컴퓨터로 출력합니다.

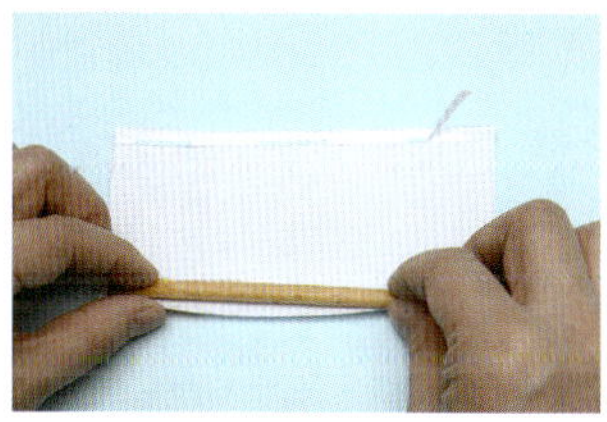

02 한쪽 끝에 양면테이프를 붙이고 반대쪽에 빼빼로를 놓습니다.

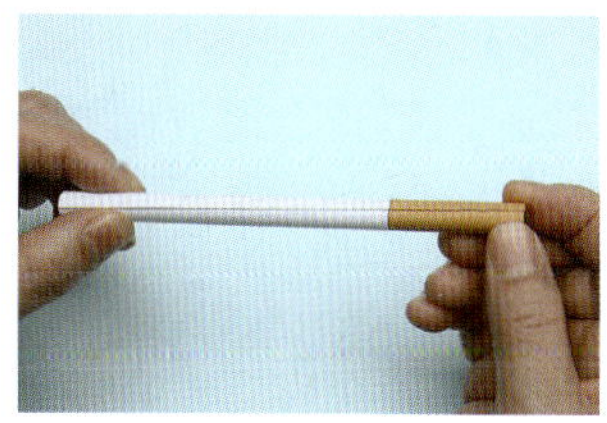

03 빼빼로를 말아주고 양면테이프로 붙여 담배 모양을 만듭니다.

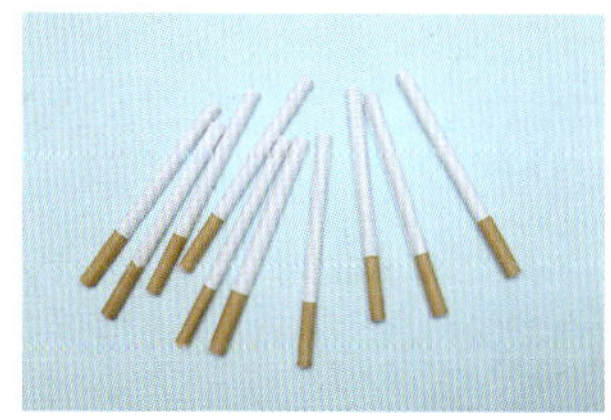

04 봉지에 들어갈 만큼의 개수를 준비합니다.

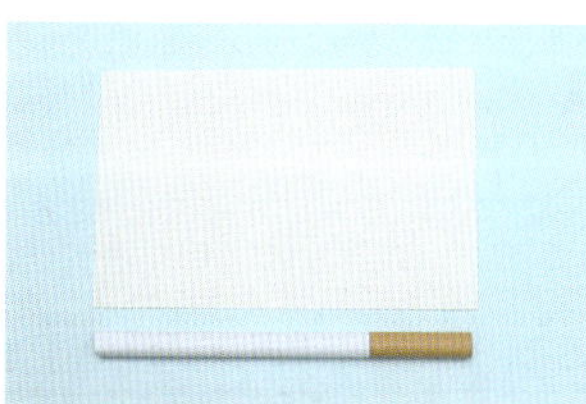

05 마분지를 투명 봉지에 넣을 크기로 잘라주세요.

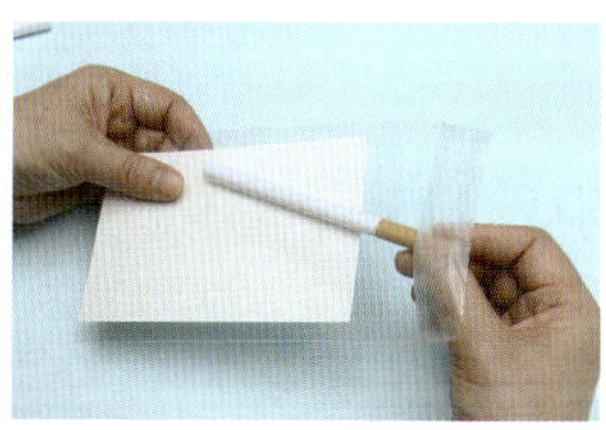

06 봉지에 마분지를 넣어주고 그 위에 담배 빼빼로를 넣어줍니다.

07 담배를 빼곡히 넣은 후 뒤쪽에서 테이프를 붙여줍니다.

08 가는 리본으로 십자걸기를 한 뒤 나비묶음을 해줍니다.

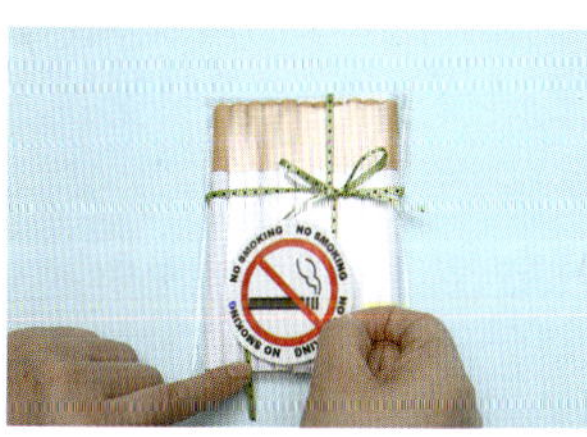

09 다리를 적당한 길이로 잘라내고 금연스티커를 붙여주세요.

10 담배 포장이 완성되었습니다.

TIP

담배 스티커는 판매되는 스티커나 컴퓨터로 출력하여 제작해보세요.

72

빠질 수 없는 집들이 선물,
화분 포장

준비물 포장지 □ 리본 □

난이도 ★★★☆☆

01 준비한 종이를 대각선으로 접고 중앙에 화분을 놓습니다.

02 한쪽 귀를 잡아주세요.

03 대각선 접은 선을 이용하여 남은 네 귀를 접어줍니다.

04 이웃한 두 귀를 안쪽으로 모아주고 반대쪽도 안쪽으로 모아주세요.

05 화분 둘레를 리본으로 고정하여 나비묶음을 해주세요.

06 바람개비를 응용한 나비묶음 화분 포장이 완성되었습니다.

TIP

집들이나 빠른 선물을 하기 위해 간단하게 화분포장을 할 수 있습니다. 화분 크기에 맞춰 종이를 잘라 위 양쪽에 펀치로 구멍을 뚫어 리본으로 묶어줍니다. 화분 포장에 사용하는 포장지의 재단 도안은 188쪽을 참고하세요.

13

아크릴 상자를 이용한

집들이 모둠 포장

준비물 리본 □ 아크릴 상자 □ 종이 □

난이도 ★★★☆☆

01 선물을 넣을 아크릴 상자를 준비합니다.

02 각 선물들을 개별 포장합니다.

TIP 화분 포장은 189쪽을 참고하세요.

03 아크릴 상자에 선물을 가지런히 집어넣습니다.

04 사선으로 리본을 둘러줍니다.

TIP 사선걸기는 33쪽을 참고하세요.

05 리본을 묶어서 나비묶음을 해줍니다.

06 나비묶음을 한 번 더 해주세요.

07 아크릴 상자를 이용한 집들이 선물포장이 완성되었습니다.

74 입학을 축하합니다!
나비 상자 포장

74 나비 상자 포장

준비물 포장 상자 □ 띠 포장지 □
난이도 ★★★★★

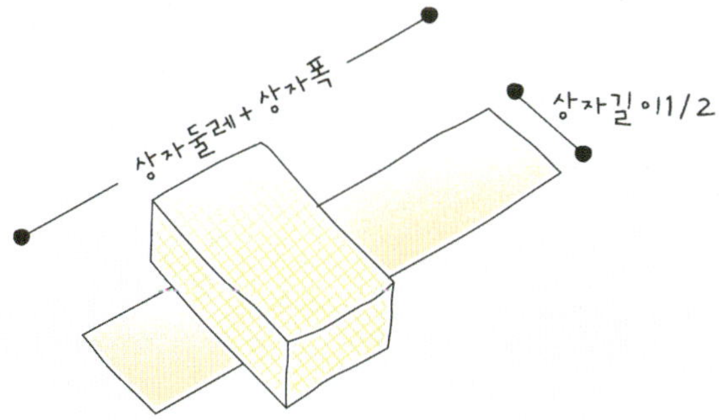

01 포장된 상자와 재단된 띠 포장지를 준비합니다.

02 띠 포장지를 상자 중앙의 중심선에 맞춰 접어주세요.

03 접은 종이의 뒷면에 부록의 도안을 이용하여 나비의 반쪽을 그려주세요.

04 상자를 빼내고 종이를 겹쳐서 그린 나비 모양대로 오려냅니다.

05 각각의 나비 접은 선에 가위선을 넣어주세요.

06 한 장은 아래서 1/2 되는 지점, 다른 한 장은 위에서 1/2 되는 지점까지 가위선을 넣어주세요.

07 다시 상자에 둘러 나비의 가위선을 서로 끼워줍니다.

08 더듬이를 살짝 말아 나비의 입체감을 살려주세요.

09 [illegible] 선물포장을 완성하였습니다.

TIP
하트나 꽃과 같은 다른 모양으로도 만들 수 있어요.

15 결혼을 축하합니다!
꽃 장식 포장

75 꽃 장식 포장

준비물 받침대 □ 리본 □ 조화 □
난이도 ★★★★★

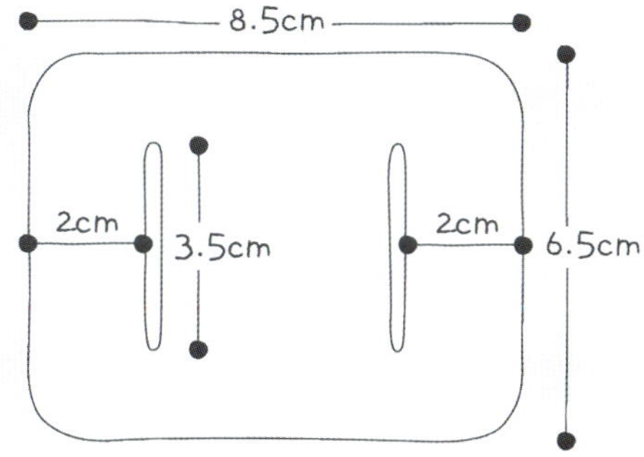

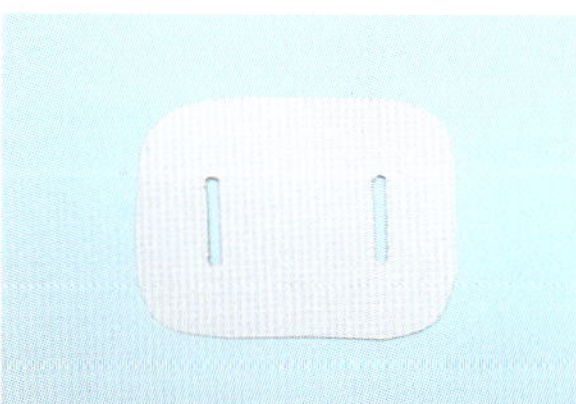

01 선물할 상자는 미리 포장하고 꽃받침 대를 만듭니다.

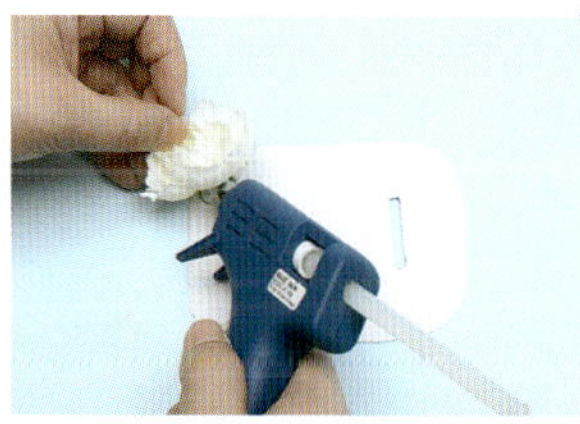

02 꽃받침대 위에 기준이 되는 꽃을 글루건으로 붙여주세요.

03 남은 빈자리를 잎이나 다른 꽃봉오리로 메워주세요.

04 꽃장식이 완성되었습니다.

05 리본을 꽃받침대의 구멍으로 빼내면서 상자를 둘러주세요.

06 꽃장식 중심에서 나비묶음을 해줍니다.

07 웨딩 선물포장을 완성하였습니다.

16 풍차보우를 이용한 결혼 선물포장

76 결혼 선물포장

준비물 포장지 □ 리본 □ 가는 리본 □ 구슬장식 □
난이도 ★★★★★

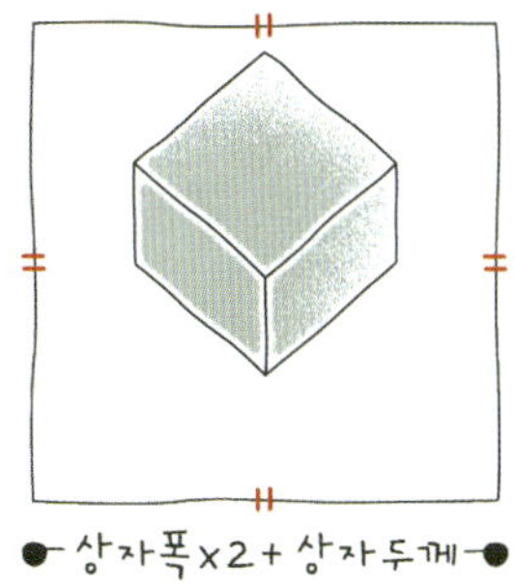

01 상자를 포장하고 리본으로 십자걸기를 합니다.

TIP 여기서는 정사각 포장법을 이용하였습니다.

02 나비묶음을 해주세요.

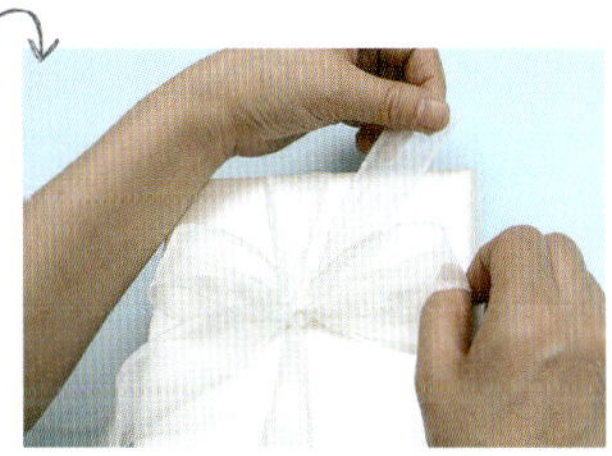

03 리본의 다리 한쪽을 리본 머리 뒤쪽으로 돌려 위쪽에 놓습니다.

04 다른 리본을 대각선 방향으로 끼워서 한 번 더 나비묶음을 해주세요.

05 리본 다리를 다시 위로 올려 리본 머리와 다리가 교대로 나오도록 정리합니다.

06 리본 다리를 리본 머리 길이 정도로 비스듬히 잘라주세요.

07 풍차보우를 완성하였습니다.

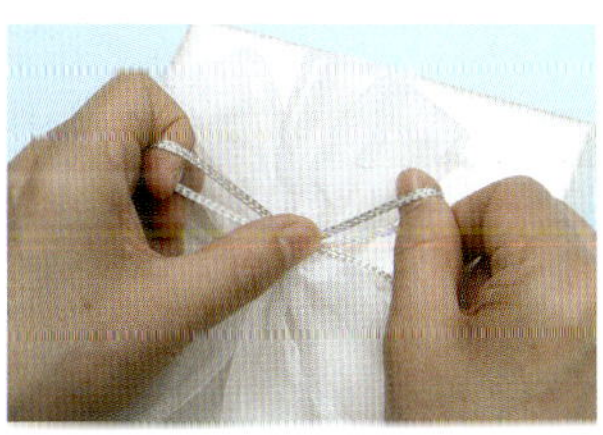

08 풍차보우 중간에 가는 리본을 끼워 나비묶음을 합니다.

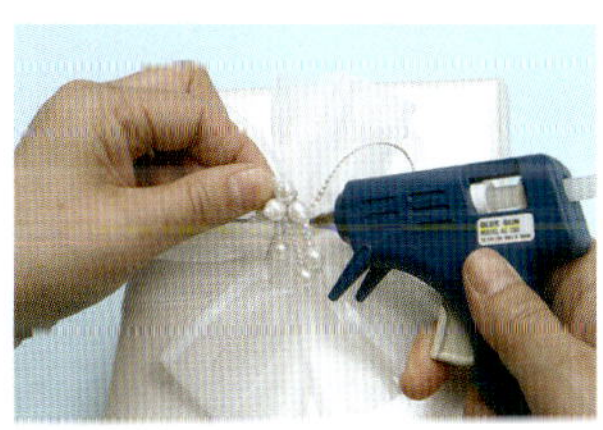

09 글루건을 이용해 구슬장식도 붙여주세요.

10 결혼 축하 선물포장이 완성되었습니다.

77 새해 복 많이 받으세요!
학 봉투 포장

77 학 봉투 포장 DVD 작품

준비물 포장지 □ 가는 끈 or 리본 □
난이도 ★★★★★

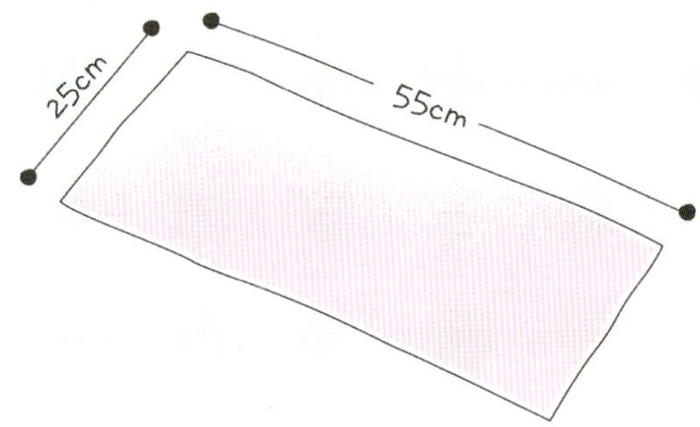

학 봉투 접기

01 학 봉투로 접을 포장지를 준비합니다.

TIP 포장지의 가로와 세로는 1:1/3 크기로 준비합니다.

02 종이의 한쪽 끝을 대각선으로 접어 X표를 넣어주세요.

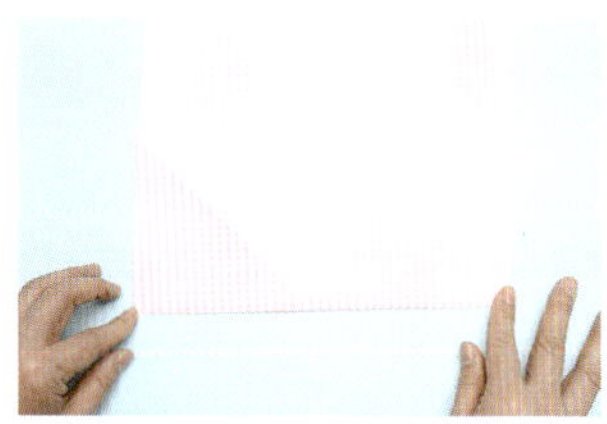

03 대각선의 중심을 지나는 직선을 접었다 펴주세요.

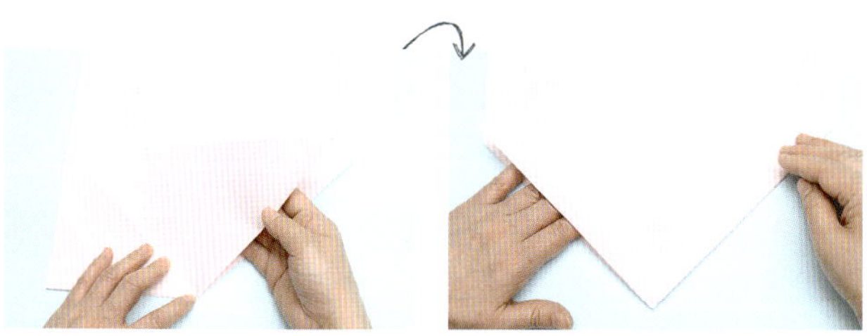

04 접은 선을 이용해 양옆을 끼워 넣어주세요.

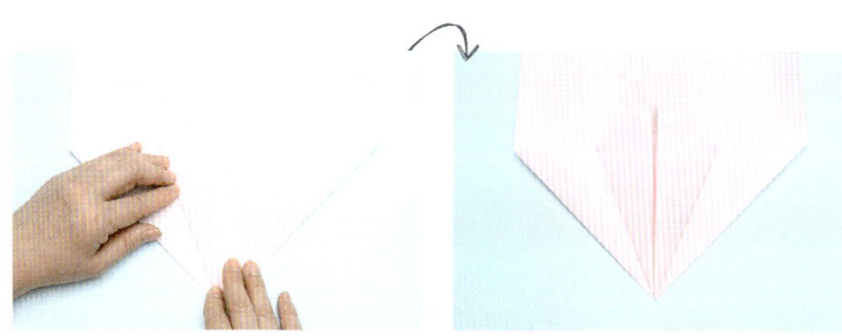

05 위 날개는 중심선을 향해 반으로 접어주세요.

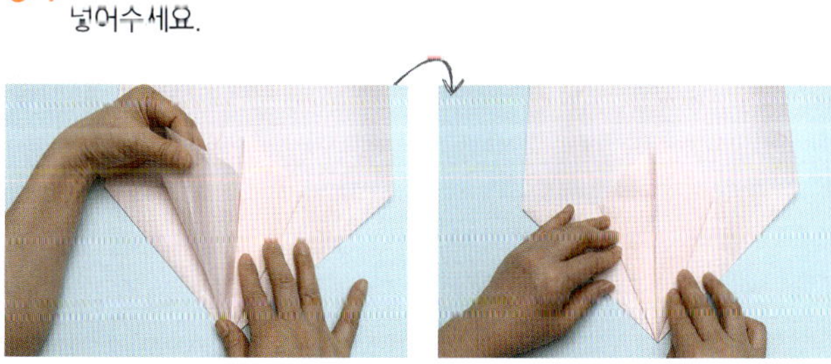

06 다시 펼쳐서 접은 선을 이용해 방패 모양으로 접어준 뒤로 젖혀줍니다.

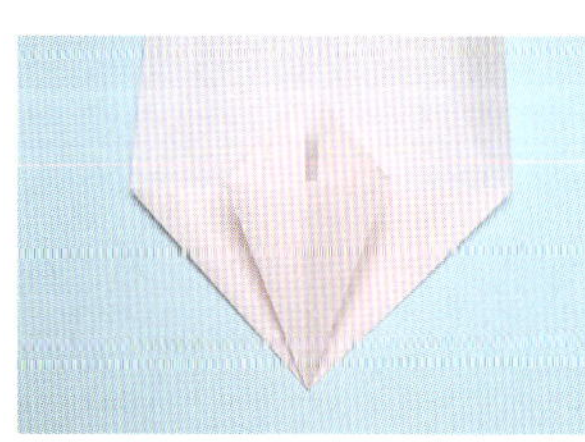

07 남은 한쪽도 마찬가지로 접어주세요.

08 위쪽은 중심선을 향해 반 접어 줍니다.

09 살짝 펴서 중심 부분을 꺼내어 삼각형으로 접어주세요.

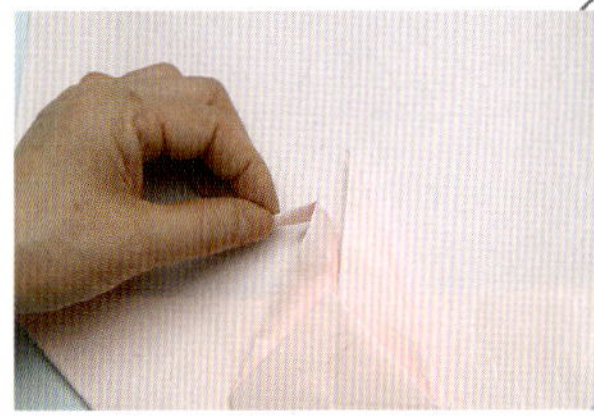

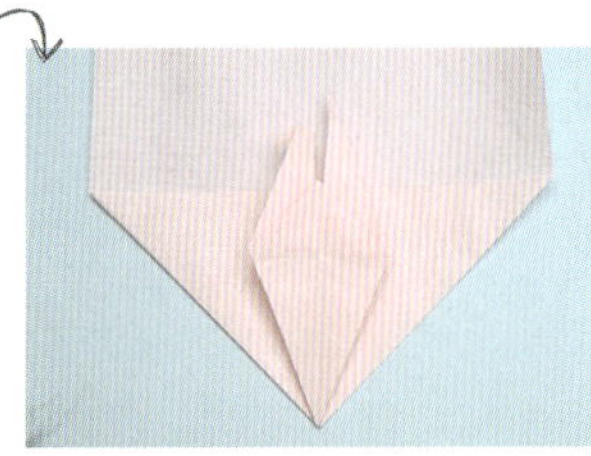

10 왼쪽을 향하는 학 머리 모양이 되도록 가운데로 내려줍니다.

11 흰 종이로 싸둔 현금을 학 뒤로 넣어주세요.

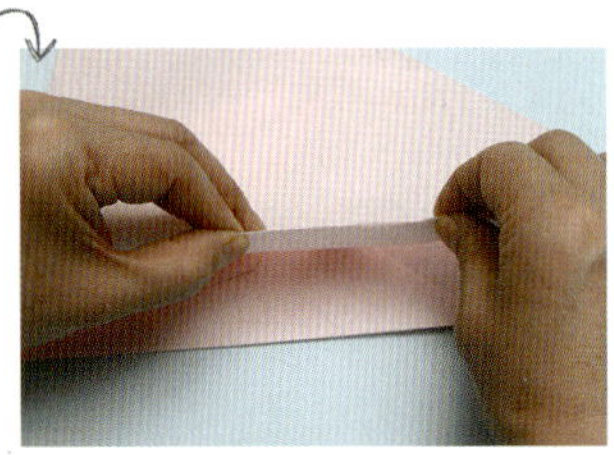

12 뚜껑을 덮고 좌우의 남는 부분을 삼각형 모양에 맞추어 접어 넣습니다.

13 다시 뚜껑을 확 뒤쪽으로 닫아주세요.

14 뒤로 돌려 양옆을 접어주면 봉투가 완성됩니다.

리본 묶기

15 가는 리본을 3번 정도 감고 묶어주세요.

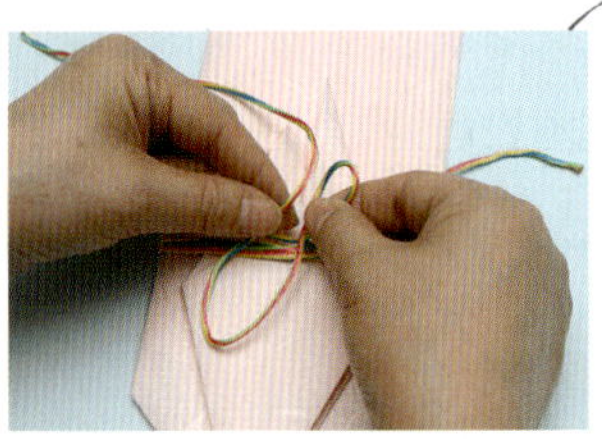

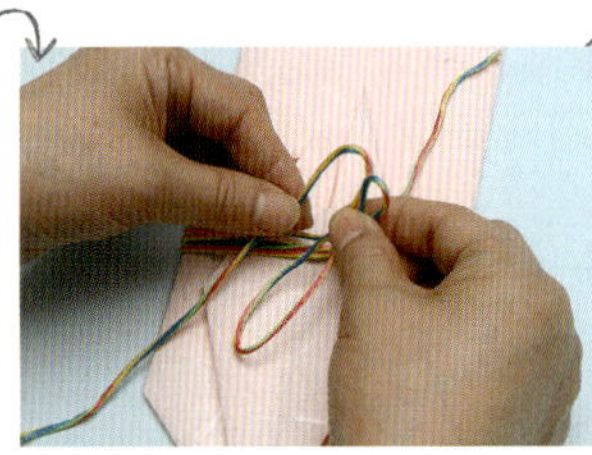

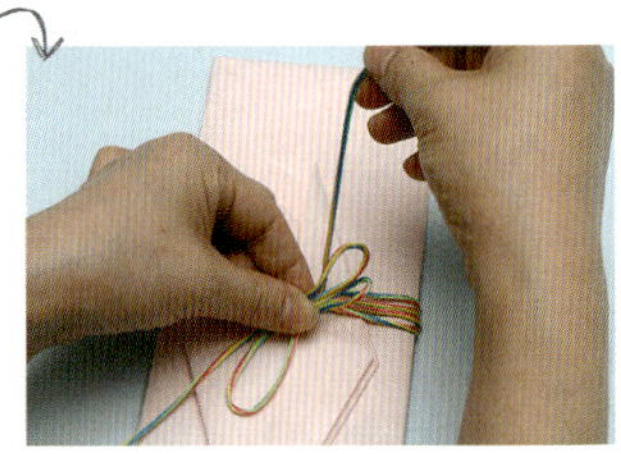

16 아래쪽 리본을 올렸다 내려주고 다시 올렸다 내려줍니다.

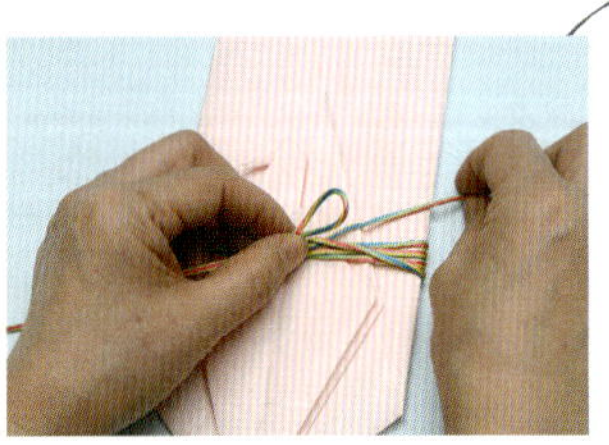

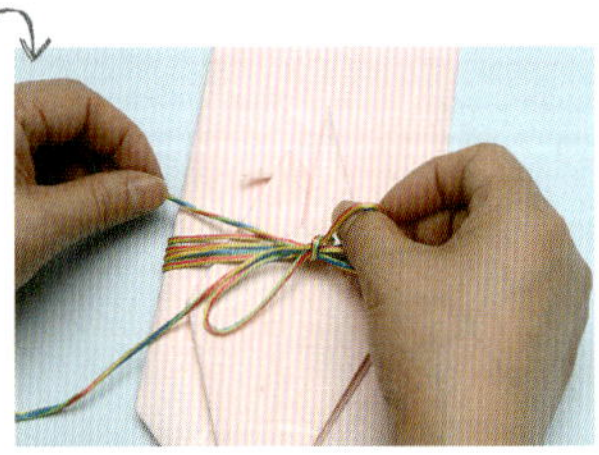

17 위쪽의 리본으로 중심을 묶어준 뒤 모양을 정리합니다.

18 명절에 사용하는 학 봉투를 완성하였습니다.

78

아이들의 영웅,
스파이더맨 포장

준비물 포장지 □ 화이트 수정 펜 □ 스파이더맨 액세서리 □
난이도 ★★★★★

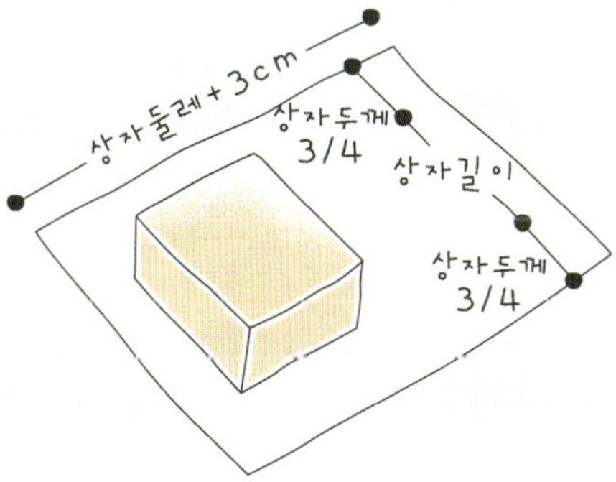

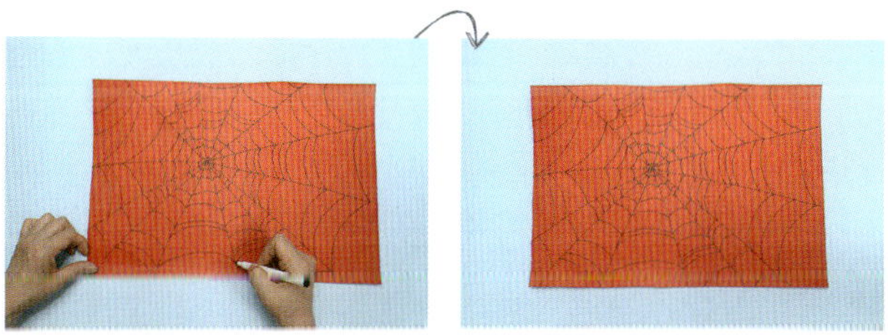

01 캐러멜 포장이 가능한 크기의 포장지에 거미줄 모양의 밑그림을 그립니다.

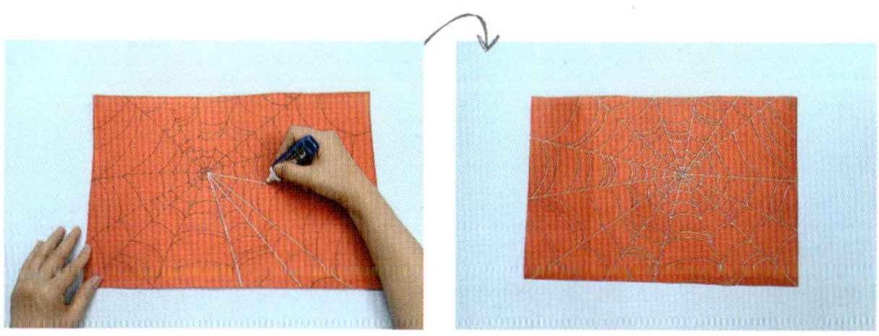

02 밑그림 위에 지우개용 화이트로 덧그려주세요.

03 캐러멜 포장을 해주세요.

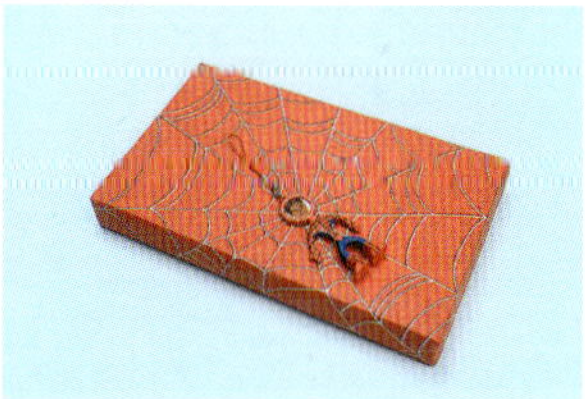

04 거미줄의 원점에 스파이더맨 열쇠고리를 붙여 완성합니다.

TIP
열쇠고리가 없어도 그림이나 출력한 사진으로 꾸며보세요.

19 폼폼보우를 이용한 명절 선물포장

79 명절 선물포장 DVD 작품

준비물 포장지 □ 메탈 리본 등의 빳빳한 리본 □ 가는 메탈 리본 □ 철사 □
난이도 ★★★★☆

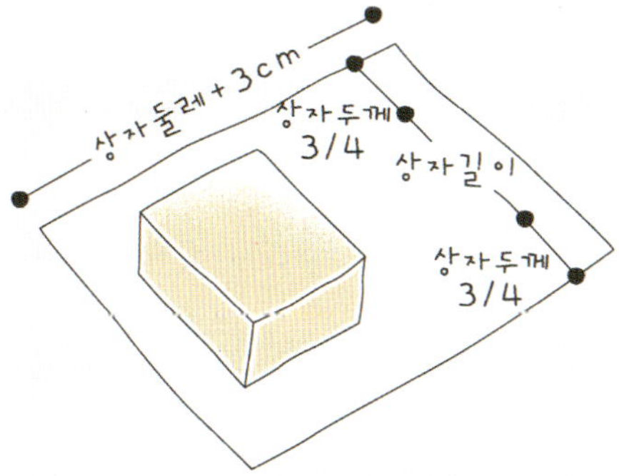

폼폼보우 만들기

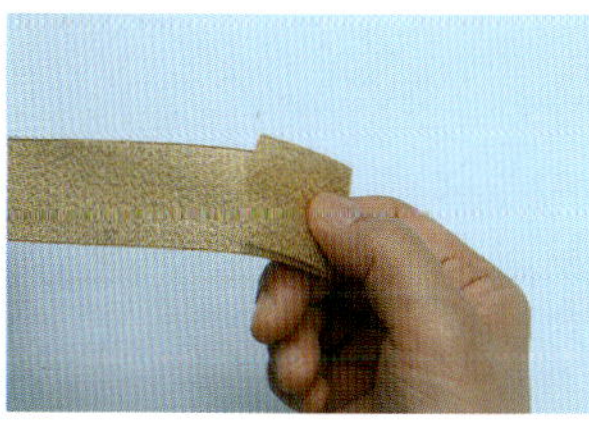

01 리본 시작에서 3cm 정도 접어주세요.

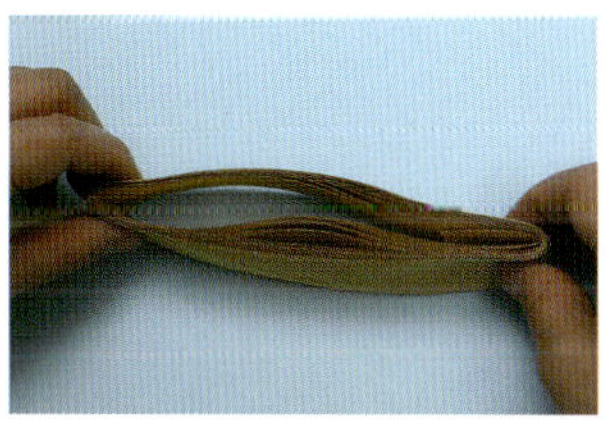

02 보우의 크기는 포장할 상자의 80% 정도로 정하고 리본은 같은 크기로 8~10번 정도 감아줍니다.

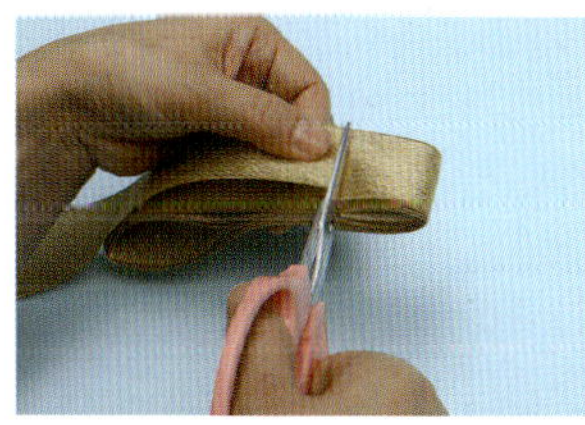

03 시작과 마찬가지로 리본 끝에서 3cm 정도 여유를 남기고 나머지는 자릅니다.

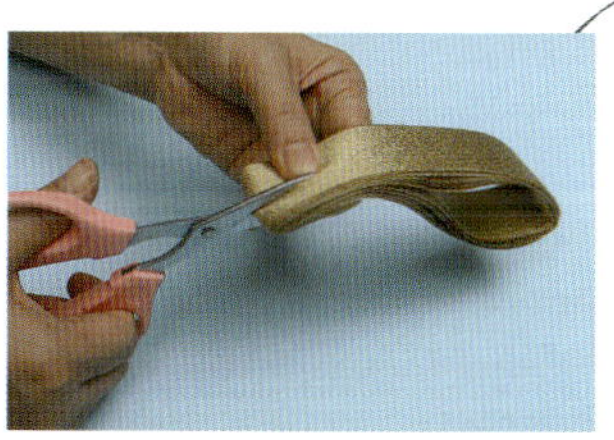

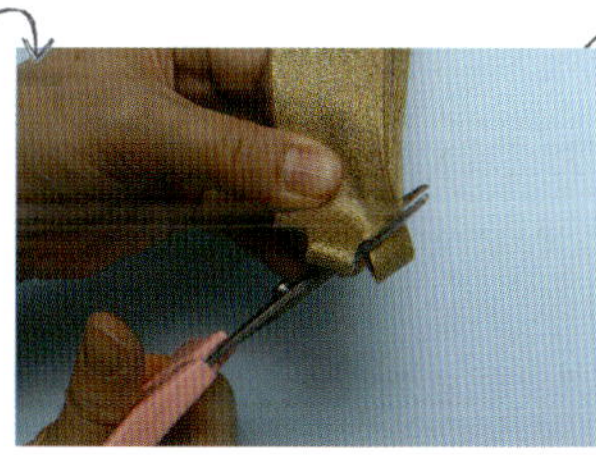

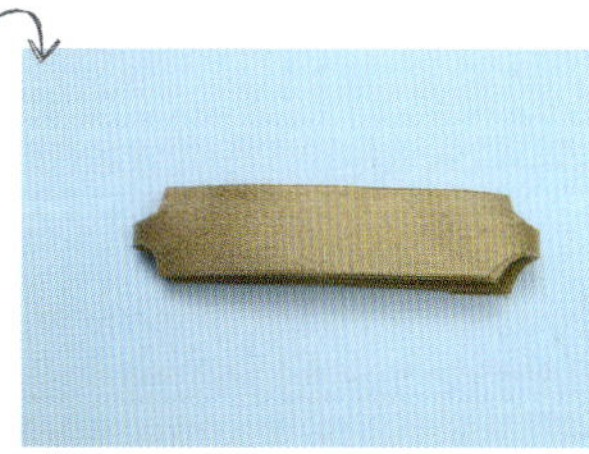

04 양끝은 가운데 1/3 정도만 남기고 부채살 모양으로 잘라냅니다.

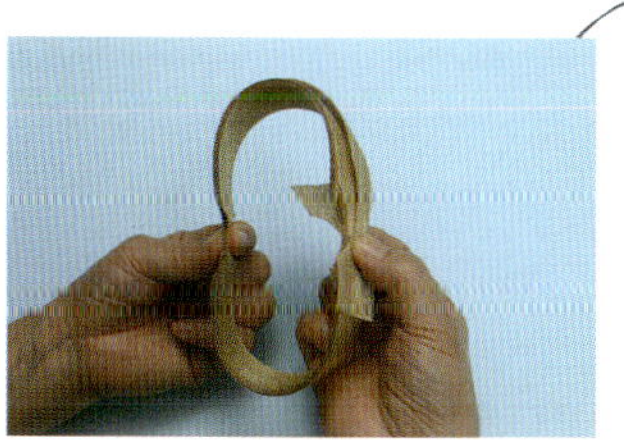

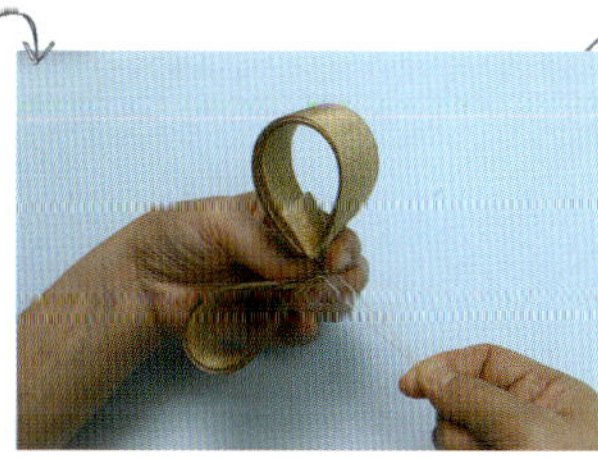

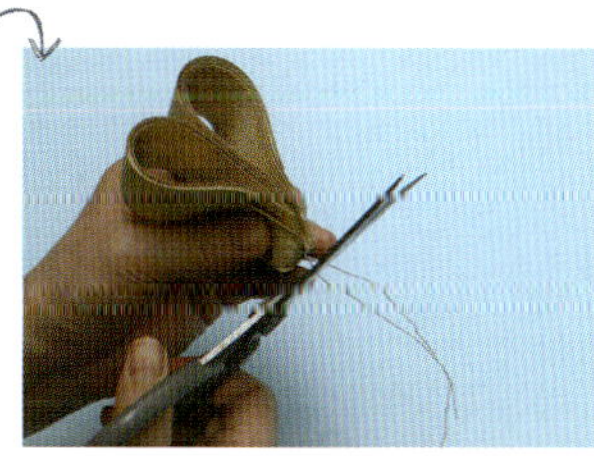

05 잘라낸 두 곳을 중심에서 잡고 철사로 고정하여 꼬아준 후 뒤에서 잘라냅니다.

리본 묶기

06 선물은 캐러멜 포장을 하고 리본으로 십자걸기를 합니다.

07 50~60cm 길이의 가는 메탈 리본 두 가닥을 놓고 그 위에 폼폼보우를 놓고 묶어줍니다.

08 십자걸기한 리본으로 나비묶음을 합니다.

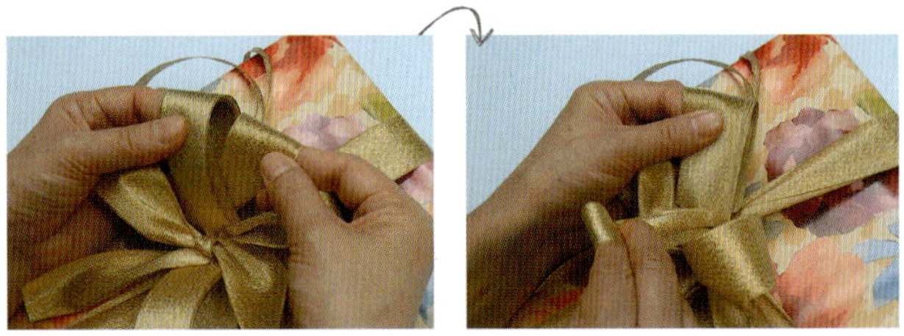

09 폼폼보우 위쪽에서 오른쪽으로 리본 머리를 꺼내어 앞쪽으로 젖혀주세요.

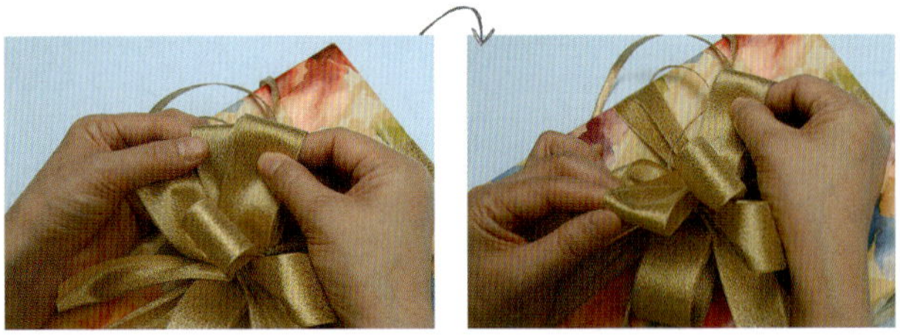

10 왼쪽에서 리본 머리를 꺼내어 앞쪽으로 젖혀주세요.

11 번갈아가며 위쪽 보우를 전부 빼내면 아래쪽도 마찬가지 방법으로 빼내주세요.

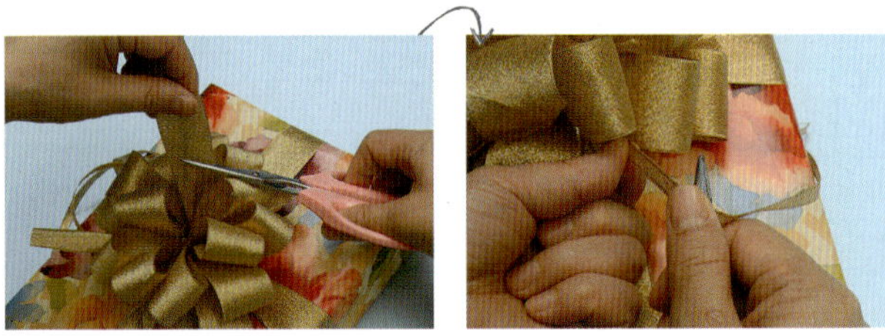

12 리본 다리는 머리와 같은 크기로 잘라내고 가는 리본은 가위로 훑어서 컬을 넣어주세요.

13 리본 모양을 정리하고 스티커를 붙여주세요.

14 폼폼보우를 이용해 포장을 완성하였습니다.

80
즐거운 명절을 위한
선물포장

준비물 포장지 □ 리본 □ 종이 줄 □ 철사 □
난이도 ★★★★★

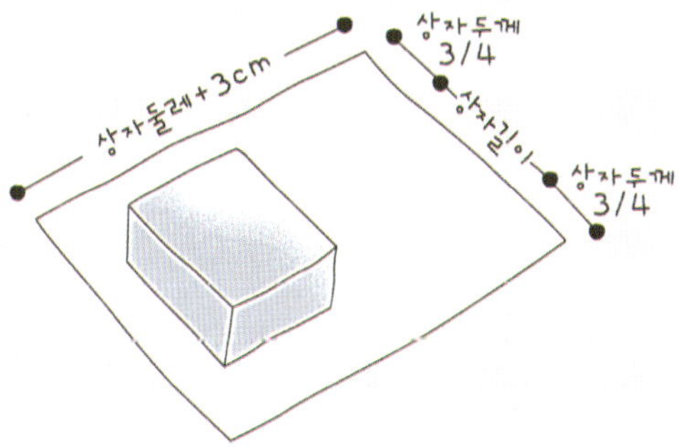

01 포장된 상자를 준비하고 리본으로 십자걸기를 해줍니다.

TIP 여기서는 캐러멜 포장법을 이용하였습니다.

02 종이 줄이나 철사를 4~5 가닥 모아 달팽이 모양으로 둥글려주세요.

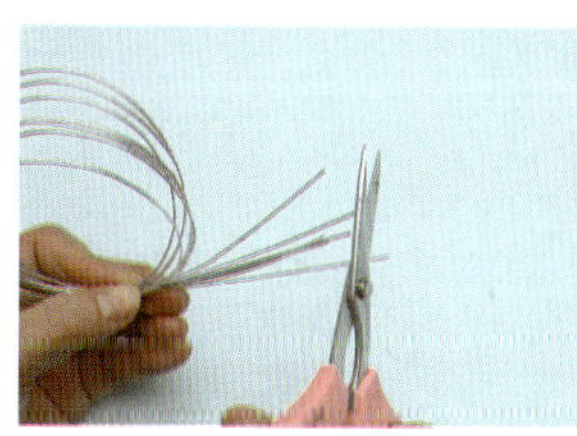

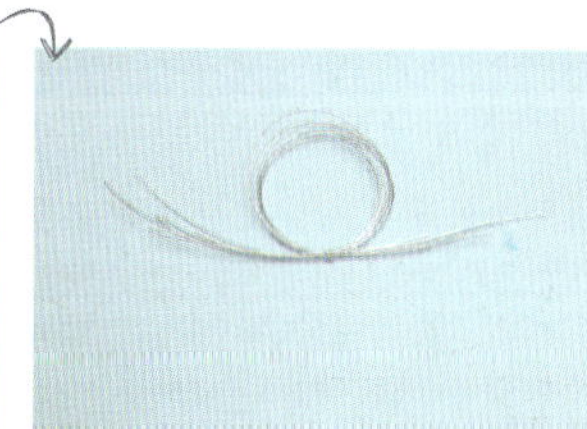

03 잡고 있던 부분은 다시 철사로 고정하고 다리를 정리하여 액세서리를 만듭니다.

04 방금 만든 액세서리를 상자 위에 놓습니다.

05 아래쪽 리본을 접어 위 방향에 놓고 위쪽의 리본으로 감아서 빼냅니다.

TIP 이러한 리본 묶음을 '외 리본 묶음'이라고 합니다.

06 명절 선물포장이 완성되었습니다.

81 선생님, 감사합니다! 코사지 포장

81 코사지 포장 DVD 작품

준비물 포장지 □ 와이어 리본 □ 코사지 핀 □
난이도 ★★★★★

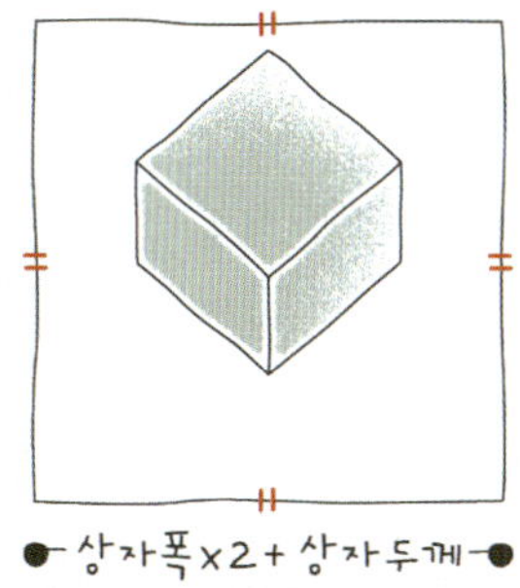

01 포장한 상자를 리본으로 둘러주고 아래에서 고정시킵니다.

TIP 여기서는 정사각 포장법을 이용하였습니다.

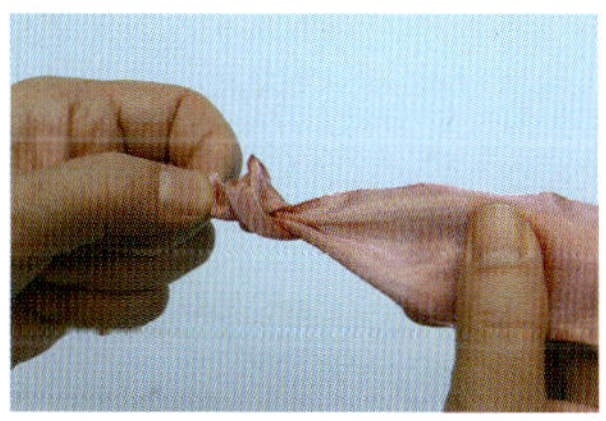

02 40mm 폭의 1m 정도 되는 와이어 리본을 준비하여 끝을 묶어 매듭을 지어주세요.

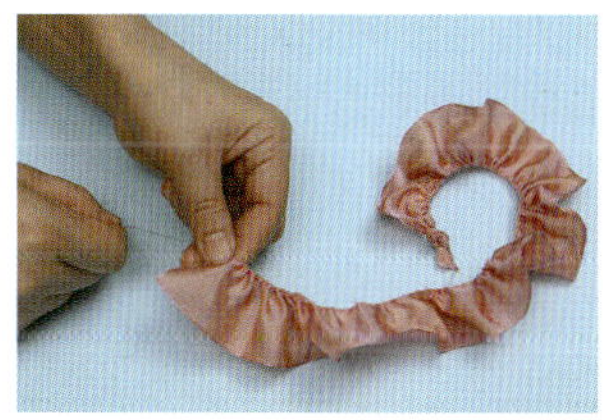

03 매듭의 반대쪽에서 한쪽 와이어를 당겨 리본에 주름을 잡아 줍니다.

04 매듭을 잡고 리본을 돌돌 말아 장미 모양을 만듭니다.

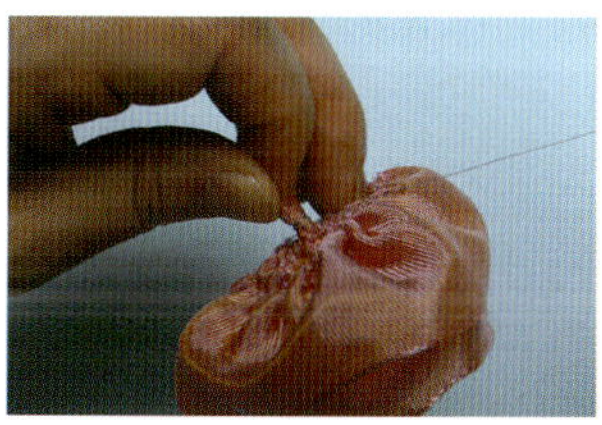

05 당겨준 철사는 매듭진 곳에 감아 꽃 모양을 고정합니다.

06 25mm 폭의 리본을 45도 뒤로 두 번 접습니다.

07 아래 부분을 겹친 다음 철사로 감아 뒤에서 꼬아주고 나머지는 잘라 잎을 만듭니다.

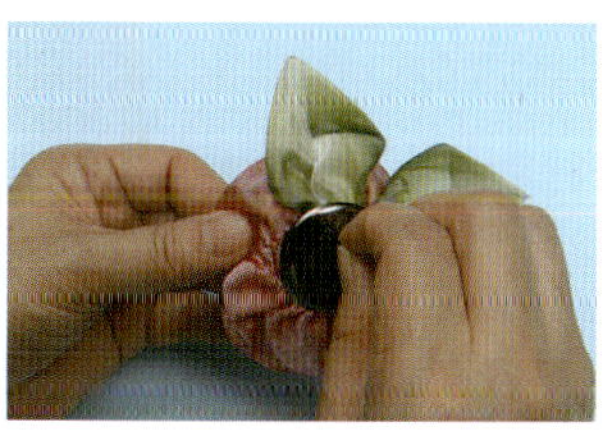

08 코사지 핀에 잎을 붙여주고 그 위에 장미꽃도 붙여주세요.

09 장미 꽃잎을 뒤로 조금씩 젖혀 꽃의 표정을 내주세요.

10 상자 위 리본에 방금 만든 코사지 꽃을 꽂아주세요.

11 코사지 꽃 포장을 완성하였습니다.

82 튼튼하고 씩씩하게 자라라!

어린이날 선물 봉투

82-1

리본 봉투 포장

준비물 포장지 □ 리본 □

난이도 ★★★★★

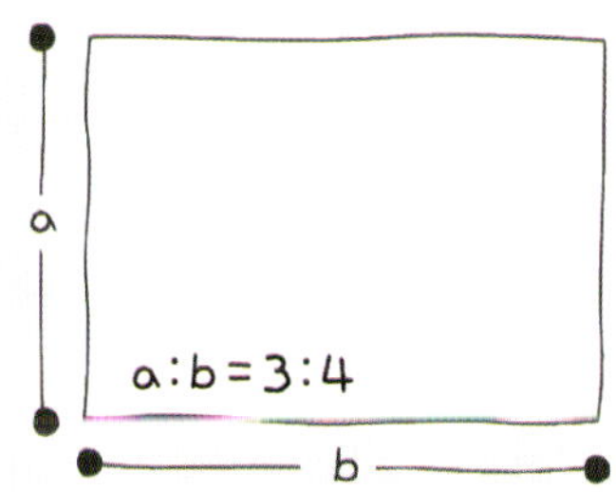

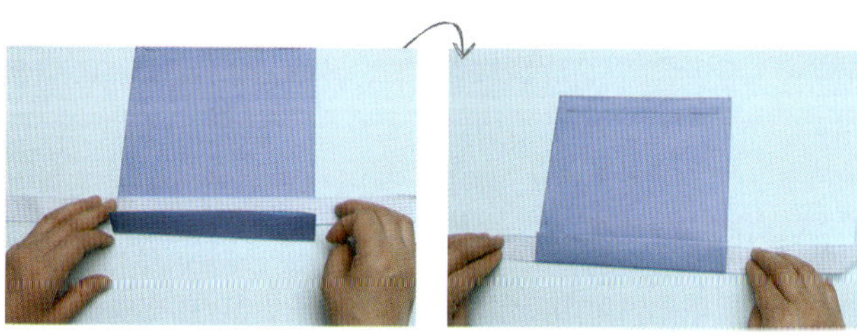

01 납작 봉투를 만들고 봉투 입구에 리본을 대고 두 번 접어주세요.

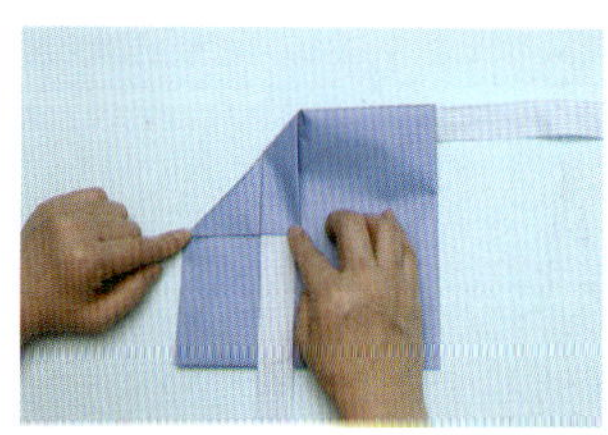

02 봉투를 뒤집어 중심에서 45도로 접어줍니다.

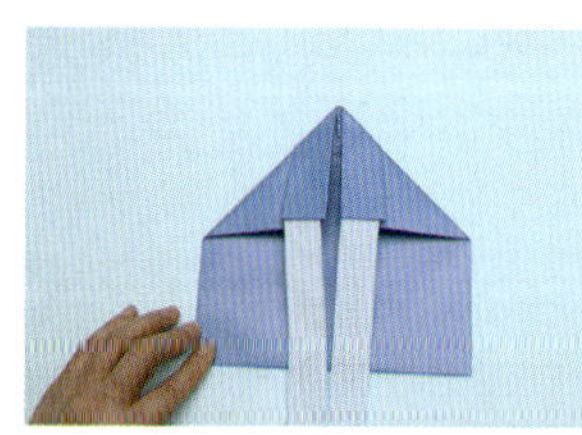

03 양쪽을 마주보게 접어주세요.

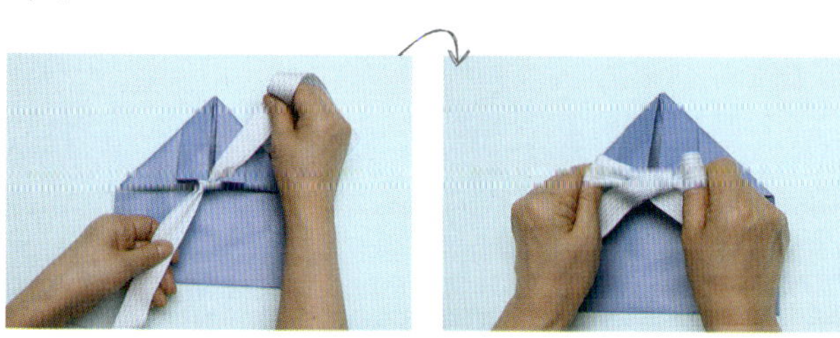

04 중심에 모인 리본은 나비묶음을 해줍니다.

05 봉투 포장을 완성하였습니다.

TIP

납작 봉투 만들기는 79쪽을 참고하세요.

82-2
나비넥타이 봉투 포장

준비물 포장지 □ 리본 □

난이도 ★★☆☆☆

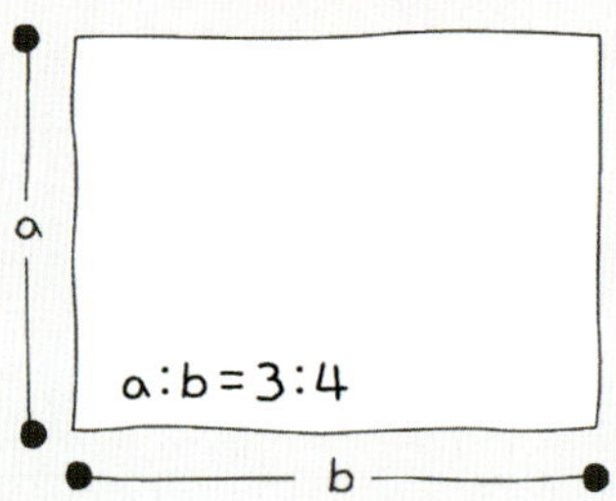

01 납작 봉투를 만들고 입구에 리본을 대고 두 번 접어주세요.

02 접은 선 아래쪽에서 리본과 평행하게 1/3 정도씩 잘라줍니다.

03 뒤집어서 잘린 부분을 삼각형 모양으로 내려 접어주세요.

04 겹쳐져 내려온 리본은 나비묶음을 해줍니다.

05 봉투 포장을 완성하였습니다.

82-3

셔츠 봉투 포장

준비물 포장지 □ 리본 □

난이도 ★★★★★

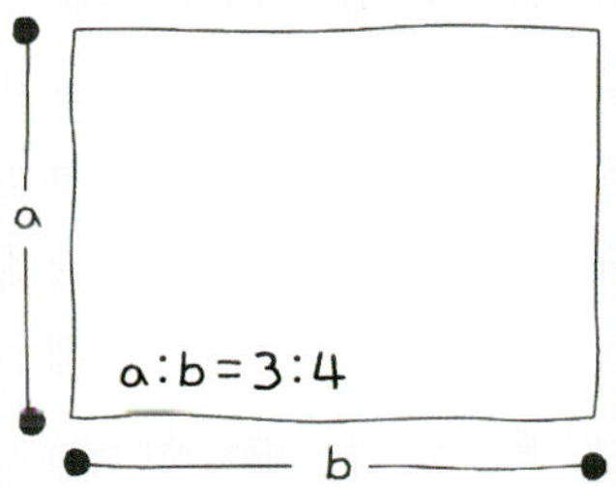

01 봉투 입구에 리본을 두 번 접고 뒤집어서 삼각형이 되도록 접어주세요.

02 리본을 묶어준 후 오른쪽 리본을 내립니다.

03 왼쪽 리본의 뒤쪽으로 빼서 옆으로 보냅니다.

04 다시 처음의 오른쪽 리본을 위로 올려주세요.

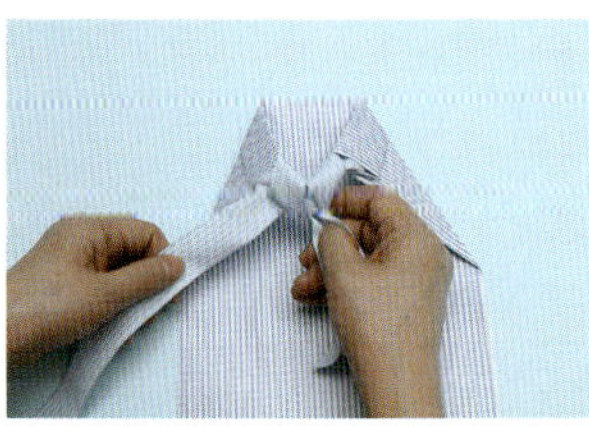

05 리본을 감아주고 내려줍니다.

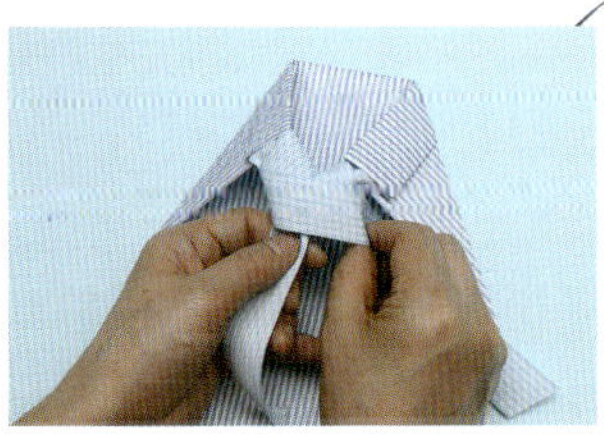

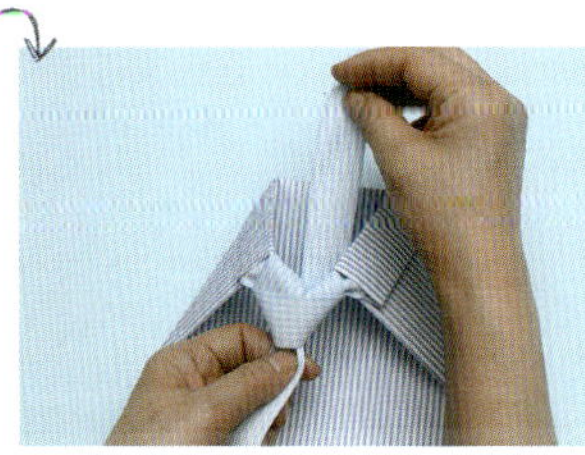

06 오른쪽 옆으로 가서 리본 밑에서 위쪽으로 올린 뒤 앞쪽에 만들어진 구멍으로 리본을 끼워 빼냅니다.

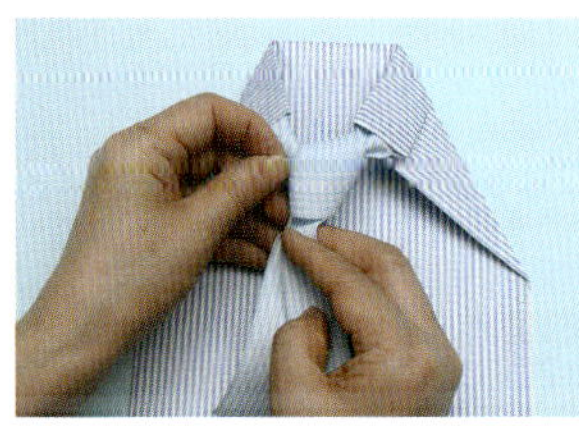

07 넥타이 모양을 정리하고 가위로 잘라 완성합니다.

83 크리스마스에 눈을 내려주세요!
눈송이 포장

83 눈송이 포장

준비물 포장지 □ 리본 □
난이도 ★★★★★

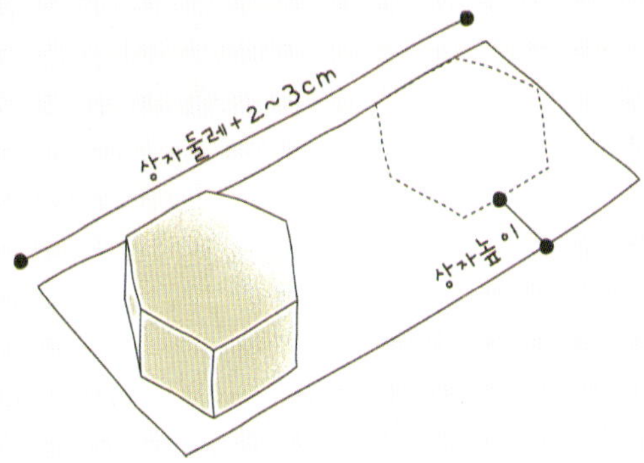

01 포장된 육각 상자를 준비하고 육각걸기를 합니다.

TIP 육각 포장은 66쪽을 참고하세요.

02 8자보우를 세 개를 만듭니다.

TIP 8자보우는 99쪽을 참고하세요.

03 8자보우를 세 겹으로 겹쳐 가운데는 메탈 리본으로 묶어주세요.

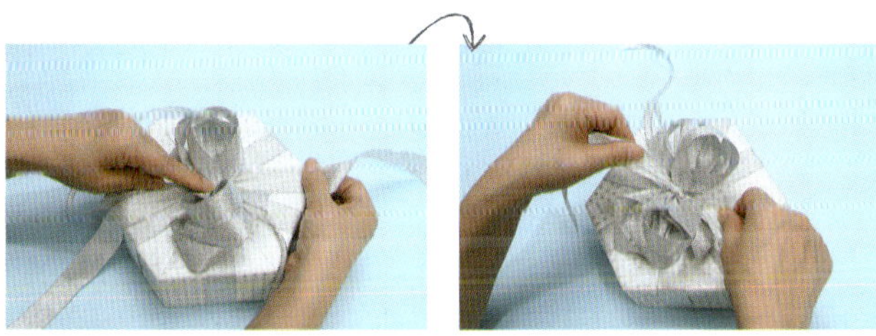

04 세 겹으로 겹친 8자보우를 육각 상자 위에 놓고 나비묶음을 해주세요.

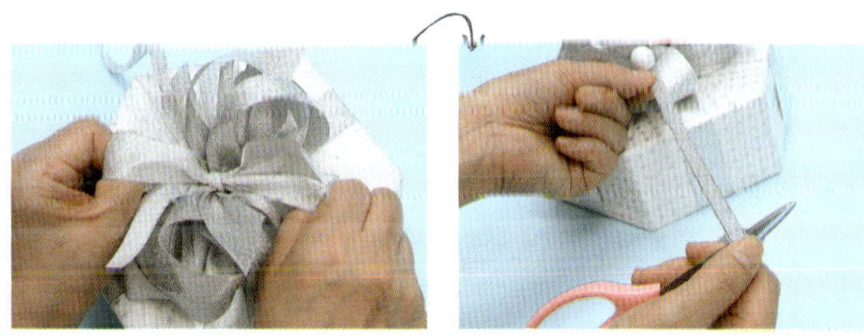

05 리본을 정리하고 가는 메탈 리본을 가위로 훑어주어 컬을 넣어주세요.

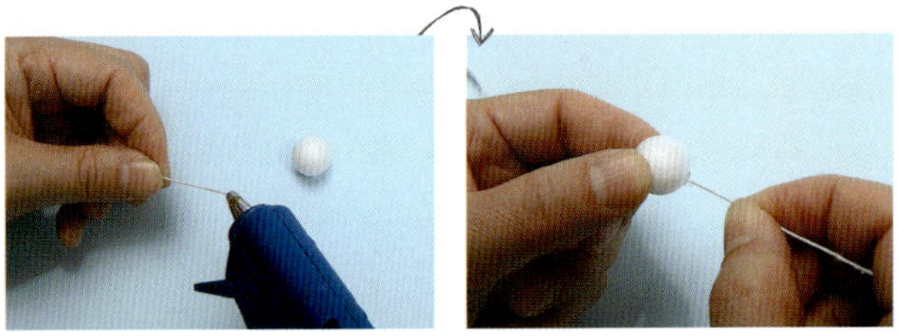

06 5cm 길이의 철사에 글루를 묻혀 스티로폼 공을 붙여서 눈송이 픽을 4~5개 정도 만듭니다.

07 철사의 아래쪽에 글루를 묻혀 리본 사이에 끼워 고정시킵니다.

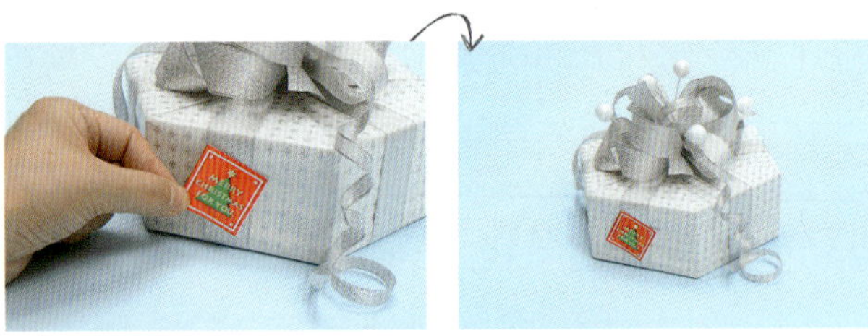

08 스티커를 붙여 포장을 완성하였습니다.

84

No.1 크리스마스 아이템,

크리스마스트리 포장

준비물 포장지 □ 금색 구슬 □ 금색 종이 □ 칼 □

난이도 ★★☆☆☆

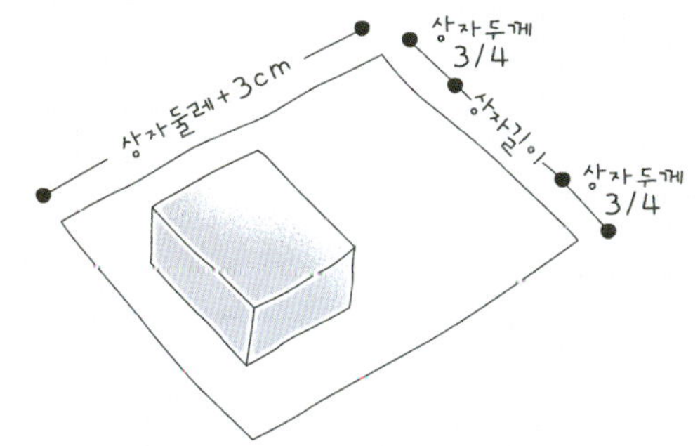

01 포장할 상자 윗면에 금색 포장지를 붙입니다.

02 캐러멜 포장을 할 크기의 종이를 준비하여 상자를 놓고 위치를 표시합니다.

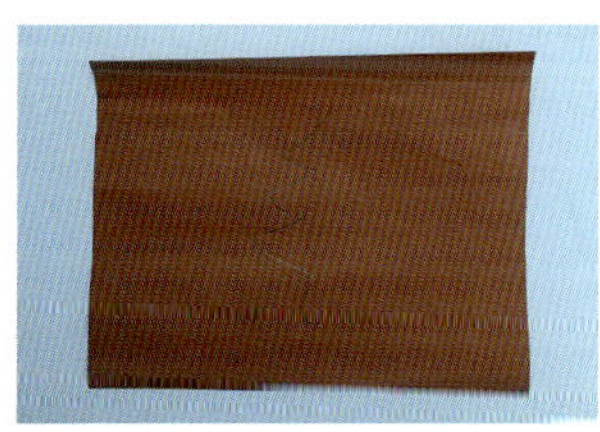

03 부록의 트리 모형 도안을 이용해 포장지에 그립니다.

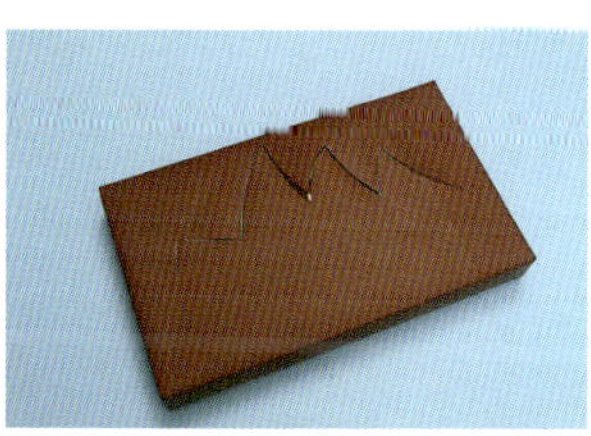

04 칼로 도안을 따라 잘라주고, 처음 위치에 상자를 놓고 캐러멜 포장을 합니다.

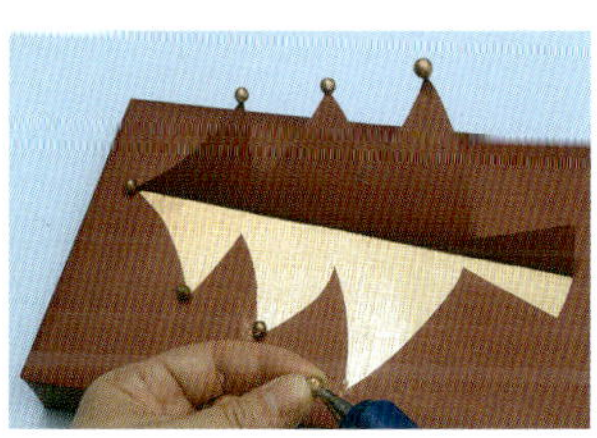

05 자른 트리 모양을 펼쳐서 반대쪽으로 접고, 글루건으로 금색 구슬을 나무 끝에 붙여주세요.

06 크리스마스트리 포장을 완성하였습니다.

85 크리스마스 분위기가 물씬,

크리스마스 선물포장

85 크리스마스 선물포장

준비물 포장지 □ 와이어 리본 □

난이도 ★★★★★

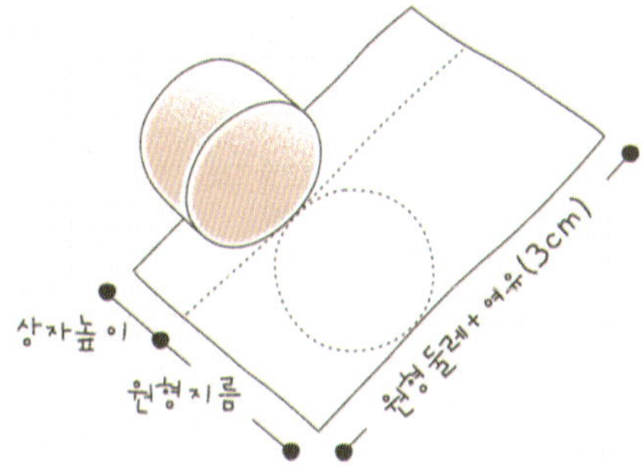

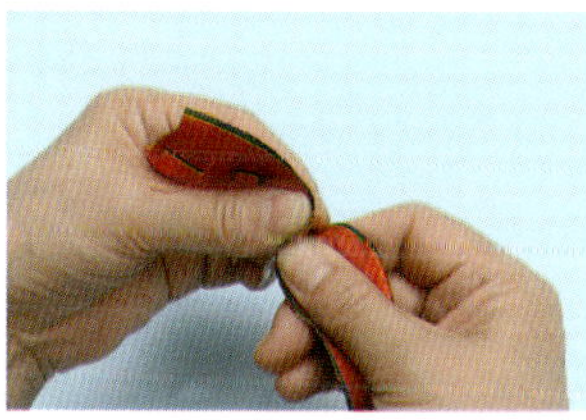

01 와이어 리본을 잡고 반바퀴 꼬아줍니다.

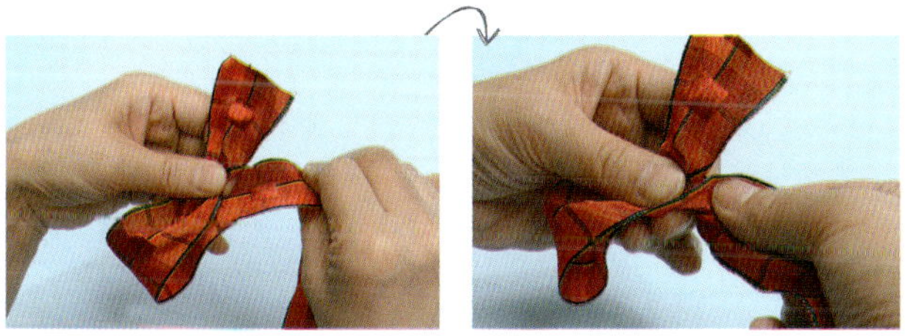

02 리본 머리를 둥글게 만든 뒤 다시 반바퀴 꼬아주세요.

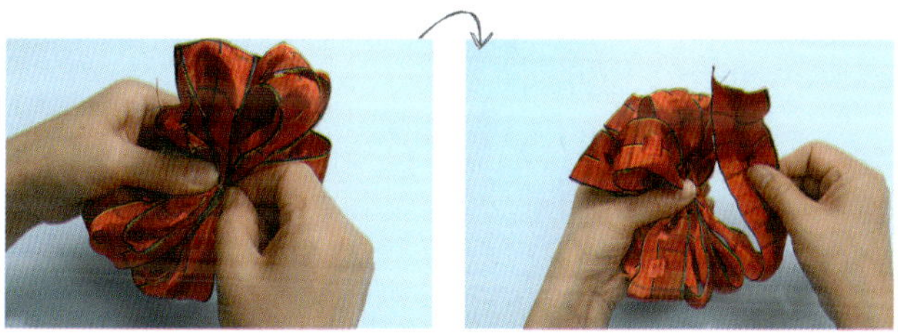

03 위아래를 계속 반복하며 보우를 만들어 옆에다 모아줍니다.

04 보우의 중심을 철사로 묶어 고정한 후 모양을 잘 펴서 다듬어주세요.

05 원형 상자 포장을 한 뒤 상자 위에 보우를 놓습니다.

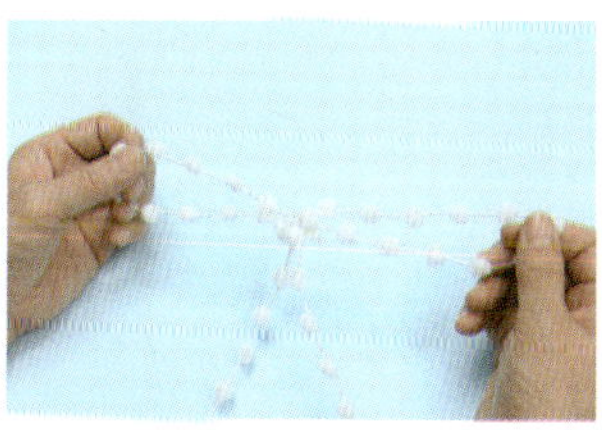

06 가는 눈송이 리본으로 나비묶음을 만듭니다.

07 리본 가운데에서 글루건으로 고정시켜주세요.

08 크리스마스 선물포장을 완성하였습니다.

TIP 원형 포장은 01쪽을 참고하세요.

86 산타클로스를 위한 크리스마스 포장

86-1

크리스마스 선물 리스

준비물 판매 리스틀 □ 작은 상자 □ 포장지 □ 리본 □ 별 와이어 □ 라커 □

난이도 ★★★★★

01 리스틀을 준비하고 빨간색 라커를 뿌려 색을 입힙니다.

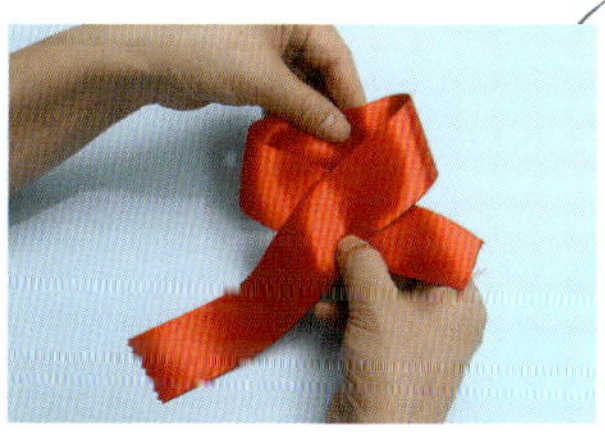

02 빨간색 리본으로 나비보우를 만듭니다.

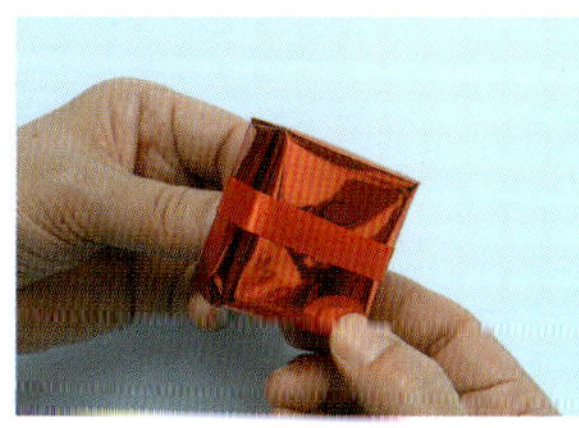

03 작은 상자를 준비해 전사각 포장을 해주고 리본을 십자 모양으로 붙여주세요.

04 나비보우와 상자를 4개씩 준비하여 리스틀에 번갈아 가며 붙여주세요.

05 별 와이어로 리스틀을 감아주고 크리스마스 로고를 붙여주세요.

06 크리스마스 선물 리스를 완성하였습니다.

86-2
빨간 크리스마스 상자

준비물 포장지 □ 리본 □ 별 와이어 □
난이도 ★★★★★

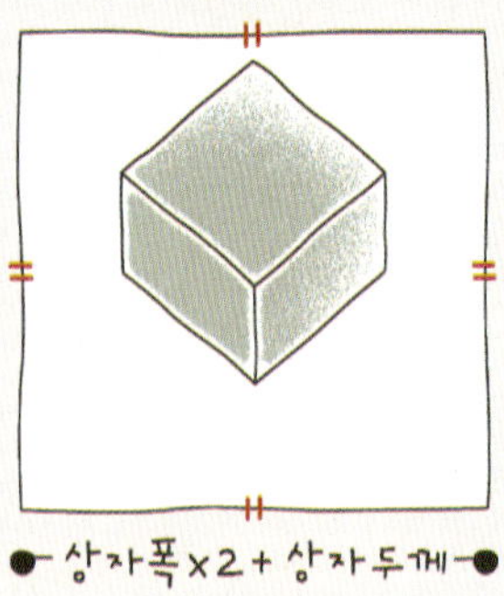

01 빨간 포장지로 정사각 포장을 하고 십자걸이를 한 후 나비묶음을 합니다.

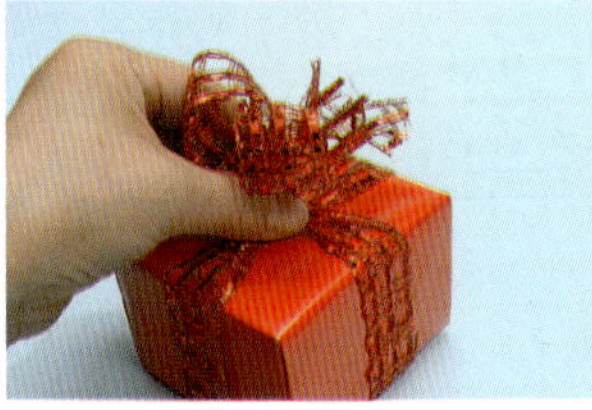

02 나비묶음을 한 리본을 모아 같은 종류의 다른 리본으로 묶어주세요.

03 다시 한 번 더 나비묶음을 합니다.

04 별 와이어를 달팽이 모양으로 만든 뒤 리본 옆에 글루건으로 붙여주세요.

05 크리스마스 상자 포장을 완성하였습니다.

87

하트 도일리를 이용한 도일리 포장

준비물 포장지 □ 리본 □ 도일리 □

난이도 ★★★★★

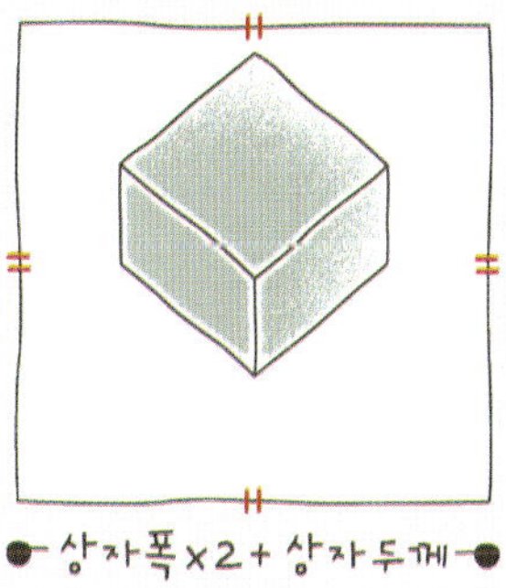

01 포장된 상자 위에 도일리를 올리고 양면테이프로 살짝 고정시킵니다.

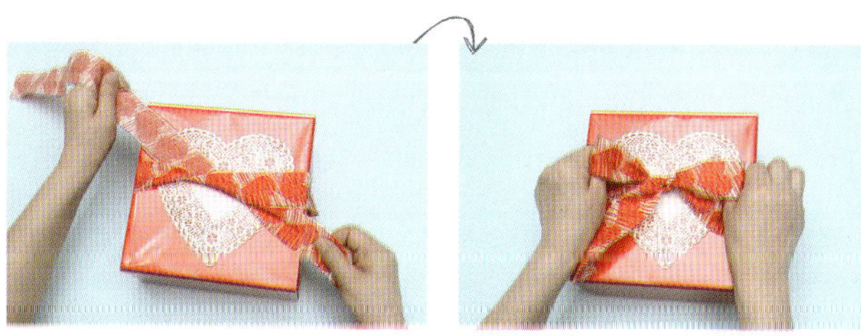

02 리본을 기로일자로 걸고 나비 묶음으로 묶어주세요.

03 리본 머리를 안쪽에서 다림질 하듯이 리본을 펴줍니다.

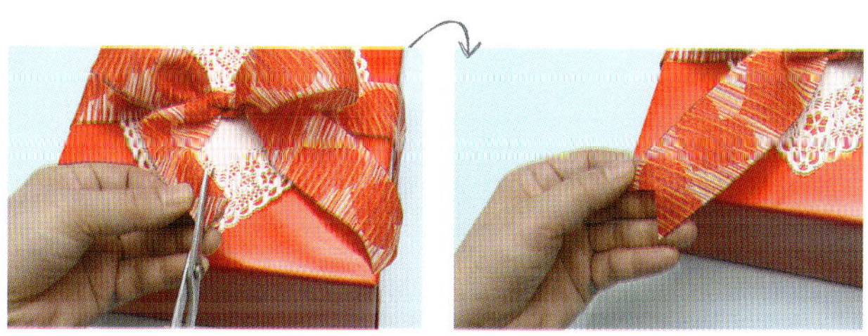

04 다리는 머리보다 조금 길게 가위로 잘라 다듬어주세요.

Part 07

반짝반짝 빛나는 아이디어 포장

88

선생님, 저희를 잊지 마세요!

나뭇가지를 이용한 앨범

준비물 화분 or 나뭇가지 □ 두꺼운 종이 □ 사진 □

난이도 ★★★★★

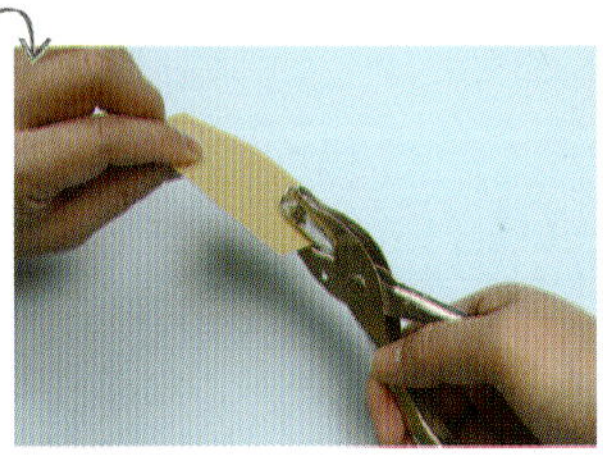

01 태그로 사용할 종이를 자르고 펀치로 구멍을 냅니다.

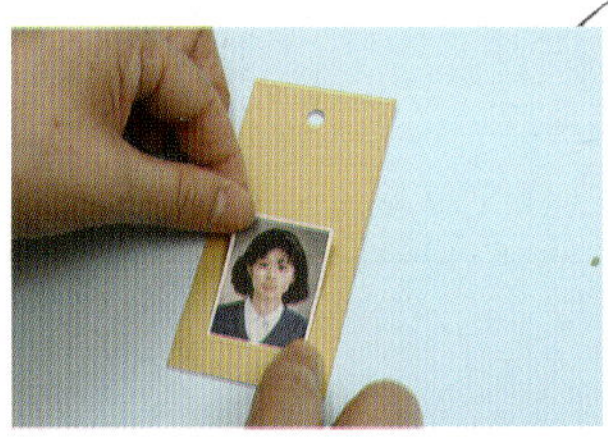

02 풀이나 양면테이프로 사진을 붙이고 뒷장에 메시지를 써주세요.

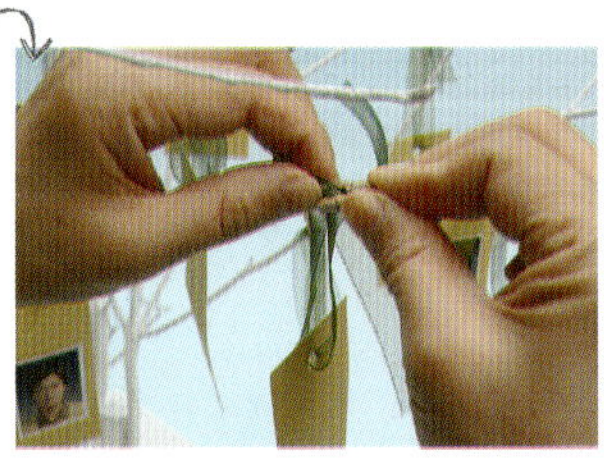

03 구멍에 가는 리본을 끼워 나뭇가지에 집게로 고정시킵니다.

04 제일 높은 가지에 리본을 길게 묶고 나비묶음을 해주세요.

05 나뭇가지를 이용한 앨범을 완성하였습니다.

89

조각종이를 이용한
격자무늬 포장

준비물 포장지(5종류) □ 리본 □
난이도 ★★★★★

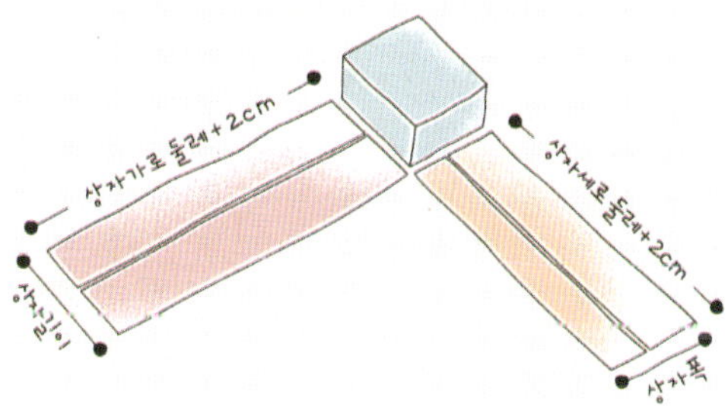

01 상자의 가루 폭과 세로 폭에 맞게 종이 띠를 준비합니다.

02 먼저 가로 쪽을 둘러 뒤에서 종이끼리 풀로 고정합니다.

03 남은 부분도 상자에 맞게 종이를 둘러주세요.

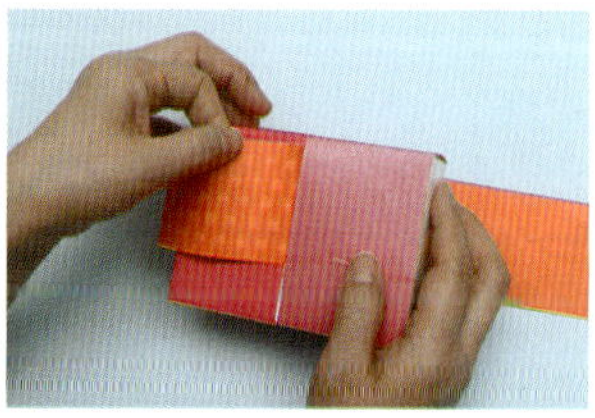

04 세로 쪽으로 종이를 끼워줍니다.

05 끼운 종이를 뒤에서 고정시켜 주세요.

06 남은 부분도 먼저 끼운 종이와 교대로 끼워가며 뒤에서 고정합니다.

TIP 종이 이음새는 다른 종이 아래로 갈 수 있도록 위치하면 깔끔하게 포장할 수 있습니다.

07 반드시 네 장이 아닌 상자에 맞게 자른 여러 조각으로 바구니를 짜듯 끼워서 완성할 수 있습니다.

90

쓰다 남은 리본을 이용한

자투리 리본 포장

준비물 포장지 □ 자투리 리본 □

난이도 ★★★★★

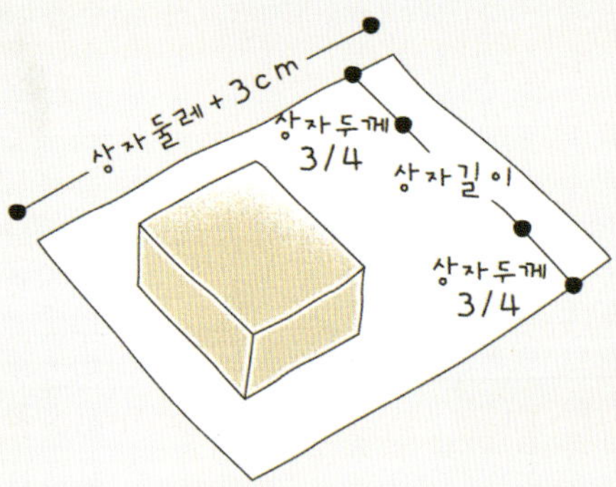

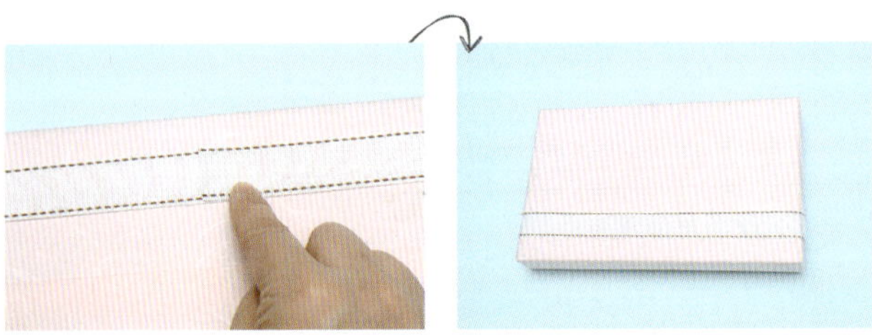

01 포장된 상자 위에 리본을 둘러 리본 뒤쪽은 양면테이프로 고정시킵니다.

TIP

여기서는 캐러멜 포장법을 이용하였습니다.

02 다른 리본은 처음에 두른 리본과 90도 되는 위치에서 한 바퀴 둘러 뒤에서 고정합니다.

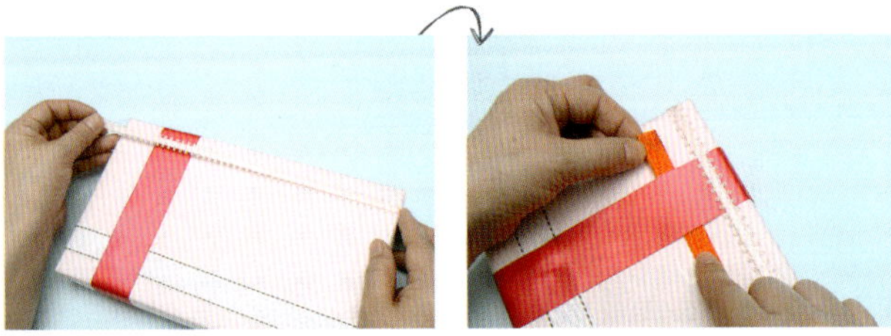

03 서로 다른 리본을 끼워가며 교차시킵니다.

04 자투리 리본을 이용한 선물포장이 완성되었습니다.

91

펀치를 이용한

레이스 종이 포장

준비물 포장지 □ 리본 □ 펀치 □

난이도 ★★★★★

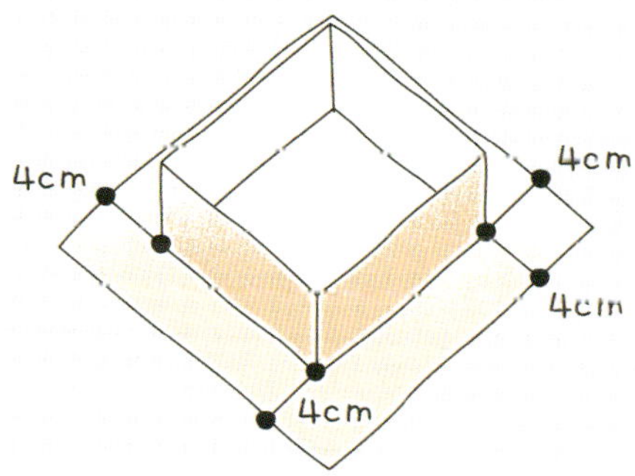

01 정사각 포장으로 포장한 상자를 준비합니다.

02 상자 윗면보다 사방으로 4cm 정도 여유 있는 종이를 준비합니다.

03 종이 중앙에 상자를 놓고 상자 모양을 따라 접은 선을 넣어주세요.

TIP

정사각 포장은 48쪽을 참고하세요.

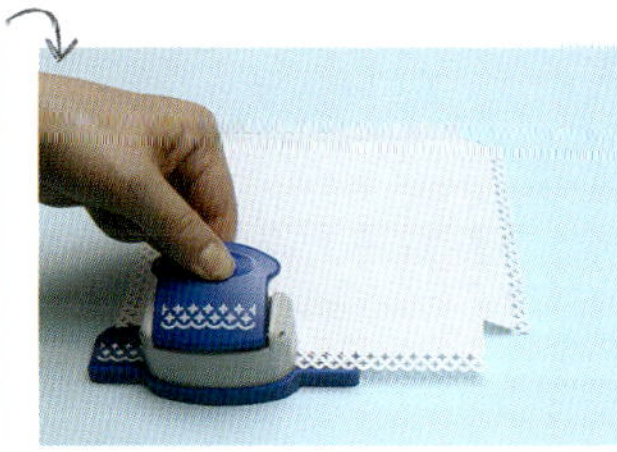

04 네 귀퉁이의 사각형 부분을 가위로 잘라내고 가장자리는 펀치로 모양을 내주세요.

05 레이스 종이를 완성하였습니다.

06 레이스 종이 안쪽 테두리에 양면테이프를 붙여 상자 위를 덮어 고정시켜 완성합니다.

02 바느질로 정성을 담은 주머니 포장

92 주머니 포장

준비물 주머니용 헝겊□ 리본□ 실□ 바늘□ 가는 끈 or 리본□ 나무구슬□

난이도 ★★★★★

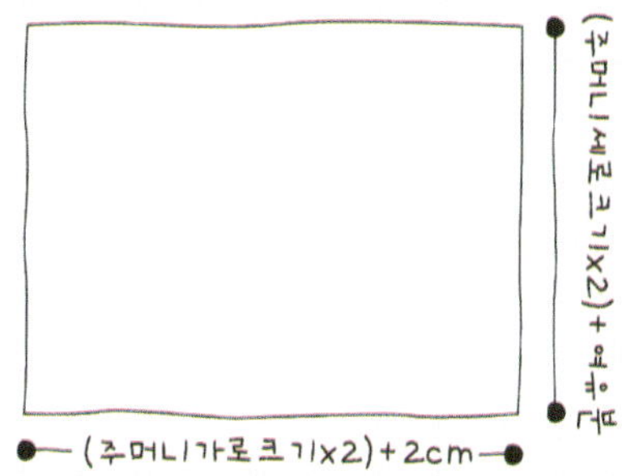

01 주머니 크기의 두 배 되는 헝겊을 준비합니다.

02 세로로 반 접어 입구만 남기고 나머지 부분을 홈질이나 박음질로 바느질합니다.

TIP 이때 시접은 1cm 정도입니다.

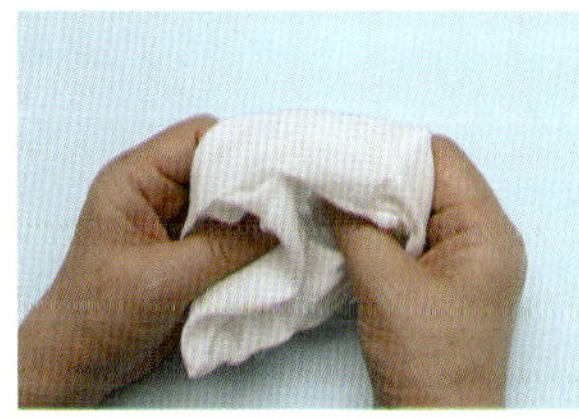

03 주머니를 뒤집어주세요.

04 25mm 폭의 주머니 가로 크기에 해당하는 리본 두 장을 준비합니다.

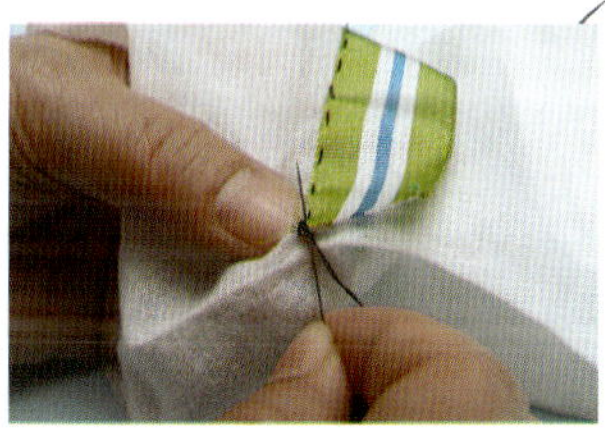

05 리본을 주머니 위에 홈질합니다.

TIP 바느질 대신 글루를 가늘게 쏘아 깔끔하게 마무리해도 좋아요.

06 리본을 앞장과 뒷장에 따로따로 꿰매주세요.

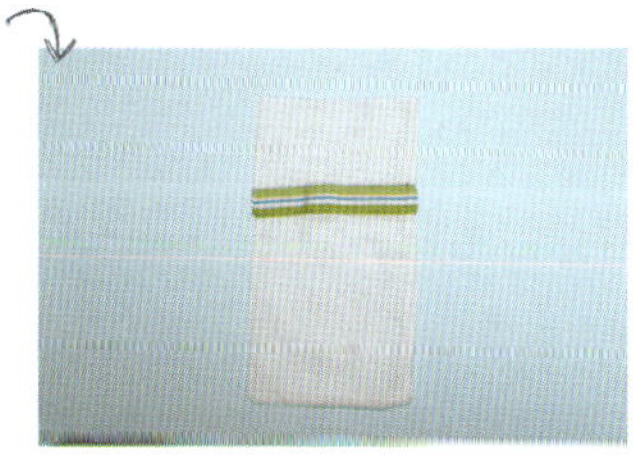

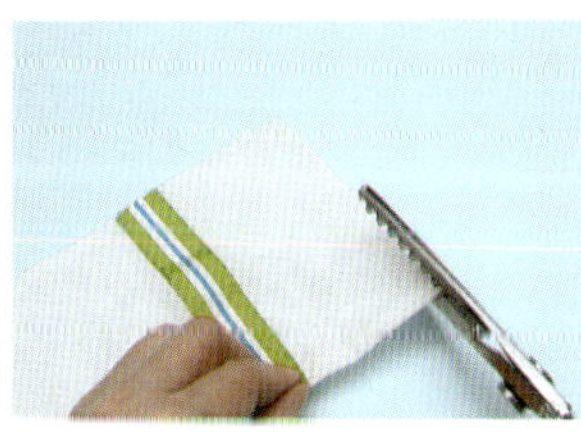

07 입구 부분은 핑킹 가위로 살짝 다듬어주세요.

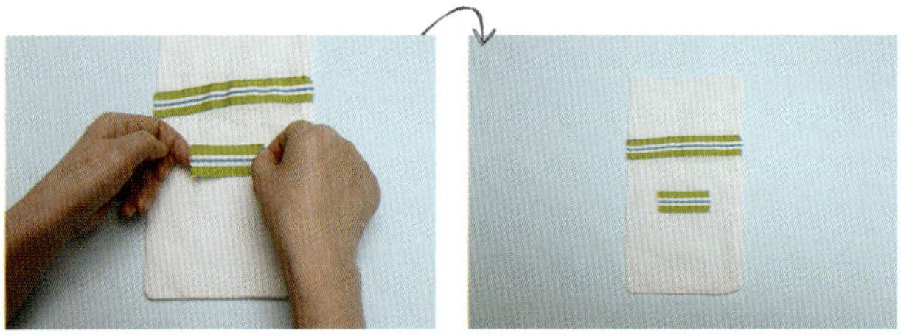

08 작은 리본은 주머니의 중간에 양면테이프로 붙여줍니다.

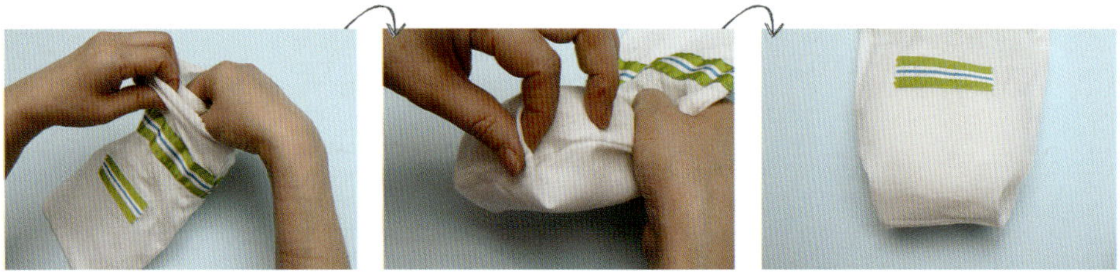

09 주머니 속에 내용물을 넣고 주머니 양쪽 아래를 끼워 넣어 입체감을 주세요.

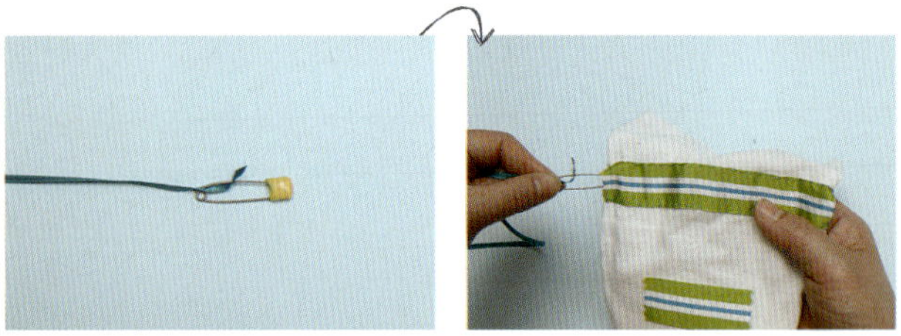

10 가는 리본에 안전핀을 끼워 리본 속을 통과시킵니다.

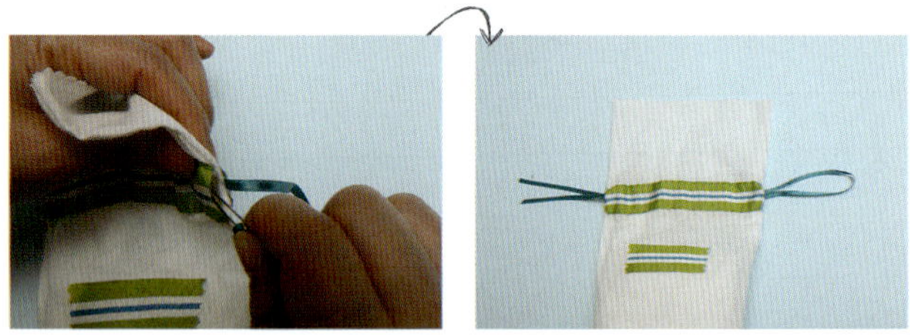

11 주머니를 한 바퀴 돌려나옵니다.

12 반대 방향으로 가는 리본을 하나 더 넣어주세요.

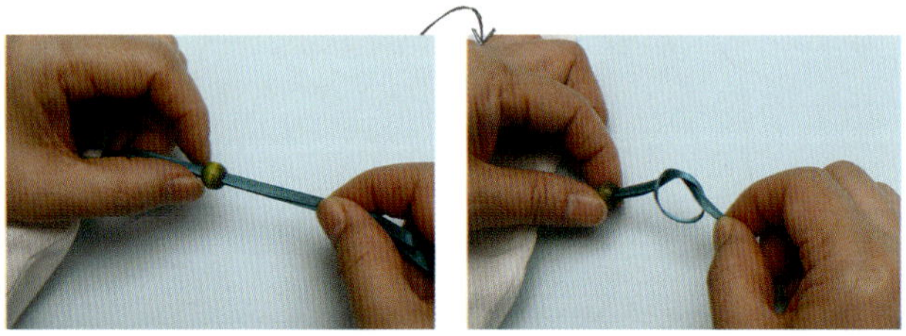

13 양쪽의 리본 다리에 구슬을 끼우고 중간을 매듭짓습니다.

14 리본으로 조여주어 나비묶음을 해주세요.

15 주머니 포장을 완성하였습니다.

93

스티커를 이용한
선물포장

준비물 포장지 ☐ 리본 ☐
난이도 ★★★★★

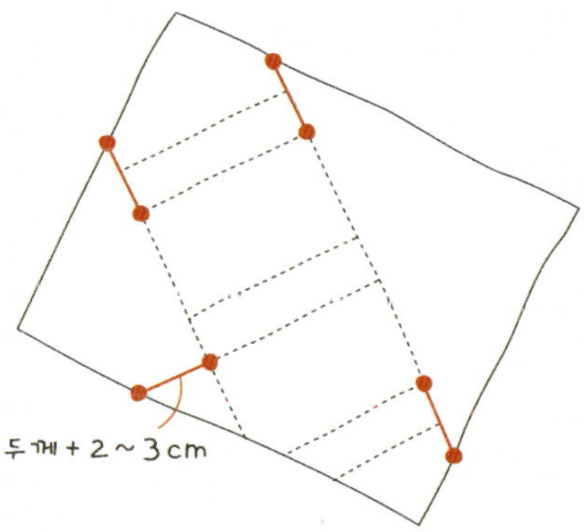

01 포장된 상자에 시중에서 판매하는 스티커를 붙여줍니다.

TIP
여기서는 회전 포장법을 이용하였습니다.

02 스티커를 이용한 박스 포장이 완성되었습니다.

TIP
자신이 원하는 스타일의 스티커를 준비하면 나만의 특색 있는 포장을 할 수 있답니다.

94 새로운 느낌 새로운 변신, 상자 리폼

94-1

상자 리폼 I

준비물 포장지 □ 리본 □ 자석 □ 납작한 쇠붙이 □ 스프레이 풀 or 딱풀 □

난이도 ★★★☆☆

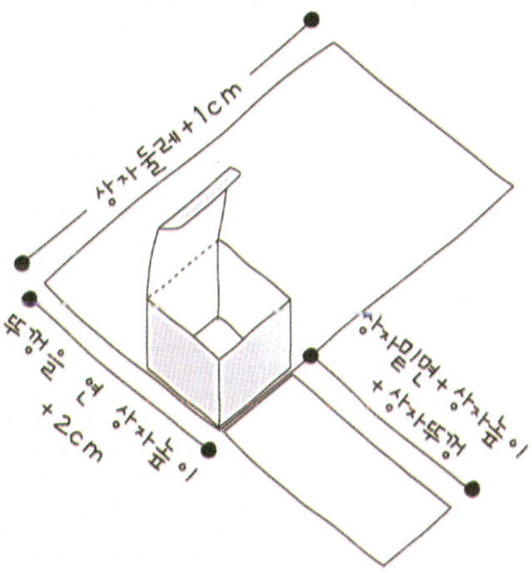

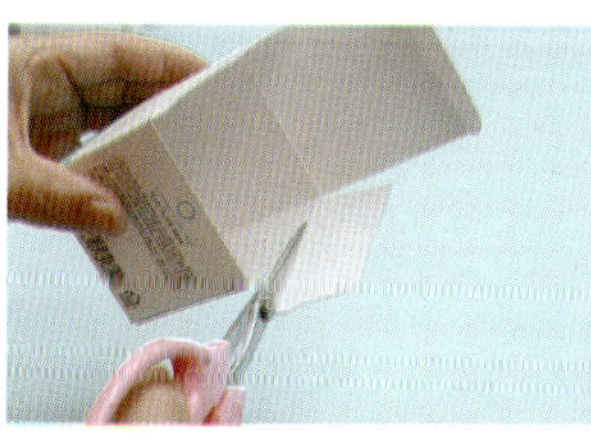

01 빈 화장품 상자를 준비하여 옆의 시접 부분을 잘라냅니다.

02 뚜껑을 연 상자 높이에 여유(2cm)를 더한 세로 길이 포장지를 준비합니다.

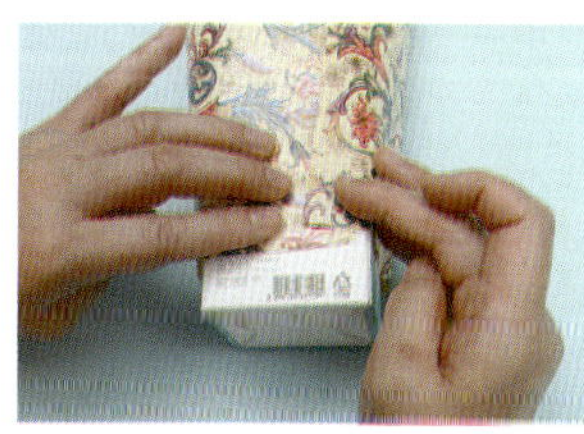

03 상자 둘레에 여유(1cm)의 가로 길이를 정합니다.

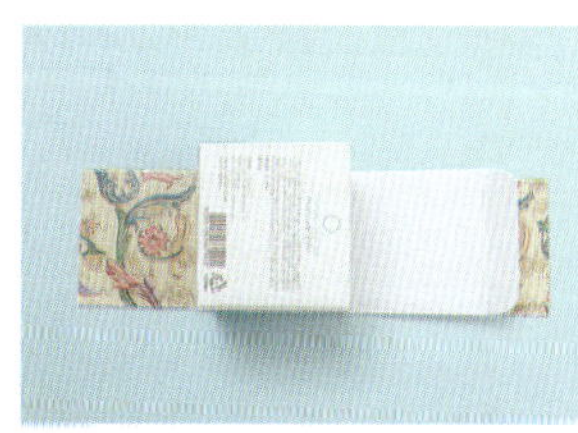

04 상자 밑면과 상자 옆면, 뚜껑 크기를 합한 길이의 속지를 준비합니다.

05 뚜껑이 닫히는 위치에 납작한 쇠붙이를 붙입니다.

06 뚜껑 안쪽에 작고 납작한 자석을 붙입니다.

07 상자를 쌀 종이에 풀을 칠합니다.

08 아래쪽에는 시접 1cm를 남기고 옆선은 여밈선이 모서리에 맞도록 붙입니다.

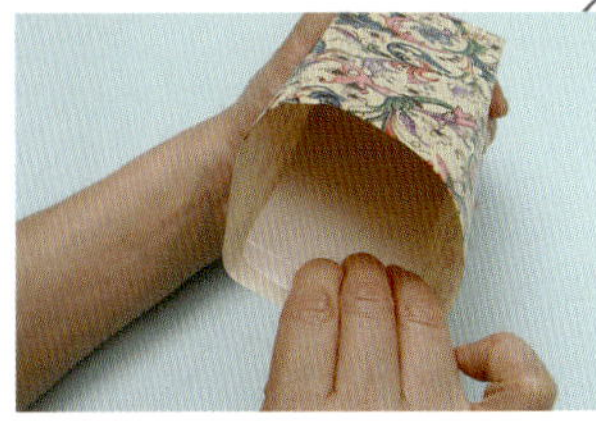

09 아래쪽에 1cm 남긴 시접을 상자에 붙입니다.

10 상자 밑바닥보다 1mm씩 작게 잘라 바닥에 붙여주세요.

11 뚜껑 부분에 약간의 시접을 위해 비스듬히 잘라주고 나머지 모서리 부분도 가위선을 넣어줍니다.

12 상자에 맞추어 상자 안쪽으로 접어 넣어 붙여줍니다.

13 뚜껑도 시접들을 붙여주세요.

14 속지를 상자 모양에 맞게 잘라 주세요.

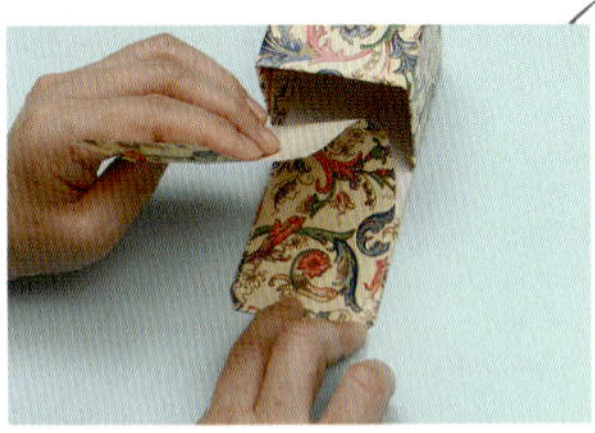

15 속지는 안쪽에 붙여줍니다.

16 자석을 이용해 뚜껑을 닫아줍니다.

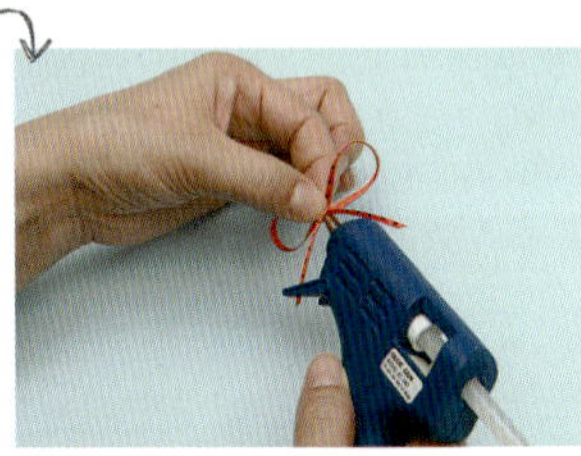

17 나비보우를 만들어 철사 대신 글루건으로 고정하여 상자에 붙여주세요.

18 상자 리폼이 완성되었습니다.

94-2

상자 리폼 Ⅱ

준비물 포장지 □ 리본 □ 밑상자 □ 헝겊 □ 하드보드지 □
스프레이 풀 or 딱풀 □
난이도 ★★★★★

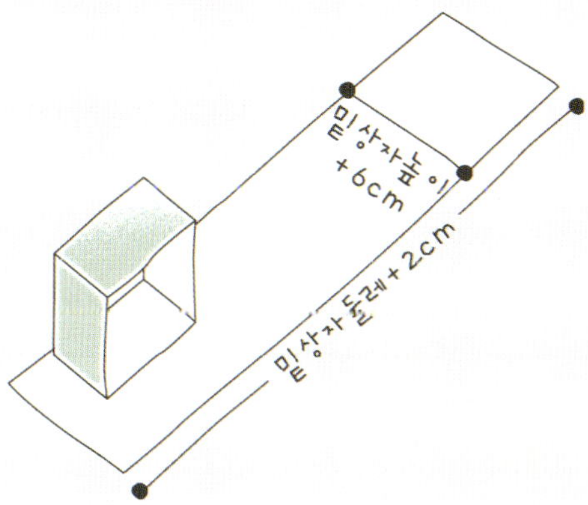

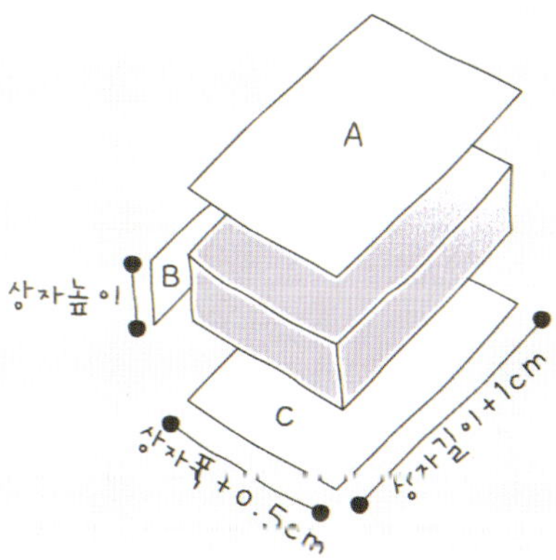

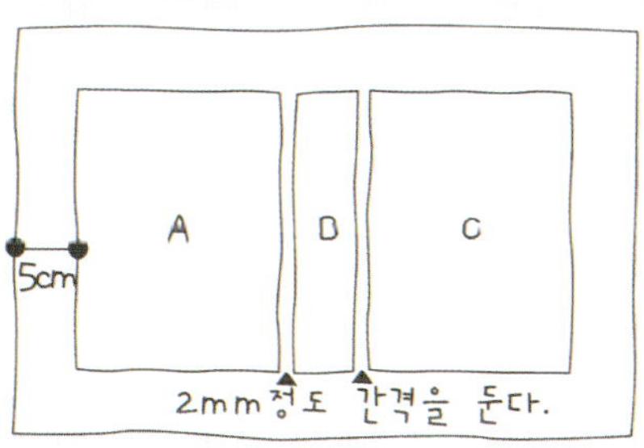

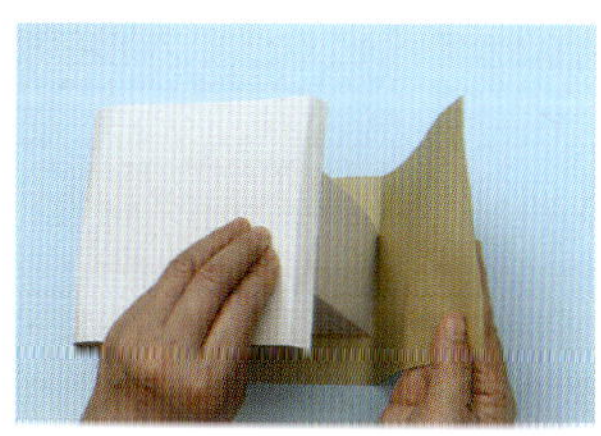

01 포장지 안쪽에 풀을 칠해 여밈 선이 모서리로 오도록 맞추어 종이 중앙에 상자를 놓고 붙여주세요.

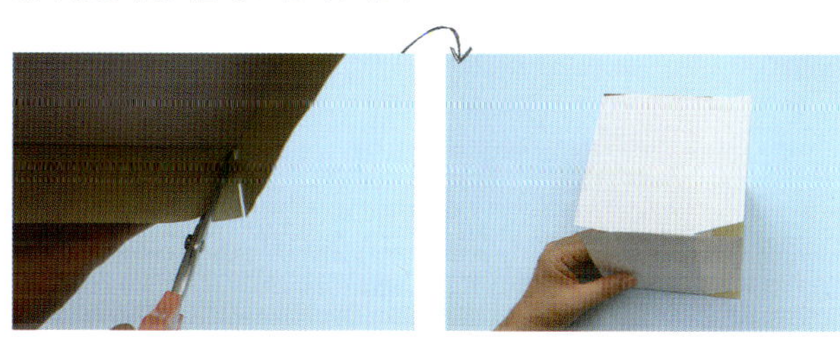

02 각 꼭지 부분을 삼각형으로 잘라냅니다.

03 상자 안쪽과 상자 밑의 시접을 상자에 붙입니다.

04 하드보드지를 감쌀 헝겊은 바깥쪽 시접이 사방으로 2cm 정도 나오는 크기로 준비합니다.

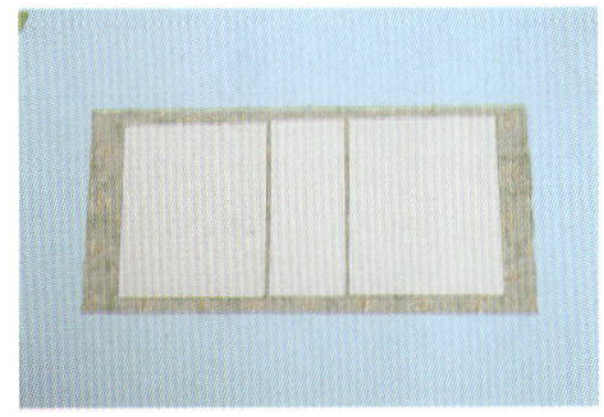

05 스프레이 풀을 헝겊에 뿌려 하드보드지 사이를 2mm 정도씩 띄우고 하드보드지를 놓습니다.

06 헝겊의 네 귀퉁이를 45도로 잘라내고 시접을 붙여주세요.

07 20mm 폭의 리본을 30cm 길이로 두 개 준비해 양면테이프로 하드보드지의 양옆 중앙에 붙입니다.

08 전체 길이의 1/2 정도 되는 헝겊을 준비해 풀로 붙여줍니다. 이때 헝겊이 밖으로 삐치지 않도록 사방을 3mm 정도 작게 자르세요.

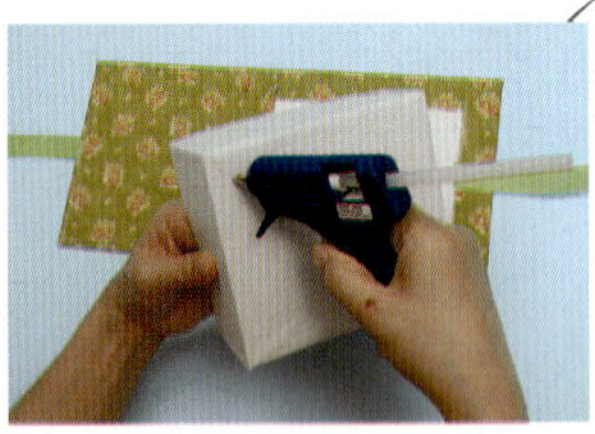

09 포장지로 싸놓은 밑상자의 아래쪽과 옆쪽에 글루를 묻혀 하드보드지에 잘 맞추어 붙여주세요.

10 중앙에서 만나는 리본끼리 묶어 나비묶음을 해줍니다.

11 상자 리폼을 완성하였습니다.

95

큰 단추를 이용한 십자걸기 포장

준비물 포장지 □ 리본 □
난이도 ★☆☆☆☆

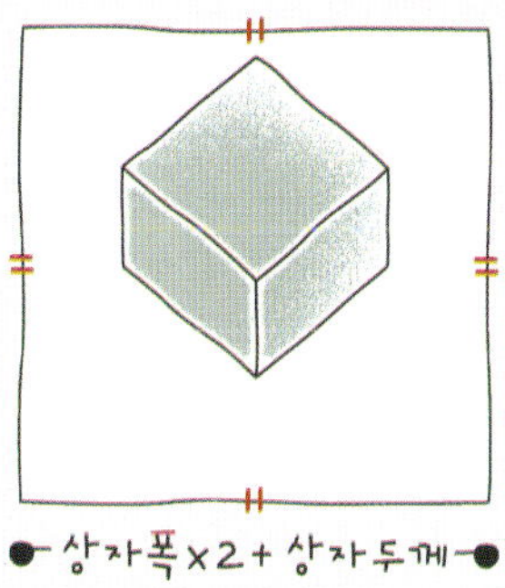

01 포장한 상자를 준비합니다.

TIP 여기서는 정사각 포장법을 이용하였습니다.

02 리본을 준비하여 십자로 걸어줍니다.

TIP 십자걸기는 32쪽을 참고하세요.

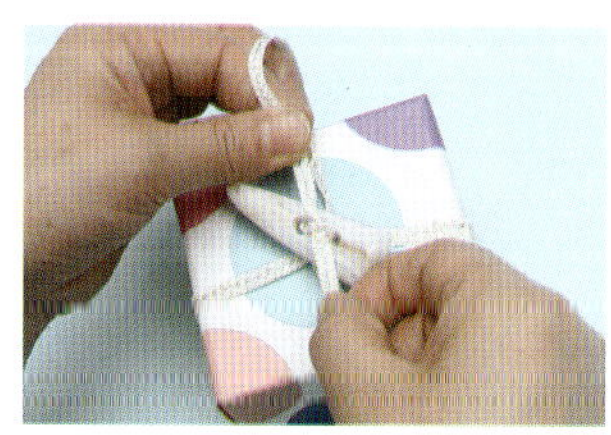

03 단추를 끼우고 묶은 다음 나비 묶음을 해주세요.

04 단추를 이용한 십자걸기 박스 포장이 완성되었습니다.

TIP

다양한 모양의 단추를 이용해 멋진 포장을 만들 수 있어요.

96 단추로 연결하는 쇼핑백 포장

96 쇼핑백 포장

준비물 포장지 □ 단추 □ 가는 끈 □

난이도 ★★★★★

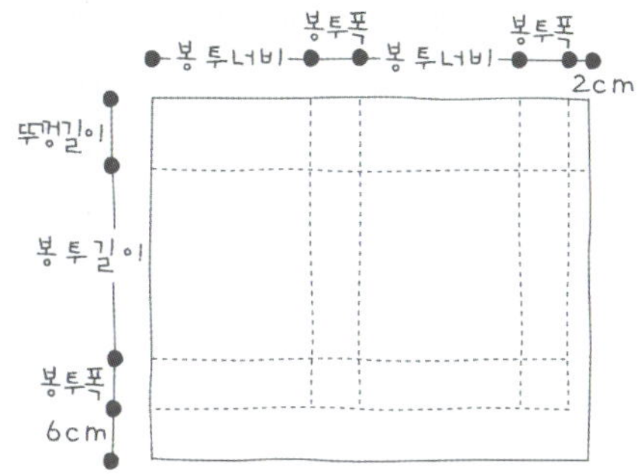

01 포장지를 준비하여 쇼핑백을 만듭니다.

02 쇼핑백의 윗부분을 접고 양 옆을 비스듬히 잘라냅니다.

TIP 쇼핑백 만들기는 82쪽을 참고하세요.

03 두 겹인 종이 중 안쪽 종이를 잘라내어 뚜껑을 완성합니다.

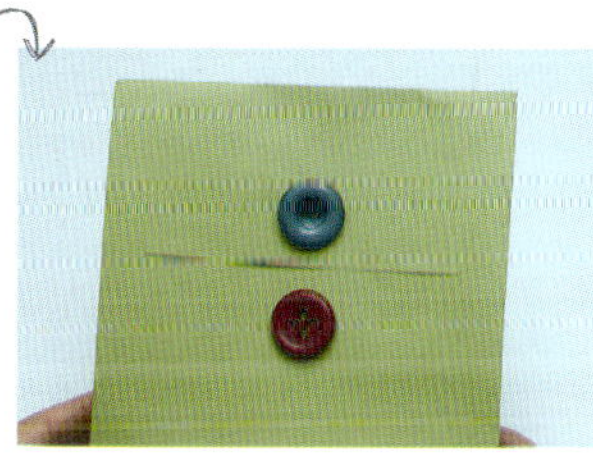

04 글루건으로 단추를 위아래에 붙여주세요.

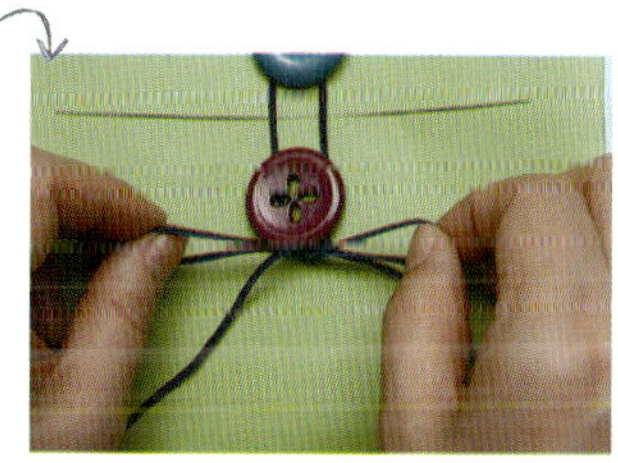

05 가는 끈으로 단추를 걸어 묶어 준 다음 나비묶음을 해줍니다.

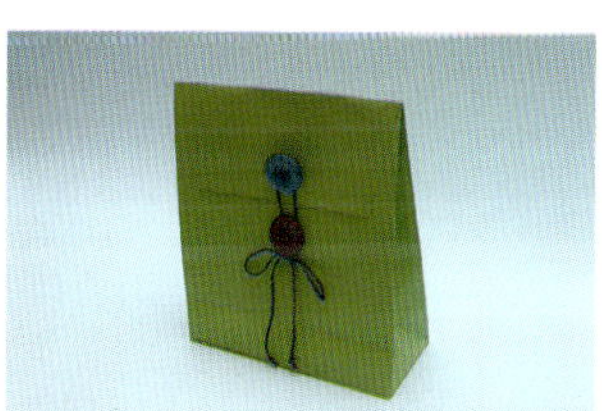

06 단추를 이용한 봉투가 완성되었습니다.

97

리본에 새긴 메시지,

이니셜 리본 포장

준비물 포장지 □ 리본 □ 이니셜 핫픽스 □ 스티커 □ 다리미 □

난이도 ★★★★★

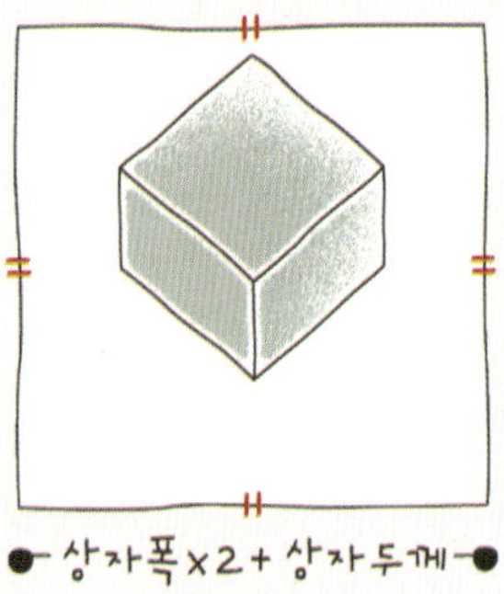

01 포장된 상자를 준비하고 가로 일자걸기를 한 후 나비묶음을 해줍니다.

02 손으로 예쁘게 가다듬어 나비묶음을 정리합니다.

03 이니셜 핫픽스를 잘라내어 리본에 대고 다리미로 눌러 고정시킵니다.

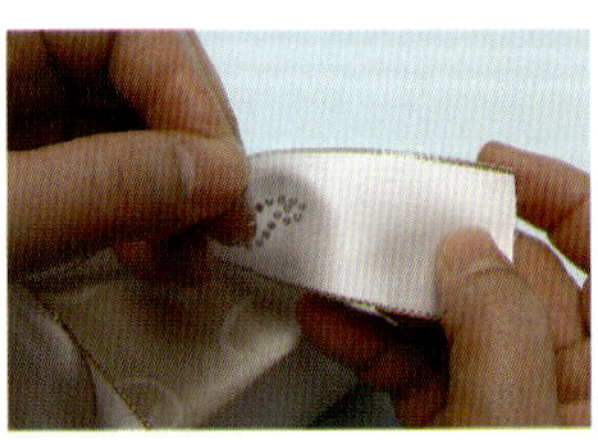

04 핫픽스의 투명종이를 떼어냅니다.

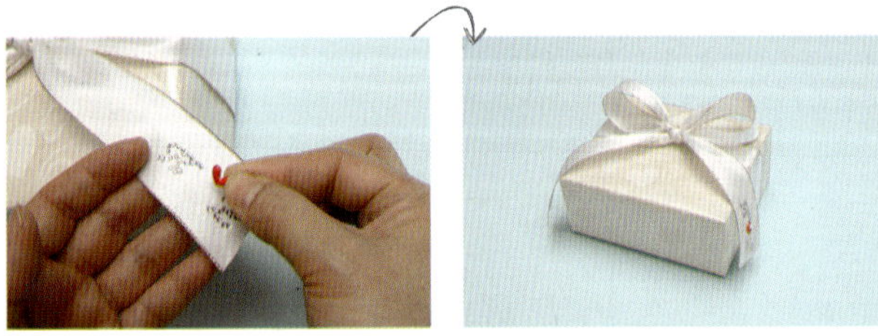

05 스티커를 붙여 이니셜 리본 포장을 완성합니다.

TIP

여기서는 정사각 포장법을 이용하였습니다.

98

바늘구멍 포장지를 이용한

캐러멜 포장

준비물 포장지 □ 리본 □ 바늘 □ 1회용 발포접시 □

난이도 ★★★★★

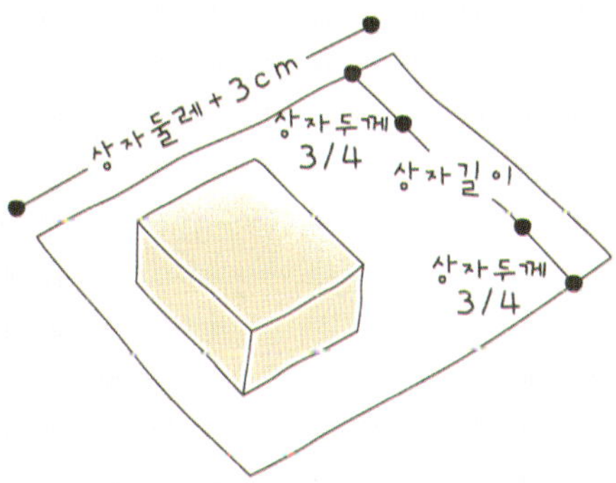

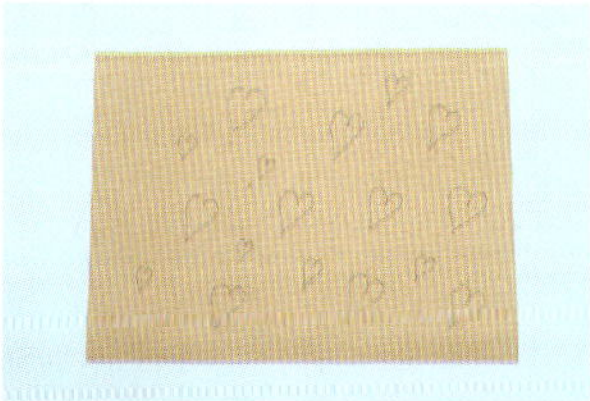

01 캐러멜 포장 크기로 재단한 포장지 안쪽에 하트나 원하는 무늬를 그려주세요.

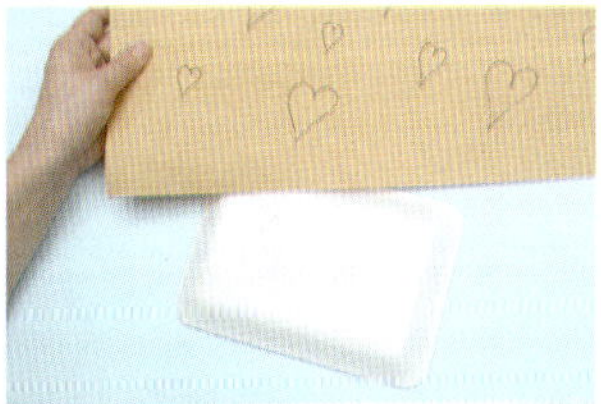

02 종이 아래에 1회용 발포 접시나 스티로폼을 댑니다.

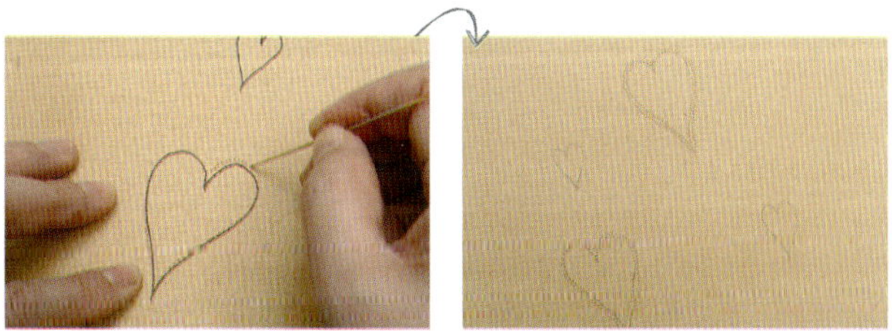

03 바늘로 도안을 따라 구멍을 내줍니다. 도안보다 좀 더 큰 하트를 이중으로 구멍을 내주세요.

04 모든 무늬에 이중으로 구멍을 낸 다음 캐러멜 포장을 해주세요.

05 바늘구멍 포장지를 이용한 캐러멜 포장이 완성되었습니다.

TIP

캐러멜 포장은 46쪽을 참고하세요.

99 자연을 담아 드립니다!

내추럴 선물포장

99 내추럴 선물포장

준비물 크래프트지 □ 계피 □ 노끈 □ 택 □
난이도 ★★★★★

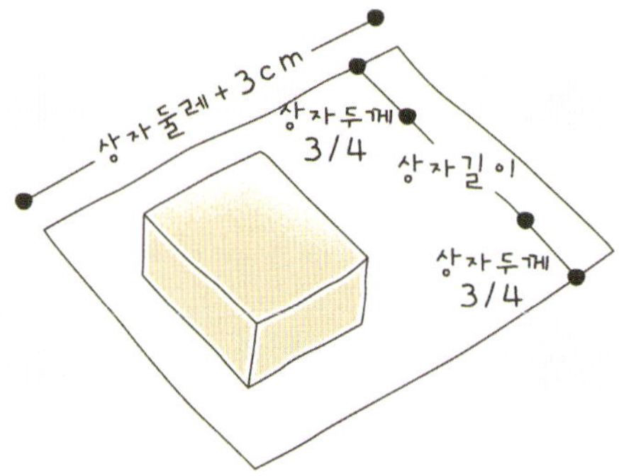

01 상자를 포장하여 노끈으로 5번 정도 세로 일자걸기를 합니다.

02 90도로 틀어 다시 5번 정도 가로로 감아주고 나비묶음을 합니다.

TIP 여기서는 캐러멜 포장법을 이용하였습니다.

03 스티커를 붙여 택을 만듭니다

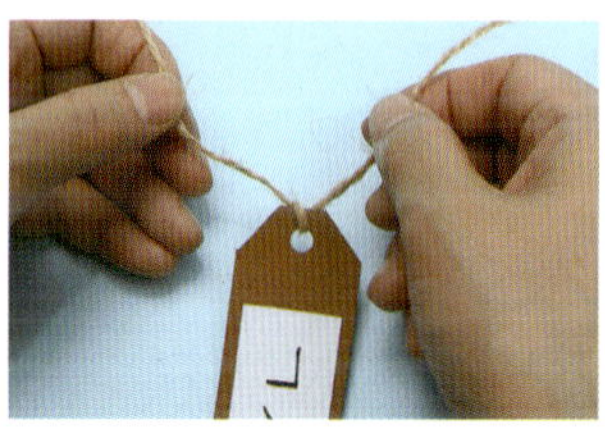

04 택의 구멍에 노끈을 끼워 묶어 줍니다.

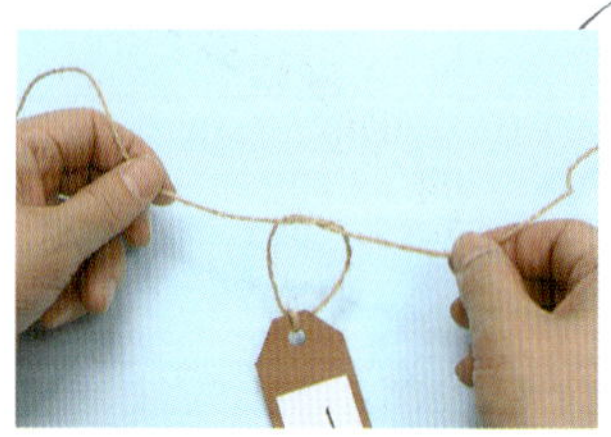
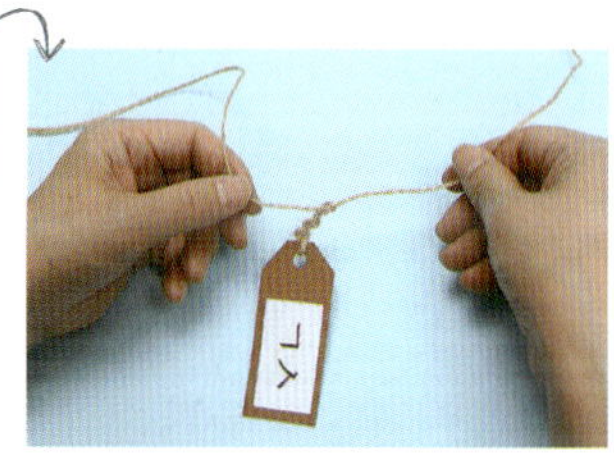

05 거듭해서 4~5번 더 묶어주세요.

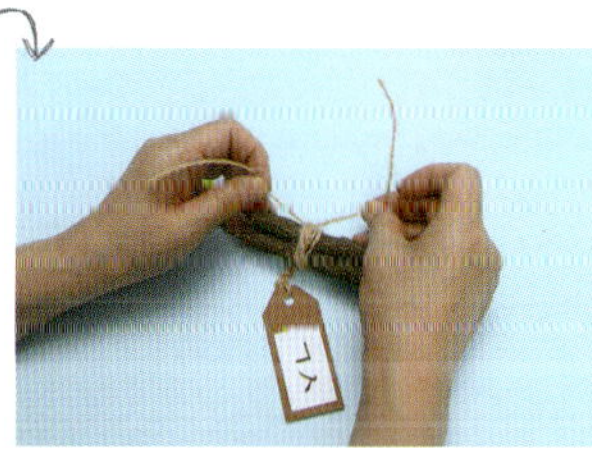

06 슈퍼에서 구입한 여러 개의 통계피의 모양을 정리해 노끈으로 감아서 묶습니다.

07 상자 위 리본 중앙에 남은 노끈으로 계피를 묶어 고정시킵니다.

08 자연스러운 내추럴 소재를 이용한 포장이 완성되었습니다.

100 속이 비치는 트레이싱지 포장

준비물 포장지 □ 트레이싱지 □ 나뭇잎 or 꽃잎 □

난이도 ★★★★★

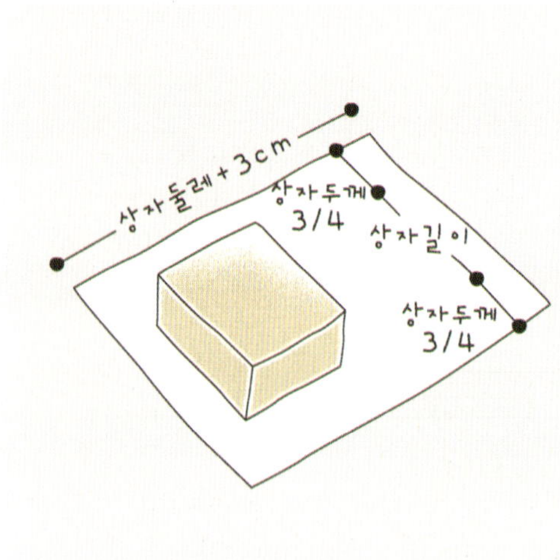

01 포장한 상자에 나뭇잎이나 꽃잎, 예쁜 그림을 놓습니다.

TIP 여기서는 캐러멜 포장법을 이용하였습니다.

02 그 위에 트레이싱지로 캐러멜 포장을 합니다.

03 트레이싱지를 이용한 포장을 완성하였습니다.

TIP 무늬가 없는 포장지 위에 무늬 셀로판지를 놓고 함께 상자를 포장하는 것도 좋은 방법입니다.

리본카페

www.ribboncafe.co.kr

리본카페에서는 다양한 리본공예의 기법들을 배울 수 있으며 취미와 창업을 위한 과정과 한국리본공예협회의 사범자격증을 습득할 수 있는 사범자격증반이 있습니다. 교육과정을 이수하면 디자이너, 코디네이터 또는 사회교육센터 강사, 학교특별활동 강사로 활동할 수 있으며 공방이나 쇼핑몰을 운영할 수 있습니다.

리본카페에서 배울 수 있는 리본공예

포장아트 클래스	포장지로 상자를 포장하거나 상자를 제작하여 각종 형태의 포장기술과 함께 리본연출법을 익힐 수 있는 공예
리본아트 클래스	리본을 철사나 바느질을 이용해 각종 액세서리와 생활소품을 만드는 공예
리본플라워아트 클래스	리본에 본드와 전기인두를 이용한 다양한 꽃의 기법을 익혀 액세서리나 플라워 장식에 이용하는 공예
리본자수 클래스	실크리본을 이용해 자수를 놓아 액세서리나 생활소품을 만드는 공예
코사지 클래스	다양한 방법을 이용한 코사지 제작 과정을 읽히는 과정
까또나주 클래스	판지와 패브릭을 이용해 상자나 생활소품을 만드는 공예
토탈공예 클래스	위의 다양한 리본공예들을 골고루 배우는 과정

찾아오시는 길

주소 : 동대문 종합시장 B동 5층 5201~5202호 (B동 엘리베이터 5층 오른쪽 정면에 위치)
TEL : 02 2274 1014 FAX : 02-2204-1814
리본아카데미 - 서울시 서초구 잠원동 69-12 반포쇼핑타운 6동 311호(3, 7, 9호선 고속터미널역 8-2번 출구)

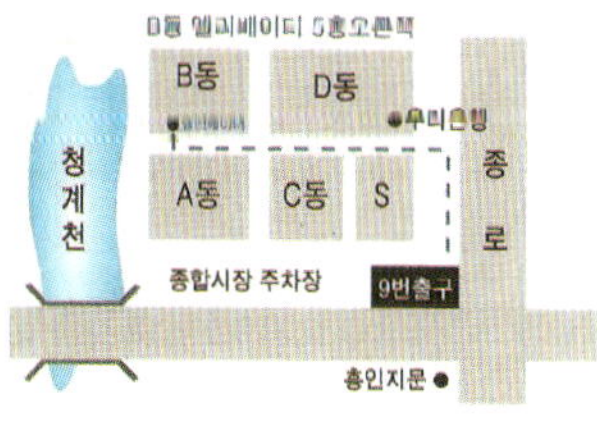

이 책에서 쓰인 재료는 리본카페 매장이나 온라인 쇼핑몰(www.ribboncafe.co.kr)에서 구입할 수 있습니다.

한국리본공예협회

한국리본공예협회에서는 리본공예-리본아트, 리본플라워아트, 리본자수, 코사지아트, 선물포장, 까또나주 등 취미 및 전문가과정, 강사자격증코스의 체계적인 커리큘럼으로 역량 있는 강사 배출 및 리본공예의 저변 확대와 여성의 자기계발에 힘쓰고 있습니다.

한국리본공예협회 리본공예 민간 자격 등록 2014-3490호

한국리본공예협회 공식 홈페이지 www.eribbon.net

문의 : 사무국 02-533-1814

- 리본아트, 선물포장, 코사지아트, 리본플라워아트, 리본자수, 까또나주의 강습
- 각 교육기관 강사소개
- 개별강의, 단체강의, 기업연수 강사파견
- 재료 구입 쇼핑몰 : www.ribboncafe.co.kr(리본카페)